Christian Haeutle

Genealogie des Erlauchten Stammhauses Wittelsbach

Von dessen Wiedereinsetzung in das Herzogthum Bayern (11. Sept. 1180) bis

herab auf unsere Tage

Christian Haeutle

Genealogie des Erlauchten Stammhauses Wittelsbach
Von dessen Wiedereinsetzung in das Herzogthum Bayern (11. Sept. 1180) bis herab auf unsere Tage

ISBN/EAN: 9783742868725

Hergestellt in Europa, USA, Kanada, Australien, Japan

Cover: Foto ©Thomas Meinert / pixelio.de

Manufactured and distributed by brebook publishing software (www.brebook.com)

Christian Haeutle

Genealogie des Erlauchten Stammhauses Wittelsbach

GENEALOGIE

DES

ERLAUCHTEN STAMMHAUSES

WITTELSBACH

VON DESSEN

WIEDEREINSETZUNG IN DAS HERZOGTHUM BAYERN

(11. SEPT. 1180)

BIS HERAB AUF UNSERE TAGE.

NACH QUELLEN NEU BEARBEITET UND ZUSAMMENGESTELLT

VON

DR CHRISTIAN HÆUTLE,

K. B. REICHSARCHIV-ASSESSOR,

RITTER I. CL. DES GROSSHERZOGL. HESSISCHEN VERDIENST-ORDENS PHILIPP'S DES GROSSMÜTHIGEN
C. RITTER DES K. WIRTEMBERGISCHEN FRIEDRICH'S-ORDENS ETC.

MÜNCHEN.

HERMANN MANZ'SCHE HOFKUNSTHANDLUNG UND BUCHHANDLUNG.

1870.

Allerdurchlauchtigster Grossmächtigster
KÖNIG!

Allergnädigster König und Herr!

Euere Königliche Majestät entstammen einem Herrschergeschlechte, das zu den ältesten und glanzendsten zählt im erhabenen Kreise der Regentenhäuser Europas.

Auf seinem Ursprunge ruht geheimnissvolles Dunkel, hinter welchem Sage und Mythe seltsam durcheinander klingen. Seine Wurzeln verschlingen sich in die Geschlechter der Agilolfinger und Karolinger. Aber mächtig schon ragt sein Stamm in die Blüthezeit der Hohenstaufen und Welfen herein. Stolz geschmückt sehon wir seine Aeste mit den Wappenschildern der alten germanischen Dynastien, vieler romanischer Herrscher-Familien, mit denen der Arpaden, Přemysliden und Piasten.

Kein grosses Fürstenhaus unseres Kontinentes ist im Verlaufe der Jahrhunderte ohne nähere Verbindung mit Wittelsbach geblieben. Inniger jedoch und dauernder war die Liebe, mit der Bayerns Volk stets an seinem angestammten Herrscher-Geschlechte hieng.

In Euerer Königlichen Majestät Krone ist sie ja der kostbarste Diamant, dessen Glanz sich immer frisch erhalten hat in den schönen wie trüben Tagen des Vaterlandes. Auf jedem ihrer Blätter giebt die bayerische Geschichte davon beredtes Zeugniss.

Diese Liebe zum Fürstenhaus und Vaterland, welche seit einem Jahrtausende Eins geworden sind, wach zu erhalten und noch zu erhöhen, ist die Absicht des Buches, das der Verfasser jetzt Euerer Königlichen Majestät allerehrerbietigst zu Füssen zu legen sich erkühnt.

In kurzen Umrissen zwar nur, aber doch kenntlich zeichnet es die Urahnen Euerer Majestät, eine grosse Reihe erlauchter Heldengestalten und holder Frauengebilde mit allem Liebreize wahrer Schönheit.

Möge ihr Anblick, ihr Ruhm, ihre Tugend jedes Herz, das warm für Wittelsbach schlägt, zu dem lobhaften Wunsche begeistern:

Gott der Allmächtige erhalte und segne Euere Majestät auf immerdar!

In allertiefster Ehrfurcht und Dankbarkeit geharrt

Euerer Königlichen Majestät

alleruntertänigst treugehorsamster
D⁻ Chr. Hæntle.

Inhalts-Anzeige.

Berichtigungen und Zusätze.

X

S. 90 Nr. 9: Nach mir durch Herrn Hauptmann Münich nachträglich von hoher Hand gewordener gütiger Mittheilung ist König Johann in Dresden und nicht in Leipzig geboren.

„ 91. Königin Therese ist, wie mir Herr Generallieutenant etc. von Jeetze durch Herrn Hauptmann Münich freundlichst mittheilte, im Jagd-Schlosse Seidingstadt bei Hildburghausen geboren.

„ 96. Bei I ist zu lesen: Adalbert Wilhelm Georg etc.

„ 98 zu Nr. 6. Die Tochter Königs Franz II starb am 28. März 1870 zu Rom.

„ 103 Zeile 5 v. unten (in den Noten) statt Gerbert Tom. I F. IV: Tom IV P. I. Ferner wird hier bemerkt, dass die Tapographia von M. Gerbert, für sich ein selbstständiges Werk in 2 Theilen bildend, zugleich Theil I des 4. und letzten Bandes der Monuments Aug. Dom. Austriacae von Marqu. Herrgott u. R. Heer ist. Hiernach wollen ungenaue Citate dieses Werkes gef. berichtigt werden.

„ „ Zeile 1 v. unten (ohne Noten) statt 29. Apr.: 28. Aug.

„ 122 Kolumne 3 bei Wilhelm von München ist anzufügen: III.

„ 123 Kolumne 3 ist bei Albrecht statt II zu setzen: I.

„ „ Zeile 13 von oben muss es statt 25. Septbr. 1395 heissen: 15. Nov.

„ „ Note 2 statt vestitutus: vestitus.

„ 124 Kolumne 4: Wilhelm II statt III u. dasselbe 8. 133 u. 134.

„ 132. Ueber die sub 7 und 9 erwähnten Töchter Otto's I von Mosbach vergl. man Büttinghausen's Beytr. II 356. Ihre klösterliche Stellung erhält hiedurch feste Begründung.

„ 138 Kolumne 3 muss es bei Wolfgang heissen: 1532—69 statt: 60.

„ „ Zeile 6 von unten lies Trevericae statt Treverici.

„ 140. Elisabetha, Gem. des Pfalzgrafen Georg ist geb. 1503.

„ 141 zu Note 3: Die 6 schönen Grabdenkmäler in Simmern sind von Johann v. Trarbach.

„ 143, 144 u. 145 Kolumne Kleeburg muss es bei Ad. Johann statt 1654—83 heissen: 80.

„ 144 Zeile 15 von unten statt 1. Okt.: 11. Okt.

„ 146 Zeile 7 von oben statt 23. Sept. 1444: 16. Sept. Ich folge Lehmann, der Mittwoch vor St. Laubrecht hat, während Bachmann den Mittwoch nach St. Lambrecht nimmt.

„ 149 bei Nr. 2 Ludw. II muss es heissen statt folgt sub II: sub IV.

„ 151 Zeile 4 von oben: Angoulème statt Angoulesme.

„ „ bei Nr. 1: Christine ist geboren am 28., nicht 29. Febr.

„ 156 gehört in der letzten Kolumne das II nach Johann Kasimir weg.

„ 157. Der Geburtstag von Joh. Kasimir (Nr. 8) ist hier nach altem Kalender genommen.

„ „ Zeile 12 von unten fällt das Wort: „abermals" vor: 3 zweybrückische Linien hinweg.

„ 159. Der Sterbetag der Juliana Magdalene (Nr. 7) ist hier nach altem Kalender.

„ 160 in Kolumne Lützelstein-Guttenberg muss es heissen: Georg Johann II statt Joh. Georg II. Ebenso S. 169.

„ 169 in Kolumne Birkenfeld muss statt 1660 stehen: 1600.

„ 176 muss es links oben in der Ecke heissen: Nebenlinie wie S. 175 statt 174.

„ 181 Zeile 11 von oben muss es statt 50 heissen: 57 Jahre.

„ 193. Das Regierungs-Ende Georg Wilhelm's (25. Dez. 1669) ist nach altem Kalender berechnet. Ebenso sein damit zusammenfallender Todestag S. 194.

„ 199. Friedrich Michael's Bild im b. Nat. Museum ist gemalt v. Fratrel, nicht Pratel.

Einleitung.

Vor mehreren Jahren bereits hat der Verfasser seine Anschauung über die Nothwendigkeit verlässiger genealogischer Daten in einer zu Jena veröffentlichten Denkschrift niedergelegt.[1] Es sei ihm gestattet, hier einige dieser Worte zu wiederholen.

»Möglichst genaue und vollkommene genealogische Daten sind zum Aufbau einer (Landes- oder Regenten-) Geschichte, welche nach allen Seiten hin befriedigen soll, geradezu unentbehrlich.

»Sie bilden gleichsam das Gerippe, aus welchem der Historiker, indem er es mit dem Gewebe »seiner Darstellungen umkleidet, allmählig jene vollendeten Gestalten schafft, deren Anblick uns »mit so gerechter Bewunderung erfüllt.« —

In der That war es ebenso sehr das tiefgefühlte Bedürfniss nach solch genauen und vollkommenen Daten, als die innige Ueberzeugung von der Zulässigkeit ihrer Beschaffung, welche dem Verfasser, als er die wittelsbachische Genealogie eingehender zu studieren begann, diese Worte in den Mund gelegt. Sie haben jetzt noch volle Geltung.

Die Trefflichkeit des Zottmayr'schen Werkes[2] für seine Zeit hier ganz ungeantastet, darf doch offen ausgesprochen werden, dass ein vor 36 Jahren geschriebenes Buch, wenn auch allgemein historischen Inhaltes, den Ansprüchen, welche Bedürfniss und Kritik heutzutage an selbes zu stellen berechtigt sind, kaum mehr vollzugenügen vermöge.

Schon in vielfacher Art ist seitdem der Ruf nach einer verbesserten Genealogie des Stamm- hauses Wittelsbach erklungen, am Nachdrücklichsten wohl aus dem Munde eines hervorragenden Kenners unserer Vaterlands-Geschichte, des k. k. Regierungsrathes und Universitäts-Professors Herrn Dr. Const. Höfler in Prag. Aber noch immer blieb Zottmayr Hauptquelle, aus der geschöpft wurde und geschöpft werden musste, wenn es galt, irgend ein genealogisches Datum genauer zu bestimmen.

In neuerer und neuester Zeit ist das freilich anders geworden.

Seit 1854 besitzen wir Kamill Behr's vortreffliche »Genealogie der in Europa regierenden Fürstenhäuser« und von 1864 ab erscheinen in Braunschweig Voigtel's »Stammtafeln zur Geschichte der Europäischen Staaten« in neuer, ganz vorzüglicher Bearbeitung durch Ludwig Adolf Cohn zu Göttingen.

Beide gleich gediegene Werke haben auch für die wittelsbachische Genealogie manches Neue und Bessere gebracht, und dass dieses in nicht noch reichlicherem Maasse geschehen, wird kein billig Denkender ihnen verübeln, da Behr sowohl als Cohn nicht die wittelsbachische Genealogie zu ihrer alleinigen Aufgabe gemacht, sondern die Stammtafeln sämmtlicher europäischer Herrscher- Familien vor Augen hatten.

Spezielle archivalische Studien über das bereits vorhandene literarische Material hinaus lagen wohl nicht in Beider Absicht. Das ist die Sache des Einzel-Forschers, hier für Bayern und Wittels- bach zunächst die eines Bayers selbst.

Seit einer längern Reihe von Jahren nun hat der Verfasser sich dieser Arbeit aus freiem Willen und innerem Antriebe unterzogen, worauf er schon vor geraumer Zeit — in der Vorrede zu seinem Erst- lingsversuche auf dem Gebiete der histor. Forschung[3] — hinzuweisen sich erlaubte.

Der Anfang der meisten grossen Herrscher-Geschlechter verliert sich in jenes nebelgraue Dunkel, das den Faden der Forschung mit Einemmale förmlich abschneidet. Auch mit dem Hause Wittelsbach ist dieses der Fall.

Wohl knüpft die Tradition seine Urahnen an die Agilolfinger an und bringt sie durch diese wieder mit den Karolingern und den Longobarden-Königen in nächste Verbindung, aber doch erst im tapfern Markgrafen Luitpold, der 907 gegen die wilden Magyaren-Horden fiel, erblicken wir, wie er plötzlich das frühere Dunkel leuchtend durchbricht, den eigentlichen Stammvater des bayerischen Königshauses.

[1] Landgraf Hermann I von Thüringen u. s. Familie. B. V der Zeitschrift des Ver. f. thüring. Gesch. u. Alterthums- kunde 1862 S. 71 ff (Vorwort).
[2] Genealogie des k. Hauses Bayern etc. von Fr. X. Zottmayr 1834. Flaan.
[3] Kleine Beiträge zur B. Landes- u. Wittelsbachischen Familien-Geschichte. Augsbg. 1861.

Schon mit seinem Urenkel **Hexilo** überziehen wiederum tiefe Schatten die Geschichte des Stammes, bis endlich Pfalzgraf **Otto VI** von **Bayern-Wittelsbach** am 16. Septbr. 1180 zu Altenburg von **Friedrich I Barbarossa** neuerdings mit dem Erbe seiner Ahnen, dem Herzogthume Bayern, Dank seiner Verdienste um Kaiser und Reich belehnt wurde.

Von da ab breitete sich allmählig die Herrschaft **Wittelsbach's** über das heutige Bayern aus, von da ab ward die Reihe dieser erlauchten Herrscher nie mehr dauernd unterbrochen. Erst von da ab hat auch der Verfasser seinen genealogischen Rahmen angelegt, weil zusammenhängende und verlässige Daten über 1180 zurück sich nicht wohl mehr erzielen lassen.

Um so ergiebiger fliessen die Quellen gleich jetzt schon und strömen immer reichlicher, je mehr wir herabsteigen in die Geschichte des Mittelalters und der neueren Zeit. Viele Irrthümer können daraus berichtigt, so manche Lücken damit ergänzt werden. Und ob dieses wünschenswerth, ob es nothwendig sei, wer möchte es bezweifeln? Nimmermehr bleibt es für die Geschichte eines Landes wie Bayern gleichgiltig, wenn die allgemeinsten Familien-Verhältnisse seiner uralten Beherrscher selbst in noch vorgerückterer Zeit mit dem Staube der Pergamente überzogen sind, und was hierüber, freilich in engerer Beziehung, Karl Alb. von Vachiery schon 1799 sagte,[1] lässt sich — in viel weiterer Ausdehnung — ebenso triftig noch heutigen Tages wiederholen.

Der Verfasser, welchem zu seinen jahrelangen Forschungen die Benützung der königl. bayer. Archive in gnädigster Weise gestattet wurde, hofft denn auch, mit diesem Werke das unumgänglich Nöthigste von den Personal-Skizzen der einzelnen Mitglieder des Stammhauses **Wittelsbach** bieten zu können. Aber auch anderm Wissenswerthen wurde dabei Rechnung getragen, wo es sich fand und wohl verwerthen liess. Und nicht bloss nützlich sollte das Buch durch seinen Inhalt werden, sondern selbst bequem zum Gebrauche durch die ihm gegebene Form.

Bei Nachschlage-Büchern — und als solches erscheint auch diese **wittelsbachische Genealogie** — hat der Leser ein Anrecht auf Bequemlichkeit. Möge er sie hier nach seinem Wunsche finden!

Zuerst wird ihm der Wiederbeginn der **wittelsbachischen Herrschaft** über Bayern vor Augen geführt. Bald kommt die schöne Pfalz am Rhein hinzu und mit dem Eintritte der schädlichen Landestheilungen (1255) stellen sich uns in den Seitenkolumnen sofort die dadurch gebildeten Nebenlinien dar.

Der berühmte Haus-Vertrag von Pavia (4. August 1329) schied das Stammhaus für lange Zeit in seinem Territorial-Besitze. Uebersichtlich treten uns also von dort an auf je zwei Seiten des Buches die sämmtlichen gleichzeitigen Beherrscher Bayerns und der Rheinpfalz, sowie ihrer Nebenlinien entgegen.

Der Wiedervereinigung beider Hauptlande im Jahre 1777 folgte rasch die Erhebung Kurpfalzbayerns zum Königreiche. Von dem so kräftig erblühten Stamme der **Wittelsbach** aber war in jener denkwürdigen Zeit nur mehr der jetzt königliche Zweig **Birkenfeld-Zweybrücken** und die herzogliche Linie **Birkenfeld-Gelnhausen** vorhanden, denen im Laufe dieses Jahrhunderts neue Zweige und Linien entsprossten.

Im zweiten Haupttheile des Buches kommen sodann die bayerischen und pfälzischen Nebenlinien zur eingehenden Behandlung und zwar unter steter Bezugnahme auf die Hauptlinien, so dass auch hier wieder auf jeder Seite eine Uebersicht der gleichzeitigen **Wittelsbacher** sich gegeben findet.

Für beide Theile wird das am Schlusse beigefügte alphabetische Namens-Register aller **Wittelsbacher** und **Wittelsbacherinnen** seit 1180 gewiss gute Dienste leisten.

Was die Form des Buches und die Begränzung seines Inhaltes betrifft, so lag zwar zwischen P. Anselme's (de Ste Marie) berühmter »Histoire généalog. etc. de la maison royale de France«[2] und Fr. X. Zottmayr's oben angeführtem Werke eine Menge von Wegen vorgezeichnet, die der Verfasser hätte gehen können oder sollen.

Am Meisten entsprach indessen seinen Intentionen die mustergiltige Arbeit Jac. Christoph Carl Hoffmeister's,[3] nur glaubte er von aller Beigabe irgend welcher Stammtafeln um so mehr absehen zu sollen, als es deren, und zwar recht tüchtige Arbeiten, nicht wenige bereits giebt.

Weit grössere Aufmerksamkeit als früher geschehen, hat der Verfasser den Töchtern **Wittelsbach's** zugewendet, welche aus dem Vaterlande hinweg mit fremden Fürsten sich vermählten.

---

[1] Abhandlung über die Grabstätte und Grabschrift einiger Herzoge aus Baiern im B. I der neuen hist. Abhandlgn. der b. Akad. d. W. S. 351.

[2] Fortgesetzt von M. Du Fourny u. in 3. Auflage xv. 1726—1733 in Paris erschienen.

[3] Hist. geneal. Handbuch über alle Linien des hohen Regentenhauses Hessen 1861.

Die Kunde über ihr Schicksal lag bisher in Hunderten von Werken zerstreut. Ihren genauen Verehelichungs- und Sterbe-Daten wurde darin emsig nachgespürt, der jeweilige Gemahl in kurzen Umrissen mit herangezogen und die Zahl der Kinder aus solchen Ehen wenigstens summarisch eingefügt.

Auch die Beinamen der einzelnen wittelsbachischen Regenten, sowie ihre Wahlsprüche (Symbole, Devisen, Schwurformeln u. s. w.) werden, wenn sie schon auf Vollständigkeit keinerlei Anspruch machen, dem Leser nicht ganz unwillkommen sein.

Vorzüglicher Beachtung aber hielt der Verfasser die wittelsbachischen Grabdenkmäler, Denksteine, Epitaphien, Sarg-Inschriften u. s. w. werth, weshalb er zugleich nach Möglichkeit auch Hinweise darüber gab, wo sie sich etwa abgebildet und ihre Inschriften niedergelegt finden.

Weiter wurden noch, um dem Buche einen gewissermassen lebendigen Hintergrund zu geben, während der Druck schon begonnen hatte, auch die hiesigen grossen Staats-Sammlungen, wie z. B. das bayerische National-Museum, die beiden Pinakotheken, dann noch insbesondere die Gallerie zu Schleissheim mit ihrem Schatze von Ahnenbildern, Portraits, Büsten, Statuen u. d. gl. betreffenden Ortes in die Anmerkungen bereingenommen.[1]

Es ist selbstverständlich, dass, wenn einmal Ahnen-Portraits in Betracht kamen, hiebei auch die königl. Residenz dahier, reich an schönen Bildern dahingegangener Fürsten und Fürstinnen, nicht unbeachtet bleiben durfte.

Die gräflich Grainberg'sche Gallerie auf dem Heidelberger-Schlosse endlich lernte der Verfasser — leider etwas spät — such aus Herrn Pfarrers Lehmann Geschichte von Zweybrücken kennen. Sie war schon vorher, in Folge ungenauer brieflicher Mittheilung, als Grainberger'sche Sammlung erwähnt worden, welchen Irrthum man gleich hier zu bessern ersucht.

Hauptgrund blieb bei Heranziehung all' dieser Gegenstände: nur solche Bilder und Portraits, Büsten, Statuen u. s. w. in dem Texte anzuführen, welche eine unzweifelhafte historische Basis haben, d. h. wenn die betreffende Darstellung nach dem Leben gegeben, oder derselben doch förmliche Original-Bilder (nach Siegeln, Münzen u. d. gl.) zu Grund gelegt worden sind.[2]

Deshalb fanden die Ahnen-Portraits z. B. der Herzoge Otto I, Ludwig I u. s. w. in der Schleissheimer Ahnen-Gallerie für dieses Buch keine Beachtung. Man hat es hier grösstentheils mit blossen Gebilden der Phantasie zu thun. Aus der gleichen Ursache beginnt auch die Erwähnung der vergoldeten Kolossal-Statuen im Thronsaale der kgl. Residenz erst mit Herzog Albrecht III (IV) dem Weisen von Bayern und mit Friedrich I dem Siegreichen von der Pfalz.

Wo es mittlerweile gelungen, frühere Zweifel zu heben, oder wo umgekehrt frühere Angaben sich hinterher als ungenau erwiesen haben, darüber wird der Anhang II das Nöthigste an die Hand geben, während im Anhange III die schönen Ahnen-Bilder in den zugänglichen Hännnen der k. Residenz und die wenigen wittelsbachischen Portraits in der alten Pinakothek sich zusammengestellt finden.

Anhang I bringt die königl. Nebenlinie Wartenberg.

Noch ein besonderer Punkt ist in's Auge zu fassen. Wiederholt hat der Verfasser die Wahrnehmung gemacht, dass in vielen genealogischen Werken die Daten des alten und neuen Kalenders keinerlei Unterscheidung gewürdiget wurden. So sagt z. B. Zottmayr von Johann II von Zweybrücken (S. 43): geb. 1584 den 26. März, gest. 1635 den 30. Juli. Nun ist aber der 26. März ein Datum des neuen und der 30. Juli eines des alten Kalenders. Aehnlich verhält es sich mit Johann's zweiter Gemahlin Louise. Ihre Vermählungs- und Sterbe-Daten sind wieder die des alten Kalenders.

Um nun in dieses Wirrniss nach Möglichkeit Licht zu bringen, hat sich der Verfasser entschlossen, jedes Datum, welches ihm gedruckt oder urkundlich als Datum des alten oder neuen Kalenders begegnete, sofort nach dem neuen Kalender zu reduziren, dasselbe aber zugleich in recht auffälliger Weise als solch reduzirtes Datum zu kennzeichnen.

Die Bruchzahl, wie sie zu dieser Bezeichnung häufig K. Behr und Andere anwenden, indem sie beide Daten untereinanderstellen, nahm dem Verfasser, sollte sie nicht gar zu klein und dann schwer leserlich werden, zu vielen Raum weg, und anderen Zeichen zog er das Kreuzchen (†) vor, denn, wenn es auch gerne als Zeichen des Ablebens gebraucht wird, so gewöhnt sich das Auge doch bald an seine

---

[1] Seit Sommers Beginn hat sich der Verfasser im Vereine mit Herrn Professor Dr. Kuhn, I Conservator des bayer. National-Museums, dann den Herren Hauptleuten Ad. Erhard und Fr. Mänich, von höchster Stelle hierzu ermächtigt, an die Aufgabe gemacht, die vielen noch nicht bestimmten Portrait-Medaillons und Email-Bilder etc. des Museums, dann zugleich die Schleissheimer Ahnen-Portraits überhaupt oder doch genauer bestimmen zu helfen. Dieser Versuch ist noch nicht ganz zu Ende geführt, doch konnte ein kleiner Theil der Ergebnisse bereits für vorliegendes Buch benützt werden. Der grössere Theil liegt zur künftigen Verwerthung bereit. Nach ihrer Vollendung dürften diese Bestimmungsarbeiten für die wittelsbachische Familiengeschichte immerhin werthvolle Behelfe liefern.

[2] Vergl. unten im Texte S. 31 Note 2.

jetzige Bedeutung, auf welche ausserdem ein Paarmals, so S. 50 Note 2, S. 53 Note 3 u. s. w. sich ausdrücklich hingewiesen findet.

Da es dem Verfasser blos um geschichtliche Wahrheit und die grösstmöglichste genealogische Verlässigkeit zu thun war, so hat er ganz unwahrscheinliche, durch nichts belegte Angaben stets unbeachtet gelassen, zweifelhafte Fälle, die nicht klar zu stellen waren, durch Beifügung eines Fragezeichens (?) als solche bezeichnet und nur da sich bestimmt ausgesprochen, wo Urkunden, Kodizes und Akten, dann andere glaubwürdige Quellen ihm hilfreich zur Seite standen.

Absolute Vollkommenheit ist bei einem solchen Werke allerdings nicht zu erreichen. Oft hat der Verfasser noch inmitten des Druckes Notizen durch blossen Zufall entdeckt, die er trotz eifriger Forschungen zuvor nicht hatte finden können. Auch liess ihn bei aller Reichhaltigkeit der hiesigen k. Hof- und Staatsbibliothek das gedruckte Material doch manchmal gänzlich im Stiche.

Dadurch wurden viele zeitraubende Korrespondenzen nach allen Windrosen unseres engern und weitern Vaterlandes veranlasst, die häufig von dem besten Erfolge gekrönt waren.

Der Verfasser verdankt schätzbare Mittheilungen dieser Art den Herren Herren: Archivdirektor Albrecht in Oehringen, Geheimrath Dr. Baur in Darmstadt, k. k. Regierungsrath Dr. Const. Höfler in Prag, herzogl. Archivar Meyer in Bernburg, fürstl. Archivar Stephan in Braunfels, Graf von Walderdorff in Regensburg und grossherzogl. Staatsarchivar v. Weech in Karlsruhe.

Hier unterstützten ihn mit willkommenen Notizen die Herren: Justizministerialrath A. Heintz, dann Hauptmann Münich und Reichsarchivsekretär Dr. Schäffler seine sehr verehrten Freunde, endlich Herr Landtagsarchivar und Regierungsrath Pl. Stumpf.

Von ihrem amtlichen Standpunkte aus sind seit Jahren des Verfassers Wünschen mit seltener Geduld und Ausdauer entgegengekommen: Herr geheim. Hofrath Haus- und Staats-Archivar etc. Dr. Söltl und die Herren Bibliothekar A. Gutenäcker, sein verehrtester Freund u. Kustos J. Anmer, Beide an hiesiger kgl. Hof- u. Staats-Bibliothek.

Mit seinem herzlichen Danke hiefür verbindet der Verfasser an sie Alle die Bitte, der wittelsbachischen Genealogie auch für die Zukunft das gleiche Wohlwollen zu bewahren. Jede nachträgliche Berichtigung oder Ergänzung wird ihm nämlich stets willkommen sein und soll später ihre geeignete Verwendung finden.

Aus der Registratur des königl. Staatsministeriums des Innern wurde dem Verfasser die so überaus werthvolle manuscriptliche Zusammenstellung seines hochverehrten Freundes, des Herrn Ministerialrathes etc. F. F. von Lipowsky »Verzeichniss der im Königreich Bayern vorhandenen Denkmäler bayer. Fürsten und anderer ausgezeichneter Persönlichkeiten« gnädigst zur Einsicht überlassen. Indem er seinem ehrerbietigsten Danke hiefür freudigen Ausdruck giebt, glaubt er dabei den Wunsch aussprechen zu dürfen, dass dieses verdienstliche Werk im Interesse der Vaterlandsgeschichte seiner Zeit Fortsetzung finden möge.

Ganz besonderen Dank aber schuldet der Verfasser noch dem Ausschusse des historischen Vereines von und für Oberbayern, dessen in den wissenschaftlichen Kreisen Bayerns und Deutschlands rühmlichst bekannter zweiter Vorstand Herr Oberbibliothekar etc. H. Föringer bei seinem Werke gleichsame geistige Pathenstelle vertreten hat.

Und nun erlaubt er sich blos noch einige Worte über die Druckbogen-Revision, wovon ihm seine liebe Frau treulich ein gutes Stück abnahm.

In der Regel musste dieses Geschäft beim Lampenlichte vorgenommen werden, denn des Verfassers Amtsthätigkeit durfte natürlich keine Unterbrechung erleiden und die während des ganzen Druckes fortlaufenden Recherchen für die Rubrik der Denkmäler und Epitaphien nahmen gar viele Zeit in Anspruch. Dazu kam, dass der Verfasser seit November vorigen Jahres, nachdem der Druck schon im Gange war, nebenher auch noch die Sekretariatsgeschäfte des historischen Vereines dahier zu besorgen hatte. Solch' aussergewöhnliche Inanspruchnahme seiner Arbeitskraft machte die Revision doppelt schwierig. Der Verfasser ist desshalb freundlicher Nachsicht auch doppelt bedürftig.

Und somit sei denn diese Genealogie des erlauchten Stammhauses Wittelsbach allen Freunden des engern und weitern Vaterlandes mit jener Liebe zur Sache, welche ihn bei ihrer Durchführung begeisterte, bestens empfohlen.

München im Juli 1870.

von dem Verfasser.

A.

Die wittelsbachischen Hauptlinien

in

Bayern und in der Pfalz a.Rh.

Bayern als Herzogthum.

Es war zu Sächsisch-Altenburg am 16. Septbr. 1180, als Kaiser Friedrich I (Barbarossa) nach Aechtung Herzogs Heinrich XII (des Löwen) das erledigte Herzogthum Bayern seinem erprobten Jugendfreunde und langjährigen Waffengenossen, dem Pfalzgrafen Otto VI von Wittelsbach verlieh, welches dessen Ahnen schon früher einmal im Besitze gehabt.

Seitdem beherrschen Otto's Nachkommen in ununterbrochener Reihenfolge unser Vaterland, bis 1777 direkt in der s. g. Ludwigischen oder jüngern Linie, von da ab bis zum heutigen Tage in der s. g. Rudolphinischen oder ältern Linie. [1]

Die einzelnen Regenten Bayern's folgen sich seit 1180 in nachstehender Weise:

I. Otto I. Regiert vom 16. Septbr. 1180 bis zum 11. Juli 1183.

Beinamen: Major Senior Magnus; Pater patriae; Rufus, d. h. der Grössere Aeltere der Grosse; Vater des Vaterlandes: der Rothkopf [2]; dann der Starke u. s. w.;

geboren in Kelheim (?) um 1117;

Pfalzgraf von Bayern am 4. Aug. 1156;

Herzog seit dem 16. Septb. 1180;

gestorben zu Pfullendorf im badischen Seekreis am 11. Juli 1183;

begraben in der alten Familiengruft des Benediktiner-Klosters Scheyern (Gedenkstein über dem Gruftgewölbe daselbst.) [3]

Gemahlin:

Agnes, Tochter des Grafen Ludwig II von Loos, geb. im Stammschlosse Loos (?) um 1150, verm. in Kelheim (?) um 1169, gest. auf Wartenberg oder Kelheim (?) am 26. März 1191, begr. neben ihrem Gemahle.

---

[1] Beide Linien stammen bekanntlich von den 2 Söhnen Ludwig's II (des Strengen) her, Rudolph I und Ludwig IV (dem Bayer).

[2] Wenn diese Bezeichnung, wie in den betr. Arkaden-Bildern und neuerdings in jenen des bayer. National-Museums zu München geschehen, mit „Rothhaar" gegeben wird, so ist das nach den Berichten gleichzeitiger Historiker falsch. Es heisst nemlich bei Acerb. Morena (im B. XVIII der SS. p. 641 bei G. H. Pertz nach den 2 Codices der Ambrosianae etc. etc. „longis capillis quasi nigris, oculis magnis, facie longa et quasi rubicunda". Also daher der „Rothkopf"!

[3] Ueber diese Gruft vergl. man das oberbayer. Archiv B. II S. 181 ff. u. den Sulzbacher Kalender für kathol. Christen v. 1855 S. 121 ff.

1

Bayern als Herzogthum.

Kinder:

1) **Otto**, geb. in Kelheim (?) Ende 1169, gest. in Ensdorf am 7. Aug. vor 1181 und daselbst an der Seite seiner väterlichen Grosseltern in der dem hl. Petrus geweihten Klosterkirche begr. (Grabdenkmal.) [1]

2) **Sophie**, geb. in Kelheim (?) um 1170, verm. auf der Wartburg (?) im Frühjahr 1196 mit Hermann I Landgrafen von Thüringen und Pfalzgrafen von Sachsen als dessen 2te Gemahlin.
   Hermann ist geb. auf der Wartburg (?) um 1152, starb auf Schloss Grimmenstein bei (jetzt Friedenstein in) Gotha am 26. April 1217 und wurde zu Eisenach im St. Katharinen-Kloster begraben. (Ehemal. Grabinschrift daselbst.) [2]
   Sophie, welche ihm 5 Söhne und 2 Töchter geboren, starb in Eisenach am 10. Juli 1238 und ruht neben ihrem Gemahle. (Ihr Grabdenkmal existirt nicht mehr.) [3]

3) **Heilica I**, geb. in Kelheim (?) um 1171, verm. um 1184 (?) mit dem Hallgrafen Dietrich von Wasserburg, welcher um 1142 geb. war und um 1210 starb.
   Heilica gebar ihrem Gemahle 2 Söhne und 3 Töchter und starb am 9. Oktob.(?)

4) **Agnes**, geb. in Kelheim (?) um 1172, verm. 1186 (?) mit dem Grafen Heinrich von Plain, welcher auf dem Kreuzzuge Kaisers Friedrich I 1190 in Palästina starb.
   Seine Gemahlin gebar ihm 3 Söhne (?) und starb um 1200. (?)

5) **Richarde**, geb. in Kelheim (?) um 1173, verm. 1186 (?) mit dem Grafen Otto II von Geldern und Zütphen, der vor dem 24. Sept. 1207 starb und im Cistercienser-Kloster Altenkampen bei Rheinbergen begr. liegt.
   Wann Richarde starb, ist nicht bekannt. Vermuthlich ruht sie neben ihrem Gemahle. (?) [4]

6) **Ludwig I**, geb. am 23. Dez. 1174 in Kelheim. (?) — Folgt sub II.

7) **Heilica II**, (?) geb. in Kelheim (?) um 1176/77, verm. um 1190 mit dem Grafen Adelbert III von Dillingen. Adelbert starb 1214 und ist in der ehem. Benediktiner-Kirche in Neresheim begr.
   Heilica gebar ihm 1 Sohn und 3 Töchter und ruht neben ihrem Gemahle. [5]

8) **Elisabethe**, geb. in Kelheim (?) um 1178/79, verm. mit dem Grafen Berthold II (III) von Vohburg, letztem Markgrafen von Cham, welcher am 25. Mai 1209 starb.
   Elisabethe gebar ihm keine Kinder.
   NB. Die Begräbnissstätten von Nr. 3, 4 u. 8 sind nicht festzustellen.

9) **Mechtilde**, geb. in Kelheim (?) um 1180, verm. um 1209 mit dem Pfalzgrafen Rapoto II von Bayern aus dem Hause Ortenburg. Dieser war geb. um 1164, starb am 19. März (?) 1231 und ruht im Augustiner-Chorherrenstift Baumburg bei Trostberg.
   Mechtilde, die ihrem Gemable mehrere Kinder geboren, starb um 1231 (nach ihrem Gemahle und Bruder Herzog Ludwig I) und liegt gleichfalls zu Baumburg begraben.

---

[1] Suleb. Kal. f. kath. Christen 1843. I. u. 1855 S. 129 f. Vergl. Aus. Meiller's Mundi Miraculum ad pag. 294.

[2] Abgedr. bei J. B. Mencken Script. Rer. Germ. II 825 Note 1; in der Thüringia Sacra p. 929 f. i etc.

[3] Beim Verfall des Klosters wurden die dort begrabenen fürstl. Leichen auf den Grimmenstein und von da nach Reinhardsbrunn gebracht. — Ueber Hermann I von Thür. sei übrigens auf Bd. V der Zeitschrift des Ver. für thür. Gesch. u. Alterthumskde, S. 75 ff. verwiesen: Landgraf H. I v. Th. u. a. Familie v. Dr. Chr. Haeutle. — Das Verlässigste über Otto's Töchter geben die Aufzeichnungen Hermann's von Altaich bei J. F. Boehmer (Fontes Rerum Germanicarum III 561 f. u. bei Pertz (SS. XVII, 377.) Man vergl. meinen Aufsatz über die Kinder Herzogs Otto I im Morgenblatte der bayer. Zeitung vom 4. Sept. 1862 Nr. 228 S. 813 f.

[4] Richarde bleibt allerdings etwas zweifelhaft, aber die bestimmten Angaben Hermann's von Altaich (Boehmer und Pertz a. a. O.) können dadurch allein nicht entkräftet werden, dass sich auch eine Gemahlin Richardis für Otto II von Geldern aus Jülich nachweisen lässt. Otto kann ja recht gut 2 gleichnamige Frauen gehabt haben, deren erste dann unsere Richarde war.

[5] Vergl. A. Stalchele (Das Bisthum Augsburg III 46 f.)

Bayern als Herzogthum.

II. Ludwig I, vom 11. Juli 1183 — 15. Sept. 1231.

Beinamen: der Kelheimer; Bavarus; Probus der Biedermann; Conjunctor der Vereiniger [1]);
geb. in Kelheim am 23. Dez. 1174;
steht unter Vormundschaft seiner Mutter und seiner 3 Oheime Konrad, Friedrich u. Otto VII vom 11. Juli 1183 bis 24. Mai 1192;
gest. durch Meuchlerhand in Kelheim am 15. Septbr. [2]) 1231. (Inschrift an der Thüre der Spital-kirche oder Otto-Kapelle daselbst.)
begr. in Scheyern bei seinem Vater.

Ludwig I vereinigt durch kaiserl. Verleihung vom Septbr. 1214 die Rheinpfalz mit Bayern. [2]

Gemahlin:

Ludmilla, Tochter Herzogs Friedrich von Böhmen aus dem alten Stamme der Prémysliden, geb. um 1170 in Olmütz (?). In erster Ehe vermählte sie sich zu Bogen (?) um das Jahr 1184 (Pfingsten?) mit dem Grafen Albert III von Bogen, welcher am 19. Juli 1165 geboren ist, am 19. Dez. 1198 starb und in der Schlosskapelle zu Bogen(?) begr. liegt.
Ludmilla, welche in erster Ehe 3 Söhne und 1 Tochter geboren, vermählte sich mit Ludwig I Ende Oktober 1204 in Kelheim, starb zu Landshut am 5. Aug. 1240 und ward zuerst in der St. Afra-Kapelle daselbst, später (1259) in dem von ihr begonnenen Cisterz.-Nonnenkloster Seligenthal beigesetzt. (Neuere Ueberschrift des Gruftgewölbes daselbst) [4])

Sohn: [5])

Otto II, geb. 7. April 1206; folgt sub III.

Bayern und Pfalz a. Rh.

III. Otto II, v. 15. Septbr. 1231 — 29. Nov. 1253; in der Pfalz vom Herbst 1228 an. [6])

Beinamen: Jllustris der Erlauchte; Bonus der Gütige; Vater des Vaterlandes; Uxorius;
geb. in Kelheim am 7. April 1206;
gest. in Landshut am 29. Nov. 1253;
begr. in Scheyern bei seinem Vater und Grossvater.

---

[1]) Weil er, wie gleich zu lesen, die Rheinpfalz mit Bayern vereinigte.

[2]) Vergl. Dr. Haeutle's Beiträge zur Landes-, Fürsten- und Kultur-Geschichte der deutschen Staaten etc. Heft I S. 1 ff.

[3]) J. F. Böhmer Wittelsbachische Regesten S. 7. Die betr. Urkunde ist in den bayerischen Archiven ebenso wenig mehr vorhanden, als jene über die Belehnung Otto's I mit Bayern. Beider Verlust muss recht beklagt werden.

[4]) Ueber Ludmillens hölzernes Grabmal in der Afra-Kapelle vergl. man Lieferung 2 der Alterthümer und Kunst-Denkmale des bayer. Herrscher-Hauses Abhandlg 1.

[5]) Die andern Kinder Ludwig's I, wie sie noch die bayer. Genealogen Zottmayr und Masen haben, sind erfunden. Urkunden und ältere Chroniken schweigen völlig darüber. Im J. 1216 nennt Ludwig I überdiess seinen Sohn Otto: praecordialem unigenitum nostrum. Wittelsbach. Regesten S. 8.

[6]) Böhmer's Wittelsbachische Regesten S. 13 f.

1*

Bayern und Pfalz a.|Rh.

Gemahlin:

Agnes, Tochter des Herzogs von Sachsen und Pfalzgrafen am Rhein Heinrich's des Schönen (Aeltern Langen), geb. um 1201, verlobt mit Otto zu Nürnberg Pfingsten 1212, verm. in Worms im Mai 1222.

Agnes, eine Enkelin Friedrich's (Barbarossa) und Heinrich's XII (des Löwen), durch deren Vermählung mit Otto das Haus Wittelsbach im Besitze der Rheinpfalz befestigt wurde, starb in München am 16. Aug. 1267,[1]) und ruht neben ihrem Gemahle zu Scheyern.

Kinder:

1) **Elisabethe**, geb. in Landshut um 1227, verl. im Frühjahr 1235 daselbst, verm. am 1. Sept. 1246 zu Vohburg[2]) mit König Konrad IV, welcher im April 1228 zu Andria im Königreich Neapel geb. war, zu Lavello in Apulien am 20. Mai 1254 starb und in der Kathedrale zu Messina beigesetzt wurde. Aus dieser Ehe ging der unglückliche Konradin (von Schwaben) hervor.[3])

Elisabethe vermählte sich zum Andernmal in München am 6. Okt. 1258 mit dem Grafen Mainhard IV von Görz und Tirol, späterm Herzog von Kärnthen, welcher um 1235 geb. ist, zu Greifenberg in Tirol am 1. Nov. 1295 starb und in der von ihm und seiner Gemahlin gestifteten Cistertzienser-Abtei Stams begr. liegt.[4]) Elisabethe hatte ihrem Gemahle 4 Söhne und 3 Töchter geboren, in Greifenberg (?) am 9. Okt. 1273 und ruht zu Stams in der ehemal. St. Johannis-Kapelle, an deren Stelle bald darauf die Kloster-Kirche erbaut wurde.

2) **Ludwig II**, geb. am 13. April 1229. Folgt sub IV.

3) **Heinrich I**, geb. am 19. Nov. 1235. Folgt später bei der Linie Niederbayern. I. A. sub I.

4) **Sophie**, geb. in Landshut Ende 1236, Anfangs des Jahres 1243 in Wels mit Herzog Friedrich II (dem Streitbaren) von Oesterreich aus dem alten Hause Babenberg verlobt, hernach zu München (?) am Beginn des Jahres 1258 mit dem Grafen Gebhard VI von Sulzbach und Hirschberg als dessen 2te Gemahlin vermählt, welchem sie 2 Söhne gebar.

Graf Gebhard ist geb. um 1220 (?) starb auf dem Schlosse Hirschberg im Jahre 1275 und liegt im Dominikaner-Kloster zu Eichstädt begr.[5])

Sophie verschied auf dem Schlosse Hirschberg am 9. Aug. 1289 und ruht in dem von ihr gestifteten Dominikaner-Kloster in Eichstädt. (Grabdenkmal von Joh. de Sabatis zugleich für ihren Gemahl und jüngern Sohn.[6])

5) **Agnes**, geb. in Landshut (?) um 1240, gest. in München am 7. Dez. um 1306, begr. in Seligenthal.

---

[1]) Auch das Jahr 1269 hat gute Beleg-Stellen für sich.

[2]) Die Annales S. Rudperti bei Pertz (SS. IX 789) und wohl nach ihnen die Compilatio Chronologica bei Oefele (Script. Rer. Boic. II 337) nennen als Vermählungsort ausdrücklich Vohburg, was nach Böhmer (Wittelsb. Regesten S. 21) nicht in's Itinerar passt, der deshalb Augsburg annimmt. Wir geben dem erstern Orte gleichwohl den Vortrag.

[3]) Der hochstselige König Maximilian II von Bayern hat ihm zu Neapel in der Kirche Carmine Maggiore ein schönes Denkmal gewidmet.

[4]) Vergl. die Beschreibung der Fürstengruft daselbst in M. Gerbert's Topographia Principum Austriae P. I p. 295 u. Tafel XVIII.

[5]) Im Streite, ob Gebhard VI 1275 oder 1305 starb u. wo er ruht? — Dr. G. Ch. Gack (Gesch. d. Herzogthums Sulzbach p. 68 fl.) erklärt sich entschieden für 1275 u. Eichstädt — ist die Urkunde vom 18. März 1276 im B. IV S. 5 der Regesta Boica vollentscheidend.

[6]) Abgebildet in der Beilage 2 zum 47. Jahresbericht des hist. Vereins in Mittelfranken pro 1859, dann Tab. II ad p. 468 der neuen histor. Abhandlgn. der b. Akad. d. W. B. I. Die Inschrift hat unter Andern auch J. Sax (Gesch. des Hochstifts u. d. Stadt Eichstädt S. 496 Nr. 52.)

Oberbayern und Pfalz a. Rh.

Erste Bayerisch-Pfälzische Landestheilung
vom 28. März 1255.

Vom 29. Nov. 1253 an regierten die Gebrüder Ludwig II und Heinrich I [1]) in den ihnen zugefallenen väterlichen Landen gemeinschaftlich.

Am eben genannten Tage nahmen sie jedoch die erste s. g. Nutztheilung vor, vermöge welcher der ältere Bruder den oberen Theil Bayerns, einige Aemter auf dem Nordgau und dazu die Rheinpfalz, der jüngere aber den untern oder niedern Theil Bayerns erhielt. Hiemit fällt denn auch die Entstehung der Namen Oberbayern und Niederbayern zusammen, nach welchen seitdem die dadurch gebildeten Linien benannt wurden.

Wir wenden uns zunächst an die oberbayerische, weil ältere Linie.

Niederbayern.

Heinrich I 1255 1290.
Otto III 1290—1312.
Ludwig III 1290—1296.
Stephan I 1290—1310.

IV. Ludwig II, v. 28. März 1255 — 2. Febr. 1294,
Beinamen: Severus Strenuus der Strenge Ernsthafte Grausame; Canus der Graue; Senior der Aeltere;
geb. in Heidelberg am 13. April 1229;
gest. daselbst am 2. Febr. 1294;
begr. in dem von ihm gestifteten Kloster Fürstenfeld. (Modernes Epitaphium daselbst.) [2]) In der Augustiner-Kirche zu Heidelberg befindet sich ein Ludwig und zugleich seinem Sohne Rudolph gewidmetes Denkmal mit Inschrift. [3])

Gemahlinnen: [4])

I. Maria, Tochter Herzogs Heinrich II (des Grossmüthigen) von Brabant und Lothringen, geb. um 1226 (?), verlobt in Hagenau am 6. Jan. 1236, verm. in Landshut (?) am 2. Aug. 1254, enthauptet in Donauwörth am 18. Jan. 1256 u. begr. daselbst bei Hl. Kreuz. (Denkmal in der s. g. alten Frauen-Kapelle.) [5])

II. Anna, Tochter Herzogs Konrad II (des Parisers) von Schlesien-Glogau, geb. um 1240, verm. am 24. Aug. 1260, gest. in München (?) am 25. Juni 1271, [6]) begr. im Kloster Fürstenfeld.

---

[1]) Bezüglich dieser Art, die bayerischen Herzoge zu zählen, wollen wir ein für alle Mal auf unsere „Kleinen Hülfsmittel beim Studium der bayer. Geschichte" in B. XXVI des oberbayer. Archivs S. 1 ff. verwiesen haben.

[2]) Die ursprüngl. Denkmäler wurden durch die Schweden zerstört. Oberb. Archiv B. XVII S. 215.

[3]) Abgedruckt im Apographum Monumentorum Haidelbergensium M. Adami. Ao. 1612 Haidelbergae. In Officina Andreae Cambierii etc. S. 24, von dem noch oft die Rede sein wird, dann bei J. Fr. Schannat Hist. Episc. Wormat. I 584 u. s. w. Der hier vorkommende Todestag Ludwig's „dies secunda Februarii" bestimmt auch, von Böhmer's (Wittelsbachische Regesten S. 48) Annahme des 1. Febr. um so mehr abzugehen, als für den 2. Febr. auch sonst zahlreiche andere Quellen sprechen, so z. B. Hermann von Altaich, Heinrich von Rebdorf (bei Böhmer Fontes IV 508) u. s. w. — Vergl. D. Parei Hist. Bav. Palat. in der Ausgabe des G. Ch. Joannis S. 162.

[4]) Ludwig hatte sich am 24. Nov. 1254 mit einer englischen Prinzessin verlobt, die Sache blieb übrigens ohne Erfolg.

[5]) Eine Abbildung des Grabsteines mit Inschrift hat C. Königsdorfer (Gesch. d. Klost. zum Hl. Kreuz I 92), einen Abdruck der Letztern unter Andern auch D. Parcus u. a. O. p. 149. Man vergl. M. Raderi Bavaria sancta etc. II 307 ff.

[6]) Das Necro Chronicon Anonym. Fürstenfeld. (bei Oefele II 556) lässt sie am 28. Mai (V Kal. Jung) sterben, eine Angabe, die an Bedeutung dadurch gewinnt, dass wir ihren Gemahl am 30. gl. M. in Fürstenfeld antreffen. Böhmer Wittelsbachische Regesten S. 34.

Oberbayern und Pfalz a. Rh.

III. Mechtilde, Tochter Königs Rudolph I von Deutschland, geb. um das Jahr 1251, verm. in Aachen zwischen dem 24. u. 27. Okt. 1273, gest. in Wien am 23. Dez. 1304, begr. im Kloster Fürstenfeld.

Kinder zweiter Ehe: [1]

1) **Maria,** geb. 1261, gest. als Meisterin (Magistra) im Cistercienserinnen-Kloster Marienberg bei Boppard, wo sie auch begr. liegt. [2]

2) **Agnes,** geb. in München (?) um 1262, gest. am 21. Okt. 1269, begr. im Kloster Fürstenfeld.

3) **Ludwig** (Elegans, der Wohlerzogene), geb. am 13. Sept. 1267, verl. in Kaiserslautern am 27. Nov. 1287, verm. in Mainz 7. Jan. 1288 mit Elisabethe, Tochter Herzogs Friedrich III von Lothringen, welche 1272 geb. war.

Ludwig starb an einer im Turnier zu Nürnberg erhaltenen Wunde daselbst am 23. Nov. 1290 und ruht im Kloster Fürstenfeld neben seiner Mutter.

Elisabethe verschied am 11. Mai 1335 als Gemahlin des 1319 gestorbenen Grafen Heinrich III v. Vaudemont, den sie 1306 geheiratet, und ruht mit ihrem 2ten Gemahle im Chorherrenstifte zu Vaudemont. (?)

Kinder dritter Ehe.

4) **Rudolph I,** geb. 4. Okt. 1274. Folgt unten bei der Pfalz a./Rh. sub 1.

5) **Mechtilde,** geb. in München (?) Ende 1275, verlobt zu Lengfeld am 19. April 1287 und neuerdings in Ingolstadt am 24. April; verm. zu Ulm am 28. Okt. 1288 mit Herzog Otto IV (Strennus, der Strenge der Gule) [3] v. Braunschweig-Lüneburg, welcher geb. ist im Jahre 1266 (?), am 9. April 1330 starb und in Lüneburg bei St. Michael auf dem Kalkberge begr. liegt.

Mechtilde, welche ihm 4 Söhne gebar, starb in Lüneburg am 28. März 1319, und ruht neben ihrem Gemahle. (Gemeinschaftl. Denkmal mit Inschrift daselbst für beide Gatten.) [4]

6) **Agnes,** geb. in München (?) um 1276/77. Zuerst vermählte sie sich am 15. Jan. 1290 mit Heinrich II (dem Jüngern oder Ungeborenen) Landgrafen von Hessen, welcher um 1264 geb. war, am 23. Aug. 1298 starb und in Marburg bei St. Elisabeth begr. liegt. Ihm hatte Agnes eine Tochter geboren, heiratete vor dem Novbr. 1303 den Markgrafen Heinrich I (ohne Land) von Brandenburg und Landsberg, der am 21. März 1256 geb. war, zwischen 10. Juli u. 14. Aug. 1319 starb und in Chorin oder Preuzlau begr. liegt.

Agnes gebar ihrem 2ten Gemahle einen Sohn und eine Tochter, starb zu Sangerhausen (?) am 21. Oktob. 134? und ruht wohl neben Heinrich I. [5]

---

[1] Man kennt alle Kinder Ludwig's II noch immer nicht, denn das Breve Chronicon Fürstenfeld. etc. sagt a. a. O. (oben p. 5, Note 6) „Alios autem plures liberos genuit, qui omnes in puerili mortui sunt aetate et in praedicto claustro positi sunt in sepulchro Patrum suorum." Das Nämliche sagt Cod. Germ. 427 auf hiesiger k. Hof-u.Staatsbibliothek f. 145b, eine Tegernseer-Chronik. Ladislaus Santheim (bei Oefele II 564 u. 570) giebt überdies der zweiten Gemahlin Ludwig's noch eine weitere Tochter Elisabethe, welche mit Ladislaus IV von Ungarn vermählt gewesen und ohne Kinder gestorben sein soll. — Es ist, wie man sieht, schwer, aus so früher Zeit verlässige Daten zu gewinnen.

[2] Acta Palatina VII 692. Zur Sühne für den Mord der ersten Gemahlin Maria nannte Ludwig II seine erste Tochter zweiter Ehe so.

[3] Der „Gule" u. der „Strenge" ist nach Dr. W. Havemann Gesch. der Lande Braunschweig u. Lüneburg I 453 identisch.

[4] Das Ende des XVIII. Jahrhunderts noch in Mitte der Kirche vor der Kanzel gestandene Denkmal existirt nicht mehr. Das Grufgewölbe ist neu vermauert.

[5] Ueber den Grabstein ihres ersten Gemahles vergl. B. V der Zeitschrift des Vereins für Hessische Geschichte S. 187. Ph. W. Gercken Vermischte Abhandlungen II 201 ff. weist Agnes noch 1341 urkundlich nach. Sie starb wohl zwischen 1344 u. 1347.

Oberbayern und Pfalz a. Rh.

7) **Anna**, geb. um 1280. Nonne im Minoriten-Kloster zu Ulm, *) woselbst sie
auch begr. liegt.

8) **Ludwig IV**, der Bayer, geb. am 1. April 1282. Folgt sub V.

V. Ludwig IV, *) gemeinschaftlich mit seinem ältern Bruder Rudolph I vom
2. Febr. 1294 bis 1. Oktob. 1310 (von 1294 — 1302 unter dessen und der
Mutter Mechtilde Vormundschaft), an welchem Tage eine neue Theilung des
wittelsbachischen Erbes stattfand.

Otto III 1290—1312.
Ludwig III 1290-1296.
Stephan I 1290—1310.

Es ist die

Zweite (Ober-) Bayerisch-Pfälzische Landestheilung

vom 1. Oktober 1310,

in Folge welcher Rudolph den südöstlichen Theil Oberbayerns mit München erhielt,
während der Nordwesten des Landes mit Ingolstadt dem jüngern Ludwig zufiel, die
Rheinpfalz aber ungetheilt blieb.

Am 21. Juni 1313 warfen beide Brüder ihre getheilten Lande wieder zusammen
und regierten dieselben in neuer Gemeinschaft bis zum 26. Febr. 1317, an welchem
Tage sich Kurfürst Rudolph des Regimentes unfreiwillig begeben musste. Von da
ab erscheint sein Bruder Ludwig als alleiniger Regent Oberbayerns und der Rheinpfalz bis zum berühmten Haus-Vertrage von Pavia vom 4. Aug. 1329, durch welchen
Bayern und die Pfalz auf lange Zeit getrennt wurden.

Dieser Haus-Vertrag involvirt die

Dritte (Haupt-) Landestheilung Bayerns und der Rheinpfalz

vom 4. Aug. 1329

sowie die dauernde Trennung beider Landestheile,

wodurch an Rudolph's I Söhne: Rudolph II u. Rupprecht I, dann an dessen Enkel
Rupprecht II die ganze Pfalz a. Rh. und der weitaus grössere Theil der nordgauischen
Länder kamen, welche seitdem zum Unterschied von der untern oder Rhein-Pfalz
die obere (Ober-) Pfalz genannt wurden.

Oberbayern mit dem Reste der obern Pfalz verblieben bei Kaiser Ludwig und
dessen Söhnen. *)

----

*) Von ihr heisst es in der Familia Ducum Bavariae etc. von Ladislaus Santheim (bei
Oefele II 575.) „N. Soror Ludovici IV Caesaris Ducis Bav. Monialis Ord. Minor. Ulmae
in Monasterio ejusdem Ordinis cum aliis sororibus Minor. Ord. ibidem in refectorio picta
est." Vergl. D. Parei Hist. Bav. Palat. p. 154. An Ort und Stelle eingezogene Er-
kundigungen über diese Schwester Ludwig's des Bayers blieben ohne allen Erfolg.

*) Als bayer. Regent geht ihm Ludwig III von Niederbayern (v. 1290—1296) vor.

*) Man vergl. unsere „Kleinen Hilfsmittel etc." a. a. O. S. 21.

8

Oberbayern.

5157

V. Ludwig IV, v. 2. Febr. 1294 — 11. Oktober 1347, (vergl. S. 7.)
Beinamen: Der Bayer Bavarus;
geb. in München am 1. April 1282;
unter Vormundschaft seines Bruders Rudolph und seiner Mutter bis 1. April 1302;
wurde zum deutschen König erwählt in Frankfurt am 20. Oktob. 1314;
gekrönt in Aachen am 25. Nov. gl. Js.;
die lombardische (eiserne) Krone empfieng er zu Mailand am 31. Mai 1327; [1]
die Kaiserkrone zu Rom am 17. Jan. 1328;
erbt Niederbayern am 20. Dez. 1340;
gest. bei Kloster Fürstenfeld am 11. Oktob. 1347;
begr. in der Tumba der neuen Fürstengruft der Domkirche zu Unserer Lieben
Frau in München (woselbst ihm Herzog Albrecht II [III] im J. 1438 ein
herrliches Denkmal von rothem Marmor setzte, über welches Kurfürst Maximilian I
1622 ein prachtvolles Erzmonument errichten liess). [2] Sein Herz ist nach dem
dortigen Epitaph in der Fürstenfelder Kirche beigesetzt worden.

Otto III 1290—1312.
Heinrich II 1310—1339.
Otto IV 1310—1334.
Heinrich III 1312-1333.
Johann I 1339—1340.

Am 7. August 1331
theilten 3 dieser Herzoge Niederbayern (woher
die Linien Landshut,
Burghausen u. Deggendorf). Das ist die

Vierte Bayerische
Landestheilung.

Vgl. unten bei der Nebenlinie Niederbayern.

Gemahlinen:

I. **Beatrix**, Tochter Herzogs Heinrich III von Schlesien-Glogau, geb. um 1290,
vermählt in Schlesien (?) um 1308, gest. in München um 24. Aug. 1322.
begr. in der (alten) Frauenkirche daselbst im Chor, und im Jahre 1606
in die grosse Tumba transferirt. [3] (Neuero Gruft-Inschriften v. 1606 und
1823 daselbst.)

II. **Margarethe**, Tochter des Grafen Wilhelm III von Holland etc., geb. um
1293, verlobt am 15. Aug. 1323 zu Köln am Rhein, [4] verm. den 25. Febr.
1324 ebendaselbst, gest. zu Quesnoy am 23. Juni 1356, begr. in der Minoriten-
Kirche zu Valenciennes. (Prächtiges Grabmal von schwarzem Marmor
daselbst im Chore links.) [5]

---

[1] Vergl. das bezügl. Bild in der 5. Lieferung der Alterthümer u. Kunstdenkmale des bayer. Herrscher-Hauses.

[2] Dass Kaiser Ludwig sofort in München und zwar „protunc in capella S. Marie quam ipse fundaverat" beigesetzt wurde, bestätigt Heinrich von Diessenhoven bei Böhmer Fontes IV 61. A. Mayer's treffliches Werk über die Domkirche zu U. L. Frau in München 1868 klärt die Sache völlig auf. Er sagt, dass Ludwig's Leiche erst in der Crypta der uralten Michaelskapelle beigesetzt und nach der Erweiterung der „Grebnitz" seiner Gemahlin Beatrix in diese Grabkammer der alten Frauenkirche, neben der er einen Altar zu Ehren der hl. Maria errichtete, gebracht wurde. S. 34 u. 430. Abbildungen des Marmor-Grabsteines von Gabr. Augler, dann der Mausoleums nach Candid's Entwurf hat neuestens wieder A. Mayer (n. a. O.nach S. 32 u. nach S. 156) gebracht. Vergl. R. I des oberb. Archivs S. 387 ff. und im R. XII 230 ff. daselbst Dr. Nagler's vortreffl. Aufsatz üb. die alte Kapelle zu U. L. Frau etc.

[3] Als Kurfürst Maximilian I das Mausoleum für Kaiser Ludwig IV errichten liess, fand man die Särge der Fürstengruft morsch und zerfallen. Er befahl daher, für die ältesten hier Begrabenen, welche bereits unkenntlich und unschreibbar dalagen, eine grössere Tumba machen zu lassen, in welche die Reste von 11 wittelsbachischen Leichen transferirt wurden. A. Mayer (n. a. O. 430 f.) Vergl. K. A. v. Vacchiery's akad. Abhandlung über die Grabstätten etc. in den neuen histor. Abhandlgn. d. Akademie der W. B. I v. 1779 S. 351 d. und den Salzbacher Kal. f. kath. Christen 1854 S. 132.

[4] Nach Arrodeu's Summar. Archivbeschrbg. im b. allgem. Reichsarchive Thl. I u. II. Vergl. Böhmer's Regesten Kais. Ludwig's S. 40 post 690. Dr. J. F. Knapp Regenten- u. Volks-Gesch. der Länder Cleve, Mark etc. II 474 nennt noch das Haus, in dem die Hochzeit gefeiert wurde.

[5] Abgedruckt ist dessen Inschrift bei P. D'Outremann Histoire de la ville et comté de Valentiennes p. 448.

Pfalz a. Rh.

I. Rudolph I, vom 2. Febr. 1294 — 26. Febr. 1317. Vergl. S. 7.

Beinamen: Senior; Exsul; Balbus; der Aeltere; Verbannte; Stammler (der Lispelnde); der Kahle; geb. in Basel (oder im Elsass?) am 4. Oktob. 1274; [1]

verzichtet am 26. Febr., dann am 19. März 1317 förmlich auf die Regierung zu Gunsten seines Bruders Ludwig; [2]

gest. (am wahrscheinlichsten in England) [3] den 12. August 1319; [4]

begr. wo? (Monument in Heidelberg bei den Augustinern, zugleich für seinen Vater Ludwig II geltend. Vergl. oben S. 5.)

Gemahlin:

Mechtilde, Tochter Königs Adolph (von Nassau), geb. um 1280, verlobt in Ulm am 19. März 1294, verm. in Nürnberg am 1. Septbr. gl. Ja., gest. zu Heidelberg am 19. Juni 1323, begr. im Klarissinen-Kloster Klarenthal bei Wiesbaden. (Kein Denkmal mehr vorhanden.) [5]

Kinder:

1) **Ludwig,** geb. 1297, verlobt am 28. Nov. 1308 in Frankfurt a./M., u. neuerdings am 15. Jän. 1309 zu Köln a./Rh. mit Marie, Tochter Kaisers Heinrich VII, die nachmals König Karl IV von Frankreich heiratete.

Ludwig starb zwischen Mai und Juli 1312 [6] und liegt im Kloster Fürstenfeld begraben.

2) **Adolph,** (genannt Pius der Redliche, Simplex [7] der Einfältige, „der Slecht"), geb. am 27. Sept. 1300 zu Wolfratshausen, gest. am 29. Jan. 1327 in Neustadt a. d Haardt, begr. im Cisterz.Kloster Schönau bei Heidelberg. (Grabstätte zerstört.)

Adolph vermählte sich 1320 mit Irmengarde, Tochter des Grafen Ludwig VII von Oettingen, welche 1349 als Nonne im Dominikanerinen-Kloster Liebenau bei Worms den Schleier nahm, daselbst am 6. Nov. 1399 starb und dort begraben liegt. (Ehemal. Epitaphium.) [8]

Kinder:

a) Adolph?
b) Friedrich?
c) **Ruprecht II,** geb. 12. Mai 1325. Folgt sub IV.
d) ...? Tochter, verm. mit dem Landeshauptmann Grafen Mainhard I von Ortenburg in Kärnthen und Krain, der von 1296—1328 urkundlich vorkommt. Drei Söhne und vier Töchter giengen aus dieser Ehe hervor. Weiteres ist von beiden Gatten nicht bekannt.

---

[1] Nach Bergmann's Gesch. v. München S. 11, Schraml (geöffn. Archive Jahrg. I S. 142) u. Andern in München.

[2] Quellen u. Erörterungen z. Bayer. u. Deutschen Gesch. VI 256.

[3] Nach vielen Autoren, auch nach Mich. Behaim's Orig. Reim-Chronik starb Rudolph in England, während ihn die meisten Neuern in Oesterreich sterben lassen, aber der Herr geh. Hofrath dann k. Haus- u. Staatsarchivar Söltl weist im Abendblatte 5 der Neuen Münchener-Zeitung vom 6. Jan. 1859 bis zur Evidenz nach, dass die ältere Annahme die richtige sei. Vgl. die Miscella Hist. Palat. v. G. Ch. Joannis p. 221. und Pareus a. a. O. 138.

[4] Der 12. Aug. als Todestag Rudolph's I ergiebt sich zweifellos aus dem im oberpfälz. Zeitblatte vom 16. Febr. 1842 S. 108 erwähnten alten Missale zu Amberg.

[5] Dessen Inschrift ist bei J. G. Haguigans Nassauische Geschlechtstafel S. 14 zu lesen.

[6] Nach Böhmer (Wittelsb. Regesten S. 69) wäre Ludwig bereits vor dem 5. April 1311 todt gewesen, indessen steht das Datum der allegirten Urkunde noch nicht ganz fest.

[7] Dass der Beiname nicht in der gewöhnlichen Bedeutung dieses Wortes zu nehmen sei, kann aus Dan. Pareus (a. a. O. p. 154) ersehen werden.

[8] Abgedr. bei J. F. Schannat (Hist. Episc. Worm. I 172.)

2

Oberbayern.

Kinder erster Ehe:

1) **Mechtilde**, geb. um 1309, verm. in Nürnberg Anfangs Mai 1323 mit Friedrich II (dem Hagern Ernsthaften, nicht Strengen) Markgrafen von Meissen, geb. in Gotha 1310, gest. auf der Wartburg am 18. Nov. 1349 und begr. in der St. Andreas-Kapelle der Klosterkirche Altenzell.

Mechtilde hat ihrem Gemahle 5 Söhne und 4 Töchter geb., starb in Meissen am 3. Juli 1346 und ruht in obiger Klosterkapelle. (Ehem. Grab-Inschrift.) [1]

2) **Ludwig V** (der Brandenburger), geb. um 1312; folgt sub VI.

3) **Stephan II** [2] (mit der Hafte), geb. 22. Dez. 1316; folgt sub VIII.

4) . . . Tochter, geb. Ende Sept. 1314. [3]

5) **Anna I**, geb. um 1316, gest. in Kastel am 29. Jan. 1319, begr. in der ehem. Klosterkirche daselbst. (Grabstein seit 1829 wieder aufgefunden und Reliquienschrank.) [4]

6) **Agnes I**, geb. 1318. (??) [5]

Kinder zweiter Ehe:

7) **Margarethe**, geb. 1325, verm. in Ofen Januar 1351 mit Herzog Stephan von Kroatien Dalmatien u. Slavonien aus dem Hause Anjou, Sohn Königs Karl II Robert von Ungarn, welcher am 26. Dez. 1332 geb., ist, 1353/54 starb und in Stuhlweissenburg begr. liegt. [6]

Margarethe, die ihm 1 Sohn und 1 Tochter geboren, wurde in zweiter Ehe 1358 an den kais. Land- u. Hofrichter Grafen Gerlach von Hohenlohe verheiratet [7], gebar demselben keine Nachkommen, starb in München (?) und ruht (bei U. L. Frau daselbst?)

Gerlach starb nach dem 16. Oktob. 1387.

8) **Anna II**, geb. um 1326, verm. in München am 18. Febr. 1339 mit Herzog Johann I von Niederbayern, gest. am 3. Juni 1361 als Nonne im Cisterz. Kloster Fontenelles bei Valenciennes. (Epitaph daselbst. [8]

Heinrich II 1310—1339.
Otto IV 1312—1334.
Heinrich III 1312—1333.
Johann I 1339—1340.

———

Nach dem Tode Johann's I fiel Niederbayern unter Kaiser Ludwig d. Bayer an Oberbayern zurück.

---

[1] Vgl. bezügl. beider Inschriften J. C. Knauth Geogr. Hist. Vorstellung des Stifts-Closters Alten-Zella II 75 ff. u. s. w.

[2] Als der Erste dieses Namens erscheint der so benannte Sohn Heinrich's I von Niederbayern. Man vergl. unsere kleinen Hilfsmittel S. 5 u. 8.

[3] Die Geburt dieser Tochter Ludwig's, als er noch Herzog war, erhellt zweifellos aus dem Aldersbacher-Rechnungsbuche in den Quellen und Erörtrgn. I 460. Die Anmerkung, dass hierunter wahrscheinlich die 1319 gestorbene Anna zu verstehen sei, erscheint als unhaltbar, denn nach einem Epitaph zu Kastel starb Anna 1319 trietericca, also in einem Alter von 3 Jahren. Vgl. Jahrg. 1 der Verhandlgn. des histor. Ver. für den Regenkreis S. 66 f. Es wäre demnach nur noch der Name dieser Tochter festzustellen.

[4] Vergl. über den Grabstein Bd. I der oben genannten Verhandlungen S. 66 ff. und die dabei befindliche Abbildung, sowie den Salzb. Kalender f. kathol. Christen 1843 III. u. für 1836 S. 130.

[5] Vielleicht jene Tochter des Kaisers, welche nach der bayer. Chronik eines Ungenannten (bei M. Frhr. v. Freyberg Sammlung hbt. Schriften b 108) im Jahre 1338 in's Anger-Kloster verbracht wurde? Aber die Kloster-Annalen wissen nur von der unten folgenden Agnes II.

[6] Heinrich von Rebdorf bei Böhmer Fontes IV 558.

[7] Der bei Arroden sich findende Vermächtniss-Brief ist vom 5. Febr. 1359. Gerlach vermacht seiner Gemahlin ein 10000 fl. betragendes Leibgeding auf Wassertrüdingen Burg u. Stadt, die sein Pfand von den beiden Grafen Ludwig von Oettingen sind, dann weitere 1634 fl. auf seinen Hof Ipsenbamb (Ipsheim).

[8] Vergl. meine Beiträge zur Landes-, Fürsten- etc. Geschichte d. deutsch. Staaten u. a. O. S. 32 f. und beziehungsweise Henri D'Urtmann (a. a. O. p. 479).

Pfalz a. Rh.

3) **Rudolph II**, geb. 1306. Folgt sub II.

4) **Ruprecht I**, geb. 1309. Folgt sub III.

5) **Mechtilde**, geb. 1312, verl. am 28. Juni 1330, verm. am 20. Sept. 1331 mit Johann III (dem Aeltern Edlen Blinden) von Sponheim, welcher am 20. Dez. 1399 starb und im Cisterz. Kloster Himmerode begr. liegt. (Epitaph).

Mechtilde gebar ihm 3 Kinder, 1 Sohn und 2 Töchter, starb am 25. Nov. 1375 und ruht zu Himmerode. (Epitaph.) [1]

---

[1] Die Grabdenkmale Mechtildens und ihres Gemahls sind abgebildet im B. III der Acta Palatina ad p. 49.

Bayern, Brandenburg, Tirol, Holland etc.

9) **Ludwig VI** (der Römer), geb. in Rom am 7. Mai 1328. Folgt unten bei der brandenburgischen Nebenlinie. I. B. sub II.

10) **Elisabethe**, geb. 1329, verm. in erster Ehe am 22. Nov. 1350 zu Verona mit Cangrande (Canis Magnus) II Fürsten von Verona.

Cangrande aus dem Hanse della Scala ist geb. am 8. Juni 1332, starb am 14. Dez. 1359 zu Verona durch Meuchlerhand und ruht daselbst bei S. Maria antica neben seinem Vater [1]. In dieser Ehe kinderlos, verlobte sich hierauf Elisabethe am 26. April 1362 im Donauwörth (vermählt noch im gleichen Jahre) mit dem Grafen Ulrich von Wirtemberg, dem Sohne Eberhard's II (des Greiners).

Ulrich, der übrigens nicht zur Regierung kam, ist geb. 1342, fiel in der Schlacht bei Döffingen am 23. Aug. 1388 und liegt in der Stiftskirche zu Stuttgart begr. (Epitaph und neueres Standbild allda.) [2]

Seine Wittwe Elisabethe, die ihm einen Sohn geboren, starb in Stuttgart am 2. August 1402 und ruht neben ihm.

11) **Wilhelm I**, geb. am 12. Mai 1330. Folgt unten bei Straubing-Holland. I. D. sub I.

12) **Beatrix**, geb. 1344, verm. im Frühjahre 1356 zu (Berlin?) mit Erich XII König von Schweden aus dem Hause der Folkunger, welcher 1337 (?) geboren ist, 1360 im Jan. an Gift starb und zu Stockholm (?) begraben liegt.

Beatrix gebar 2 Kinder, starb 1359 am Weihnachtsfeste und ruht neben ihrem Gemahle. [3]

13) **Albrecht I**, geb. 25. Juli 1336. Folgt bei Straubing-Holland. I. D. sub II.

14) **Otto V**, geb. 1340/1342. Folgt bei Brandenburg. I. B. sub III.

15) **Agnes II**, geb. 1345 in München (?), wird am 8. Sept. 1349 zur Erziehung in's Klarissinen-Kloster St. Jakob am Anger daselbst gebracht, wo sie am 11. Nov. 1352 plötzlich starb und auch begraben wurde.

Der 1703 erneuerte Sarg, in welchem noch die Gebeine der Prinzessin Barbara, einer Tochter Albrecht's III (II) von München lagen, die im gleichen Kloster verschied, wurde aus der s. g. obern Kapelle der Angerkirche im J. 1809 nach der Fürstengruft bei U. L. Frau transferirt und in den neuen Sarg [4] auch die Ueberreste der 1750 im Angerkloster verstorbenen Tochter Max Emanuel's, Maria Anna Karolina aufgenommen. [5]

16) **Ludwig (III)**, geb. 1347 in München Anfangs Oktober, gestorb. 1348 [6], begr. bei U. L. Frau neben seinem Vater. [7]

IV. Ludwig V.

Nach Kaiser Ludwig's des Bayers Tod (1347) regierten dessen hinterlassene 6 Söhne: Ludwig V, Stephan II, Ludwig VI, Wilhelm I, Albrecht I u. Otto V die sämmtlichen Lande ihres Vaters gemeinschaftlich bis zur

Fünften Bayerischen Landestheilung
vom 13. Sept. 1349.

---

[1] Die Inschrift ist abgedr. bei Giov. Bragadino Notizie Storiche delle Chiese di Verona Tom. 1 p. 421.

[2] Abgebildet ist Letzteres im Jahres-Heft II des Wirtemb. Alterthums-Vereins.

[3] Olof Dalin Gesch. v. Schweden, deutsch von J. C. Dähnert B. II.

[4] Die Sarg-Inschrift ist bei A. Mayer (Die Domkirche zu U. L. Frau in München S. 438) zu lesen.

[5] Vergl. m. Beiträge zur Landes- etc. Geschichte S. 53 f. Die daselbst aufgestellte Behauptung von der Existenz dieser Söhne unseres Kaisers wird vollauf bestätigt durch Heinrich von Rebdorf im B. IV p. 531. der Böhmer'schen Fontes: „quinto idus octobris predictus Ludewicus de civitate sua exiens ad venationem ferarum etc. de mane hilaris et iocundus, quia uxor sua sibi peperit infantem, qui adhuc non erat baptizatus."

[6] Der Kaiser hatte auch einen unehel. Sohn Namens Ludwig von Reichertshofen.

II. Rudolph II.

· Durch den Vertrag von Paris (4. Aug. 1329) mit seinem Bruder Ruprecht I und seinem Neffen Ruprecht II [1]) wieder in die väterlichen Erblande — die Rhein- und einen Theil der Ober-Pfalz — restituirt, regierte Rudolph II mit Beiden diese Lande gemeinschaftlich, bis zu Neustadt a. d. Haardt die

Erste Pfälzische Theilung
vom 18. Febr. 1338

Statt fand.

Den grössern Theil der Rhein- und ein Stück der Ober-Pfalz erhielt Rudolph II zugewiesen [2]), während Ruprecht I und Ruprecht II den noch bedeutenden Rest beider Länder bekamen und erst jeder für sich allein in seinem Theile, beide aber seit dem im Jahre 1347 erfolgten Zusammenwurfe das Ganze bis zu Rudolph's Tod in Gemeinschaft regierten.

---

[1]) Jüngster Sohn Adolph's Pius oder Simplex. Vgl. oben S. 9 c.

[2]) Vergl. über die den beiden Parteien zugefallenen Portionen B. II Abthl. 1 der Bavaria S 433. (Oberpfälz. Ortsgesch. von K. A. Muffat.)

Bayern, Brandenburg, Tirol, Holland etc.

in welcher Ludwig V, Ludwig VI und Otto V Oberbayern mit Tirol und die Mark
Brandenburg nebst der Lausitz zur gemeinsamen Regierung zufielen, während
Niederbayern und die holländischen Provinzen in gleicher Weise an Stephan II,
Wilhelm I und Albrecht I gediehen.

Ludwig V regierte mit seinen Brüdern Ludwig VI und Otto V gemeinsam
in Brandenburg und Oberbayern etc. bis zum 24. Dez. 1351, an welchem Tage
ein blosser Provinzen-Wechsel stattfand, dem gemäss Ludwig V allein Oberbayern
mit dem von ihm früher erheirateten Tirol behielt, während Ludwig VI und
Otto V die Mark Brandenburg etc. zur gemeinschaftlichen Regierung überkamen. [1]

Ludwig V regierte allein in Oberbayern und Tirol vom 24. Dez. 1351 bis
zum 18. Septbr. 1361.

Stephan II
Wilhelm I   r. 1349—53.
Albrecht I

Beinamen: Der Aeltere, der Brandenburger;
geb. um 1312;
mit der Mark Brandenburg belehnt zu Nürnberg Anfangs März des Jahres
1323, dann feierlich am 24. Juni 1324;
erheiratet durch seine zweite Gemahlin Tirol 1342;
stirbt in Zorneding bei Ebersberg am 18. Septbr. 1361;
ruht bei U. L. Frau zu München (in der grossen Tumba [2]).

Gemahlinnen:

I. **Margarethe**, Tochter Königs Christoph II von Dänemark, geb. um
1305, verlobt zu Sööburch am 13. Juli 1323,[3] verm. am 30. Nov. 1324 in
Wordinghorg, gest. Eingangs 1340 in Berlin, woselbst sie in der Franzis-
kaner-Kirche begr. liegt [4].

II. **Margarethe**, (genannt Maultasche), Tochter Herzogs Heinrich von
Kärnthen, geb. auf Schloss Maultasch(?) in Tirol 1318, in erster Ehe verm.
Mitte Sept. 1330 zu Innsbruck mit dem Markgrafen Johann Heinrich von
Mähren, welcher am 12. Febr. 1322 zu Melnick geb. war, am 12. Nov.
1375 starb und zu St. Thomas in Brünn begr. liegt. [5] — Diese Ehe blieb
kinderlos.

Im Jahre 1341 geschieden von ihrem ersten Gemahle, vermählte sich
Margarethe am 10. Febr. 1342 auf Schloss Tirol mit Ludwig V [6], starb
am 3. Oktob. 1369 in Wien und liegt daselbst bei den Minoriten zum
H. Kreuz begr. (Kein Denkmal mehr.)

---

[1] Diesem Provinzen-Tausch war am 10. Nov. 1350 ein Vertrag vorausgegangen, wornach
Oberbayern für die nächsten 5 Jahre allein in Ludwig's V Gewalt kommen sollte.

[2] Vergl. K. A. v Vacchlery (Abhandlg. über die Grabstätten etc. a. a. O. S. 374 f.) und
A. Mayer's Frauenkirche (a. a. O. S. 34 u. 430.) Nach dem Seligenthaler Todtenbuche
(Mon. Boic. XV. 537) wäre Ludwig im dortigen Kloster begraben, von wo sein Epitaph
1591 abschriftlich mit denen der sonst dort beigesetzten wittelsbachischen Familien-
Mitglieder nach München gewendet wurde, aber diese Annahme scheint doch irrig,
denn Heinrich von Rebdorf (Böhmer Fontes IV 547) sagt ausdrücklich, dass Ludwig
zu U. L. Frau in München begraben werde. Vergl. die Anmerkg. I S. 120 im Suhb.
Kalender f. kath. Christen v. 1856 zur Gruft bei U. L. Frau u. A. Mayer (a. a. O.)

[3] Historie af Danmark ved P. Fr. Suhm Tome XII pag. 71.

[4] K. F. Klöden Diplom. Gesch. des etc. Markgrafen Waldemar B. III S. 10.

[5] Von seinem Grabsteine gezeichnet bei Gr. Wolny (d. Markgrafschft. Mähren II 1. S. 31
Note 68) Erwähnung. Abgräs. ist das Epitaph in Gemma Moraviae p. 820.

[6] Die erste Trauung fand am 10. Febr. in der sog. Kellerants-Kapelle zu Meran, die
zweite (nach Aufhebung des päpstl. Bannes) in München am 2. Septbr. 1359 statt.

Pfalz a. Rh.

Pfalzgraf Rudolph II vermachte bald nach dieser Theilung, am 23. Juni 1338 zu Frankfurt a. M. seinen Länder-Antheil den 5 Söhnen Kaisers Ludwig IV und übergab denselben am 2. Juli 1341 in der That auf 4 Jahre an gedachten Kaiser.

Rudolph regierte von 1329 bez. 18. Febr. 1338 bis zum 4. Oktob. 1353 [1]).

Beinamen: Coecus der Blinde; der Gottesfürchtige;

geb. in Wolfratshausen am 8. Aug. 1306;

unter Vormundschaft des Grafen Johann von Nassau bis 1328;

zieht sich (wegen Erblindung) die letzten Jahre seines Lebens von den Regierungs-Geschäften nach Neustadt a. d. H. zurück, wo er sich ein Mausoleum baute;

gest. zu Neustadt am 4. Okt. 1353;

begr. in dortiger St. Aegidius-Kirche, deren Umwandlung in ein Kollegiatstift er begonnen. (Kein Denkmal vorhanden.)

Gemahlinen:

I. **Anna**, Tochter Herzogs Otto II von Kärnthen und Grafen von Görz und Tirol, geb. um 1300, verm. 1328, gest. zwischen dem 16. Mai 1331 u. 4. Juli 1335 zu Heidelberg, (?) begr. im Cisterz.Kloster Schönau. (Kein Denkmal mehr.)

Tochter dieser Ehe:

Anna, geb. am 26. Sept. 1329, verl. u. verm. am gl. Tage am 4. März 1349 zu Bacharach mit dem röm. König Karl IV als dessen zweite Gemahlin. Derselbe war geb. in Prag am 14. Mai 1316, starb allda am 29. Nov. 1378 und liegt im Dome bei St. Veit begr. (Sarginschrift [2]) — Prachtvolles Mausoleum von Alex. Colin aus Mecheln für die daselbst begr. fürstlichen Personen.)

Anna hatte ihrem Gemahl nur 1 Sohn geb., starb in Prag am 2. Febr. 1353 und ruht bei St. Veit neben ihrem Gemahle [3]).

II. **Margarethe**, Tochter König Friedrich's II von Sicilien aus dem Hause Arragonien, geb. 1331 (?), verlobt in Neustadt am 14. Dez. 1344, verm. in Heidelberg (?) 1345 (?), gest. in Neustadt im Jahre 1377 [4]) und dort bei St. Aegidius begraben.

Diese Ehe blieb kinderlos. [5])

---

[1]) Er führte zuerst den Titel „Reichserztruchsess."

[2]) Abgedr. bei F. M. Pelzel Kais. Karl IV II 946.

[3]) Anna ruht mit König Wenzel, noch zwei andern Frauen ihres kaiserl. Gemahls u. einem Markgrafen Joh. (?) in einem Sarge. Die Inschrift hat Pelzel a. a. O. 949.

[4]) Compilatio Chronolog. bei Oefele (II 344.) Vergl. Schraml (a. a. O. S. 143). Von der Heirats-Abrede ist eine Copie in Arreden's summar. Archiv-Beschrbg. vorhanden.

[5]) Rudolph II hatte auch einen ausserehel. Sohn: Johann von Bayern, welcher 1351 vorkommt.

Oberbayern und Tirol.

	Niederbayern mit Holland.	Brandenburg.

Kind erster Ehe:

1) Elisabethe, geb. 1326 (??), lebt noch 1345.

| | Stephan II Wilhelm I Albrecht I | von 1349 bis 1358. | |

Kinder zweiter Ehe:

| | Nieder-Bayern-Landshut. | Straubing-Holland. | |

2) Hermann, geb. am (?) März 1343, lebt noch 1360. (?)

3) Mainhard, geb. am 9. Febr. 1344. Folgt sub VII.

4) . . . . Tochter.

5) . . . . Tochter.

VII. Mainhard, in Oberbayern und Tirol v. 18. Sept. 1361 bis 13. Jan. 1363.

| | Stephan II 1353—1375. | Wilhelm I Albrecht I 1353—1388 bez. 1404. | Ludwig VI (der Römer) Otto V 1351 bis 1365 bez. 1373. |

geb. in Landshut [1]) am 9. Febr. 1344;

wird von seinem Vater am 11. Nov. 1354 sammt Landen und Leuten auf 3 Jahre dem Herzog Albrecht II von Oesterreich in Pflege übergeben;

gest. auf Schloss Tirol am 13. Jan. 1363;

begr. in Meran. [2])

Gemahlin:

Margarethe, Tochter Herzogs Albrecht II (des Lahmen oder Weisen) von Oesterreich, geb. 1346, verl. zu Baden im Aargau am 10. Aug 1352, verm. in Passau im Juni 1358.

Margarethe geb. in dieser Ehe keine Kinder und vermählte sich zum Anderenmale in Wien am 25. Febr. 1364 nach Anfangs dieses Monats zu Brünn erfolgter Verlobung mit dem Markgrafen Johann Heinrich von Mähren, dem ersten Manne ihrer Schwiegermutter (von dem bereits oben (S. 14) die Rede war) als dessen 3te Gemahlin.

Margarethe, auch in dieser Ehe kinderlos, starb in Mähren am 14. Jan. 1366 und ruht zu Brünn bei St. Thomas unter dem Hochaltar. (Kein Denkmal mehr.)

VIII. Stephan II.

Regiert gemeinschaftlich mit seinen 5 Brüdern in allen vom Vater hinterlassenen Ländern bis zur fünften Theilung vom 13. Septbr. 1349 (vergl. oben S. 12 ff.), in welcher er, Wilhelm I und Albrecht I Niederbayern mit den holländischen Provinzen erhielt.

---

[1]) Nach der Genealogia Chronol. August. Carol. Palat. Boicae Gentis von J. L. Wünsch, 1773. Ihre Angaben sind nicht immer verlässig.

[2]) „Sepultus in Comitate Tyrolensi" sagt Ladislaus Santheim (Oefele I 566.) zu allgemein.

Pfalz a.|Rh.

III. Ruprecht I.

Regiert in der Rhein- und Ober-Pfalz mit Bruder (Rudolph II) und Neffen (Ruprecht II) gemeinschaftlich vom 4. August 1329 (Vertrag von Pavia) bis zur ersten pfälzischen Landestheilung vom 18. Febr. 1338, hierauf in den ihm durch letztere überkommenen Gebieten allein bis 1347, in welchem Jahre er und sein Neffe ihre Antheile wieder zusammenwarfen; von da ab mit Ruprecht II gemeinsam bis zum Tode Rudolph's II, resp. bis zur

Oberbayern und Niederbayern-Landshut.

Diese 3 Brüder theilten ihren Länder-Antheil wieder in der

Sechsten Bayerischen Landestheilung[1])

vom 3. Juni 1353

und zwar in der Art, dass Stephan die bessere Hälfte von Niederbayern mit der Hauptstadt Landshut rubel, Wilhelm und Albrecht dagegen den Rest dieser Provinz mit Straubing und dazu Holland u. s. w. bekamen.

Von daher stammen die Linien Bayern-Landshut (welche jedoch ihre eigentliche Bedeutung erst mit Stephan's II Sohn Friedrich erhielt) und Straubing-Holland.

Nach Ableben seines Neffen Mainhard nahm Herzog Stephan II dessen Lande (Oberbayern und Tirol) an sich, verlor aber letzteres an Oesterreich, wohin es die Herzogin Margarethe (Maultasche) vermacht hatte und der Vertrag von Schärding vom 29. Sept. 1369 auch rechtsgiltig brachte[2]).

Beinamen Stephan's II: Fibulatus[3]); mit der Hafte, mit der Spange, mit dem Hacken, mit dem Ring, mit dem Knopfe; der Alte der Aeltere;
geb. am 22. Dez. 1313;
verl. am 13. März 1325 im Trausnitzer-Vertrage mit Elisabethe, Tochter Herzogs Friedrich (des Schönen) von Oesterreich;
gest. in Landshut am 19. Mai 1375;
begr. in München bei U. L. Frau (in der grossen Tumba).

Gemahlinnen:

I. **Elisabethe**, Tochter Königs Friedrich II von Sicilien (aus dem Arragonischen Hause), geb. um 1309 (?), verl. 1326, verm. am 27. Juni[4]) 1328, gest. in Landshut (?) am 21. März 1349, begr. zu München bei U. L. Frau.

II. **Margarethe**, Tochter des Burggrafen Johann II von Nürnberg, geb. um das Jahr 1333 (?), verl. zwischen 20. Mai 1348 u 15. April 1350, verm. am 14. Febr. 1359 in Landshut, gest. in München (?) am 19. Sept. 1377, begr. bei U. L. Frau daselbst (?).

Kinder erster Ehe:[5])

1) **Stephan III** (der Knäufel), geb. um 1337. Folgt bei der bayer. Nebenlinie Ingolstadt I. E. sub I.

2) **Agnes**, geb. um 1338, verm. um 1356 mit Jakob I König von Cypern, Jerusalem und Armenien aus dem Hause Lusignan als dessen erste Gemahlin.

Jakob war geb. im Jahre 1334, starb in Nikosia auf Cypern am 20. Septbr. 1398 und ruht daselbst in der Lusignan'schen Familiengruft bei St. Dominikus.

---

[1]) Vergl. hierüber meine Kl. Hilfsmittel etc. a a. O. S. 24.
[2]) Dr. A. Huber Gesch. der Vereinigung Tirol's mit Oesterreich S. 115.
[3]) Dictus in Fibulis (Ladisl. Sunthcim a. a. O. I 566.)
[4]) Nach J. L. Wünsch a. a. O.
[5]) Ladisl. Sunthcim (Oefele II 567) giebt der Herzogin Margarethe eine überaus zahlreiche Nachkommenschaft. Von diesen noch wenig beachteten Kindern Stephan's II erscheinen mir manche sehr zweifelhaft. Die an einen Grafen von Görz verheiratete Beatrix z. B. verwechselt L. Suntheim offenbar mit der gleichnamigen Tochter Herzog Stephan's I von Niederbayern.

Otto V
1365—1373.

Die Mark Brandenburg geng 1373 an das Haus Luxemburg verloren, wie von später bei der Linie Brandenburg noch Näheres folgen wird.

Albrecht I
1358—1404.

Pfalz a.|Rh.

Zweiten Pfälzischen Theilung

vom 17. Dez. 1353,

durch welche der Länder-Antheil des verstorbenen Bruders allein an **Ruprecht I** gedieh, während dessen Neffe **Ruprecht II** sich mit der ihm 1338 zugefallenen Portion begnügen musste. [1]

Als Kurfürst der Pfalz regierte **Ruprecht I** vom 4. Oktob., bez. 17. Dez. 1353 bis zum 16. Febr. 1390.

Beinamen: Rufus der Rothe Rothhaarige; Senior Praesenior der Aeltere Aelteste;

geb. in Wolfratshausen am 9. Juni 1309;

unter Vormundschaft des Grafen Johann von Nassau bis 1330;

führt das s. g. Kur-Präcipuum ein am 26. Aug. 1368 [2];

gründet die Universität Heidelberg am 1. Okt. 1386;

gest. in Neustadt a. d. H. am 16. Febr. 1390;

begr. daselbst in der von ihm erbauten Seitenkapelle des St. Aegidius-Stiftes, das durch ihn seine Vollendung gefunden. (Prächtiges Grabmonument im Chore.) [3]

Gemahlinnen: [4]

I. **Elisabethe**, Tochter des Grafen Johann I von Flandern und Namur aus dem Hause Dampierre [5], geb. um das Jahr 1340, verm. vor dem Frühjahre 1358, gest. in Heidelberg am 29. März 1382, begr. daselbst bei den Franziskanern, deren Kloster sie gestiftet. (Ihr Epitaph [6] früher »in Choro ecclesiae ad Cornu Evangelii« ist seit 1700 vor den Hochaltar transferirt.)

II. **Beatrix**, Tochter Wilhelm's I, ersten Herzogs von Berg, geb. am 1360 (?), verlobt zu Bacharach um 23. Mai 1385, verm. (?), gest. am 16. Mai 1395, begr. zu Neustadt neben ihrem Gemahle. (Grabinschrift.) [7]

Beide Ehen Ruprecht's I blieben kinderlos. [8]

---

[1] Vergl. K. A. Muffat's oberpf. Ortsgesch. a. a. O. S. 434.

[2] Unter dem Kur-Präcipuum versteht man jenen Antheil an den rhein- und oberpfälzischen Gebieten, der jedem Kur-Erben neben seiner allenfallsigen Viril-Portion im Voraus zukam und gleichsam als ein unveräusserliches Stammgut betrachtet werden muss, bestimmt, beim Vorhandensein mehrerer Erben den Glanz und die Bedeutung der Kurwürde und bez. ihres jeweiligen Inhabers wesentlich zu erhöhen. Vergl. meine histor. Monographie „Die Oberpfalz und ihre Regenten in den Jahren 1404 bis 1448." Separat-Abdruck aus dem XXVII. Bande der Verhandlungen des histor. Vereins von Oberpfalz u. Regsbg. S. 3.

[3] Dessen Inschrift ist im Manuscript „Thesaurus Palatinus Continens Insigniores Inscriptiones et Praecipua Monumenta Sepulchralia Palatinatus Electoralis" von Joh. Fr. de Wickenburg Tom. I Pars II p. 73 — Eigenthum des h. geh. Staatsarchivs dahier — erhalten. Vergl. unten Note 7.

[4] Ruprecht hatte sich zuerst am 15. Mai 1329 in Flügelsperg mit Beatrix der zweitältesten Tochter Herzogs Stephan I von Niederbayern verlobt. Arroden lässt sie ihn am 24. Juni gl. Js. sogar heiraten.

[5] Ein gleichzeitiges Original-Dokument im allg. Reichsarchive bezeichnet sie ausdrücklich als „nata comitissa de Namen". Vergl. Ladisl. Suntheim bei Oefele (II 576).

[6] Ein Abdruck desselben findet sich im Apographum Monumentorvm p. 9, bei J. P. Kayser (Hist. Schau-Platz der alten berühmten Stadt Heydelberg S. 84) etc. Auch hier heisst es „Comitissa de Namen (ur.)"

[7] Die Inschriften aller 3 Epitaphien sind auch bei Pareus (a. a. O. 168) etc. zu lesen. Neuestens hat sie Fr. J. Dochnahl in s. Chronik von Neustadt a. d. H. abgedruckt.

[8] Dafür hatte er einen ausserehelichen Sohn Namens Anselm Ritter von Hemspach erzeugt. Gg. Chr. Crollius Verbesserte Probe einer vollst. pfälz. Gesch. in einer Nachricht von der Elisabeth v. Spanheim S. 10. u. Pareus a. a. O. S. 167 †.

3*

Oberbayern, bez. Bayern-München.

	Straubing-Holland.	Bayern-Ingolstadt.	Bayern-Landshut.

Agnes gebar ihrem Gemahle 6 Prinzen und 4 Prinzessinen, starb (wann?) und ruht neben ihrem Gemahle. [1]

3) **Friedrich**, geb. um 1339. Folgt bei der Nebenlinie Landshut I. C. sub I.

4) **Johann II**, geb. um 1341. Folgt sub IX.

IX. Johann II.

Regiert gemeinschaftlich mit seinen beiden ältern Brüdern Stephan III und Friedrich in den vom Vater hinterlassenen Gebietstheilen vom 19. Mai 1375 bis zum 29. Sept. gl. Jahres.

An diesem Tage trat Otto V der ehemal. Kurfürst von Brandenburg mit ihnen für sein Land »vor dem Walde« in gemeinschaftl. Regierung bis zur

Siebenten Bayerischen Landestheilung
vom 24. März 1376,

worüber das Nähere auf des Verfassers »Kleine Hilfsmittel beim Studium der b. Gesch.« S. 25 verwiesen wird. Desgleichen über den am 31. Juli und 10. Dez. gl. Js. geschehenen Wieder-Zusammenwurf der einzelnen Gebietstheile.

Die Brüder Stephan, Friedrich und Johann beherrschten von da an ihre Länder abermals gemeinschaftlich bis zur

Achten Bayerischen Landestheilung
vom 19. November 1392,

nach welcher Herzog Stephan einen Theil von Oberbayern mit der Hauptstadt Ingolstadt und einige oberpfälzische Orte (Linie Bayern-Ingolstadt), Herzog Friedrich das gesammte Landshuter-Niederland (Linie Bayern-Landshut), unser Johann II aber die andere Hälfte von Oberbayern mit München und den Rest der oberpfälzischen Besitzungen (Linie Bayern-München) erhielt.

Hier regierte Johann II vom 19. Nov. 1392 bis zum 15. Nov. 1395, an welchem Tage Johann und Stephan III ihre Ländertheile wieder zusammenwarfen. Es dauerte jedoch die hiedurch hervorgerufene gemeinschaftliche Regierung Johann's II und Stephan's III nur bis zum 8. Aug. 1397, wo der Erstere starb.

Beinamen: der Gottseelige der Sanftmüthige; Monacensis;

geb. um 1341;

gest. in München am 8. Aug. 1397; [2]

begr. daselbst bei U. L. Frau.

[1] Histoire général. de la maison royale de France par le P. Anselm III° édition II 509. Vergl. bezügl. der differirenden Angaben J. P. Reinhold Gesch. d. Könige. Cyperns I 291.

[2] Urkundl. Datum. — Johann hatte noch einen natürlichen Sohn Johann genannt Grünwalder (nach dem herzogl. Jagdschlosse bei München, seinem Erziehungsorte), der später Doktor der geistl. Rechte, Pfarrer von St. Peter in München, Probst in Jsen, bischöfl. freising'scher Generalvikar, Bischof von Freising und Kardinal wurde. Er starb in Wien am 2. Dez. 1452 und liegt im Dome zu Freising begraben. Vgl. des geistl. Rathes E. Geiss mustergiltige Gesch. der Stadtpfarrei St. Peter in München S. 30 ff.

Right-hand column table entries:

Straubing-Holland.	Bayern-Ingolstadt.	Bayern-Landshut.
Albrecht I 1358—1404.	Stephan III (d. Knäufel) 1392—1395 bes. 1413.	Friedrich 1392—1393.
		Heinrich IV (d. Reiche) 1393—1450

IV. Ruprecht II, zubenannt Adolph, regiert als Kurfürst vom 16. Febr. 1390 bis zum 6. Jan. 1398. [1])

Beinamen: Senior Junior, der Aeltere der Jüngere; Parvus Pusillus, der Kleine; Durus Tenax, der Zähe Harte der Sparsame der Karge; Branditz d. h. der Ernsthafte Ernste;

geb. in Amberg am 12. Mai 1325;

unter Vormundschaft des Grafen Johann von Nassau bis 1346;

erlässt die nach ihm benannte Rupertinische Konstitution am 13. Juli 1395; [2])

stirbt in Amberg am 6. Jan. 1398; [3])

begr. im Kloster Schönau zu den Füssen seines Vaters Adolph (Denkmal zerstört).

Gemahlin:

Beatrix, Tochter König's Peter II von Sicilien (aus dem Arragonischen Hause), geb. 1326, verl. im Septbr. 1328 in Corneto, verm. 1345, gest. in Heidelberg (?) am 12. Oktob. 1365, begr. im Kloster Schönau. (Kein Denkmal mehr.)

Kinder:

1) **Anna,** geb. im Jahre 1346, verm. um 1360 (?) mit Wilhelm I Herzog von Berg, welcher geb. ist um 1348, 1408 starb und im Cisterz.Kloster Altenbergen bei Köln a./Rh. begr. liegt. Anna gebar ihm 4 Söhne und 1 Tochter, starb am 22. April 1408 und ruht neben ihrem Gemahle (?).

2) **Friedrich,** geb. 1347. (lebt noch 1395 ?)

3) **Johann,** geb. 1349. (lebt noch 1395 ?)

4) **Mechtilde,** geb. 1350, verm. 1378 in Germersheim (?) mit dem kaiserl. Landvogt von Schwaben, Landgrafen Sigost von Leuchtenberg u. Grafen zu Hals, welcher um 1349 (?) geb. war und 1393 starb.

Mechtilde gebar ihrem Gemahle 2 Söhne. Weiteres ist von beiden Gatten nicht bekannt.

5) **Elisabethe,** geb. um 1351, verl. mit dem Burggrafen Albrecht, Sohn des Burggrafen Albrecht (des Schönen) von Nürnberg in Bayreuth am 4. Juli 1360 [4]), gest. (wann ?) [5])

6) **Ruprecht III,** geb. 5. Mai 1352. Folgt unten sub V.

7) **Adolph,** geb. 1355, gest. am 1. Mai 1358, begr. im Dominikanerinen-Kloster Liebenau bei Worms. (Inschrift daselbst.) [6])

---

[1]) Bezüglich seiner sonstigen Regierungszeit als gemeinschaftl. Theilhaber an rhein- und oberpfälz. Gebietstheilen vergl. oben S. 15, 17 u. 19.

[2]) Diese Konstitution erscheint als eine Art Primogenitur-Gesetz, wornach dem erstgeborenen pfälz. Prinzen ein bestimmter unveräusserlicher Landestheil, den Nachgebornen aber nur kleinere, mit der Kur im Lehen-Verhältnisse stehende Antheile zukommen sollten, die wieder an das Hauptland zurückfallen, wenn männliche Nachkommen dafür fehlen.

[3]) Am bl. Drei-Königstag, wie archivalische Quellen übereinstimmend darthun. Gg. Chr. Crollius hält (vergl. oben S. 19 Note 8) nach Reuther am 6. Jan. fest. Der treffliche L. A. Cohn nimmt in den Anmerkungen zur Tafel 50 z. Stammtafeln zur Gesch. d. Europ. Staaten nach dem Lorscher-Todtenbuche den 31. Dez. an.

[4]) Vergl. meine Beiträge zur Landes-Geschichte I 36 ff. Sonach ist dieser Albrecht von den hohenzollern'schen Genealogen künftig unter die Kinder Albrecht's des Schönen einzureihen.

[5]) Ihre Vermählung mit d. Markgrafen Prokop von Mähren lässt sich keineswegs mit Sicherheit behaupten. Urkundliches habe ich bis jetzt gar nichts darüber finden können.

[6]) Abgedr. bei J. F. Schannat (Hist. Episc. Wormat. I 172.)

Gemahlin:

Katharina, Tochter des Grafen Mainhard VI von Görz und Tirol, geb. um 1350, verl. in Wien am 22./25. Sept. 1361 mit Herzog Leopold III von Oesterreich, verm. Anfangs Nov. 1372 in Treviso mit unserm Johann, dem sie 1369 verlobt worden war.

Katharina starb in München (?) am 31. Mai [1]) 1391 und ruht in Seligenthal. [2])

Kinder:

1) **Ernst**, geb. 1373. Folgt sub X.
2) **Wilhelm III**, geb. 1375. Folgt sub XI.
3) **Sophie**, geb. 1376, verm. in Prag am 2. Mai 1389 mit König Wenzel von Deutschland und Böhmen als dessen 2te Gemahlin.

Wenzel ist geb. zu Nürnberg am 26. Febr. 1361, starb auf dem s. g. Neuschlosse bei Kunratitz nächst Prag am 16. Aug. 1419 und ruht nunmehr in der Domkirche bei St. Veit daselbst in einem Sarge mit 3 Frauen seines Vaters und seinem Onkel Johann. (?) [3]) (Die Gruft des Cisterz. Klosters Königsaal, wo Wenzel zuerst beigesetzt worden, haben die Hussiten sammt der Klosterkirche zerstört.)

Sophie geb. ihrem Gemahl keine Nachkommen, starb am 26. Sept. 1425 in Presburg und liegt dort im Dome bei St. Martin begr. [4])

	Straubing-Holland.	Bayern-Ingolstadt.	Bayern-Landshut.
X. Ernst, regiert vom 8. Aug. 1397 neben seinem Bruder Wilhelm in Gemeinschaft mit dem Oheim Herzog Stephan III in den seit dem 15. Nov. 1395 wieder zusammengeworfenen münchnerischen und ingolstädtischen Gebietstheilen bis zum 6. Dez. 1402, an welchem Tage auf die Theilung vom 19. Nov. 1392 (vergl. S. 20 oben) zurückgegangen wurde.	Albrecht I 1358—1404. Wilhelm II 1404—1417. Johann III 1417—1425.	Stephan III 1392—1395 bez. 1413. Ludwig VII (der Bärtige) 1413—1447.	Heinrich IV 1393—1450.

Herzog Ernst regierte von da ab gemeinschaftlich mit seinem Bruder Wilhelm III bis zu dessen Tod, 12. Septbr. 1435 und dann zugleich für dessen unmündigen Sohn Adolph bis zu seinem eigenen Tode, 2. Juli 1438.

---

[1]) Das Seligenthaler Todtenbuch hat den 22. Mai. Der 31. Mai stirbt erklärt. fest.

[2]) Die Angabe, dass Katharina und ihr Gemahl in Seligenthal begraben liegen, scheint, soweit es sich um Letztere handelt, nach der Inschrift von Kaiser Ludwig's Denkstein unrichtig. Vergl. A. Mayer (a. a. O. S. 31), der aber auffallender Weise unter den bei U. L. Frau begrabenen fürstl. Personen S. 434 ff. und 440 Johann schon nicht mehr nennt. Auch Varchiery weiss nichts davon. Dagegen lässt sich nach den Mon. Boic. XV 527 doch kaum bezweifeln, dass Johann's Gemahlin in Seligenthal begraben worden. Vergl. Kurfürst Ludwig's V Reim-Genealogie bei F. Ch. J. Fischer Novi.a. Script. etc. Collectio I 109, der beide Gatten in München begr. sein lässt.

[3]) Vergl. S. 15 Note 3.

[4]) Frhrn. v. Hormayr's Archiv f. Gesch. etc. vom 13., 15. u. 17. Febr. 1826 enthält die Grabschriften im Dome zu Presburg. Sie gehen über 1555 nicht zurück.

V. Ruprecht III, vom 6. Jan. 1398 — 18. Mai 1410.

Beinamen; Praejunior Minimus, der Jüngere Jüngste; Justinianus Justus Rigorosus, der Gerechte; Clemens, Klem [1]) der Milde Gütige Gnädige; Parvus, der Kleine;

geb. zu Amberg am 5. Mai 1352;

erwählt zum deutschen König in Rense am 21. Aug. 1400;

gekrönt in Köln am 6. Jan. 1401;

gest. auf Schloss Landskron bei Oppenheim am 18. Mai 1410;

begr. zu Heidelberg bei hl. Geist. (Grabstein im Chor daselbst.) [2])

Gemahlin:

Elisabetha, Tochter des Burggrafen Friedrich V von Nürnberg, geb. im J. 1358, verl. in Morgenheim am 13. Juli 1366, verm. in Amberg am 27. Juni 1374, gest. in Heidelberg am 26. Juni 1411, begr. daselbst neben ihrem Gemahle. [3]) (Grabstein im Chor der hl. Geistkirche.)

---

[1]) Vergl. die bayer. Chron. eines Ungenannten bei Fr. v. Freyberg (a. a. O. I 70): „Wann er hat die feind offt klemmet."

[2]) Die Inschrift der Steine ist abgedr. im Apographum p. 1 u. 9, bei Parens a. a. O. 174 etc. Die Grabsteine selbst sind in herrlicher Ausführung abgebildet im B. II der neuen Folge der Alterth. u. Kunstdenkmale d. Haus. Hohenzollern von R. Freiherrn v. Stillfried, dann in den Trachten des christl. Mittelalters von k. b. General-Konservator J. H. v. Hefner-Alteneck B. II Tafel 127. Letzterer bringt, was ich hier zu Seite 6 Nro. 6 nachträglich einschalte, in Tafel 81 von B. I auch eine schöne Abbildung des Grabsteines Heinrich's von Hessen bei St. Elisabeth in Marburg. u. (zur S. 8.) auf Tafel 15 d. B. II das prachtvolle Steinbild Kaisers Ludwig IV aus dem ehem. Mainzer-Kaufhause.

[3]) Die am 3. Juni 1361 mit dem nachmal. König Wenzel eingegangene Verlobung wurde am 24. Dez. 1365 wieder rückgängig.

Bayern-München.

Straubing-Holland.	Bayern-Ingolstadt.	Bayern-Landshut.
Albrecht I 1358—1404.	Stephan III 1375—1413.	Heinrich IV 1393—1450.
Wilhelm II 1404—1417.	Ludwig VII 1413—1447.	
Johann III 1417—1425.		

Beinamen: der Starkmüthige;
geb. 1373;
gest. in München am 2. Juli 1438; [1])
begr. bei U. L. Frau daselbst. (In der grossen Tumba.)

Gemahlin:

Elisabethe, Tochter Herzogs Barnabas von Mailand (aus dem Hause Visconti), geb. um 1374 (?), verl. in Paris am 30. Sept. 1394, verm. in Pfaffenhofen a./Jlm am 24. Febr. 1396, gest. in München am 2. Febr. 1432, begraben neben ihrem Gemahl.

Kinder: [2])

1) **Albrecht M (vermähl. III)**, geb. am 27. März 1401. Folgt unten sub XIII.

2) **Beatrix**, geb. um 1403 (?), verl. am 16. Juni 1423 u. verm. am 31. Mai 1424 zu Ortenburg mit Hermann III Grafen von Cilley und in dem Säger, welcher um 1380 geb. ist, am 30. Juli 1426 zu Stain bei Radmannsdorf starb und im Karthäuserkloster Neustift (in der Windischen Mark) begr. liegt.

Beatrix, Graf Hermann's zweite Gemahlin, dem sie keine Kinder gebar, vermählte sich in zweiter Ehe mit dem Pfalzgrafen Johann von der Oberpfalz als dessen zweite Frau am 7. Septbr. 1428 zu Riedenburg.

Pfalzgraf Johann war geb. in Neunburg v./W. um 1383, starb im Benediktinerkloster Kastl am 13. März 1443 und ruht in Neunburg bei St. Georg. (Marmorgrabstein ohne Inschrift.)

Beatrix blieb auch in dieser Ehe kinderlos, starb in Neumarkt am 12. März 1447 und ruht im Brigittinen-Kloster Gnadenberg vor dem Sakramenten-Häuschen der jetzt theilweise zerstörten Kirche. Vergl. die pfälz. Nebenlinien II A. sub I.

3) **Elisabethe**, geb. um 1406, verl. in München am 7. Nov. (ratifiz. in Köln a./Rh. am 17. Dez. 1429), verm. in Mainz am 14. Febr. 1430 mit Herzog Adolph I von Jülich und Berg als dessen zweite Gemahlin.

Sie gebar ihm keine Nachkommen.

Herzog Adolph ist geb. um 1360, starb in der Abtei von St. Martin in Köln am 14. Juli 1437 und ruht daselbst. (Epitaph.) [3])

Nach Johann's kinderlosem Tode fällt Straubing an die drei Linien München, Ingolstadt u. Landshut. Die holländischen Provinzen gehen an Burgund verloren.

---

[1]) Das Seligenthaler Todtenbuch hat den 1. Juli; ebenso Uhr. Fütter u. d. Prior Veit von Ebersberg. Der 2., der sich auch in L. v. Westenrieder's neuen Beiträgen (B. II S. 232.) findet, hat urkundl. Begründung.

[2]) Ueber die unehelichen Kinder Herzogs Ernst von der Münchener Bürgersfrau Anna Winzer vergl. Oefele (scriptores II 226 f.)

[3]) Abgedr. bei J. H. Kessel Antiquitates Monasterii St. Martini major. Colon. p. 154. Dr. Knapp (a. a. O. II 436) liest Adolph zu Altenbergen begr. udw. wie auch Brosius thut, bezieht aber das Epitaph von St. Martin wörtlich auf Altenbergen, was insoferne irrig ist, als Adolph allerdings auch in Altenbergen ein Epitaph hatte, das aber anders lautete. Es ist mit jenem von St. Martin bei J. Thom. Brosius Juliae Montiumque Comitum etc. Annal. Tom. II 51. abgedr. Die fürstl. Grabmäler in ersterer Kirche existiren übrigens nicht mehr.

Pfalz a. Rh.

Kinder:

1) **Ruprecht**, genannt Pipan (wohl soviel als Pipin, der Kleine Junge), geb. in Amberg am 20. Febr. 1375, verl. zu Frankfurt a./M. am 20. Febr. 1379 mit Katharina, Tochter König's Karl V von Frankreich, verm. am 36. Aug. 1392 in Alzey mit Elisabethe, Erbtochter des Grafen Simon III von Sponheim u. Vianden, welche im J. 1365 geb. ist, sich am 5. April 1381 verl. und am 12. Juli gl. Js. vermählte mit Engelbert III Grafen von der Mark als dessen 2te Gemahlin.

Nach seinem am 29. Dez. 1391 zu Wetter erfolgten Ableben heiratete sie, in erster Ehe kinderlos, den pfälzischen Erbprinzen, starb am 3. Septbr. 1417 [1]) in Kreuznach und liegt im Chor der Pfarrkirche daselbst neben ihrem Vater begr.

Pfalzgraf Ruprecht starb am 25. Jan. 1397 in Amberg und ruht dortselbst bei St. Martin. (Schönes Hochgrab-Monument hinter dem Hochaltar.) [2])

2) **Margarethe**, geb. 1376, verm. in Kaiserslautern am 6. Febr. 1393 mit Karl I (dem Kühnen) Herzog von Lothringen, welcher 1364 geb. war, am 25. Jan. 1431 starb und bei St. Georg zu Nancy begr. liegt. (Prächtiges Denkmal daselbst für beide Gatten mit Inschrift.) [3])

Margarethe gebar ihrem Gemahle 2 Söhne und 2 Töchter und starb im Geruche der Heiligkeit am 27. Aug. 1434 zu Sierck. Ihre Ruhestätte fand sie neben ihrem Gemahle zu Nancy.

3) **Friedrich** (Ambergensis), geb. in Amberg um 1377, gest. daselbst vor dem 7. März 1401, begr. bei St. Martin. (Kein Denkmal mehr vorhanden.)

4) **Ludwig III**, geb. am 23. Jan. 1378. Folgt sub VI.

5) **Agnes**, geb. im Jahre 1379, verl. in Kaiserswerth am 8. Sept. 1399, verm. in Heidelberg am 7. März 1400 mit Herzog Adolph I (dem Klugen Weisen Siegreichen) von Kleve u. der Mark als dessen 1te Gemahlin.

Adolph war geb. zu Kleve im Jahre 1373, starb am 10. Septbr. 1448 und ruht in der von ihm gestifteten Karthause auf der Grave bei Wesel, von wo er 1590 in die Dominikanerkirche zu Wesel transferirt wurde.

Agnes, welche ihm keine Nachkommen gebar, starb in Köln a./Rh. im Jahre (9. Febr.?) 1401 und ruht daselbst bei St. Johann. (Kein Denkmal vorhanden.)

6) **Elisabethe**, geb. um 1381, verl. am 2. Juli 1401, verm. in Innsbruck am 24. Dez. 1407 mit Herzog Friedrich IV (gen. Friedel mit der leeren Tasche) von Oesterreich, welcher bald nach dem 2. Oktob. 1382 geb. ist, in Innsbruck am 24. Juni 1439 starb und im Cisterz.Kloster Stams begr. liegt, als dessen erste Gemahlin.

Elisabethe gebar ihrem Gemahle nur eine Tochter, starb in Innsbruck am 31. Dez. 1409 und liegt gleichfalls im Kloster Stams begr., während ihre Eingeweide in der St. Jakobs-Pfarrkirche zu Innsbruck beigesetzt wurden. [4])

7) **Johann**, genannt der Oberpfälzer Neunburger etc., geb. um 1383. Folgt unten bei den pfälzischen Neben-Linien II A. sub I.

8) **Stephan** (der Zweybrücker), geb. 1385. Folgt bei Simmern-Zweybrücken-Veldenz II C. sub I.

9) **Otto** (der Mosbacher), geb. am 24. Aug. 1390. Folgt bei der Linie Mosbach II B. sub I.

---

[1]) J. G. Lehmann die Grafschaft Sponheim II 116.

[2]) Der um die oberpfälz. Geschichte so verdiente Prof. Dr. Hubmann seel. hat die Inschrift des Denkmals zuerst vollständig entziffert, das in J. A. Zimmermann's Churf-Bayer. Geistl.-Kalender V ad pag. 26 abgebildet ist und in der That einen bessern Platz verdiente, als es jetzt einnimmt.

[3]) Abgedr. bei J. J. Lionnois Hist. des villes vieille et neuve de Nancy I 96 f., dann bei D. Parens (a. a. O. 617) bei Hadrow u. s. w. — Ueber Margarethe veröffentlichte Mons. Abbé J. M. Cayque 1859 eine interessante Abhandlung „Essai Historique sur la Vie de la Bienheureuse Princesse Marguerite de Barière. Metz chez Rousseau-Pallez", welche ich aus der Hand des mir hier bei seiner Durchreise (1862) persönlich bekannt gewordenen Hrn. Verfassers erhielt.

[4]) M. Gerbert in s. Tapographia etc. P. I 207 u. 209 beschreibt die Stamser Gruft und stellt sie auf Tafel XVIII auch bildlich dar.

4

Bayern-München.

In zweiter Ehe heiratete Elisabethe den Landgrafen Hesso zu Leiningen in Worms am 4. Oktob. 1440 (nach zu München am 11. Mai
vorausgegangener Verlobung). Graf Hesso war geb. (wann?), starb zu
München am 8. März 1467 u. liegt in der Erbgruft des ehem. Augustiner-
Chorherrenstiftes zu Höningen begr.

Elisabethe, auch in dieser Ehe kinderlos, starb zu Heidelberg am
5. März 1468 und ruht neben ihrem 2ten Gemahle. (Kein Denkmal mehr.)

4) **Amalia**, geb. im Jahre 1408, (?) trat 1432 in das St. Klara-Kloster am
Anger zu München[1]) und starb dortselbst im J. (?), wo sie wohl auch
begr. liegt. (??)

XI. Wilhelm III. Regiert vom 8. Aug. 1397 neben seinem Bruder Ernst

u. s. w. (vergl. die Notiz S. 22.) bis zum 12. Sept. 1435.

geb. zu München 1375;

Protektor des Conciliums zu Basel vom 11. Oktob. 1431 — 12. Okt. 1433;

gest. in München am 12.[2]) Sept. 1435;

begr. daselbst bei U. L. Frau (in der grossen Tumba).

Ludwig VII
1413—1447.
Ludwig VIII
(sl.Höckerige)
1443—1445.

Heinrich IV
1393—1450.

Gemahlin:[3])

Margarethe,[4]) Tochter Herzogs Adolph I (des Klugen Weisen Siegreichen) von Kleve und der Mark, geb. am 23. Febr. 1416, verl. in
Köln a./Rh. am 17. Septbr. 1432, verm. zu Basel am 11. Mai 1433.

Nach Wilhelm's Tod verheiratete sich Margarethe zum Andernmale
mit dem Grafen Ulrich V (Adamatus Beneamatus der Vielgeliebte) von
Wirtemberg zu Stuttgart am 29. Jun. 1441 laut Eheberedung de dato
Köln 8. Oktob. 1440 als dessen 3te Gemahlin.

Ulrich ist geb. um 1412, starb zu Leonberg am 1. Septbr. 1480 und
ruht in der Stiftskirche zu Stuttgart. (Epitaph u. Standbild daselbst.)[5])

Margaretha, welche ihm nur 1 Tochter geb., starb in Stuttgart am
20. Mai 1444, wo sie in dortiger Stiftskirche begr. liegt. (Epitaph.)

Kinder:

1) **Adolph**, geb. 1434. Folgt sub XII.

2) **Wilhelm**, geb. in München am 25. Septbr. 1435 (weil nach des Vaters
Tod, genannt Posthumus), gest. daselbst kurz vor dem 16. Oktob. gl.
Js., begr. in der Karmeliten-Kirche zu Straubing.[6])

---

[1]) Adele (II 215.) Die gedruckte wie ungedruckte Geschichte des Anger-Klosters will
von Amalia nichts wissen. Ihr Eintritt in das Kloster scheint nach der Mutter
Tod, also nach Lichtmesstag des Jahres 1432 erfolgt zu sein.

[2]) Chronik einer Ungenannten (Freyberg a. a. O. I 175) „am ersttag dess h. Kreuz
erhebung". Hiemit stimmen noch andere Quellen überein.

[3]) Von Adelheid Rehynlin, einer frühern Geliebten des Herzogs, mit welcher er den
Konrad von Egenhofen erzeugte, erzählt unter Andern J. M. Mayer im Münchner
Stadtbuche S. 129.

[4]) Margarethe soll vorher (seit 1424) mit dem Landgrafen Ludwig II von Hessen verlobt gewesen sein.

[5]) Abdruck bei J. H. Tiedemann u. J. P. Merckel Beschrbg. der fürstl. Denkmale etc.
zu Stuttgart S. 16 und für Ulrich's Gemahlin Margarethe von Kleve S. 17. — Das
Jahresheft VI des Wirtemb. Alterthumsvereines bringt eine Wiedergabe von Ulrich's
Standbild in der Stiftskirche.

[6]) B. IV der Fürstensachen im Reichsarchiv, Orig.-Brief Herzogs Albrecht III (II) vom
1. Oktob. 1435 an Herzog Heinrich zu Landshut.

VI. Ludwig III. Regiert vom 18. Mai bis 3. Oktob. 1410 in der Rhein- und Oberpfalz. An diesem Tage wurden in Folge Testaments Königs Ruprecht die pfälzischen Lande unter die vier Brüder Ludwig Johann Stephan und Otto so getheilt, dass Ersterem ausser der Kurwürde und dem s. g. Kur-Präcipuum noch ein weiterer namhafter Theil der Rhein- und Oberpfalz zufiel. Dies ist die

Dritte Pfälzische Landestheilung
vom 3. Oktob. 1410.

Ludwig III regierte in seinem Antheile bis zum 30. Dez. 1436.

Beinamen: Barbatus, Coecus, Pius, Solameo sacerdotum, Canis Canus; mit dem Bart der Bärtige, der Blinde der blinde Kurfürst, Gottesfreund Pfaffentrost, der Graue; der Jüngere; der rothe Herzog; [1]
geb. am 23. Jan. 1378;
Protektor des Conciliums zu Konstanz vom 21. Juli 1415 bis 27. Jan. 1417;
gest. in Heidelberg am 30. Dez. 1436 [2]
begr. daselbst bei hl. Geist. (Grabstein im Chor mit Inschrift.) [3]

Gemahlinen:

I. **Blanka**, Tochter Königs Heinrich IV von England aus dem Hause Lankaster, geb. um 1382, verl. in Baden am 7. März 1401 (ratifiz. in Heidelberg am 1. Aug. gl. Js.), verm. am 15. Aug. darauf zu Köln a./Rh., gest. am 31. Mai 1409 in Hagenau, begr. bei St. Aegidius in Neustadt a. d. H. im Chor daselbst. [4]

II. **Mechtilde**, Tochter des Grafen Amadeus von Savoyen u. Fürsten von Achaja, geb. im J. 1390 (?), verm. in Pignerol am 30. Nov. 1417, gest. in Germersheim am 4. Mai 1438, begr. in Heidelberg bei hl. Geist. (Rhem. Grabinschrift im Chor allda.) [5]

Kind erster Ehe:

1) **Ruprecht** (Anglus der Engländer), geb. in Heidelberg am 22. Mai 1406, gest. daselbst am 20. Mai [6] 1426, begr. allda bei hl. Geist.

---

[1] Benj. Williams Henrici V Angliae Regis Gesta. Londini 1850 p. 144 Note 1. „called also the Red Duke from te colour of his armour." Man vergl. La Chronique etc. de Monstrelet etc. Publ. par L. Doubt D'Arcq IV 23: „Et le Rouge duc en barière etc."
[2] Nach Michael Behaim's Reimchronik am 31. Dez., nach dem Cod. Bav. 1655 am 29. Dez. Unser Datum ist urkundlich.
[3] Abgedr. im Apographum etc. p. 1, bei Pareus p. 216.
[4] Auf dem Monumente ihres Gemahls steht auch ihre Grabschrift.
[5] Abgedr. im Apographum etc. p. 8, bei J. F. Kayser (a. a. O. p. 51), bei Pareus p. 217 etc.
[6] Calendarium 1 bei Böttinghausen (Beiträge etc. S. 228.)

4 *

Bayern-München.

XII. Adolph. Regiert nach seines Vaters Wilhelm III Tod gemeinschaftlich mit seinem Oheim Ernst, bis dieser am 2. Juli 1438 starb, hierauf unter der Vormundschaft Herzogs Albrecht II (III) seines Vetters bis zu seinem Tode.

geb. in München am 7. Jan. 1434;

gest. daselbst zwischen dem 26. Mai und 24. Oktob. 1441. [1]

begr. bei U. L. Frau. [2]

Ludwig VII
1413—1447.
Ludwig VIII
1443—1445.

Heinrich IV
1393—1450.

---

[1] Alle seitherigen Angaben über Adolph's Sterb- u. Begräbniss-Tag sind falsch. Dass Adolph am 25. Mai 1441 noch lebte, beweist die Urkunde Herzogs Ernst von diesem Tage, wornach der Prinz die nächsten vier Jahre zu seiner Erziehung in München bleiben soll, und von seinem Tod geschieht zuerst Erwähnung in einer Urkunde seiner Mutter Margarethe vom 25. Oktob. gl. Js. „von wegen des hochgebornen Fürsten uns. lieben Suns Adolfs Pfaltzgrafen etc. seel. gedechtnus." Vergl. Jos. Ant. Aettenkhover's Kurzgefasste Gesch. der Herzoge von Bayern p. 324 ff. u. 327 ff.

[2] Vergl. A. Mayer (Frauenkirche etc. S. 32 u. 34).

Kurpfalz.

	Neuburg-Oberpfalz.	Simmern-Zweybrücken. Veldenz.	Mosbach.
	Johann 1410—1443.	Stephan 1410—1449.	Otto I 1410—1461.

Kinder zweiter Ehe:

2) **Mechtilde**, geb. in Heidelberg am 7. März 1419, verl. daselbst am 25. Nov. gl. Js. und verm. in Stuttgart am
17. Oktob. 1434 mit dem Grafen Ludwig I dem Aeltern
von Wirtemberg.

Dieser ist geb. um 1408 bis 1411, starb in Urach am
23. Sept. 1450 und wurde erst in der Karthause Güterstein, später zu Tübingen bei St. Georg beigesetzt.

Mechtilde, welche in dieser Ehe 3 Söhne und 2 Töchter
geboren, verlobte sich am 3. Nov. 1451 mit Erzherzog
Albrecht VI (dem Verschwender) von Oesterreich, dem sie
zu Böblingen am 10. (?) Aug. 1452 angetraut wurde.

Albrecht ist geb. im J. 1418, starb zu Wien am 2. Dez.
1463 und ruht daselbst im St. Stephan's Dome. (Neuere
Sarg-Inschrift in der älteren Gruft daselbst.)[1] Seine
Wittwe Mechtilde, in dieser Ehe kinderlos, starb in Heidelberg am 1. Oktob. 1482 und liess sich zu Güterstein an
der Seite ihres ersten Gemahles beisetzen, von wo sie mit
demselben 1555 nach Tübingen zu St. Georg transferirt
wurde. (Gemeinschaftl. schönes Grabdenkmal daselbst mit
Inschrift.)[2]

3) **Ludwig IV** (der Gütige etc.), geb. 1. Jan. 1424. Folgt unten
sub VII.

4) **Friedrich I** (der Siegreiche), geb. 1. Aug. 1425. Folgt
sub VIII.

5) **Ruprecht**, geb. in Heidelberg am 27. Febr. 1427, wurde
Domherr in Köln 1446, in Würzburg 1455, Dompropst in
Würzburg 1460, Erzbischof und Kurfürst von Köln am
30. März 1463.

Ruprecht starb nach unglücklicher Regierung im Gefängnisse zu Blankenstein am 26. Juli 1480 und ruht in
der Muttergotteskapelle der Münsterkirche von St. Kassius,
jetzt St. Martin zu Bonn. (Schönes Hochgrab-Denkmal mit
Inschrift daselbst.)[3]

6) **Margarethe**, geb. um 1428, begab sich 1440 in das Domini-
kanerinnen-Kloster Liebenau, wo sie — Laiin geblieben — am
23. Nov. 1466 starb u. begr. liegt. (Denkmal daselbst.)[4]

7) **N. . . . .** Nonne zu Köln a./Rh. (?)[5]

---

[1] Vergl. M. Gerbert's Topographie etc. I 194 ff. u. Tafel XVI.

[2] Abgedr. bei J. H. Tiedemann etc. S. 185 f., eine Abbildung desselben
bringt Chr. Fr. Sattler auf Tab. IV des B. III seiner Graven von Würtem-
berg und eine Beschreibung Dr. G. Bunz die Stiftskirche zu St. Georg
le Tübingen S. 74 ff. u. 89.

[3] Diese hat a. a. O., p. 229 Parens, Die Cronica preasluni etc. Colon.
eccl. bei Dr. G. Eckertz (Fontes adhuc inediti RR. Rhenanorum p. 60)
sagt: „Sepultus est Bonne in sepulchro satis percisso et elevato." Vgl.
Dr. B. Hundeshagen die Stadt Bonn S. 98 f.

[4] Die Inschrift ist zu treffen bei Schannat (a. a. O. I 172.)

[5] Auch die Kinder-Zahl Ludwig's III steht noch nicht fest. Von s. Tochter
Mechtilde (oben Nr. 2) sagt zemlich Ladisl. Suntheim (bei Oefele II 577);
et ipsa habuit alias sorores quarum duae erant Moniales (eine oben Nr. 7)
et reliquae juvenes obierunt.

Bayern-München.

XIII. Albrecht Ħ (III). Regiert vom 2. Juli 1438 gemeinschaftlich mit seinem von ihm bevormundeten Vetter Adolph bis zu dessen Tod (im Jahre 1441), von da ab allein bis zu seinem eigenen Ableben (29. Febr. 1460).

Beinamen: Pius Probus Bonus, der Fromme Gütige;
geb. in München am 27. März 1401;
gest. in München am 29. Febr. 1460;
begr. in Andechs. (Sein Denkmal wurde durch den Einsturz des Kirchengewölbes beim Klosterbrand vom 3. Mai 1669 zertrümmert. [1]) Epitaph auf dem Fussboden in Mitte der Kirche. [2])

Gemahlin: [3])

Anna, Tochter Herzogs Erich I von Braunschweig-Grubenhagen, geb. um das Jahr 1420 (?), verm. in München am 22. Jan. 1437. [4])

Nach Albrecht's Tod vermählte sich Herzogin Anna im Febr. 1463 mit dem Herzog Friedrich (dem Unruhigen oder Stürmischen, auch Jüngern) von Braunschweig-Calenberg, welcher (wann?) geb. war, im J. 1495 am 5. März in Münden starb und bei St. Blasius daselbst begr. liegt [5]), als dessen 1te Gemahlin.

Anna gebar in ihrer zweiten Ehe kein Kind, kehrte schon 1467 wieder nach Bayern zurück, starb in Nanhofen am 9. Oktob. 1474 und wurde dort begraben, später aber nach Andechs transferirt, wo sie neben dem ersten Gatten ruht.

(Agnes Bernauer.) [6])

Kinder:

1) **Johann IV**, geb. am 4. Oktob. 1437. Folgt sub XIV.

2) **Ernst**, geb. in München am 26. Aug. 1438, gest. am 29. Febr. 1460 in Straubing, begr. daselbst bei den Karmeliten. (Denkstein mit Inschrift.) [7])

[1]) Freundliche Mittheilung des Hrn. Pater Wolfgang (Müller) im hiesigen BenediktinerKloster. Jetzt schliesst die herzogl. Gruft, die sich zwischen den 4 Neben-Altären befindet, ein kleiner quadratischer mit einem † bezeichneter Stein.

[2]) Abgedr. bei Aettenkhover u. a. O. S. 62.

[3]) Vorher war Albrecht (15. Jan. 1428) mit der Gräfin Elisabethe von Wirtemberg verlobt, die bald hernach auf eigene Faust der Grafen Johann III von Werdenberg heiratete.

[4]) Trotz Cohn's Bedenken (z. Tafel 46) und dem in ältern Chroniken häufig vorkommenden 11. Nov. 1436 ist obiges Datum allein richtig für Albrecht's Vermählung, wie die Urkunden Herzogs Adolph von Jülich und Berg vom 21. Januar, Herzogs Albrecht selbst vom 22. (s. g. Wiederlegungs-Brief) u. 23. Jan. (s. g. MorgengabBrief), dann Herzogs Ernst vom 24. Jan. 1437 darthun. Vergl. Aettenkhover u. a. O. S. 330 ff. Entscheidend ist namentlich der Inhalt des Morgengab-Briefs und dessen Zusammenhang mit der gedachten Urkunde Herzogs Ernst. Arrolen setzt die Hochzeit gleichfalls auf den 22. Jan. 1437 fest.

[5]) Doch wohl im Gruftgewölbe seines Bruders Wilhelm II, welches schon im J. 1494 errichtet und mit einem Denkstein versehen ward. Vgl. Gg. Sept. Andr. v. Praun's durch Jul. Aug. Remer herausgegeb. Braunschweigisches u. Lüneb. Siegelcabinet S. 90.

[6]) Diese Geliebte (Gemahlin?) Herzog's Albrecht, eine Baderstochter aus Bibrach, wurde bekanntlich auf Befehl des alten Herzogs Ernst am 12. Oktob. 1435 von der Straubinger-Brücke in die Donau gestürzt und ihre Gebeine später in einer eigens für sie erbauten Grab-Kapelle am St. Peters-Kirchhof zu Straubing beigesetzt. (Grabstein: ein Abguss desselben findet sich im Saal IV der Gothik des bayer. National-Museums in München, eine Abbildung davon im B. l der Verhandlgen des histor. Ver. f. d. Unterdonaukreis v. 1848 S. 164. Die „Agnes Bernauer-Kapelle" ist nach S. 392 im B. l des Königreichs Bayern in s. Schönheiten u. (mit dem Gefängnissthurm) auch in Frhrn. v. Hormayr's Taschenbuch für 1848 hübsch abgebildet. Beide übertrifft an immenser Schönheit der Ausführung die betr. Tafel im B. V von L. Förster's Denkmalen deutscher Kunst.)

[7]) Abgedr. ist dieselbe in J. A. Zimmermann's Chur-bayer. Geistl. Kalender Thl. IV S. 45.

Bayern-Ingolstadt.

Ludwig VII
1413—1447.
Ludwig VIII
1443—1445.

Bayern-Landshut.

Heinrich IV
1393—1450.
Ludwig IX
(der Reiche)
1450—1479.

Nach Ludwig's VII Tod fallen die ingolstädtischen Lande an Bayern-Landshut.

Kurpfalz.

VII. Ludwig IV, vom 30. Dez. 1436 — 13. Aug. 1449.

Beinamen: Bonus Honestus Mansuetus Placidus Mitis Pius;
Justus, d. h. der Gütige Tugendhafte Sanftmüthige Fromme,
der Gerechte;

geb. in Heidelberg am 1. Jan. 1424;

unter Vormundschaft seines Oheims Otto 1 (von Mosbach)
bis 31. Dez. 1445;

gest. zu Worms in der Domprobstei am 13. Aug. 1449;

begr. zu Heidelberg bei hl. Geist. (Ehemal. Grabinschrift daselbst im Chor.) [1]

> N.B. Sein Bild von B. Beham — Schleissheimer Ahnen-Gallerie Nr. 377
> — ist für uns nicht von eigentlich. histor. Werthe, da es nur
> als Kopie erscheint. [2]

Gemahlin:

Margarethe, Tochter Herzog's Amadeus VIII (des Friedfertigen) von Savoyen (als Papst unter dem Namen Felix V
bekannt), geb. in Morges um 1410 und Wittwe des Titular-
Königs Ludwig III von Neapel aus dem Hause Anjou seit
dem 6. Nov. 1434.

Margarethe, in ihrer ersten Ehe kinderlos, vermählte
sich zum Andernmale (nach am 22. Okt. 1444 vorausgegangener Verlobung) zu Heidelberg am 18. Oktob. 1445
mit Ludwig IV, dann nach dessen Tod in 3ter Ehe mit dem
Grafen Ulrich V (dem Vielgeliebten) von Wirtemberg zu
Stuttgart am 9. Juli 1453 als dessen 3te Gemahlin. (Weiteres über Ulrich V vergl. oben S. 26.)

Margarethe geb. ihrem 3ten Gemahle 4 Töchter, starb
in Stuttgart am 30. Sept. 1479 und ruht in der Stifts-
Kirche daselbst neben ihrem Gemahle. (Grabschrift im
Chor.) [3]

Neuburg-Oberpfalz.	Simmern-Zweybrücken-Veldenz.	Mosbach.
Johann 1419—1443. Christoph 1443—1448.	Stephan 1410—1459.	Otto I 1410—1461.

Nach Christoph's Tod fallen dessen oberpfälz. Gebiets-theile an die Linien Simmern-Zweybrücken-Veldenz u. Mosbach.

---

[1] Abgedr. im Apographeum Monumentorum p. X, bei Kayser (a. a. O. p. 202),
bei Pareus p. 221 etc. Das schöne Bild in Hefner's v. Alteneck Trachten
des christl. Mittelalters B. II Tafel 44 stellt sicher nur unsern Kurfürsten vor.

[2] Bezüglich der Bilder dieser Gallerie, dann jener im bayer. National-Museum
zu München etc., sowie hinsichtlich der vergoldeten Kolossal-Bronce-
Statuen im Thronsaale der k. Residenz u. s. w. bemerken wir bei diesem
Anlasse, dass sie nur dann hier geeignete Berücksichtigung finden, wenn
die betr. Darstellung nach dem Leben gegeben oder derselben doch wenigstens förmliche Original-Bilder (nach Siegeln, Münzen etc.) zu Grunde
gelegt sind.

[3] Abgedr. bei J. P. Kayser (a. a. O. p. 52), dann bei J. H. Tiedemann
u. J. F. Merckel a. a. O. S. 18 etc.

Bayern-München.

3) **Sigmund**, geb. am 26. Juli 1439. Folgt sub XV.

4) **Albrecht**, geb. in Straubing (?) am 24. Dez. 1440, gest. daselbst im Jahre 1445, begr. in der Karmelitenkirche allda. (Kein Denkmal.)

5) **Margarethe**, geb. am 1. Jan. 1442, verl. in Mantua am 8. Sept. 1462, verm. dortselbst am 10. Mai [1]) 1463 mit dem Markgrafen Friedrich I Gonzaga von Mantua, welcher 1440 geb. ist, zu Mantua am 14. Juli 1484 starb und daselbst bei St. Andreas begr. liegt.

Margarethe geb. ihrem Gemahl 3 Söhne und 3 Töchter, starb in Mantua am 14. Oktob. 1479 und ruht an der Seite ihres Gemahles.

6) **Elisabethe**, geb. am 2. Febr. [2]) 1443, verl. in München am 6. Mai 1450, verm. in Leipzig am 19. Novbr. 1460 [3]) mit dem Kurfürsten Ernst I von Sachsen, welcher in Meissen am 25. März 1441 das Licht der Welt erblickte, zu Kolditz am 26. Aug. 1486 starb und in der Begräbniskapelle des Domes zu Meissen begr. liegt. (Metallne Grabplatte mit Inschrift.) [4])

Seine Gemahlin, die Stamm-Mutter des sächsisch-Ernestinischen Hauses hat ihm 5 Söhne und 2 Töchter geboren, starb in Leipzig am 5. März 1484 und ruht daselbst in der Kirche des Dominikaner-Klosters St. Paul. (Grab-Monument von Guss.) [5])

7) **Albrecht IV (III)**, geb. am 15. Dez. 1447. Folgt sub XVI.

8) **Christoph** (Bellicosus, der Starke der Kämpfer etc.), geb. in München (?) am 6. Jan. 1449, gest. nach vielen ruhmwürdigen Heldenfahrten und Thaten [6]) in der Stadt Rhodus auf der gleichnamigen Insel am 8. Aug. 1493 und dortselbst in der St. Antons-Kapelle begr.

9) **Wolfgang** (Tenax), geb. in (München?) am 1. Nov. 1451, gest. in Landsberg am 24. Mai 1514, begr. zu Andechs. [7])

10) **Barbara**, geb. in München am 9. Juni 1454, wird 1460 zur Erziehung in das Klara-Kloster am Anger gegeben, woselbst sie, die Hand König's Ludwig IX von Frankreich ausschlagend, 1470 den Schleier nahm, dort am 24. Juni 1472 [8]) im Rufe der Heiligkeit starb und im Chor der Klosterkirche vor dem hl. Sakrament begr., 1809 aber nach der Königsgruft bei U. L. Frau transferirt wurde. (Vergl. oben S. 12 sub Nr. 15 Agnes II.)

---

[1]) Nach Andern am 7. Juni. Bewilligungs- und Morgengab-Brief etc. datiren nach Arroden vom 11. Mai; desgleichen der Consens der Markgrafen Friedrich in der Versicht seiner Gemahlin auf weitere Ansprüche an ihr Heimatland.

[2]) Am hl. Lichtmesstag, sagen Codex Bav. 2825 und die Chronik bei Westenrieder (neue Beiträge II 231.)

[3]) Nach Arroden hätte die Hochzeit am Martini 1456 zu Zwickau stattgefunden. Vergl. J. A. Aettenkhover, S. 65.

[4]) Abgedr. bei Mencken (II 863 f.), in der Thuringia Sacra p. 951, woselbst auch eine Abbildung des Grabsteins zu finden ist, bei Joh. Fr. Ursinus Gesch. d. Domkirche in Meissen S. 36 f. u. s. w.

[5]) Abgedr. ist das Epitaph in Sal. Stepner's Inscriptiones Lipsienses S. 75 Nro. 232 mit falscher Jahrzahl, bei Mencken II 869, in der Thuringia Sacra p. 951 etc. An letzterem Orte findet sich unter den Monumentes S. Eryber's auch eine Abbildung ihres Grabmals.

[6]) Vergl. Dr. Frz. Trautmann's köstliches Volksbuch „Die Abenteuer Herz. Christoph gen. d. Kämpfer". Frkf. a./M. 1853.

[7]) Dass Wolfgang und Albrecht IV Dompfründen in Augsburg besessen, ist wie Gust. Frhr. v. Stockheim in seinem Herzog Albrecht IV S. 21 ff. zeigt, irrig. Die Prinzen waren blos zu solchen Pfründen vorgemerkt, woher dieser Irrthum gekommen sein mag.

[8]) Dieses Jahr ist im Nekrologe des Klosters von gleichzeitiger Hand eingetragen. Vergl. Westenrieder's neue Beiträge (II 231).

	Simmern-Zweybrücken-Veldenz.	Neobach.

Kurpfalz.

Sohn (Ludwig's IV):

Philipp, geb. am 14. Juli 1448.

Folgt sub IX. [1]

	Stephan 1410—1459.	Otto II 1461—1499.

	Simmern-Sponheim.	Zweybrücken-Veldenz.
	Friedrich (der Hondsrücker) 1459—1480.	Ludwig I (der Schwarze) 1459—1589.

---

[1] Weil ihm (sub VIII) sein Oheim Friedrich I vorgeht.

Bayern-München.

XIV. Johann IV. Regiert gemeinschaftlich mit seinem Bruder Sigmund vom 29. Febr.
1460 bis zu seinem Tode (18. Nov. 1463).

Beinamen: Monacensis, Verax, Niger, d. h. der Münchener, der Wahrhaftige, der Schwarze;
geb. in München am 4. Okt. 1437;
gest. in Haidhausen bei München am 18. Nov.[1]) 1463;
begr. in der Klosterkirche zu Andechs bei seinem Vater.

Ludwig II
1450—168

Georg der
Reich
1479—15

XV. Sigmund. Regiert vom 29. Febr. 1460 bis 18. Nov. 1463 gemeinschaftlich mit
seinem Bruder Johann IV; nach dessen Tod allein bis zum 10. Sept. 1465, an welchem
Tage sein jüngerer Bruder Albrecht III (IV) in die Regierung miteintritt. Hierauf
regierten Sigmund und Albrecht zusammen bis zum 3. Septbr. 1467, an dem Ersterer
freiwillig auf das Regiment verzichtete und sich in's Privatleben zurückzog.[2])

Beinamen: „Inutilis et prodigus", Largus;[3])
geb. in Straubing (?) am 26. Juli 1439;
verl. am 6. Sept. 1456 mit Margarethe, Tochter Friedrich's II von Brandenburg;[4])
gest. in seinem Schlosse zu Menzing (jetzt Blutenburg) bei München am 1. Febr. 1501
(in habitu Franciscanae familiae);[5])
begr. in der von ihm neu und grossartig erbauten Frauenkirche zu München (in der
grossen Tumba).[6])

Wahlspruch: De die in diem.

XVI. Albrecht III (IV). Regiert vom 10. Sept. 1465 mit seinem Bruder Sigmund
gemeinschaftlich bis zu dessen Verzicht 3. Septbr. 1467, und von da ab unter heftigen
langdauernden Zwistigkeiten mit seinen Brüdern Christoph und Wolfgang, welche
gleichfalls Antheil am Regiment verlangen, allein bis zum 18. März 1508.

Beinamen: Sapiens der Weise Witzige, Inclytus Dux, der Kluge Gütige;[7])
geb. in München am 15. Dezbr. 1447;[8])
führt in Bayern das Primogenitur- (Erstgeburts-) Recht ein am 8. Juli 1506;
gest. in München am 18. März 1508;
begr. daselbst bei U. L. Frau (in der grossen Tumba).

NB. Sein Portrait von B. Beham in der Schl. Ahnen-Gall. Nr. 515 hat wohl schon histor. Basis.
Entschieden gleichzeitig aber ist das Portrait Albrecht's im Saal X der Gothik des bayer.
National-Museums.[9]) Vergoldete Kolossal-Statue im Münchener-Thronsaale.

---

[1]) Urkundlich gegenüber dem Seligenthaler Todtenbuch, das den 19. Novbr. hat, Vergl. L. v. Westenrieder's Neue Beiträge II 234 u. A. O. S. 66.

[2]) Vergl. Ladisl. Santheim bei Oefele (II 571), der auch Nachrichten über Sigmund's ausserehliche Nachkömmlinge bringt. Mit einer gewissen Margarethe Pfattendorferin nämlich erzeugte der Herzog 2 Söhne, Hanns und Sigmund, und 1 Tochter Margarethe, welche 1495 urkundlich vorkommen. Vergl. Oefele II 267 f.

[3]) Einen deutschen Beinamen für Herzog Sigmund fand ich nicht.

[4]) J. A. Aettenkhofer S. 69 f. Vergl. über die Gründe des Nichtzustandekommens dieser Verbindung Pauli Allg. Preuss. Staatsgesch. II 37½, dann B. II der Abhdlgn. d. Baier. Akad. d. W. S. 141 ff.

[5]) J. Adlzreitter (Boïc. Gent. Annal. P. II Lib. IX p. 189). Unser Todestag ist urkundlich.

[6]) Die 6te Lieferung der Alterthümer etc. d. bayer. Herrscher-Hauses enthält in einem Votiv-Bild Sigmund's bei U. L. Frau sein getreues Portrait.

[7]) In Italien hiess er der „Gelehrte". Parnassus Boicus I 394.

[8]) Vergl. Th. G. v. Kajaran Mich. Behaim's Buch von den Wienern, Einleitung S. XLII.

[9]) Mit Albrecht's u. seiner Gemahlin Bildern beginnt die schöne Ahnen-Gallerie im s. g. weissen Saale der k. Residenz dahier, welche bis Max Emanuel herabgeht und sich in den Gaggen bis auf Max III Jos. fortsetzt.

Kurpfalz.

	Simmern-Zweybrücken-Veldenz.	Mosbach.

VIII. Friedrich I. Regiert vom 13. Aug. 1449 als Vormund
seines Neffen Philipp und vom 6. Septbr. 1451 an als wirk-
licher Kurfürst[1] bis zu seinem Tode (12. Dez. 1476).
Beinamen: Bellator Victor Victoriosus; der Herzhafte der Kriegerische der Siegreiche; der böse und tolle Fritz; der Trutz-
kaiser; der deutsche Hektor etc.;
geb. in Heidelberg am 1. Aug. 1425;
verl. in Landshut am 10. Febr. 1427 mit Elisabethe, Tochter
Herz. Heinrich des Reichen;
gest. in Heidelberg am 12. Dez. 1476;
begr. daselbst im Franziskaner- (Baarfüsser-) Kloster in der von
ihm dort gestifteten neuen Kapelle. (Ehem. Denkmal mit Inschrift.)[2] — Nach Zerstörung seines prächtigen Grabmals durch
die Franzosen 1689 wurden Friedrich's Gebeine am 19. Aug.
1696 in die Kapuziner-Kirche zu St. Maria Magd. transf. (Inschrift daselbst.)[3]
Kurfürst Friedrich I hatte sich am 18. Aug. 1459 morganatisch
mit dem herzogl. bayer. Hof-Fräulein Klara Tettin (Dettin),
Tochter Christoph's Tettin von Augsburg vermählt, welche
nach 1490 starb. — Durch Klara[4] wurde er der Ahnherr
des gräfl. u. fürstl. Hauses Löwenstein-Wertheim.
NB. Schl. Gall. Bild Friedrich's I von B. Beham N. 378. Ein Portr.
des Kurfürsten von Albr. Altdorfer, einem Schüler Albr. Dürer's
hängt im Aufgange zur Renaissance des b. Nat. Mus. und ein
zweiter von unbek. Hand im Saale I der Ren. Dazu kommt die
vergoldete Kolossal-Statue im Münchener Thronsaale.

IX. Philipp, vom 12. Dez. 1476 bis 28. Febr. 1508.
Beinamen: Ingenuus Nobilis; der Aufrichtige Redliche Edel-
müthige, der Museufreund;
geb. in Heidelberg am 14. Juli 1448;
verl. am 17. Juli 1456 mit Ottilie Gräfin v. Katzenellnbogen;
gest. in Germersheim am 28. Febr. 1508;
begr. in Heidelberg bei hl. Geist. (Epitaph daselbst im Chor.)[5]
Gemahlin:
Margarethe, Tochter Herzogs Ludwig IX (des Reichen)
von Landshut, geb. in Amberg am 7. Novbr. 1456, verl.
am 23. Febr., verm. am 17. April 1474 in Amberg, gest.
in Heidelberg 24./25. Januar[6] 1501, begr. neben ihrem
Gemahle. (Epitaph daselbst im Chor.)[7]
NB. Schl. Gall. Portraits beider Gatten von unbekannter Hand
als Nr. 379.

---

[1] Wozu die Agnaten u. die Grossen der pfälz. Lande konsentirten. Dafür
adoptirte Friedrich s. Neffen am 13. Jan. 1452 als Sohn.
[2] Dieselbe ist abgedr. im Apographum p. 21, bei Oefele (II 516), Kayser
(p. 262), Schannat (§ 189) etc., conf. Wickenburg I, 186 u. Pareus p. 227,
der das Denkmal genau beschreibt. Hier heisst es auch von Friedrich's
Leiche: cujus corpus in habitu fratrum minorum sepulturae mandatum.
[3] Die neuere Inschrift bringt Wickenburg im Tom. I Pars I p. 169.
[4] Vergl. über sie Püttinghausen's Beitr. I 55 u. II 3 ff., J. D. Köhler's
Hist. Münz-Belustigg. Thl. V 307 ff., wo sie Vermählungstag der 19. Okt.
1462 stellt und die Ehel. Abstammung des fürstl. Hauses Löwenstein-
Wertheim etc. v. Dr. Joh. Ludw. Klüber, herausg. v. Dr. J. Mühlheus.
[5] Abgedr. im Apogr. p. 8, bei Kayser a. a. O. 272, bei Pareus p. 236 etc.
abgebildet bei Wickenburg Tom. I Pars I p. 49.
[6] J. J. Müller's Staats-Cabinet, Erste Eröffnung S. 844 f.
[7] Abgedr. im Apographum p. 10, bei Kayser p. 208 f., bei Pareus p. 236,
abgebild. bei Wickenburg I. I. p. 50.

Simmern-Zweybrücken-Veldenz.	Mosbach.
Stephan 1410 — 1459.	Otto I 1410 — 1461. Otto II 1461 — 1499.
Simmern-Sponheim.	Zweybrücken-Veldenz.
Friedrich (der Hundsrücker) 1459 — 1480. Ludwig 1 (der Schwarze) 1459 — 1489.	

Nach Otto's II Tod fielen die Mosbacher Lande an die Kurpfalz zurück.

Bayern.

Gemahlin:

Kunigunde, Tochter Kaisers Friedrich III (IV), geb. in Wienerisch-Neustadt am 16. März 1465, verl. in Innsbruck am 30. Aug.[1]) und wieder am 17. Dez. 1486, verm. daselbst am 3. Jan. 1487.[2])

Als Wittwe begab sich Kunigunde am 2. April 1508 in's St. Christoph-Kloster (Püttrich-Regelhaus) zu München, starb daselbst am 6. Aug.[3]) 1520 im Geruche der Heiligkeit und ruht neben ihrem Gemahle.[4])

NB. Schleissh. Gall. Portrait von B. Beham Nr. 316 und ein anderes von unbekannter Hand im Saale I der Renaissance des bayer. Nat. Mus.

Kinder:

1) **Sidonie**, geb. in München (?) am 1. Mai 1488, gest. in München am 27. März 1505 als Braut ihres Vetters des Kurfürsten Ludwig V von der Pfalz, mit dem sie am 18. Aug. 1489 verlobt worden.[5])

2) **Sibille**, geb. am 16. Juni 1489, verl. in München am 6. Juni 1510, verm. zu Heidelberg am 23. Febr. 1511 mit dem Kurfürsten Ludwig V von der Pfalz.
   Vergl. das Weitere später bei der Kurpfalz unter Ludwig V.

3) **Sabine**, geb. am 24. April 1492, verl. in München am 18. Okt. 1498, verm. am 2. März 1511 in Stuttgart mit Herzog Ulrich I von Wirtemberg, welcher am 8. Febr. 1487 zu Reichenweiher geb. war, in Tübingen am 6. Nov. 1550 starb und dortselbst bei St. Georg begr. liegt. (Denkmal mit Metallplatte u. Inschrift.)
   Sabine starb, nachdem sie in dieser Ehe 1 Sohn und 1 Tochter geboren, zu Nürtingen am 30. Aug. 1564 und ruht neben ihrem Gemahle. (Denkmal mit Inschrift.)[6])
   NB. Ihr Bild von B. Beham ist in der Schleissh. Gall. sub Nr. 317 zu sehen.

4) **Wilhelm IV**, geb. am 13. Nov. 1493. Folgt sub XVII.

5) **Ludwig (X)**, geb. am 18. Septbr. 1495 in Grünwald. Regiert gemeinsam mit s. Bruder Wilhelm IV vom 15. Mai 1516 bis zu seinem Tode.[7]) Dompropst von Freising seit 13. März 1506, verzichtete er — am 1. Febr. 1507 mit den ersten Tonsur versehen — 1511 auf diese Pfründe und verlobte sich am 9. Januar 1518 zu Wels mit der Königin-Wittwe Johanna von Neapel, Tochter Königs Ferdinand I von Neapel aus dem Hause Arragonien. Ludwig starb am 22. April 1545 in Landshut u. liegt zu Seligenthal begr., wo ihm über dem Eingange der dortigen Fürstengruft ein schönes Denkmal gesetzt wurde.[8])
   Devise: Bayern blühe ewig!
   NB. Schleissh. Gall. Portrait von B. Beham Nr. 318. Zwei andere Bilder Ludwig's von Hanns Wertinger u. H. Schwab (?) befinden sich im Saale II der Ren. des Nat. Mus.

---

[1]) Arreden's Summar. Archiv-Beschrbg. im Münchener Reichs-Archiv.

[2]) Der Heiratgut-Wiederlegungs- u. Morgengab-Brief ist vom 1. Januar. Schon am 9. gl. M. hielt das neuvermählte Paar seinen Einzug in München. Gefele I 48.

[3]) Joh. Joach. Müller's Staats-Cabinet, Erste Eröffnung S. 324.

[4]) Albrecht's Verlobung mit Blanka Maria von Mailand, der späteren Gemahlin Kais. Maximilian's I (angeregt von mailändischer Seite, verhandelt vom 9. Novbr. 1484 bis 20. Febr. 1485), worüber Arreden im Th. II s. summar. Archiv-Beschrbg. interessante Details bringt). scheiterte an den übermässigen Heiratsgut-Forderungen des bayer. Hofes.

[5]) Die päpstl. Dispens sollte nachfolgen. Vgl. hierüber Bd. VI des oberbayer. Archivs S. 422.

[6]) Abgedr. bei Tiedemann a. a. O. S. 187 f. bez. 188. Vergl. Dr. G. Busr, die Stiftskirche zu St. Georg S. 77 u. 97 f.

[7]) Manche zählen Ludwig zu den eigentlichen Regenten Bayerns, Andere wieder nicht. Da seine eharlos nicht bedeutungsvolle Regierung — der wahre Herrscher blieb doch Wilhelm IV — ein Faustschlag in's Gesicht der erst jüngst eingeführten Primogenitur ist, so lassen wir Ludwig hier lieber ohne Regenten-Numer. In den Seiten-Kolumnen dagegen soll er betz. Orts Beachtung finden.

[8]) Vergl. die Schilderung u. Inschrift desselben in der 1. Lieferung der Alterth. u. Kunst-Denkmale d. bayer. Herrscher-Hauses, woselbst auch eine Abbildung des Grabsteines mit der Figur des Herzogs sich findet.

Kurpfalz.

	Simmern-Sponheim.	Zweybrücken Veldenz.	Junge Pfalz.

Kinder:

1) **Ludwig V**, geb. am 2. Juli 1478. Folgt unten sub X.
2) **Philipp**, geb. in Heidelberg am 7. Mai 1480; Domherr in Mainz 1488, Freising, Würzburg, Augsburg (1491) und Strassburg, Propst von St. Alban bei Mainz (1489), Dompropst in Mainz (1491), Administrator des Bisthums Freising am 16. Dez. 1497, als Bischof daselbst inthronisirt am 17. Mai 1499, Administrator von Naumburg 23. Nov. 1517.
   Priester seit dem 21. Febr. 1497, wurde er im Dome zu Freising zum Bischofe konsekrirt am 17. Oktob. 1507, starb daselbst am 5. Jan. 1541 und liegt dort vor dem Allerheiligen-Altar begr. (Marmor-Denkmal mit Inschrift.)[1]
   NB. Schl. Gall. Bild von B. Beham Nr. 380.
3) **Ruprecht** (Virtuosus, der Tugendhafte der Herrliche etc.), geb. in Heidelberg am 14. Mai 1481, Pfarrer in Hofheim (Aug. 1491), Domherr in Würzburg im gl. Jahre, in Freising am 7. Febr. 1492, Propst bei St. Maria ad gradus in Mainz (1493), zum Bischof von Freising erwählt 1. Aug. 1495, übernimmt die Administration des Hochstifts Anfangs 1496, wird inthronisirt am 24. Juni gl. Js., verzichtet am 3. Dez. 1498 auf alle seine Würden und verm. sich am 10. Febr. 1499 zu Heidelberg mit **Elisabethe**, Tochter Herzogs Georg des Reichen von Landshut.
   Elisabethe ist geb. 1478, starb in Landshut am 15. Sept. 1504 und ruht in Seligenthal.
   Ruprecht starb am 20. Aug.[2] gl. J. in Landshut und liegt an Elisabethens Seite begr. (S. Epitaph existirt nicht mehr.)

   ### Kinder Ruprecht's:

   a) **Georg**,[3] geb. zu Landshut (?) Anfangs Nov. 1500.
   b) **Ruprecht**, dessen Zwillingsbruder.
      Beide starben im Frühsommer 1504 vor ihrem Vater und liegen in Seligenthal.
   c) **Otto Heinrich**, geb. am 10. April 1502. Folgt sub XII.
   d) **Philipp** (Bellicosus, der Streitbare Kriegerische), geb. am 12. Nov. 1503 in Heidelberg. Regiert in der durch den Kölner-Spruch 1505 geschaffenen s. g. jungen Pfalz von da mit seinem Bruder gemeinschaftlich (bis 1523 unter Vormundschaft des Onkels Friedrich II) bis zur Theilung vom 14. Jan. 1535 und von da ab allein in seinem Antheile bis zum 4. April 1541, an welchem Tage er zu Gunsten Otto Heinrich's gegen gewisse Geldreichnisse auf die Regierung gänzlich verzichtete.

Simmern-Sponheim column:

Johann I
1480—1509.

Zweybrücken Veldenz column:

Kaspar 1489—1490.

Alexander 1499—1514.

Junge Pfalz column:

Otto Heinrich 1505—1541 resp. 1556.

Philipp 1505—1541.

---

[1] Abgeb. bei A. Baumgärtner Meichelbeck's Gesch. d. Stadt Freising s. 191 u. bei C. Meichelbeck selbst (Hist. Fris. II 312).
[2] Den 21. Aug. haben s. Epitaph und das Wappen auf s. ebem. Grabsteine, das sich mit Umschrift in einer 1591 kolorirten Abbildung in einem Seligenthaler Archivale beim Reichsarchiv erhalten hat. Den Streit über die differirenden Todes-Angaben Ruprecht's beendigt der Brief s. Wittwe vom 21. Aug., worin sie ihren Getreuen verkündigt, dass „in vergangner nacht" ihr Gemahl verschieden. Vergl. Hormayr's Taschenbuch für 1830 S. 365 f.
[3] Viele nennen ihn irrig Otto. Er hiess nach dem Grossvater Georg.

Bayern.

6) **Susanna** I, geb. 15. Juli 1499, gest. in München 1500 n. begr. daselbst bei U. L. Frau.

7) **Ernst**, geb. in München am 13. Juni 1500, Domherr in Köln, Würzburg, Eichstädt und Mainz, wird im Frühjahr oder Sommer 1517[1]) Koadjutor des Bischofs Wigulaeus von Passau, 6. Novbr. gl. Js. Bisthums-Administrator, dann 1521 Dompropst in Eichstädt (resignirt als solcher u. als Domherr zu Eichstädt am 1. Juni 1545). Am 13. März 1540 zum Koadjutor und im Frühsommer gl. Js. zum Erzbischof von Salzburg postulirt,[2]) konnte er sich nicht zum Empfange der Weihen entschliessen, resignirte auf das Erzstift und alle seine geistl. Pfründen am 16. Juli 1554 und starb am 7. Dez. 1560 auf dem Schlosse zu Glatz in Schlesien. Begr. liegt er bei U. L. Frau in München (in der grossen Tumba).

    Devise: Boni Pastoris est tondere pecus, non deglubere.

    NB. Schleissh. Gall. Dild von B. Beham N. 319.

8) **Susanna** II, geb. am 2. April 1502, verl. in Ulm am 29. Dezbr. 1504 und verm. in Augsburg am 25.[3]) August 1518 mit dem Markgrafen Kasimir von Brandenburg-Kulmbach, der am 27. Septbr. 1481 zu Ansbach das Licht der Welt erblickte, bei der Belagerung von Ofen am 21. Sept. 1527 starb und im Cisterz. Kloster Heilsbronn begr. liegt. (Gedächtniss-Tafel an der letzten Säule links für ihn und seine Gemahlin.)[4])

    Susanna hat ihm 3 Söhne und 2 Töchter geboren, verlobte sich in Ingolstadt am 14. Juli 1529 und verm. sich am 16. Okt. gl. Js. zum Zweitenmale mit dem Kurfürsten Otto Heinrich von der Pfalz in Neuburg a/D., starb, in dieser Ehe kinderlos, zu Neuburg am 23. April 1543 und ruht bei U. L. Frau in München.

    Das Nähere über Otto Heinrich vergl. unten bei der Kurpfalz sub XII.

---

[1]) Früher, wie die betr. Original-Korrespondenz im Reichsarchiv ausweist, auf keinen Fall. — Die s. g. erste Tonsur erhielt Ernst in der Schlosskapelle auf der Trausnitz am 3. Dez. 1513 und Tags darauf die niedern Weihen, bei welchen es denn auch blieb.

[2]) Die päpstl. Bestätigung erfolgte am 7. Aug. gl. Js.

[3]) Nicht am 14. d. M. wie Cohn und Droysen haben. Vgl. J. Adlzreitter a. a. O. p. 239 u. die Augsburger Chronik des Engels. Werlichius p. 281, die irrthümlich den Bartholomäus-Tag setzt; denn Susanna kam erst am folgenden Tage von Friedberg in Augsburg an, womit die Miscell. bei Westenrieder (Neue Beiträge II 233) genau übereinstimmen.

[4]) Abdruck im B. I Liefg. 1 der Neuen Folge der Alterth. u. Kunstdenkmale des Hauses Hohenzollern, Die Münsterkirche zu Heilsbronn f. IV. — B. II dieser Folge bringt die Portraits des fürstl. Ehepaares in vollendeter Ausführung.

Kurpfalz.

Simmern-Sponheim.	Zweybrücken Veldenz.	Junge Pfalz.
		Otto Heinrich 1505—1541 resp. 1556.
Johann I 1480—1509.	Kaspar 1489—1490.	
	Alexander 1489—1514.	Philipp 1505—1541.

Philipp, der berühmte Vertheidiger Wien's gegen die
Türken im J. 1529, starb nach einem sehr abenteuer-
lichen Leben, das sein eigener Bruder beschrieben hat,[1]
in Heidelberg am 4. Juli 1548 und liegt dort bei
kl. Geist begr. (Denkmal, von s. Bruder ihm 1550
ausserhalb des Chors errichtet.)[2]

Motto: Nichts unversucht.

NB. Schl. Gall. Bild von unbek. Hand Nr. 381. Ein zweites
hängt im Saale I der Renaissance des b. Nat. Mus. Daselbst findet sich (Saal IV der Ren.) Philipp's vortreffliche
Portrait-Holz-Büste von dem Augsburger Hanns Schwarz.[3]

4) **Friedrich II**, geb. am 9. Dez. 1482. Folgt sub XI.

5) **Elisabethe**, geb. in Heidelberg am 16. Nov. 1483, verl. in
Lorsch am 25. Nov. 1493, verm. in Frankfurt a./M. am
30. Septbr. 1498 mit Wilhelm III (dem Jüngern oder
Reichen) Landgrafen von Hessen, welcher am 8. Septbr.
1471 auf Schloss Blankenstein geb. war, in Rauschenberg
am 17. Febr. 1500 starb und zu Marburg bei St. Elisabeth
begr. liegt. (Merkwürdiges Grabmal daselbst.)[4]

Elisabethe, in dieser Ehe kinderlos, verlobte sich hierauf
in Heidelberg am 27. Jan. 1503 mit dem Markgrafen
Philipp I von Baden, welchem sie daselbst am 30. gl. M.
angetraut wurde.

Philipp ist geb. am 6. Nov. 1479, starb am 17. Sept.
1533 und ruht in der Stiftskirche zu Baden. (Monument
mit Inschrift.)

Elisabethe gebar ihrem zweiten Gemahle 4 Söhne und
2 Töchter, starb in Baden am 24. Juni 1522 und ruht
daselbst in der Stiftskirche.[5]

6) **Georg**, geb. in Heidelberg am 10. Febr. 1486, wird Kanonikus in Mainz, Köln, Trier und Speier, Dompropst in
Mainz (1499, resign. 1506), Propst am St. Donatians-Stifte
in Brügge 10. Nov. 1502, Pfarrer in Hofheim und Lorch,
Bischof von Speier am 12. Februar 1513.

Zum Priester geweiht am 10. Juli u. zum Bischof am
22. gl. M. 1515, starb Georg auf dem Schlosse Kisslau bei
Bruchsal am 27. Septbr. 1529 und ruht im Kaiserdome zu
Speier. (Denkmal mit Bildniss an einem der Mittelpfeiler
ihm von seinem Nachfolger errichtet.)[6]

NB. Schleissh. Gall. Portrait von unbekannter Hand Nr. 382; ein
anderes von Hanns Holbein (??) findet sich im Saale II der
Renaissance ens. b. Nat. Mus.

---

[1] Abgedr. in J. J. Moser's Patriotisch. Archiv IV 1 ff., im Journal für
Deutschland etc. B. I 121 ff., bei M. Frhrn. v. Freyberg Sammlung
hist. Schriften IV 241 ff. u. s. w.

[2] Dessen Inschrift (mit IV Nos. July) bringen das Apographum p. 16 f.,
J. P. Kayser s. a. O. 57 ff., Parens p. 239 f. u. s. w.

[3] Sie ist abgebildet in der 4ten Lieferung d. Alterth. u. Kunstdenkmale
d. bayer. Herrscher-Hauses.

[4] Unter dem übrigens Wilhelm nicht liegt. Vergl. J. Chr. C. Hofmeister
Histor. general. Handb. etc. des Regentenhauses Hessen S. 20.

[5] Markgrafen Philipp's Grabmal-Inschrift ist bei J. Dan. Schöpflin Hi-
storia Zaringo-Badensis II 331 f. zu lesen.

[6] Des im J. 1689 von den Franzosen mit dem Dome zerstörten Denkmales
Inschrift bringt Fr. X. Remling Gesch. d. Bischöfe zu Speyer, II 266 f.
Note 864. Früher schon fand sie sich bei Parens p. 241, bei G. Chr.
Joannis Script. Rerum Mogunt. II 289 s. s. w.

Bayern(-München).

(XVI) Albrecht III (IV).

Regiert vom 10. Septbr. 1465 bis zum 18. März 1508.

Man vergl. über ihn und seine Familie oben S. 34, 36 u. 38.

Kurpfalz.

Simmern-Sponheim.	Zweybrücken-Veldenz.	Junge Pfalz.
Johann I 1489—1509.	Kaspar 1489—1491. Alexander 1489—1514.	Otto Heinrich 1505—1556. Philipp 1503—1541.

7) **Heinrich**, geb. in Heidelberg am 15. Febr. 1487, Propst von St. Alban bei Mainz bis 1506, Propst des a. g. Krönungsstiftes St. Adalbert zu Aachen 1518 und (wo?) in Strassburg, Propst zu Ellwangen 1521, Administrator des Bisthums Worms 1523, des Bisthums Utrecht im gl. J. (resign. Juni 1529), des Bisthums Freising 5. Okt. 1541 (vom 27. Aug. 1540 an Koadjutor daselbst).

Heinrich, als Bischof von Utrecht II, von Freising III, von Worms IV, starb, ohne die Priesterweihe empfangen zu haben, in Ladenburg am 3. Januar 1552 und ruht im Dome zu Worms. (Kein Denkmal.)

8) **Johann III**, geb. in Heidelberg am 7. Mai 1488, Domherr in Würzburg, Passau und Strassburg, Abt zu Klingenmünster 1506, Koadjutor, dann Administrator des Bisthums Regensburg 27. Oktob. 1507, Bischof allda am 13. Dez. gl. Js., gest. daselbst, ohne die Weihen empfangen zu haben, am 3. Febr. 1538 und liegt im Dome begr. (wo ihm sein Nachfolger ein schönes Monument errichtete). [1]

> NB. Sein Portrait verwahrt sub Nr. 905 die Schleissh. Gall. von unbekannter Hand, dann eines gemalt von B. Beham sub Nr. 384, und von Albr. Altdorfer(?) ist Johann's Brustbild auch im Anfang zur Renaiss. im b. Nat. Mus. zu sehen. [2]

9) **Amalia**, [3] geb. in Heidelberg am 25. Juli 1490, verm. am 22. Mai 1513 zu Wolgast [4] mit Herzog Georg I von Pommern zu Wolgast, der am 11. April 1493 in Rügenwalde geb. ist, am 9. Mai 1531 in Alt-Stettin starb und in der ehemal. Kollegiat-Kirche St. Otto daselbst begr. liegt. [5]

Amalia, dessen erste Gemahlin geb. ihm 2 Söhne, starb am 6. Jun. 1524 zu Alt-Stettin und ruht daselbst bei St. Otto neben ihrem Gemahle.

10) **Barbara**, geb. in Heidelberg am 28. Aug. 1491, gest. dortselbst am 15. Aug. 1505, begr. bei hl. Geist.

11) **Helene**, geb. in Heidelberg am 9. Febr. 1493, verm. zu Wismar am 12. Aug. 1513 mit Herzog Heinrich IV (dem Friedfertigen) von Mecklenburg, welcher am 3. Mai 1479 in Schwerin geb. war, am 6. Febr. 1552 daselbst starb und im dortigen Dome begr. liegt, als dessen 2te Gemahlin.

---

[1] Von J. R. Schuegraf in s. Gesch. des Regensburger-Domes (B. XI u. XII der Verhandlungen des hister. Ver. d. Oberpfalz etc.) nicht erwähnt. Das Denkmal scheint bei der Restaurirung des Domes entfernt worden zu sein.

[2] Im Rathhause zu Regensburg wird gleichfalls ein schönes Orig. Portrait Johann's von B. Beham verwahrt. Das oben erwähnte Bild im bayer. National-Museum ist vielleicht nur Kopie von diesem??

[3] Nicht Emilie, wie Chon sagt. Amalie hiess diese Prinzessin nach der Grossmutter von der mütterlichen Seite, der Gemahlin Herzogs Ludwig des Reichen von Landshut.

[4] Nach Anderen zu Alt-Stettin.

[5] Im J. 1573 wurde diese Kirche niedergerissen und an deren Stelle die jetzige s. g. Schlosskirche erbaut. Damit scheint es zusammenzuhängen, dass aus älterer Zeit keine Monumente mehr erwähnt werden.

6

XVII. Wilhelm IV. Regiert gemäss der von seinem Vater eingeführten Primogenitur als Erstgeborner allein vom 18. März 1508 bis zum 15. Mai 1516, an welchem Tage in Folge Vergleichs sein jüngerer Bruder Ludwig (X) vorerst auf 10 Jahre in die Regierung miteintritt.

· Beide Brüder regieren nun in Gemeinschaft bis zum 22. April 1545, an welchem Tage Ludwig starb, und von da ab Wilhelm IV wieder allein bis zu seinem eigenen Tode (7. März 1550).

Beinamen: Constans, der Standhafte Beständige;

geb. in München am 13. Nov. 1493;

unter Vormundschaft seines Oheims Herzogs Wolfgang vom 18. März 1508 bis zum 18. März 1511;

gest. in München am 7. März 1550; [1]

begr. daselbst bei U. L. Frau (in der grossen Tumba). [2]

Motto: Ich habe im Herzen.

NB. Schl. Gall. Bild gemalt von B. Beham (Nr. 320) und ein weiteres von unbekannter Hand im Saal I der Ren. des Nat. Mus. Ebendaselbst findet sich im Saal III der Renaiss. ein nach Original-Portraits zusammengestelltes Familienbild Wilhelm's IV, seiner Gemahlin Jakobaea u. s. Kinder Theodo, Albrecht u. Mechtilde (von Hanns Schöpfer?) u. in dem Miniaturen-Buch im Saale IV (sicher von diesem Meister) die schönen auf Kupfer in Oel gemalten Portraite Wilhelm's u. s. Gemahlin. — An den Wandpfeilern auf der Treppenhöhe stehen auch die aus der hl. Geist-Kirche in Landshut stammenden Holz-Statuetten Wilhelm's u. s. Bruders Ludwig X. [3]

[1] Der 7. März steht als Sterbtag auf des Herzogs von Hanns Mielich seinem Hofmaler gemalten Original-Leichen-Portrait im Saal IV der Renaissance des bayer. Nat.-Mus. — Wilhelm scheint in der Nacht vom 6. auf den 7. März gestorben zu sein.

[2] Wilhelm's Epitaph ist in der Vita etc. Wilh. IV Authore Wolfg. Zettelio. Ingolst. 1571 zu lesen.

[3] Abgebildet in der 6. Lieferung der Alterthümer etc. des bayer. Herrscher-Hauses. — Ich erinnere hier auch an die Turnier-Bilder Wilhelm's u. s. Bruders Ludwig im B. III S. 95 ff. der v. Hefner-Alteneck'schen Trachten des christlichen Mittelalters Tafeln 89 u. 90.

Kurpfalz.

Helene, welche ihm 1 Sohn und 2 Töchter geb., starb in Schwerin am 4. August 1524 u. ruht in der hl. Blut-Kapelle des Domes daselbst hinter dem Chor. (Pracht-volles Guss-Epitaph von Peter Vischer in Nürnberg.) [1]
NB. Schleissh. Gall. Bild von Hanns Scheuffelein Nr. 383.

12) **Wolfgang** (Sapiens der Weise). geb. am 31. Okt. 1494 in Heidelberg, Domherr in Würzburg, Augsburg u. Speier[2]), war 1515 Rektor Magnifikus der Universität Witten-berg, 1522 Deutschordens-Ritter, trat 1524 vom geist-lichen Stande zurück, in welchem Jahre er als Deputat Neumarkt in der Oberpfalz erhielt, dort am 2. April 1558 starb und begr., später aber in die hl. Geistkirche nach Heidelberg transferirt wurde, wo ihm Kurfürst Fried-rich III ausserhalb des Chors ein Monument errichtete.[3]

13) **Otto Heinrich**, geb. in Heidelberg (?) am 6. Mai 1496, gest. daselbst (?) am 31. Mai gl. Js. und in der hl. Geist-kirche begr.

14) **Katharina**, geb. in Heidelberg am 14. Oktbr. 1499, tritt Anfangs Novbr. 1515 als Nonne in das Benediktinerinnen-kloster zu Neuburg a.N. ein, wo sie 1526 Aebtissin wurde, am 16. Januar dieses Jahres (also wohl nur wenige Tage nach ihrer Erwählung) starb und begr. liegt. (Ehemal. Grab-Inschrift daselbst.)[4]

X. Ludwig V, vom 28. Febr. 1508 — 16. März 1544.[5]

Beinamen: Pacificus, der Friedfertige der Friedsame der Fried-macher, Vicarius (von seinem Reichsvikariate) u. s. w.;

geb. in Heidelberg am 2. Juli 1478;

verl. am 18. August 1489 mit Sidonie, der Schwester seiner Gemahlin Sibille (vergl. oben S. 36);

gest. zu Heidelberg am 16. März 1544;

begr. daselbst bei hl Geist. (Ehem. Grabinschrift im Chor.)[6]
NB. Schleissh. Gall. Bild von B. Beham Nr. 385.

Simmern-Sponh.	Zweybr. Veldenz.	Junge Pfalz.	Neu-markt.
Johann II 1509—57.	Ludwig II 1514—32.	Otto Heinrich 1505—56. Philipp 1505—41.	Wolfgang 1524—58.

Philipp tritt seinen Regierungsantheil am 4. April 1541 an seinen Bruder Otto Heinrich ab.

[1] Im J. 1846 wurde das Epitaph, dessen Inschrift in M. Bern. Hederici Schwerinischer Chronik, Rostok 1598 zu lesen ist, an den südlichen Pfeiler des Umgangs neben der Pforte transferirt. Jahrbücher des Vereins für mecklenburg. Geschichte etc. Jahrgang III 159 f. Vergl. Jahg. XIII 171 ff.

[2] Dass er auch zu Strassburg eine Dompfründe hatte, darüber schweigt das Chronicon Alsatiae des Bernh. Hertzog (Strassburg 1592), welcher hierin sonst ziemlich genau ist.

[3] Dessen Inschrift bringen das Apographum p. 11, Kayser p. 53, Pareus p. 242 etc.

[4] Zu lesen bei den oben Genannten, dann bei Schannat (Hist. Episc. Worm. I 178) u. s. w.

[5] Von einem Theilungs-Projekte beider Brüder Ludwig u. Friedrich (II) spricht Hubertus Thomas Leodius im „Spiggel des Humors Grosser Potentaten" Leipzig 1629 p. 100, aber die Sache endete damit, dass Friedrich nach alter Sitte den oberpfälz. Statthalter-Posten in Amberg übernahm.

[6] Abgedr. im Apographum p. 6 u. 7, bei Kayser 50 f. u. 284, bei Pareus p. 247 f. u. s. w.

Bayern.

Gemahlin:

Jakobaea Maria, Tochter des Markgrafen Philipp von Baden, geb. am 25. Juni 1507, verl. in Baden-Baden am 2. Jan., verm. in München am 5. Okt. 1522, gest. am 16. Novbr. 1580 in München, begr. daselbst bei U. L. Frau.[1]

Wahlspruch: Mein Herz ist ganz dein eigen.

NB. Schleissh. Gall. Portrait von Beham Nr. 321.

Kinder:[2]

1) **Theodo**,[3] geb. am 10. Febr. 1526, verl. in Linz am 3. Juli 1533 mit Anna, Tochter Kaisers Ferdinand I, gest. in Wolfratshausen am 8. Juli 1534, begr. im Kloster Andechs.

2) **Albrecht IV (V)**, geb. am 29. Febr. 1528. Folgt sub XVIII.

3) **Wilhelm**, geb. am 17. Febr. 1529, gest. in München (?) am 22. Okt. 1530, begr. bei U. L. Frau daselbst.

4) **Mechtilde**, geb. am 12. Juli 1532, verl. in Wolfenbüttel am 12. Oktober 1551 mit Herzog Philipp Magnus von Braunschweig, der am 9. Juli 1553 in der Schlacht bei Sieversehausen fiel und bei U. L. Frau zu Wolfenbüttel begr. liegt.[4]

Hierauf verlobte sich Mechtilde in München am 2. Juli 1556 mit dem Markgrafen Philibert von Baden, wurde demselben am 17. Jan. 1557 zu Regensburg angetraut, gebar ihm 2 Söhne und 3 Töchter, starb in Baden-Baden am 1./2. Nov. 1565 und ruht in der ehemal. Stiftskirche daselbst.

Markgraf Philibert ist geb. in Baden am 22. Januar 1536, fiel in der Schlacht bei Montcontour am 3. Okt. 1569 und liegt in der Stiftskirche zu Baden begr. (Denkmal beider Gatten rechts des Hochaltars.)[5]

NB. Mechtilden's Portrait bildet, von unbekannter Hand gemalt, Nr. 322 in der Schl. Ahnen-Gallerie.

---

[1] Jakobaea ist die Verfasserin eines Büchleins „der geistliche May", das zu ihrer Zeit viel Beifall fand. Al. Schreiber's Badische Geschichte S. 171.

[2] Der Herzog hatte noch eine ausserehliche Tochter Anna, die später einen Christoph v. Kammer heiratete u. 1584 starb; von Wilhelm's Verbindung mit Margaretha v. Hausen stammen die spätern Grafen Dux v. Hegnenberg her.

[3] Nicht Theodor, wie viele Neuere behaupten. Vergl. Markward Freher's Blutstamm und Sippschaft der Herzoge von Baiern im B. I von Fr. Ch. J. Fischer's Nov. SS. Collectio p. 171, Aettenkhover u. a. O. p. 90 u. besondere Joh. D. Koehler's Histor. Münzbelustigg. Thl. VI p. 219 f., wo auch eine Medaille Theodo's abgebildet ist.

[4] Das Epitaph hat Dr. Havemann (a. a. O. III 277) abgedr. Vergl. R. A. Noltenius etc. Begräbnissbuch d. Kirchen B. Mariae Virg. zu Wolfenbüttel S. 23* n. 24.

[5] Die nur auf Philibert lautende Inschrift bringt J. D. Schöpflin (a. a. O. III 34). Nach Anderen wäre der Markgraf auf einem Schlosse an der Grenze Spaniens in der Gefangenschaft gestorben.

Kurpfalz.

Gemahlin:

Sibille, Tochter Herzogs Albrecht III (IV) von Bayern, geb. am 16. Juni 1489, verl. in München am 6. Juni 1510, verm. am 23. Febr. 1511 in Heidelberg, gest. daselbst am 18. April 1519 und bei hl. Geist begr. (Ehem. Grabinschrift im Chor.) [1]

NB. Schl. Gallerie Portrait-Kopie Nr. 386.

Diese Ehe blieb kinderlos. [2]

XI. Friedrich II, vom 16. März 1544 — 26. Febr. 1556.

Beinamen: Sapiens, der Weise der Gewandte;

geb. auf Schloss Winzingen bei Neustadt am 9. Dez. 1482;

gest. in Alzey am 26. Febr. 1556;

begr. in Heidelberg bei hl. Geist. (Ehem. Denkmal mit Inschrift daselbst im Chor von Friedrich III ihm errichtet. [3])

NB. Schl. Gall. Portrait von B. Beham Nr. 387, ein anderes von Albr. Altdorfer (?) im Aufgange zur Renaissance des bayer. Nat. Mus. und ein weiteres von unbekanntem Meister im Saal I der Ren., dann Portrait-Büste von Hans Schwarz im Saal IV daselbst.[4]) — Vergoldete Kolossal-Statue im Thronsaale zu München.

Simmern-Sponh.	Zweybr. Veldenz.	Junge Pfalz.	Neumarkt.
Johann II 1509—57.	Wolfgang 1532—69.	Otto Heinrich 1505—56.	Wolfgang 1524—58.
		Auf Otto Heinrich geht 1556 die pfälz. Kurwürde mit den Kurlanden über.	

Gemahlin:

Mit 7 früheren Brautwerbungen unglücklich, verlobte sich Friedrich II nach am 10. April 1535 zu Barcelona vorausgegangener Heirats-Abrede am 18. Juni gl. Js.[5]) zu Brüssel mit

Dorothea,[6]) Tochter Königs Christian II von Dänemark, welche ihm zu Heidelberg am 26. Septbr. 1535 angetraut wurde.

Dorothea ist geb. am 10. Nov. 1520, starb in Neumarkt am 31. Mai 1580 und liegt zu Heidelberg bei hl. Geist an der Seite ihres Gemahls begr. (Ehemal. Grabinschrift.) [7])

NB. Schleissh. Gall. Portrait-Kopie Nr. 388 und im Saal I der Renaissance des bayer. Nat. Mus. ein Original-Portrait der Kurfürstin von Hanns Schöpfer.

XII. Otto Heinrich gewöhnlich **Ott-Heinrich** genannt, regiert in der **jungen Pfalz** mit seinem Bruder **Philipp** (Bellicosus etc.) von 1505 bis 1522 unter der Vormundschaft ihres Onkels Friedrich's II, dann beide Brüder in Gemeinschaft bis 14. Jan. 1535, an welchem Tage sie theilten.

---

[1]) Vergl. oben S. 43 Note 6.

[2]) Ludwig hatte eine natürl. Tochter in der Gräfin Maria v. Lützelstein, welche am 10. Sept. 1543 den Grafen Ludwig v. Oettingen heiratete. Archival. Nachricht aus dem Reichsarchive.

[3]) Die Inschrift hat das Apographum p. 7, Kayser p. 60 u. 288, Pareus p. 255 f. etc.

[4]) Sie ist abgebildet in der 3. Lieferung d. Alterthümer u. Kunstdenkmale des bayer. Herrscher-Hauses.

[5]) Nicht schon 1532, wie Cohn auf Tafel 50 sagt, worüber Friedrich's Biograph Hubertus Thomas Leodius a. a. O. p. 338 u. 345 f. zu vergleichen.

[6]) Genannt „die alte Kurfürstin".

[7]) Vergl. oben Note 3.

Bayern.

XVII. Wilhelm IV. Regiert gemäss der von seinem Vater [Herzog Albrecht III (IV)] eingeführten Primogenitur als Erstgeborner allein vom 18. März 1508 bis zum 15. Mai 1516, an welchem Tage in Folge Vergleichs sein jüngerer Bruder Ludwig (X) vorerst auf 10 Jahre in die Regierung miteintritt.

Beide Brüder regieren nun in Gemeinschaft bis zum 22. April 1545, an welchem Tage Ludwig [1]) starb, und von da ab Wilhelm IV wieder allein bis zu seinem eigenen Tode (7. März 1550).

[1]) Von Ludwig (X) ist oben (S. 36) des Nähern gehandelt worden. Hier — nach seinem Bruder Wilhelm IV — in die bayer. Regenten-Reihe eingefügt, würde er, von Otto I an gezählt, der 18. Beherrscher unseres Vaterlandes sein.

Kurpfalz.

verlobt mit Maria, Tochter Heinrich VIII v. England, 1540.

	Simmern-Sponh.	Zweybr. Veldenz.	Neu-markt.	Neben-Linie Veldenz.
	Johann II 1509—57.	Wolfgang 1532—69.	Wolfgang 1524 - 58.	Ruprecht 1543—44.
	Friedrich II 1557 - 59.			Georg Joh. 1544 - 92.

Nachdem Philipp sich am 4. April 1541 seines Regierungs-Antheiles gegen gewisse Geldbezüge faktisch begeben hatte (vergl. oben S. 37), regierte Otto Heinrich in der jungen Pfalz allein bis zum Tode seines Onkels des Kurfürsten Friedrich II (26. Febr. 1556), worauf er die Regierung auch über die Kurpfalz antrat und sie bis zu seinem Ableben (12. Febr. 1559) fortführte. Die junge Pfalz aber oder die neuburgischen Lande schenkte er am 30. Juni 1557 mit dem Vorbehalt lebenslänglicher Regierung daselbst dem Pfalzgrafen Wolfgang von Zweybrücken-Veldenz.

(In the right margin, running vertically: Neumarkt fällt nach Wolfgang's Tod an die Kurpfalz zurück.)

Beinamen: Magnanimus, der Grossmüthige Hochgesinnte: [1])

geb. in Neuburg a. D. am 10. April 1502;

unter Vormundschaft seines Onkels Friedrich II v. 30. Juli 1505—1522;

tritt — der erste lutherische Kurfürst der Pfalz — am 22. Juni 1542 zur neuen Lehre über;

gest. in Heidelberg am 12. Febr. 1559:

begr. daselbst bei hl. Geist. (Ehem. prächtiges Monument. Grabinschrift im Chor.) [2])

Wahlspruch: Mit der Zeit.

NB. Schl. Gall. Bild von B. Beham Nr. 389 und zwei andere von unbekannter Hand im Saale I der Res. des b. Nat. Mus.

Gemahlin:

Susanna, Tochter Herzogs Albrecht III (IV) von Bayern, geb. am 2. April 1502, verm. am 25. Aug. 1518 mit dem Markgrafen Kasimir von Brandenburg. Nach dessen Tod (vergl. oben S. 38 Nro. 8) vermählte sich Susanna in 2. Ehe mit unserm Kurfürsten in Neuburg a./D. am 16. Okt. 1529, starb daselbst am 23. April 1543 und ruht bei U. L. Frau in München.

Diese 2. Ehe Susanna's blieb kinderlos. [3])

NB. Schl. Gall. Bild von B. Beham Nr. 390; ein anderes von unbekannter Hand hängt im Saale I der Renaiss. des Nat. Mus. neben dem ihres Gemahls.

Mit Otto Heinrich erlosch die s. g. alte Kur-Linie welche seit 1329 auf dem Kurstuhle gesessen und gieng die pfälz. Kurwürde mit den daran haltenden Rhein- u. oberpfälzischen Landen an die nächst ältere Linie Simmern (-Sponheim) und in dieser auf den Pfalzgrafen Friedrich II von Simmern über, der jetzt als Friedrich III den Kurstuhl bestieg.

---

[1]) Von Otto Heinrich rühren die schönsten Theile des noch in seinen Ruinen grossartigen Heidelberger-Schlossbaues her. (Ott-Heinrich's Bau.) Auch das Schloss zu Neuburg a. D. hat er prächtig ausgebaut. Dazu der Kurfürst überliess eine Art schriftstellerischer Thätigkeit trieb — er verfasste eine Biographie s. Bruders Philipp — ward schon oben S. 39 erwähnt.

[2]) Abgedr. im Apographeum p. 10, bei Kayser p. 292, bei Pareus p. 259 u. s. w.

[3]) Die Kurfürstin machte 2 Fehlgeburten.

Bayern.

XVIII. Albrecht IV (V), vom 7. März 1550 — 24. Oktob. 1579.

Beinamen: Magnanimus der Grossmüthige;
geb. in München am 29. Febr. 1528; [1]
gest. in München am 24. Okt. 1579;
begr. daselbst bei U. L. Frau. (Sarg-Inschrift.) [2]

NB. Schl. Gall. 2 Bilder Albrecht's von dem Hofmaler Hanns Mielich Nr. 323 u. 1909. Zwei weitere Portraits
von unbekannter Hand verwahrt Saal V der Renaiss. des b. Nat. Mus. und sein u. seiner Gemahlin Bild von
Hanns Schöpfer ist auch im s. g. Miniaturenbuch des Saales IV zu sehen. Albrecht's Statue zeigt uns in reicher
Vergoldung der München-Thronsaal. [3]

Gemahlin:

Anna (»die Goldlockige«), Tochter Kaisers Ferdinand I, geb. zu Prag am 7. Juli 1528, verl. in
Regensburg am 19. Juni 1546, [4] verm. daselbst am 4. Juli gl. Js., gest. in München in der
Nacht vom 16. auf den 17. Oktob. 1590, begr. neben ihrem Gemahle. [5]

NB. Schl. Gall. Portrait der Herzogin von Joh. von Achen Nr. 324; ein anderes von unbekanntem Meister
hängt im Saal V der Ren. des b. Nat. Mus. an der Nordwand des s. g. Fugger-Stüblchens.

Kinder:

1) **Karl**, geb. in Starnberg am 7. Septbr., gest. in München am 7. Dezbr. 1547, begr. im **Kloster
Andechs**.

2) **Wilhelm V**, geb. am 29. Septbr. 1548. Folgt sub XIX.

3) **Ferdinand**, geb. in Landshut am 20. Jan. 1550, morganatisch verm. zu München am 26. Septbr.
1588 mit Maria von Pettenbeck, Tochter des herzogl. Landrichters u. Kastners etc. zu Haag
Georg von Pettenbeck, welche am 5. Febr. 1573 in München geb. war, ihrem Gemahle 16 Kinder
gebar, in München am 5. Dez. 1619 starb und zuerst in der gräfl. wartenberg'schen Kapelle
des hl. Sebastian beigesetzt, am 30. Nov. 1808 aber in die Fürstengruft bei U. L. Frau transferirt wurde. (Sarg mit Inschrift.)
Herzog Ferdinand, der Gründer der gräfl. **Wartenberg'schen Seitenlinie** des bayer. Hauses,
starb in München am 30. Jan. 1608 und liegt daselbst bei U. L. Frau begr. (Sarg mit Inschrift.
Sein Herz ruht in der wartenberg'schen St. Sebastians-Kapelle, wo sich ein schönes Erz-Denkmal
des Fürsten befand. [6]

Devise: Delectare in Domino.

NB. Schl. Gall. Bild von J. von Achen Nr. 325. Im Miniaturen-Buch von Hanns Schöpfer [7] ist Herzog
Ferdinand im Alter von 25 Jahren abgebildet.
Die Wartenberg'sche Nebenlinie folgt im Anhange I.

---

[1] Nach dem Cod. Bav. 2825 und nach andern Quellen wäre Albrecht am Sonntag Invocavit (1. März) geb., aber Lit. $\frac{424}{1}$
im hiesigen geh. Staats-Archive sagt nur, dass Albrecht an diesem Tag getauft wurde.

[2] Die Sarg-Inschrift bringt A. Mayer (Frauenkirche etc. S. 435 f.) und vor ihm ist sie bei v. Vacchiery (a. a. O. ad
S. 359) zu treffen.

[3] In der l. Lieferung der Alterthümer etc. findet sich Albrecht's und in Lieferung 8 auch noch s. Gemahlin Konterfei
abgebildet.

[4] Anna war im Frieden zu Crespy am 18. Septbr. 1544 mit Karl v. Orleans, Sohn Königs Franz von Frankreich verl.
worden, die Heirat kam aber nicht zu Stande. Umgekehrt wurde Albrecht selbst schon am 22. April 1535 mit
Maria, Tochter Kaisers Ferdinand I verlobt, welche 1546 den Herzog Wilhelm von Kleve heiratete.

[5] Seit 1884 wurden ihre Gebeine, da der sie einschliessende Sarg gebrochen war, in die grosse Tumba gelegt. Vergl.
oben S. 8 Note 3. Die ehemal. Sarg-Aufschrift ist bei v. Vacchiery a. a. O. S. 359 zu lesen.

[6] Ist jetzt in der hl. Geistkirche zu München zu finden, wohin es ein Münchener Bürger schenkte. Die Sarg-Inschrift
Herz. Ferdinand hat A. Mayer (Frauenkirche etc. S. 431 f.)

[7] Vergl. S. 42 NB.

Kurpfalz.

XIII. Friedrich III. Regiert als Pfalzgraf in Simmern vom 18. Mai 1557 bis zum 12. Febr. 1559, an welchem Tage er, auf den pfälz. Kurstuhl gelangt, Simmern seinem Bruder Georg abtrat; als Kurfürst regierte er bis zum 26. Okt. 1576.
Beinamen: Pius, der Fromme der Gottesfürchtige; Simmerensis;
geb. in Simmern am 14. Febr. 1515;
tritt (der erste Wittelsbacher) zum Kalvinismus über am 2. Juni 1565;
gest. in Heidelberg am 26. Oktob. 1576;
begr. daselbst bei hl. Geist. (Ehem. Grabinschrift im Chor.) [1]

NB. Schl. Gall. Bild von unbekannter Hand Nr. 306. [2]

Gemahlinnen:

I. **Maria**, Tochter des Markgrafen Kasimir von Brandenburg-Kulmbach, geb. am 11. Okt. 1519, verm. in Krailsheim am 12. Juni 1537, gest. in Heidelberg am 31. Okt. 1567, begr. zu Heidelberg bei hl. Geist. (Ehemal. Grabinschrift im Chor.)

II. **Amalia**, Tochter des Grafen Gumbert IV von Neuenar zu Limburg, geb. um das Jahr 1540 (?), in erster Ehe verm. (wann?) mit dem Grafen Heinrich I von Brederode Burggrafen von Utrecht, welcher geb. war am 20. Dez. 1531 in Brüssel, am 15. Febr. 1568 auf Schloss Horneburg starb und zu Gemen im Herzogthum Kleve begr. liegt.
Amalia, welche in dieser Ehe kein Kind geb. hatte, verl. sich hierauf am 1. März 1569 mit Friedrich, welchem sie um 25. April gl. Js. zu Heidelberg angetraut wurde, starb auf ihrem Wittwensitze Schloss Lorbach bei Mosbach am 10. April 1602 und liegt bei hl. Geist in Heidelberg (?) begr.

Kinder erster Ehe:

1) **Alberta**, geb. in Simmern am 4. April 1538, gest. am 19. März 1553, begr. in der reform. (ehem. St. Stephans-) Kirche zu Simmern. (Epitaph im Grufteingang daselbst.) [3]

2) **Ludwig VI**, geb. am 4. Juli 1539. Folgt sub XIV.

[1] Abgedruckt im Apographum p. 3 f. mit der von Friedrich's erster Gemahlin, dann bei Kayser S. 48 f. n. 306 f., bei Pareus (a. a. O. p. 276 f.) etc.
[2] In der ehemal. St. Stephan's-Kirche zu Simmern, die später den Reformirten eingeräumt wurde, hieng (hängt noch?) eine Fahne, welche Friedrich 1537 auf seinem Feldzug gegen die Türken führte. Die Inschrift derselben ist abgedr. in Chr. v. Stramberg's Rhein. Antiquarius Abthlg. II B. VI S. 36.
[3] Die Grabschrift in der Fürstengruft zu Simmern hat Alberta Sonnleins oder Gilberta, was C. Büttinghausen in B.1 p. 72 ff. a. Beytr. z. pfälz. Gesch. als falsch nachweist. A. a. O. hat er der Prinzessin Grab-Inschrift, die auch in B. III der Acta Palatina S. 32, in der Abthlg. II B. VI S. 41° des Rhein. Antiquarius etc. zu finden ist.

Simm. Speak.	Zweybrücken-Veldenz.					Rohenlohe Veldenz mit Lützelstein u. Guttenberg.
Friedrich II 1557–1559.	Wolfgang 1532—1569.					Georg Joh. I 1544—1592.
Wird ein Friedrich III Kurfürst von der Pfalz.	**Pfalz-Neuburg.**	**Pfalz-Zweybrücken. Lichtl.**	**Pfalz-Sulzbach I.**	**Park-stein.**	**Birken-feld.**	
	Phil. Ludw. 1569–1604.	Joh. I 1569–1604.	Otto Heinr. 1569–1604.	Friedr. 1569–1597.	Karl 1569–1600.	
Georg 1559–1569.						
Richard 1569—1598.						

Bayern.

4) **Maria**, geb. in München am 21. März 1551, [1] verl. am 10. Nov. 1570 mit Erzherzog Karl II
von Oesterreich, mit welchem sie sich am 26. Aug. 1571 zu Wien vermählte, demselben 6 Söhne
und 9 Töchter gebar, zu Gratz im Kleide einer Klara-Ordensschwester am 29. April 1608 starb und
allda in der Kirche des von ihr gestifteten St. Klara-Klosters begr. ward. (Ehemal. Doppel-Denkmal für sie und ihren Gemahl. Nach Abbruch der Klosterkirche wurde Mariens Asche und ihr
Herz in das prachtvolle Mausoleum ihres kaiserl. Sohnes zu St. Katharina transferirt.)

    NB. Schl. Gall. jugendl. Portrait der Fürstin gemalt von v. Aachen Nr. 326. Im Saale IV der Renaiss. d.
    h. Nat. Mus. ist im Miniaturen-Buch von H. Schöpfer Maria (2½ Jahre alt) abgebildet u. ein sehr schönes
    Bild Maria's hängt in der k. Residenz im 11. Durchgange zum Herkules-Saale.

    Erzherzog Karl war geb. zu Wien am 3. Juli 1540, starb am 10. Juli † 1590 [2] zu Gratz und
ruht in der Gruft der Stiftskirche zu Seckau. (Sarg mit Inschrift. Herz und Eingeweide verwahrt
die Aegidien-Dom-Kirche zu Gratz. [3]

5) **Maximiliana Maria**, geb. in München am 4. Juli 1552, gest. daselbst am 11. Juli 1614, begr. bei
U. L. Frau. (Sarg mit Inschrift.) [4]

    NB. Abgebildet im Miniaturen-Buch 26 Jahre alt.

6) **Friedrich**, geb. in München am 26. Juli 1553, [5] gest. daselbst am 18. April 1554, begr. in Andechs.

7) **Ernst**, geb. in München am 17. Dez. 1554, Domherr in Freising 1564, zum Bischof allda erwählt
am 18. Okt. 1566, Bischof von Hildesheim 7. März 1573 (Koadjutor seit 1. Mai 1568), Bischof
von Lüttich 30. Jänner 1581, Erzbischof und Kurfürst von Köln 23. Mai 1583, (Koadjutor seit
13. Jan. 1577), Bischof von Münster 18. Mai 1585.

    War auch Dompropst von Würzburg (resign. 15. März 1588) und Magdeburg, Domherr in
Lüttich (1578) u. Paderborn u. seit 11. Febr. 1581 Abt von Stablo. Er wurde zum Diakon geweiht
im März 1577 und als Bischof konsekrirt am 5. Juni 1580 zu Lüttich.

    Ernst starb im Rufe der Heiligkeit am 17. Febr. 1612 zu Arensberg in Westphalen und ruht
im Dome zu Köln vor der Kapelle der hl. 3 Könige. (Denkmal mit Inschrift.) [6]

    Devise: Omnia.

    NB. Schl. Gall. von v. Aachen gemaltes Portrait des Kurfürsten sub Nr. 327. Das k. Nat. Mus. enthält
    von unbekannter Hand unter dem Eingange von Saal VI in VII der Renaiss. ein weiteres Bildniss
    dieses Wittelsbachers, der auch im Miniaturen-Buch (24 Jahre alt) abgebildet ist.

---

[1] Am hl. Palm-Abend, welches Datum urkundlich ist. Hurter, Maria's Biograph hat den 20. März.

[2] Das Kreuzchen bei einem Monatstag (†) bedeutet, dass hier ein aus dem alten Kalender reduzirtes Datum des
neuen Kalenders vorliege. Vergl. oben die Einleitung.

[3] Vergl. über das fernere Schicksal dieser fürstl. Ueberreste Joann. Macher's Ursaelum Inclyti Ducatus Styriae Metropolis etc. p. 60. Ueber das bei St. Aegidius hängende Familien-Bild Erzherzogs Karl von Peter de Pomis ist
Dr. G. Schreiner's Graetz etc. S. 166 nachzusehen.

[4] Abgedr. bei A. Mayer (a. a. O. S. 440 f.) u. bei Vaschierry S. 303.

[5] Arnoden hat dieses Datum, das auch durch andere Nachrichten unterstützt wird. Der Codex Bav. 2925 nimmt als
Friedrich's Geburtstag den 22. Juli an. Indem er ihm nur eine Lebensdauer von 38 Wochen giebt, kommt für den
Prinzen als Sterbe-Datum ungefähr obiges (18. April 1554) heraus, das im Codex auch wörtlich steht. Später nimmt
er aber auch das Sterbe-Jahr 1556 an. Preher stimmt mit uns überein, hat aber als Todesjahr dafür 1558 dem
auch Cohn folgte.

[6] Abgedr. in der histor. Beschrbg. derer stadtkölln'schen Kollegiatstiftern etc. Kölln 1771. 8. 60.

3) **Elisabethe**, geb. in Birkenfeld am 30. Juni 1540, verl. in Weimar am 8. Juni 1558, verm. daselbst am 12. Juni gl. Js. mit Herzog Johann Friedrich II (dem Mittlern) von Sachsen-Gotha, (der am 8. Jan. 1529 in Torgau geb. war, in kais. Gefangenschaft zu Steyer am 19.† Mai 1595 starb und im Chor der St. Moriz-Kirche in Koburg begr. liegt) als dessen zweite Gemahlin. (Prächtiges Denkmal mit Inschrift daselbst.) [1] Seine Eingeweide ruhen bei St. Aegidius in Steyer.

Elisabethe, welche ihm 4 Söhne geb., starb am 8. Febr. 1594 zu Wienerisch-Neustadt, freiwillig ihres Gemahles Gefangenschaft theilend und ruht bei St. Moriz in Koburg neben ihrem Gemahle. (Grabmonument daselbst.) [2]

Symbol: H. H. H. H. H. (Hilf himmlischer Herr, höchster Hort!) u. Alles Gott befohlen.

4) **Hermann Ludwig**, geb. in Kreuznach am 6. Okt. 1541, verunglückte am 1. Juli 1556 zu Bourges, dessen Hochschule er besuchte, bei einer Lustfahrt auf der Loire und liegt zu Heidelberg bei hl. Geist begr. (?)

·5) **Johann Kasimir** (genannt Konstans, Lauterensis etc.), geb. am 7. März 1543 in Simmern, gest. in Heidelberg am 16. Jan. † 1592, begr. daselbst bei hl. Geist im Chor. [3] (Ehem. Grabinschrift.) [4]

Durch letztwill. Disposition seines Vaters erhielt er am 27. Jan. 1578 als Deputat Neustadt und Lautern, nachdem ihm schon vorher — 12. Juni 1577 — ein Vertrag mit seinem Bruder Ludwig VI in der Oberpfalz die 4 Aemter Schwarzenburg, Neuburg v./W., Waldmünchen u. Tresswitz zugebracht hatte.

Johann Kasimir's Gemahlin war Elisabethe, Tochter des Kurfürsten August von Sachsen, geb. in Wolkenstein am 18. Oktob. 1552, verm. zu Heidelberg am 14. Juni† 1570 nach am 6. Dez. 1569 vorausgegangener Verlobung, gest. in Heidelberg am 12. April 1590, begr. daselbst bei hl. Geist. Wahlspruch: Constanter et sincere.

NB. Schl. Gall. Bilder beider Gatten von unbekannter Hand Nro. 397 u. 398. Joh. Kasimir's Portrait von gleichfalls unbek. Meister hängt auch im Saal VI der Renaiss. des h. Nat. Mus., woselbst sich noch ein kleines Miniaturbild des Fürsten befindet.

Kinder:

a) **Todter Prinz**, geb. am 15. Septbr. 1573, begr. bei hl. Geist in Heidelberg.

b) **Maria**, geb. in Kaiserslautern am 27. Juli 1576, gest. in Heidelberg am 22. Febr. 1577, [5] begr. bei hl. Geist.

c) **Elisabethe**, geb. in Kaiserslautern am 5. Mai 1578, gest. daselbst am 27. Oktob. 1580 und allda begr.

d) **Dorothea**, geb. am 6. Jan. 1581, verm. in Heidelberg am 31. Aug. 1595 mit Johann Georg I Fürsten von Anhalt-Dessau als dessen zweite Gemahlin.

Johann Georg ist geb. zu Harzgerode am 9. Mai 1567, starb in Dessau am 14. Mai 1618 und ruht daselbst in der Schloss- und Stadtkirche zu St. Maria.

Dorothea, welche ihm 4 Söhne und 7 Töchter geboren, starb in Sandersleben am 18.† Sept. 1631 und ruht neben ihrem Gemahle. [6]

e) **Todte Prinzessin**, geb. am 28. Febr. 1584, begr. bei hl. Geist in Heidelberg.

f) **Todte Prinzessin**, geb. 7. Febr. 1585, begr. bei hl. Geist in Heidelberg.

---

[1] Die Inschrift des in seiner Art wirklich grossartigen Denkmals, das Nikol. Bergner von Rudolstadt herstellte, bringt pag. 953 die Thuringia Sacra u. S. Reyer dazu eine Abbildung desselben. Vergl. den Rhein. Antiquarius a. a. O. p. 50 u. Joh. Gerb. Gruner's hist. statist. Beschrbg. des Fürstenthums Koburg II 65, wo die Denkmals-Inschrift gleichfalls abgedr. ist.

[2] Von dem Denkmale der Herzogin gilt das oben Gesagte. Auch die Pfarrkirche zu St. Gilgen bei Wienerisch-Neustadt bewahrt ein Denkmal der Herzogin von rothem Marmor, dessen Inschrift im B. VI Abthlg. II S. 49 des Rhein. Antiquarius zu lesen ist.

[3] In Jacobi Franci Relatio historica Quinquenalis Fråkft. a./M. 1596 S. 116 ist eine Abbildung des im Sarge ruhenden Fürsten, seines Leichenbegängnisses etc. enthalten. Ueber s. Tagebuch vergl. den Rhein. Antiquarius a. a. O. Abthlg. II B. VI S. 70 ff. — Noch sei hier von Joh. Kas. bemerkt, dass er es war, welcher 1591 das (erste) grosse Heidelberger-Fass verfertigen liess.

[4] Abgedruckt bei Pareus (a. a. O. p. 506), im Apographum p. 6 u. s. w.

[5] Nicht, wie Cohn auf Taf. 51 hat, am 27. Oktob. 1580.

[6] Joh. Georg I ruht im Gruftgewölbe Joachim Ernst's. Neben ihm 2 Söhne und 2 Töchter. Von seiner Gemahlin wird dies nicht ausdrücklich gesagt. Vergl. Aug. Rhode's Wegweiser etc. in Dessau S. 138.

7*

Bayern.

XVIII. Albrecht IV (V), vom 7. März 1550 — 24. Oktob. 1579.

Ueber ihn und seine Familie sind oben S. 48 und 50 zu vergleichen.

6) **Dorothea Susanna**, geb. in Simmern am 15. Nov. [1] 1544, verl. in Heidelberg am 13. und verm. daselbst am 15. Juni 1560 mit Herzog Johann Wilhelm von Sachsen-Weimar, welcher in Torgau am 11. März 1530 geb. war, in Weimar am 2. März 1573 starb u. daselbst in der Stadtkirche St. Peter und Paul begr. liegt. (Denkmal von weissem Marmor u. Epitaph von Metall.) [2]

Seine Wittwe, welche ihm 2 Söhne und 3 Töchter gebar, starb in Weimar am 8. April † 1592, [3] wo sie neben ihrem Gemahle begr. liegt. (Metall-Tafel daselbst mit Inschrift.) [4]

Symbol: Gott sei mein Trost! u. Ich weiss, dass mein Erlöser lebt.

7) **Albrecht**, geb. auf der Plassenburg am 30. Septbr. 1546, gest. daselbst am 30. April 1547, begr. zu Heidelberg bei hl. Geist.

8) **Anna Elisabethe**, geb. in Simmern am 23. Juli 1549, verm. nach am 15. Nov. 1568 in Friedberg vorausgegangener Verlobung am 17. Jan. 1569 zu Heidelberg mit Philipp II (dem Jüngern) Landgrafen von Hessen-Rheinfels, welcher am 22. April 1541 in Marburg geb. war, in Rheinfels am 30. Nov. † 1583 starb und in der Stiftskirche zu St. Goar begr. liegt. (Denkmal daselbst.)

Nach dieser kinderlosen ersten Ehe verm. sich Anna Elisabethe am 30. Jan. 1599 mit dem Pfalzgrafen Johann August von Veldenz-Lützelstein, der am 26. Nov. 1575 geb. war und am 18. Septbr. 1611 starb.

Das Nähere von ihm folgt später bei der Nebenlinie Veldenz.

Anna Elisabethe, voraussichtlich auch in zweiter Ehe kinderlos, starb am 20. Septbr. [5] 1609 in Lützelstein und liegt daselbst im Chor der Pfarrkirche begr. (Gemeinschaftl. Denkmal mit ihrem zweiten Gemahle; auch die Stiftskirche in St. Goar verwahrt ein ihr zugleich mit ihrem ersten Gemahle gewidmetes schönes Denkmal von weissem Marmor mit den Statuen beider Gatten.) [6]

9) **Christoph**, geb. in Simmern am 13. Juni 1551, für das Jahr 1566 zweiter pfalzgräfl. Rektor der Univers. zu Heidelberg starb Christoph am 14. April 1574 in der Schlacht auf der Mockerhaide bei Nimwegen den Heldentod gegen die Spanier, ohne dass sein Leichnam mehr aufgefunden wurde. [7]

10) **Karl**, geb. zu Hochberg im Breisgau am 24. Dez. 1552, gest. zu Pforzheim am 12. Septbr. 1555, begr. in Heidelberg bei hl. Geist. (?)

11) **Kunigunde Jakobaea**, geb. in Simmern am 9. Okt. 1556, verl. am 6. Aug. 1580 in Ingelheim und verm. am 13. Sept. gl. Js. zu Dillenburg mit dem Grafen Johann (dem Aeltern) von Nassau-Katzenellnbogen, Dillenburg, Vianden und Dietz, welchem sie 2 Söhne [8] und 2 Töchter gebar. Johann hat das Licht der Welt zu Dillenburg am 22. Novbr. 1535 erblickt, starb daselbst am 8. Oktbr. 1606 und ruht in der dortigen Pfarrkirche.

Kunigunde Jakobaea, seine zweite Gemahlin, starb ebendaselbst am 26. Jan. † 1586 und liegt gleichfalls in der Pfarrkirche begr. [9]

---

[1] Nicht am 30. Juli, wie Cohn Tafel 51 hat und vor ihm Wünsch etc.

[2] Beider Inschrift findet sich in tiefffr. Albin Wette's histor. Nachrichten von der Residenzstadt Weimar S. 179 u. 918.

[3] Vergl. bezügl. dieser Kreuzchen die Bemerkung oben auf S. 50 Note 2 und die Einleitung.

[4] Die Inschrift steht bei Wette S. 317 f.

[5] Nicht am 17. Januar, wie Cohn Tafel 51 hat.

[6] Die nur mehr auf Anna Elisabethe lautende Inschrift ist im Rhein. Antiquarius Abthl. II Bd. VII S. 148 abgedr.

[7] Er ist mit den Grafen Ludwig und Heinrich von Nassau höchst wahrscheinlich im Sumpfe umgekommen, der das Schlachtfeld einschloss.

[8] Beide todtgeboren.

[9] Die Dillenburger Stadtkirche hat, wie Joann Textor in s. nassauischen Chronik p. 9 f. sagt, ein rheingräfl. Denkmal ausgenommen, keine Monumente für die dort begrabenen Mitglieder des nassauischen Hauses.

Bayern.

XIX. Wilhelm [1]**) V.** Regiert vom 24. Oktob. 1579 bis zum 15. Oktob. 1597, an welchem
Tage er die Regierung freiwillig an seinen Sohn Maximilian abtrat.

Beinamen: Pius der Fromme, Religiosus der Andächtige Gottseelige etc.;

geb. in Landshut am 29. Septbr. 1548;

nimmt s. Sohn Maximilian zum Mitregenten am 1. Dez. 1594;

dankt freiwillig zu dessen Gunsten ab am 15. Okt. 1597;

gest. in Schleissheim bei München am 7. Febr. 1626;

begr. in der Gruft bei St. Michael zu München, welch herrliche Kirche Wilhelm V erbaut
hat. (Sarg-Inschrift in der 1805 geschmackvoll renovirten Gruft.) [2])

NB. Schl. Ahnen-Gall. Bild Wilhelm's von J. von Achen Nr. 329. Im Saal IV der Renaiss. des
h. Nat. Mus. ist ein s. g. Miniaturen-Buch von H. Schöpfer ein herrliches Bild des damals
(1578) 30jährig. Herzogs und im Saal VII sein lebensgrosses Bild von unbekannter Hand zu
treffen.

Gemahlin:

Renata, Tochter Herzogs Franz I von Lothringen, geb. am 20. April 1544, verl. in
Wien am 3. Juni 1567, verm. am 22. Febr. 1568 in München, [3]) gest. am 22. Mai [4])
1602 daselbst und bei St. Michael begr. (Epitaph.) [5])

NB. Schl. Gall. Bild von unbekanntem Meister Nr. 888. Das von v. Achen hergestellte Portrait
bildet Nr. 329 der Ahnen-Gallerie. Renatens Bild ziert auch das Miniaturen-Buch und im
Saal VI des h. Nat. Mus. findet sich als Pendant zu dem Wilhelm's ihr lebensgrosses Bild vor.

Kinder:

1) **Christoph,** geb. in Friedberg bei Augsburg am 23. Jan. 1570, gest. am gl. Tag dortselbst, begr. im Kloster Andechs.

2) **Christine,** [6]) geb. in München am 23. Septbr. 1571, [7]) gest. in München am 27. April
1580, begr. in Andechs.

NB. Im Miniaturen-Buch von Hanns Schöpfer bilden ihr, Maximilian's und Maria Anna's kind-
liche Bilder das letzte Blatt. [8])

3) **Maximilian,** geb. am 17. April 1573. Folgt unten sub XX.

4) **Maria Anna,** [9]) geb. in München am 8. Dez. 1574, verl. daselbst am 3. Oktob. 1599 und
verm. in Gratz am 23. April 1600 mit dem nachmaligen Kaiser Ferdinand II als
dessen erste Gemahlin.

Ferdinand ist geb. in Gratz am 9. Juli 1578, starb zu Wien am 15. Febr. 1637
und ruht zu Gratz in dem von ihm erbauten prächtigen Mausoleum bei St. Katharina.
(Epitaph. Sein Herz wurde bei St. Klara daselbst beigesetzt, aber später in's Mausoleum transferirt.) [9])

---

[1]) Von ihm heisst (im Gegensatze zu der durch s. Sohn Albrecht [den Leuchtenberger] gegründeten, dann
zur Wartenberg'schen Linie) die bis Kurfürst Max III Joseph direkt hinaufführende Linie bei manchen
Autoren die Wilhelminische.

[2]) Die Sarg-Inschrift ist unter Anderm in der Germania Princeps des Buches vom Bayer. Hause dritte
Abthlg. S. 1866 f. — deutsch bei Dr. Fr. Ant. W. Schreiber (Gesch. Herzogs Wilhelm V S. 329 f.) —
abgedruckt.

[3]) Ueber dieses prächtige Hochzeitsfest haben gleichzeitig geschrieben: Massimo di Trajano, die Ver-
mählungsfeier des Herzogs etc. übersetzt von Fedr. Worthmann München 1842 u. Hanns Wagner
Kurtze Beschrbg. des Fürsten Wilhalmen etc. Hochztl. Ehren-Fests (mit Bildern).

[4]) Das Seligenthaler Todtenbuch hat den 21. Mai. Auch dor noch sonst, z. B. bei Cohn sich findende
23te desselben Monats ist unrichtig.

[5]) Abgedr. — mit übeigens unrichtigem Todestage — bei Aettenkhover s. a. O. p. 197.

[6]) Nach der Grossmutter von mütterlicher Seite, eigentlich Christierne.

[7]) Der 23. Septbr. (1572) ist gegenüber dem feststehenden Geburtsdatum Maximilian's unhaltbar. Vergl.
C. M. Frhr. v. Arctin's Grsch. Maximilian's I B. I S. 346 ff. Note 3 und B. VIII der histor. polit.
Blätter S. 290 f. Note 3.

[8]) Christine zählte 7, Max 5 und Maria Anna 3 Jahre.

[9]) Das kais. Mausoleum beschreibt ausführl. Dr. G. Schreiner s. a. O. S. 173 ff. u. S. 144 f. sind die
Epitaphien Ferdinand's u. s. ersten Gemahlin Maria Anna abgedruckt.

Kurpfalz.

Simm.-Spenb.	Pfalz-Neuburg.	Pfalz-Zweybr.	Pfalz-Bnkch. 3.	Park-stein.	Birken-feld.	Neben-Unie-Veldenz u. Lau- mit etc. Sera. (S. 49.)	Res.- stadt
Ri- chard 1569— 1588.	Phil. Ludw. 1569— 1614.	Joh. I. 1569— 1604.	Otto Heinr. 1569— 1604.	Friedr. 1569— 1597.	Karl 1569 1600.	Georg 1544— 1592. Joh. I Kasim. 1578— 1592.	Joh.

XIV. Ludwig VI. [1] Regiert vom 26. Oktob. 1576 bis zum 22. Oktob. 1583.

Beinamen: Facilis, der Gefällige Leichtsinnige Leichtfertige; der Milde; Lutheranus; [2]

geb. in Simmern am 4. Juli 1539;

gest. in Heidelberg am 22. Oktob.† 1583;

begr. daselbst bei hl. Geist im Chor. (Ehemal. Grabinschrift.)

Gemahlinen:

I. **Elisabethe**, Tochter Philipp's I (des Gross- müthigen) Landgrafen von Hessen, geb. in Kassel am 13. Febr. 1539, verl. in Marburg am 29. Jan. 1560, verm. daselbst am 8. Juli gl. J., gest. am 24. März† 1582 in Heidelberg, begr. daselbst bei hl. Geist im Chor. (Ehem. Grabinschrift.) [3]

NB. Schl. Gall. Bildnisse beider Gatten von unbekannter Hand Nr. 399 u. 400.

II. **Anna**, Tochter des Fürsten Edzard II von Ostfriesland aus dem Hause Greteyhl, geb. zu Aurich am 26. Juni 1562, verm. am 12. Juli† 1583 in Heidelberg mit unserm Ludwig VI.

Wittwe geworden, vermählte sich Anna in zweiter Ehe am 21. Dez. 1585 mit dem Mark- grafen Ernst Friedrich von Baden-Durlach, welcher zu Mühlberg am 17. Okt. 1560 geb. war, am 14. April 1604 zu Remchingen starb u. in der Fürstengruft der Pforzheimer-Schloss- kirche begr. liegt. (Standbild im Chor da- selbst.) [4]

Anna, auch in der 2. Ehe kinderlos, ver- mählte sich am 7. März 1617 in Graben zum Drittenmale mit dem Herzoge Julius Heinrich von Sachsen-Lauenburg, geb. am 3. April 1586, gest. in Prag am 16. Nov. 1665 und begr. zu Schlackenwerth (böhm. Ostrow) bei Karlsbad in der Kirche zur Verkündigung Mariae. [5]

Anna gebar auch diesem Gemahle keine Kinder, starb zu Neuhaus in Böhmen am 27. April 1621 u. ruht zu Heidelberg bei hl. Geist neben ihrem 1ten Gemahle. (?)

---

[1] Eigentlich Albert Ludwig getauft.

[2] So und der Leichtfertige genannt wegen seines Ueber- trittes vom reformirten Bekenntnisse zum Lutherthum. Wegen des Beinamen „Facilis" vergl. man Moser's Patriot. Archiv IV 213 f.

[3] Beider Gatten Grabstein-Inschriften hat das Apogra- phum p. 5, dann J. P. Kayser s. a. O. p. 59 a. 314; Joannis Miscella Hist. Palat. a. a. O. p. 281 f. u. a. w.

[4] J. G. F. Pflüger, Gesch. d. Stadt Pforzheim S. 353. Das Epitaph ist abgedr. bei J. D. Schöpflin (a. a. O. IV 115 f.)

[5] Seine 3. Gemahlin Anna Magd. erbaute diese Kirche mit Familiengraft im J. 1664. Vergl. das Königreich Böhmen von Joh. Gottfr. Sommer B. XV. p. 95.

Gräflich
Wartenberg'
sche Neben-
linie.

Ferdinand
1595—1608.

Seine Gemahlin Maria Anna gebar ihm 4 Söhne und 3 Töchter, starb am 8. März 1616 zu Gratz und liegt daselbst im Mausoleum begraben (Sarg-Inschrift), während ihr Herz im St. Klara-Kloster allda beigesetzt, später aber gleichfalls in's Mausoleum transferirt wurde.

NB. Schl. Gall. Portrait von v. Achen Nr. 330 u. ein Brustbild von P. Candid im Durchgange von Saal VII auf VIII der Renaiss. des b. Nat. Mus.

5) **Philipp Wilhelm**, geb. zu München am 22. Septbr. 1576, Domherr in Mainz (1585), zum Bischof von Regensburg postulirt am 2. Febr. 1579, Bischof seit 27. Mai 1595, [1]) Kardinal am 6. Sept. 1597. Philipp, genannt »der Kardinal von Bayern«, war noch Administrator der Dompropstei Köln seit 15. Okt. 1583 u. Domherr in Trier seit 1591.

Am 14. Nov. 1584 in München mit der ersten Tonsur versehen [2]), starb Philipp W. in Dachau am 18. Mai 1598 und ruht bei U. L. Frau in München. (Alter Sarg mit Inschrift. [3]) Sein Herz wurde im Dome zu Regensburg beigesetzt, in dessen Mitte ihm sein kurfürstl. Bruder [Max I] ein prachtvolles Monument errichtete.) [4])

Devise: Dominus illuminatio mea.

NB. Schl. Gall. vom gl. Meister wie oben gemaltes Bild Nr. 331. Ein zweites überlebensgrosses Portrait des Kardinals hängt in der k. Residenz dahier im Gange zwischen dem weissen und dem Herkules-Saale. [5])

6) **Ferdinand**, geb. in München am 6. Okt. 1577, Domherr in Trier, Dompropst-Koadjutor in Würzburg u. Strassburg (1585), Koadjutor der Propstei Berchtesgaden 1591 und 1595 Propst daselbst, sowie Koadjutor von Köln (31. März 1595), Propst bei St. Kassian in Bonn, Dompropst in Köln und Magdeburg, Koadjutor des Bischofs von Passau (1597) und Paderborn (10. Febr. 1612), Bischof von Hildesheim Ende dieses Monats, Erzbischof und Kurfürst von Köln am 12. u. Bischof von Lüttich am 16. März, von Münster 12. April gl. Js. (1612) u. von Paderborn 13. Dez. 1618. War auch Abt zu Korvey und Stablo (1612, seit 1599 Koadjutor daselbst).

Ferdinand, der zwar zu München am 14. Nov. 1584 die erste Tonsur erhalten, aber sich nie zum Bischof konsekriren liess, starb zu Arensberg am 13. Sept. 1650 und liegt in der Kapelle der hl. drei Könige des Kölner-Domes neben seinem Onkel und Vorgänger Ernst begr. (Denkmal mit Inschrift.) [6])

Wahlspruch: Das Heil meines Volkes soll mein Gesetz sein.

NB. Sein von J. v. Achen gemaltes Bild siehe sub Nr. 332 in der Schl. Gall., ein weiteres von unbekannter Hand gemaltes Bild des Prinzen ist daselbst sub Nr. 870 zu sehen.

7) **Eleonore Magdalena**, geb. zu München am 7. Oktob. 1578, gest. in Landshut am 18. April 1579, begr. im Kloster Seligenthal neben Herzog Ludwig X. (Epitaph daselbst.) [7])

8) **Karl**, geb. in München am 30. Mai 1580, gest. in Salzburg am 27. Okt. 1587, begr. in Andechs.

NB. Schl. Gall. Portrait von der Hand v. Achen's Nr. 333.

[1]) Vom Papst als solcher schon an diesem Tage bestätigt. Die Postulation fand päpstl. Genehmigung schon am 11. Juni 1590.

[2]) Urkundlich eines bisg.Zeugnisses des Weihbischofs Bartholomäus „episcopus Dariensis archiepisc. Colon. vicarius generalis“ von Köln. Die ersten Weihen erhielt Philipp am 6. Jan. 1595.

[3]) Abgeb. bei A. Mayer a. a. O. und bei Vacchiery S. 360. Der neue Sarg hat keine Inschrift mehr.

[4]) Die Inschrift bringt J. C. Parichus in s. Histor. Nachricht etc. der Stadt Regensburg etc. Reichs-Stifftern etc. S. 95 f., Parens (a. a. O. S. 612 f.), Schuegraf (Gesch. d. Hgsbgr. Domes II 49) etc.

[5]) Die übrigen Bilder im Gange der k. Residenz werden im Anhange III noch näher erwähnt werden.

[6]) Vergl. den Rhein. Antiquarius Abthlg. III B. V S. 349 ff. u. III. XIV 173 f.

[7]) Mon. Boica XV 509.

Kurpfalz.

Kinder erster Ehe:

1) **Maria**, geb. in Heidelberg am 24. Juli 1561, verl. in Heidelberg am 26. April 1578, verm. in Heidelberg am 11. Mai 1579 mit Karl Herzog von Södermanland, Nerike u. Wermeland, nachherigem König Karl IX von Schweden, welcher in Stockholm am 4. Okt. 1550 geb. war, zu Nyköping am 30. Okt. 1611 starb und im Dome zu Stregnaes begr. liegt. (Prächtiges Denkmal mit Inschrift.) [1]
   Maria, welche ihm 2 Söhne und 4 Töchter geb., starb im Schlosse zu Eskilstuna [2] am 29. Juli 1589 und ruht neben ihrem Gemahle. (Denkmal mit Inschrift.) [3]

2) **Elisabethe I**, geb. in Heidelberg am 15. Juni 1562, gest. daselbst am 2. Nov. gl. Js. und ruht bei hl. Geist. (Ehemal. Grabinschrift im Chor.) [4]

3) **Dorothea Elisabethe**, geb. auf dem Jagdschlosse Deinschwang in der Oberpfalz am 12. Jan. 1565, gest. daselbst am 7. März gl. J., begr. bei St. Martin in Amberg. (Grabstein zur rechten Seite des Hochaltars mit Inschrift.)

4) **Dorothea**, geb. in Amberg am 4. Aug. 1566, gest. daselbst am 10. März 1568, begr. bei St. Martin. (Grabstein zur rechten Seite des Hochaltars mit Inschrift.)

5) **Friedrich Philipp**, geb. in Amberg am 19. Okt. 1567, gest. daselbst am 14. Nov. gl. Js., [5] begr. bei St. Martin. (Grabstein links vom Hochaltare.)

6) **Johann Friedrich**, geb. in Amberg am 17. Febr. 1569, gest. daselbst am 20. März gl. Js. u. dort in der St. Martins-Pfarrkirche begr. (Grabstein rechts vom Hochaltar mit Inschrift.)

7) **Ludwig**, geb. in Amberg am 30. Dez. 1570, gest. daselbst am 7. Mai 1571, begr. bei St. Martin. (Kein Grabstein mehr vorhanden.) [6]

8) **Katharina**, geb. in Amberg (?) im April 1572, gest. am 18. Oktob. 1586, begr. in Heidelberg bei hl. Geist. (?)

9) **Christine**, geb. auf Schloss Hirschwald in der Oberpfalz am 6. Jan. [7] 1573, gest. zu Zweybrücken am 21. Juli 1619, begr. in der sog. Johann's-Gruft der Alexander'skirche daselbst. (Kein Denkmal.)

10) **Friedrich IV**, geb. am 5. März 1574. Folgt sub XV.

11) **Philipp**, geb. in Amberg am 4. Mai 1575, gest. daselbst am 8. Aug. gl. Js. u. bei St. Martin begr. (Grabstein mit schönen Reliefs rechts vom Hochaltar.) [8]

12) **Elisabethe II**, geb. in Amberg am 24. Nov. 1576, gest. in Heidelberg am 10. April 1577, begr. daselbst bei hl. Geist. [9]

---

[1] Abgedr. in der Vorrede zu Joa. Werwing Konung Sigismunds och Konung Carls IX Hister. (Stockholm 1746.)

[2] Kleine schwedische Stadt im Bezirke von Nyköping, auf deutsch genannt Karl-Gustavs-Stadt.

[3] Abgedr. a. a. O. bei Werwing I 84 ff.

[4] Im Apographum Monvmentorvm etc. p. 10 abgedruckt, dann bei J. P. Kayser (a. a. O. p. 52) u. s. w.

[*] Nicht 1568, wie Cohn annimmt.

[6] Cohn verwechselt (Tafel 51) hier Geburts- und Sterbtag, macht aber zum Ersteren statt des 7. Mai den 7. März. So auch Zeittmayr u. Masson.

[7] Nicht 5. März, wie Cohn hat.

[8] Die Art u. Beschaffenheit dieser Amberger-Denkmale ist im Sulzb. Kalender f. kathol. Christen von 1857 S. 127 f. beschrieben.

[9] Die sonst noch sich findende Dorothea II hat keinen urkundlichen Halt. Zudem übersehen Jene, die sie mit dem Geburtsdatum „Des. 1575" anführen, dass Philipp der unmittelbar vorausgehende Sohn Ludwig's VI erst am 4. Mai 1575 geboren ist.

8

Bayern.

Gräflich
Wartenberg'
sche Neben-
Linie.
Ferdinand
1583—1608.

9) **Albrecht VI (V)**, genannt der Leuchtenberger, geb. in München am 13. April 1584, gest. am 5. Juli 1666 zu München und zu Altötting in der Wallfahrtskirche begr. (Epitaph.)

Albrecht hat sich am 26. Febr. 1612 in München mit Mechtilde, Tochter des Landgrafen Georg Ludwig von Leuchtenberg verm., welche am 15. Okt. 1588 geb. war, in Laufen am 1. Juni 1634 starb und neben ihrem Gemahle begr. liegt. [1]

Sie brachte ihm die durch den Tod ihres Neffen Max Adam erledigte Landgrafschaft Leuchtenberg etc. zu, welche Albrecht später (18. März 1650) gegen die Reichsgrafschaft Haag vertauschte.

Nach dem Ableben seiner Söhne Max Heinrich und Albrecht Sigmund fiel Haag wieder an Bayern zurück.

NB. Albrecht's Portrait vom gl. Meister gemalt, bildet in d. Schl. Gallerie Nr. 334. Seine Gyps-Büste von unbekanntem Meister steht im Saale XI der Renaiss. des b. Nat. Mus.

Kinder Albrecht's:

a) **Maria Renata**, geb. in München am 3. Aug. 1616, gest. am 1. März 1630, begr. bei U. L. Frau zu München (seit 1606 in der grossen Tumba). [2]

b) **Karl Johann Franz**, geb. in München am 10. Nov. 1618, gest. daselbst am 19. Mai 1640 und bei U. L. Frau begr. (Neuer Sarg ohne Inschrift.) [3]

c) **Ferdinand Wilhelm**, geb. in München am 25. Aug. 1620, gest. am 23. Oktob. 1629 daselbt und bei St. Michael begr. [4]

d) **Maximilian Heinrich**, geb. in München am 8. Oktob. 1621, Koadjutor der Erzdiöcese Köln 10. Febr. 1642, Propst zu Berchtesgaden 1650 u. Abt von Stablo im gl. Jahre (resignirte als solcher 1660), Erzbischof u. Kurfürst von Köln 26. Okt. 1650, Bischof von Münster 1. Sept. 1683. Seit 19. Okt. 1649 war er auch Administrator von Hildesheim u. seit 13. Sept. 1650 Bischof daselbst und zu Lüttich. [5]

Maximilian Heinrich feierte seine Primiz zu Bonn am 29. Septbr. 1651[6], erhielt dort die bischöfl. Konsekration von der Hand des nachmal. Papstes Alexander VII am 8. Okt. gl. Js., starb daselbst am 3. Juni 1688 und ruht im Dome zu Köln. (Denkmal mit Inschrift.)

e) **Albrecht Sigmund**, geb. in München am 5. Aug. 1623, seit 13. Febr. 1637 Domherr in Salzburg, desgl. in Augsburg, 17. April 1639 Koadjutor und am 20. Febr. 1652 Bischof von Freising, 30. Juli 1668 Bischof von Regensburg. War zugleich Dompropst in Konstanz und (seit 1661) Propst des Kollegiatstifts zu Altötting.

---

[1] Abgedr. im Tom. 11 des Thesaurus Novus etc. des Andr. Mayer S. 246, jenes der Herzogin Mechtild S. 245. Beiträge zur Lebensgesch. Albrecht's veröffentlichte S. A. Stumpf im Jahrg. I B. 1 der Zeitschrift für Bayern S. 289. ff.

[2] Alte Sarg-Inschrift bei Vacchiery (ad p. 365).

[3] Die Inschrift des alten Sarges hat Vacchiery (s. a. O. S. 364.)

[4] Vergl. den Salzb. Kal. f. kathol. Christen vom J. 1854 S. 135 Nr. 22. — Ueber die Gruft daselbst existiren von dem bekannten k. Baurathe Ant. Baumgartner mehrere Beschreibungen, welche von der Dr. Wild'schen Buchdruckerei dahier in neuerer Zeit wieder abgedruckt wurden.

[5] Die wittelsbach. Bischöfe Lüttich's — Max Heinrich war der Dritte — haben für den (jetzt zerstörten) St. Lambert-Dom viel gethan. Vergl. Essai histor. sur l'ancienne Cathedrale de St. Lambert à Liège par Mr. le Bar. X. van den Steen de Jehay p. 182 f., wo auch ein Abdruck der von Max H. errichteten Gedenktafel von 1657 sich findet.

[6] Zum Priester am 24. gl. M. geweiht. — Max Heinrich schliff u. pollirte Edelsteine auf die kunstvollste Weise.

Kurpfalz.

XV. Friedrich IV. Regiert vom 22. Okt. 1583 bis zum 9. Sept. 1610.

Beinamen: Sincerus, der Reine der Aufrichtige; [1]
geb. in Amberg am 5. März 1574;
unter Vormundschaft seines Oheims des Pfalzgrafen Johann Kasimir vom 22. Oktob. 1583 bis 6. Jan. 1592;
Rektor Magnifikus der Universität Heidelberg für die Jahre 1587 und 1588;
gest. in Heidelberg am 9. Sept. 1610;
begr. daselbst bei hl. Geist. (Epitaph.) [2]
Devise: Richte (oder: Regiere) mich, Herr! nach deinem Wort.

Schl. Gall. Bild von unbek. Hand Nr. 401 u. von Rob. Savery Nr. 883.

Gemahlin:

Louise Juliana, Tochter des Prinzen Wilhelm I (des Verschwiegenen etc.) von Nassau-Oranien, geb. in Delft am 31. März 1576, verm. in Dillenburg am 23. Juni † 1593, gest. zu Königsberg am 15. März † 1644, begr. daselbst im Dome. (Sarg m. Inschrift.) [3]

NB. Schl. Gall. Bild von unbekanntem Meister Nr. 402.

Kinder:

1) **Louise Juliana**, geb. zu Heidelberg am 16. Juli 1594, verl. am 15. Sept. 1611, verm. am 13. Mai † 1612 in Heidelberg mit dem Pfalzgrafen Johann II von Zweybrücken. Man vergl. über ihn u. sie II E Neben-Linie Zweybrücken-Veldenz etc. sub VII.

2) **Katharina Sophie**, geb. in Heidelberg am 10. Juni 1595, gest. in Zweybrücken am 28. Juni 1626, begr. in der Alexander's-Kirche daselbst. (?)

3) **Friedrich V**, geb. am 16. Aug. 1596. Folgt. sub XVI.

4) **Elisabethe Charlotte**, geb. in Neumarkt am 19. Nov. † 1597, verm. in Heidelberg am 14. Juli 1616 mit dem Kurfürsten Georg Wilhelm von Brandenburg, welcher am 13. Nov. † 1595 zu Berlin geb. war, in Königsberg am 1. Dez. † 1640 starb und in der Gruft der dortigen Domkirche begr. liegt. (Sarg mit Inschrift.) [4]

[1] Friedrich's Erziehungs-Geschichte gibt Moser in s. Patr. Archive IV 211 ff.
[2] Abgedr. in D. H. v. Finsterwald's Germania Princeps Buch v. pfälz. Hause p. 243.
[3] Vgl. A. R. Gehser Gesch. d. Domkirche zu Königsberg etc. S. 276 f.
[4] Bei Gehser a. a. O. S. 274 f. abgedruckt.

	Simm.-Spenb.	Pfalz-Neuburg.	Pfalz-Zweybr.	Pfalz-Kaleb. I.	Park-stein.	Birken-feld.	Neben-linie Veldenz mit etc. (S. 49.)	Neu-stadt Alte Neustadt u. Lautern.
	Richard 1569—1598.	Phil. Ludw. 1569—1614.	Joh. I. 1569—1604.	Otto Heinr. 1569—1604.	Friedr. 1569—1597.	Karl 1569—1600.	Georg Joh. I 1544—1592.	Joh. Kasim. 1578—1592.
			Joh. II 1604—1635.			Georg Wilh. 1600—1669.	Georg Gustav 1592—1634. etc.	

Simmern fällt nach Richard's Tod an die Kurpfalz zurück (1598).

Sulzbach fällt nach Otto Heinrich's Tod (1604) an Pfalz-Neuburg heim.

Parkstein u. Weiden etc. gedeihen nach Friedrich's Tod gleichfalls an Neuburg (1597).

Nach Joh. Kasimir's Tod fällen Neustadt u. Lautern etc. an die Kurpfalz zurück (1592).

8*

Bayern.

Albrecht Sigmund liess sich nie zum Priester weihen, so fromm er auch an
und für sich lebte, starb in Freising am 4. Nov. [1] 1685 und liegt im Dome daselbst begr. (Schönes Denkmal daselbst. [2]) Sein Herz ruht in der Wallfahrts-
Kapelle zu Altötting.) [3]

NB. Das Bild Albr. Sigmund's von Joh. Schreiber bildet in der Schl. Gallerie Nr. 335.

10) **Magdalene**, geb. in München am 4. Juli 1587, verm. zu München am 11. Nov. 1613
mit dem Pfalzgrafen Wolfgang Wilhelm von Pfalz-Neuburg als dessen erste Gemahlin.[4]
Wolfgang Wilhelm ist geb. in Neuburg a./D. am 26. Okt. 1578, starb in Düsseldorf am 20. März 1653 und liegt daselbst in der ehemal. Jesuiten-Kirche bei St.
Andreas begr.

Magdalena, welche ihm nur einen Sohn gebar, starb in Neuburg am 25. Sept. [5]
1628 und ruht daselbst in der Hof- (früher Jesuiten-) Kirche. (Sarg mit Inschrift.)
Vergl. unter den pfälz. Neben-Linien II I die Linie Neuburg sub III.

XX. Maximilian I. Regiert vom 15. Oktob. 1597 bis zum 27. Sept. 1651 (vom
1. Dez. 1594—15. Okt. 1597 als Mitregent neben seinem Vater). [6]
Beinamen: Der grosse Kurfürst, der Grosse; „Alter Salomon";
geb. in München am 17. April 1573;[7]
wird Kurfürst von Bayern und Reichs-Erztruchsess am 25. Febr. 1623;
erwirbt die Oberpfalz am 22. Febr. 1628;
gest. in Ingolstadt am 27. Septbr. 1651;
begr. bei St. Michael in München (Sarg mit Inschrift)[8]. Seine Eingeweide wurden im
Chor bei U. L. Frau zu Ingolstadt[9], sein Herz in der Wallfahrts-Kirche zu Altötting beigesetzt. (Epitaph aus Erz.) [10]
Devise: Dominus Virtutum nobiscum.

NB. Bilder von ihm besitzen u. A. die Schl. Gall., nemlich 2 von N. Drucker (Nr. 386 in der Ahnen-
Gallerie und Nr. 1153 Maximilian zu Pferde), dann die alte Pinakothek im s. g. Stifter-Saale
vom gl. Meister, endlich das Nat. Mus. mehrere von verschiedenen Meistern in den Sälen VII,
VIII u. IX.[11] so z. B. ein Brustbild von P. Candid und ein anderes, Max und seine erste Gemahlin in Lebensgrösse und ganzer Figur darstellend. Auf dem Wittelsbacherplatze in München
steht sein prächtiges Reiter-Monument und im Thronsaale prangt seine vergoldete Kolossal-Statue.

[1] Obiges auch urkundl. vorhandenes Datum steht im Seligenthaler-Todtenbuch. Vergl. Bd. I des oberbayer. Archivs S. 253 ff. Kleine Nachlese zur Lebensgesch. Albr. Sigmund's von Hohenzeicher. Nach
einem beim k. geh. Haus-Archive dahier vorhand. Akte zeigte Albrecht S. unterm 25. Jan. 1683 dem
Kurf. Max Emanuel an, er wolle sich endlich zum Priester weihen lassen!
[2] Die Inschrift desselben bringt weder C. Meichelbeck, noch A. Hauzgärtner.
[3] Epitaphien sind hierüber für Albr. Sigm. und alle sonst nach folgenden Wittelsbacher, deren Herzen
gleichfalls in Altötting verwahrt werden, insoferne nicht davon specielle Erwähnung geschiebt, nicht
mehr vorhanden. — Von Ersterem kommt noch zu bemerken, dass er 1668 die Methode erfand, Bilder
auf Holz und Elfenbein zu pressen, was er denn auch meisterhaft betrieb. — Ueber ein Projekt, Albrecht
Sigmund zu verheiraten, vergl. Jahrgang II B. I der Zeitschrift für Bayern S. 77 ff. u. m. Beiträge
zur Landes-Gesch. d. d. Staaten S. 84 ff.
[4] Von 1607—9 fanden Unterhandlungen statt, Magdalene als Braut dem spätern Kaiser Mathias zu gewinnen. Vergl. Zeitschrift für Baiern etc. Jahrg. I B. I S. 129 ff.
[5] Das Todtenbuch von Seligenthal hat den 13. Septbr.
[6] Maximilian's erste Regierungshandlung ist eine unbeschränkte Vollmacht für Frhrn. J. B. Guidobon-
Cavalchino-Lichtenberg zu einer Mission an den lothringischen Hof vom 1. Dez. 1594. Orig. Dekret
im allg. Reichsarchiv.
[7] L. v. Westenrieder (Beiträge III 83). Vergl. oben S. 54 Note 7.
[8] Abdruck bei Parcus (a. a. O. p. 451 f.) Epitaph bei Adlzreitter (Ausgabe mit der Leibnitz'schen Vorrede F. III 561 f.)
[9] Die Inschrift der betr. Gedenktafel — jetzt in der St. Anna-Kapelle der Kirche zu U. L. Frau —
bringt Adlzreitter a. a. O. p. 562. Vgl. den Sulzb. Kal. für kathol. Christen v. 1858. p. 124.
[10] Die Inschrift der Urne bringen Adlzreitter a. a. O. p. 562, Parcus (a. a. O. p. 451), Andreas Mayer
im Thesaurus Novus etc. II 247 etc.
[11] Maximilian I war auch Maler, Edelsteinschneider und Kunstdreher. Vergl. Dr. G. K. Nagler's neues
allg. Künstler-Lexikon VIII 483 f. Einige Dreh-Arbeiten des Kurfürsten sind im Saale VIII der Ren.
des b. Nat. Mus. zu sehen. Vergl. den Führer durch das b. Nat. Mus. S. 243.

Gräflich Wartenberg'sche Neben-Linie.

Ferdinand 1593—1608.

Nebenlinie

Warten-berg.	Leuch-tenberg
Ferdinand 1593—1608.	Albrecht V (VI) 1644—1656.
Ernst Benno 1608—1666.	
Ferdinand Lorenz 1608—1666.	

Kurpfalz.

	Pfalz-Neuburg.	Pfalz-Zweybr. mittl. u. jüng. Linie.	Birken-feld.	Vel-denz.	Lützel-stein.	Gutten-berg.

Elisabethe Charlotte gebar ihm 2 Söhne und 2 Töchter, starb auf ihrem Wittwensitze Crossen am 26. April † 1660 und ruht in der ältern Dreifaltigkeits- oder Domkirche zu Berlin. [1]

5) **Anna Eleonore**, geb. in Heidelberg am 4. Jan. † 1599, gest. daselbst am 3. Juni † 1600, begr. bei hl. Geist allda. (Grabinschrift im Chor.)

6) **Ludwig Wilhelm**, geb. in Heidelberg am 5. August † 1600, gest. daselbst um 10. Oktob. † gl. J., begr. bei hl. Geist. (Grabinschrift daselbst im Chor.)

7) **Moriz Christian**, geb. in Heidelberg am 18. Sept. † 1601, gest. daselbst am 28. März † 1605, begr. bei hl. Geist. (Grabinschrift im Chor daselbst.)[4]

8) **Ludwig Philipp**, geb. in Heidelberg am 23. Nov. 1602. Folgt unter den pfälz. Nebenlinien II D. sub I.

XVI. Friedrich V. Regiert vom 9. Sept. 1610 bis zum 29. Nov. 1632.

Beinamen: Rex Solstitialis Rex Zephyricus, Winterkönig; Patiens der Geduldige; Exul;

geb. auf dem oberpfälz. Jagdschlosse Deinschwang [2] am 26. Aug. † 1596;

unter Vormundschaft des Pfalzgrafen Johann II von Zweybrücken v. 9. Sept. 1610 bis zum 26. Aug. 1613; zum König von Böhmen gekrönt am 4. Nov. † 1619; gest. in Mainz am 29. Nov. † 1632;

begr. zuerst in Frankenthal, von wo die Leiche Friedrich's nach Saarbrücken, von da in ein Privathaus nach Metz und endlich nach Sedan in Frankreich geflüchtet wurde (wo sie muthmasslich geblieben ist). [4] Das Herz u. die Eingeweide Friedrich's V. wurden zu Oppenheim im westlichen Chor der St. Katharina-Kirche beigesetzt. (Ehemal. Denkstein mit Inschrift.) [5]

Devise: Treu bis zum Tode.

NB. Schl. Gall. Portrait von unbekannter Hand Nr. 403. Ein kleines Aquarell-Bild Friedrich's nach einem Originale zu Amberg, von A. Mar. Joh. Wisgerin gemalt, ist im Saale XI der Renaiss. d. b. Nat. Mus. vorhanden. [6]

---

[1] Vergl. die aus Anlass ihres Ablebens erschienenen Schriften in G. G. Küster's Bibliotheka Histor. Brandenburgica (Wratislaviae 1743) p. 475 f.

[2] Die Grab-Inschriften sub 5, 6 u. 7 sind im Apographum Monumentorum p. 11 abgedruckt; dann bei J. F. Kayser (s. a. O. p. 52) u. s. w.

[3] Nicht in Amberg, wie die bayer. Genealogen bisher behauptet.

[4] Vergl. über Friedrich's V Beisetzung, Flüchtung u. Schicksal seiner Leiche Moser's neues Patr. Archiv II 111 ff.

[5] Letztere ist bei Andreae De Oppenheimio palatino p. 80 abgedr.

[6] Das S. 209 im Führer durch's National-Museum erwähnte Portrait Friedrich's befindet sich zur Zeit im Depot daselbst.

Right columns:

Pfalz-Neuburg: Philipp Ludwig 1569—1614. Wolfg. Wilh. 1614—53.

Pfalz-Zweybr.: Johann II 1604—35.

Birkenfeld: Georg Wilhelm 1600—69.

Veldenz: Georg Gustav 1592—1634.

Lützelstein: Johann Aug. 1592—1611. — Lützelstein fällt an Georg Johann II. v. Guttenberg.

Guttenberg: Georg Joh. II 1592—1654. Ludw. Phil. 1592—1601. — Guttenberg u. Lützelstein fallen nach dem Tode Georg's Joh. II an Veldenz zurück.

Bayern als Kurfürstenthum.

Gemahlinnen:

I. Elisabethe Renate, Tochter Herzog's Karl II von Lothringen, geb. in Nancy am 9. Okt. 1574, verl. daselbst am 14. Aug. 1594 u. dort verm. am 6. Febr. 1595, gest. zu Ranshofen bei Braunau am 4. Jan. 1635, begr. bei St. Michael in München, (Sarg mit Inschrift. Ihr Herz und ihre Eingeweide sind in der hl. Kapelle zu Altötting beigesetzt. Monument von Erz darüber.) [1]

> NB. Ihr Porträt bietet, gemalt von N. Brucker, dann von unbekannter Hand die Schl. Gall. sub Nr. 337 u. 890.

II. Maria Anna, Tochter Kaiser's Ferdinand II, geb. in Gratz am 13. Jan. 1610, verl. in Wien am 18. Mai 1635, verm. daselbst am 15. Juli gl. Js., gest. zu München am 25. Sept. 1665, begr. bei St. Michael in München. (Sarg mit Inschrift daselbst.)

> NB. Ihr gleichfalls von N. Brucker gemaltes Porträt bildet Nr. 338 obiger Gall. Auch im Saal XII der Renaiss. des b. Nat. Mus. findet sich ein Porträt der Kurfürstin von nicht genanntem Meister.

Kinder zweiter Ehe:

1) **Ferdinand Maria,** geb. am 31. Okt. 1636. Folgt sub XXI.

2) **Maximilian Philipp Hieronymus,** geb. in München am 30. Sept. 1638, verl. zu St. Germain am 13. Mai 1668 und verm. in Chateau Thierry am 24. gl. Mon. u. J. mit Mauritia Febronia de Latour d'Auvergne, Tochter Herzog's Friedrich Moriz von Bouillon, welche geb. ist am 12. April 1652, in Türkheim am 20. Juni 1706 starb und bei St. Michael in München begr. liegt. (Sarg mit Inschrift.)

> NB. Beider Gatten von unbekannter Hand gemalte Porträts bildet Nr. 339 u. 340 obiger Gallerie. Ein Bild Max Philipp's hängt auch im Saal XIII der Renaiss. des b. Nat. Mus. u. eine über Lebensgrösse ausgeführte schöne Marmor-Büste des Herzogs befindet sich im Garten des ehemal. Karmeliterinnen-Klosters (nun Leib-Hausen) dahier.[2]

Max Philipp, dem seine Gemahlin keine Nachkommen gebar, starb gleichfalls zu Türkheim am 20. März 1705 und ruht bei St. Michael in München. (Sarg mit Inschrift.)

Er besass die ihm durch väterl. Verordnung vom 5. Juni 1650 bestimmte Landgrafschaft Leuchtenberg, welche nach seinem kinderlosen Tode an Kurbayern zurückfiel.

Ferdinand	Albrecht V
1593—1608.	(VI)
Ernst Benno	1644—1650.
1608—1666.	
Ferdinand	
Lorenz	
1608—1666.	

---

[1] Abdr. d. Inschrift bei A. Mayer Thesaurus Novus II 246.

[2] Ich verdanke diese Mittheilung meinem verehrten Freunde Herrn Hauptmann Fr. Münch. Möge die Büste noch zu rechter Zeit in den Räumen unseres herrlichen National-Museums geborgen werden.

Kurpfalz.

	Pfalz-Neuburg.			Pfalz-Zweybrücken mittlere Linie.			Veldenz.		Birkenfeld.		Simmern Jüngere Linie.
	Neuburg.	Sulzbach II.	Hilpoltstein.	Zweybr. Jüng. Linie.	Zweybr. Landsberg.	Zweybr. Kirchberg.	Veldenz.	Lützelstein u. Guttenberg.	Birkenfeld.	Bischweiler.	Simmern Jüngere Linie.

Gemahlin:

Elisabethe, [1] Tochter Königs Jakob I von England aus dem Hause Stuart, geb. in London am 19. August 1596, verl. am 6. Januar † 1613, und verm. dortselbst am 24. Febr. [?] gl. Js., [2] gest. allda am 23. Febr. 1662 und in der Westminster-Abtei begr. (Denkmal mit Inschrift.) [3]

NB. Schl. Gall. Bild Nr. 404.

Kinder:

1) **Heinrich Friedrich,** geb. in Heidelberg am 11. Jan. † 1614; am 19. April 1620 von den böhmischen Ständen zum Thronfolger ernannt, verunglückte der Prinz am 17. Jan. † 1629 in der Nähe von Harlem durch das Umschlagen seines Schiffes [4] u. ruht im Grafen-Haag in der s. g. (St. Vincents-) Kloster- oder Prinzen-Kirche.

2) **Karl I Ludwig,** geb. am 1. Jan. † 1618. Folgt sub XVII.

Row values (Pfalz-Neuburg / Pfalz-Zweybrücken / Veldenz / Birkenfeld / Simmern):

Neuburg	Sulzbach II	Hilpoltstein	Zweybr. Jüng.	Zweybr. Landsb.	Zweybr. Kirchb.	Veldenz	Lützelstein u. Gutten.	Birkenfeld	Bischweiler	Simmern
Wolfg. Wilh. 1614–1653.	August Friedr. 1615–1632.	Johann Friedr. 1615–1644.	Joh. II 1604–1635.	Friedr. Kasim. 1611–1645.	Johann Kasim. 1611–1652.	Georg Gustav 1592–1634.	Georg Joh. II 1611–1654.	Georg Wilh. 1669–1669.	Christian I 1639–1654.	Ludw. Phil. 1611–1655.

[1] „Die Perle von England". — Ueber ihre spätere angebliche Vermählung mit Lord Craven vergl. d. Rhein. Antiquarius a. a. O. S. 150 ff. u. über Elisabethe selbst die Memoirs of Elisabeth Stuart Queen of Bohemia by Miss Benger, London 1825.

[2] Vergl. Beschrbg. der Reise: Empfahung des Ritterl. Ordens: Vollbringung des Heyrathes und glückl. Heimführung etc. des Hrn. Friedrichen V Pfaltzgraven etc. mit Elisabethen etc. 1613. (Mit vielen Abbildungen.)

[3] Abgedr. in The Antiquities of St. Peter's or the Abbey-Church of Westminster (London 1713) p. 143.

[4] Er wollte mit seinem Vater die von den Holländern erbeutete spanische Silberflotte im Haff besichtigen, als nahe bei Harlem ihr Schiff übersegelt wurde. Mit dem Prinzen gingen 9 Menschen zu Grund. Enkönig Friedrich und 5 weitere Personen konnten nur mit der grössten Mühe gerettet werden. — In Moser's Patr. Archiv VIII 529 ff. ist der Briefwechsel des kaum 5jähr. Kurprinzen Heinrich Friedrich mit seinem 3jährigen Bruder Karl Ludwig zu lesen. Heinrich Friedrich sprach schon damals 6 Sprachen! — Ueber s. Erziehung vergl. man Moser neues Patr. Archiv II 16° ff.

Bayern als Kurfürstenthum.

	Neben-Linie	
	Wartenberg.	Leuchtenberg.

XX. Maximilian I. Regiert vom 15. Okt. 1597 bis zum 27. Septbr. 1651 (vom 1. Dezbr. 1594 — 15. Oktob. 1597 als Mitregent neben seinem Vater Wilhelm V).

Ueber ihn und seine Familie sind oben S. 60 und 62 zu vergleichen.

Wartenberg	Leuchtenberg
Ferdinand 1593—1698.	Albrecht V (VI) 1644 –1650.
Ernst Benno 1608– 1656.	Max. Philipp 1650—1705.
Ferd. Lorenz 1608 –1666.	

Kurpfalz. ' |

b) **Anna Henriette Julie**, geb. in Paris am 23. Juli 1648, verm. daselbst am 11. Dez. †
1663 mit dem Herzog Heinrich III Julius von Bourbon (Enghien) Prinzen von Condé etc.
welcher am 29. Juli 1643 in Paris geb. war, daselbst am 1. April 1709 starb und zu Vallery
(Yonne) in der Condé'schen Familiengruft der dortigen Kirche begr. liegt, während sein Herz
zu Paris »en l'eglise de la maison professe de St. Louis des Jesuites« beigesetzt wurde. [1]

Anna, welche in dieser Ehe 4 Söhne und 6 Töchter geb., starb am 23. Febr. 1723 in
Paris u. ruht bei den Karmeliten in der Strasse St. Jacques, ihr Herz wurde in der Kloster-
Kirche zu Maubuisson hinterlegt.

c) **Prinz**, geb. am 27. Dez. 1650, gest. 30. Juli 1651, begr. (wo?) [2]

d) **Benedikte Henriette Philippine**, geb. in Paris (?) am 23. Juli 1652, verm. per proc.
zu Paris am 15. Okt. †, persönlich zu Hannover am 29. Nov. † 1668 mit Herz. Johann Friedrich
von Hannover zu Kalenberg, Gubenhagen u. Göttingen, welcher am 25. April 1625 zu Herzberg
geb. war, am 28. Dez. † 1679 zu Augsburg starb und zu Hannover in der Fürstengruft der
Schlosskirche begr. liegt. [3]

Seine Gemahlin geb. ihm 4 Töchter, starb zu Paris (?) am 12. Aug. 1730 und ruht an
der Seite ihres Gemahles (?)

9) **Henriette Maria**, geb. in Haag am 17. Juli † 1626, verm. in Patak am 16. Mai 1651 mit dem
Fürsten Sigmund Rakoczy von Siebenbürgen Grafen von Mongatsch etc., geb. im Jahre 1623 (?)
gest. zu Fogaras am 4. Febr. 1652, begr. in der Kathedrale bei St. Michael zu Karlsburg
(früher Siebenbürgisch-Weyssenburg) a. d. Maros als dessen 2. Gemahlin. [4]

Henriette Marie starb am 20. Dez. † 1651 in Patak und ruht neben ihrem Gemahle. [5]

10) **Philipp**, geb. zu Haag am 6. Oktob. † 1627, gefallen in der Schlacht bei Rethel am 15. Dez.
1650 als lothring. Reiter-Oberst, begr. in Heidelberg bei hl. Geist. (?)

11) **Charlotte**, geb. zu Haag am 19. Dez. 1628, gest. am 24. Jan. † 1631 zu Haag (?) und daselbst
begr. in der s. g. Klosterkirche. (?)

12) **Sophie** (»die grosse Kurfürstin«), geb. zu Haag am 23. Okt. † 1630, verm. am 17. Okt. 1658
in Heidelberg mit Herzog Ernst August von Braunschweig-Lüneburg, nachmaligem Kurfürsten
von Hannover, welcher am 20. Nov. † 1629 in Herzberg geb. war, in seiner Sommer-Residenz
Herrenhausen am 23. Jan. † 1698 starb und in der Schlosskirche zu Hannover begr. liegt.

Am 22. März 1701 vom englischen Parlamente zur Erbin Grossbrittaniens erklärt, starb Sophie,
welche ihrem Gemahle 6 Söhne und 1 Tochter geb., am 8. Juni 1714 in Herrenhausen und
ruht neben ihrem Gemahle.

13) **Gustav Adolph**, geb. am 14. Jan. † 1632 in Haag, gest. am 9. Jan. 1641, begr. in der s. g.
Klosterkirche daselbst. (?)

---

[1] Die franzö. Revolution fand auch die Familiengruft der Condé zu Vallery anständig. Die Leichname u. Knochen
wurden aus den Särgen gerissen und im Kirchhofe daselbst verscharrt. Dieses Loos traf auch den Herzog Heinrich
Julius. Vergl. Procès verbal de l'exhumation des corps des Princes et Princesse de la maison de Condé. Paris 1822.
Den Bourbonen in St. Denis gieng es, wie wir gleich hören werden, nicht besser! — Jetzt befindet sich zu Vallery
ein schöner, von Claude Sarrasin erbautes Mausoleum des grossen Condé.

[2] Ueber des Prinzen Tod vergl. man die Verse in „La Mvse histor. etc. par le Sr. Loret." Tome 1 p. 100.

[3] Vergl. über eine auf ihn entworfene Grabschrift Dr. W. Havemann's Gesch. der Lande Braunschweig u. Lüneburg
III 237 f. Note 5.

[4] Dort ruhen auch Johann Korvinus, die Zápolya's, Báthori's u. s. w.

[5] Cohn hat den 18. Septbr. Vergl. wegen des 20. Dez. die Siebenbürg. Chronik von Georg Kraus in B. III Th. I
der Scriptoren bei. Fontes RIL Austriacarum p. 185 f.

Kurbayern.

XXI. Ferdinand Maria (Franz Ignatz Wolfgang), regiert vom 27. Sept. 1651 — 26. Mai 1679.

Beinamen: Der Friedliebende, Pater patriae et pacis etc.;

geb. in München am 31. Oktob. 1636;

unter Vormundschaft s. Mutter Maria Anna und seines Oheims Herzogs Albrecht V (VI) vom 27. Sept. 1651 — 27. Sept. 1654;

gest. in Schleissheim am 26. Mai 1679;

begr. in der von ihm erbauten Hofkirche zu St. Kajetan bei den Theatinern in München. (Sarg mit Inschrift[1]) und Zinngefäss mit Ferdin. Eingeweiden.)

NB. Schl. Gall. Bild von G. Desmarées Nr. 1154 u. in der Ahnen-Gallerie daselbst von P. Mignard Nr. 341. Im Saal XIII der Renaissance des b. Nat. Mus. ist gleichfalls ein lebensgrosses Bild Ferdinand Maria's zu sehen, dessen Meister nicht genannt wird. Im gl. Saale finden sich die Portraits des Kurfürsten u. s. Gemahlin an einer Doppel-Bettlade angebracht. — Das schöne Chor-Altarbild in der Theatiner-Hofkirche von Ant. Zanchi stellt noch die kurfürstl. Familie: Ferdinand Maria, s. Gemahlin Adelheid u. deren Kinder Maria Anna, Max Emanuel, Jos. Klemens u. Violanta Beatrix in vorzüglichen Bildern dar. Ferner enthält die schöne Sommer-Sakristei der gedachten Hofkirche ein schönes Portrait Ferdinand Maria's (Kniestück) von Gg. Desmarées.

Ernst Benno 1608—1666.

Ferdinand Lorenz 1608–1666.

Ferdinand Ernst 1606—1675.

Ferdinand Marquard 1675– 1770(.

Albrecht V (VI) 1644—1650.

Gemahlin:

Adelheid Henriette Maria, Tochter Herzogs Victor Amadeus I von Savoyen, geb. am 6. Nov. 1636 in Turin, verm. per procurationem daselbst am 11. Dez. 1650, persönlich in München am 25. Juni 1652, gest. daselbst am 18. März 1676 und dort bei St. Kajetan begr. (Sarg mit Inschrift[2]) u. Zinngefäss mit deren Eingeweiden.)

NB. Ahnen-Gall. Portrait von Mignard Nr. 342. Im Saal XII der Renaiss. des b. Nat. Mus. hängt, von Gottfr. Kneller (?) gemalt, ihr lebensgrosses Bild[3]) und ein Kniestück der Kurfürstin im Kleide einer s. g. Dienerin Maria vom Hofmaler Ign. Oefele zeigt (als bis jetzt schönstes Bild derselben) die Sommer-Sakristei der Theatiner-Hofkirche.

Kinder:

1) **Maria Anna Christine Victorie,** geb. in München am 17. Nov. 1660, verl. am 30. Dez. 1679, verm. per procur. in München am 28. Jan. 1680, persönlich zu Chalons am 7. März gl. Js. mit Ludwig Dauphin von Viennois, Sohn Königs Ludwig XIV von Frankreich, welcher zu Fontainebleau am 1. Nov. 1661 geb. war, am 14. Apr. 1711 auf Schloss Meudon starb und in St. Denis begr. liegt.

---

[1]) Abgedr. in den Merkwürdigkeiten der kurfürstl. Hofkirche der PP. Theatiner in München (1789) S. 51 f.

[2]) Abgedr. a. a. O. S. 50.

[3]) Dasselbe ist in der 8. Lieferung der Alterthümer etc. d. bayer. Herrscher-Hauses in schöner Nachbildung enthalten. — Kurfürstin Adelheid war bekanntlich auch kunstfertige Malerin im Blumen- und Früchten-Fache und sind im Nationalmuseum noch manche ihrer schönen Arbeiten (Saal XII u. XIII der Renaissance etc.) zu sehen.

Kurpfalz.

XVII. Karl I Ludwig, regiert vom 19. Nov. 1632 — 28. Aug. 1680.

Beinamen: Patiens; Salomon saeculi d. h. der deutsche (richtiger der pfälzische) Salomon[1]); Providus etc.;

geb. in Heidelberg am 1. Jan. 1618;

unter Vormundschaft seines Oheimes des Pfalzgrafen Ludwig Philipp von Simmern vom 19. Nov. 1632 — 1. Jan. 1636;

in s. Erblande als 8. Kurfürst restituirt am 24. Oktob. 1648 und mit der neuen Würde eines Reichs-Erzschatzmeisters belehnt, die er bei der Krönung Ferdinand's IV zum röm. Könige (18. Juni 1653) das Erstemal bekleidete;

gest. beim Dorf Edingen nächst Heidelberg unter freiem Himmel am 28. Aug. 1680;

begr. in Heidelberg bei hl. Geist;[2])

Wahlspruch: Dominus providebit.

NB. Schl. Gallerie Porträt von unbek. Hand Nro. 408.[3])

Neuburg.	Solzbach II.	Hilpoltstein.	Zweybr. Aug. Linie.	Zweybr. Landsberg.	Zweybr. Kleeburg.	Veldenz.	Lützelstein u. Guttenberg.	Birkenfeld.	Bischweiler.	Simmern Jüngere Linie.
Wolfg. Wilh. 1614—1653.	Christian Friedr. August 1614—1632—1708.	Johann Friedr. 1615—1644.	Joh. II 1604—1635. Friedr. 1635—1661.	Friedr. Kasim. 1611—1645. Friedr. Ludw. 1645—1681.	Johann Kasim. 1611—1652. Karl Gust. 1652—1654. Adolph Joh. 1654—1680.	Georg Gustav 1592—1634. Leop. Ludw. 16 4—1694.	Georg Joh. II 1611—1654.	Georg Wilh. 1600—1669. Karl II Otto 1669—1671.	Christian I 1630—1654. Christian II 1654—1671/1717.	Ludw. Phil. 1611—1655. Ludw. Heinr. Moriz 1655—1673.
Phil. Wilh. 1653—1685.		Hilpoltstein fällt 1644 an Neuburg zurück.	Zweybrücken fällt 1661 an Landsberg.				Lützelstein-Guttenberg fällt 1654 an Veldenz zurück.	Birkenfeld fällt 1671 an Bischweiler.		Simmern fällt 1673 an die Kurpfalz zurück.

[1]) Vergl. Dr. L. Häusser's Gesch. d. rhein. Pfalz II 665 f.

[2]) Im J. 1693, als die Franzosen Heidelberg eroberten, wurden die fürstl. Leichen — auch die Karl Ludwig's — aus ihren Gräbern gerissen und ihre Ueberreste nach allen Windrichtungen umhergestreut.

[3]) Karl Ludwig liess das im 30jähr. Kriege zu Grund gegangene s. g. grosse Heidelberger-Fass (vergl. oben S. 51. 3.) im J. 1664 von Neuem herstellen.

Kurbayern.

Maria Anna starb, nachdem sie ihrem Gemahle 3 Söhne geboren, zu Versailles am 20. April 1690 und ruht bei St. Denis. Ihr Herz ward zu Paris in der St. Anna-Kapelle des Benediktiner-Klosters Val de Grace beigesetzt. (Ehemal. Sarg-Inschrift.)[1]

NB. Ihr Bild zeigt uns als Nro. 343 von Mignard's u. als Nro. 1351 von J. Vivien's Hand die Schleissheimer Gallerie.

2) **Maximilian II Maria Emanuel** etc., geb. 11. Juli 1662. Folgt sub XXII.

3) **Louise Margarethe Antonie** etc., geb. in München am 18. Sept. 1663, gest. daselbst am 10. Nov. 1665, begr. bei St. Kajetan in München. (Sarg mit Inschrift.)[2]

4) **Ludwig Amadeus Victor** etc., geb. in München am 6. April 1665, gest. daselbst am 11. Dez. gl. Js., begr. bei St. Kajetan. (Sarg m. Inschr.)[3]

5) **Ein Prinz**, geb. u. gest. am 4. Aug. 1666 zu Dachau, wo er zuerst beigesetzt u. dann nach München zu St. Kajetan transferirt wurde. (Sarg mit Inschrift.)[4]

6) **Kajetan Maria Franz** etc., geb. in München (?) am 2. Mai 1670, gest. am 7. Dez. gl. Js. daselbst (?), begr. bei St. Kajetan. (Sarg mit Inschrift.)[5]

7) **Joseph Klemens Kajetan** etc., geb. in München am 5. Dezember 1671, am 10. März 1683 Koadjutor des Hochstifts Regensburg, am 27. Nov. 1684 des Hochstifts Freising, am 4. Nov. 1685 Bischof daselbst und am gl. Tage zu Regensburg (welche Würden er am 29. u. bez. 6. Sept. 1694 resignirte, aber am 17. Februar 1695 für Regensburg wieder gewählt wurde)[6]; am 19. Juli 1688 Erzb. u. Kurfürst von Köln und im gl. J. Propst von Berchtesgaden; am 20. April 1694 Bischof von Lüttich und am 31. Dez. 1714 solcher zu Hildesheim (Koadjutor seit 8. Januar 1694).

Jos. Klemens wurde am 15. August 1706 zum Subdiakon,[7] zu Ryssel (Lille) am 24. Dez. gl. J. zum Priester u. daselbst am 1. Mai 1709 zum Bischof geweiht, starb am 12. Nov. 1723 zu Bonn und liegt im Dome zu Köln begr. (Grabschrift und Denkmal daselbst.[8]) Sein Herz ruht zu Altötting, die Eingeweide wurden in der von ihm erbauten Loretto-Kapelle zu Ryssel beigesetzt.)

NB. J. F. Beechern hat sein Portrait (Nro. 344) für die Schl. Abens-Gallerie gemalt.[9]

---

[1] Maria Anna's Leichnam theilte im Oktob. 1793 das Schicksal aller in St. Denis begrabenen Bourbonen männl. u weibl. Geschlechts. Man vergl. Récit Historique de la violation des Tombeaux des Rois à St. Denis en 1793. Paris 1816.

[2] Abgedr. in den „Merkwürdigkeiten etc." S. 47.

[3] Abgedr. a. a. O. S. 48.

[4] Abgedr. a. a. O. S. 49.

[5] Abgedr. a. a. O. S. 49 f.

[6] Verrichtete 1717 auf dieses Bisthum zu Gunsten s. Neffen Klemens August.

[7] Von dem berühmten Erzbischof Féndlon (Franz III de Salignac de Lamothe-Fénélon) v. Cambray. Seine Primiz hielt der Prinz am 1. Jan. 1707 zu Ryssel.

[8] Vergl. über s. Grabstätte den Rhein. Antiquarius Abthlg. III B. XIV S. 206. Jos. Klemens schrieb mehrere Theaterstücke in französischer Sprache u. komponirte auch. Seine Kompositionen sind verzeichnet a. a. O. S. 676. — Ueber des Kurfürsten Verhältniss zur „Mademoiselle de Ruysbeck" ist ebendaselbst S. 618 ff. nachzulesen.

[9] Jos. Klemens ist ursprüngl. Stifter des jetzigen k. b. Verdienst-Ordens vom hl. Michael (29. Septbr. 1693), den König Max I am 11. Septbr. 1808 wieder in's Leben rief.

Wartenberg.	Leuchtenberg.
Ernst Benno 1608—1666.	Max Philipp 1650—1705.
Ferdinand Lorenz 1608—1666.	
Ferdinand Ernst 1666—1675.	
Ferdinand Marquard 1675—1730.	

Kurpfalz.

Gemahlin (Karl I Ludwig's):

Charlotte, Tochter des Landgrafen Wilhelm V (des Beständigen) v. Hessen-Kassel, geb. um 30. Nov. †
1627, verl. am 9. Juli † 1649, verm. in Kassel am 22. Febr. † 1650, geschieden in Heidelberg am 14. April 1657, gest. in Kassel[1]) am 26. März † 1686, begr. bei hl. Geist zu Heidelberg.
NB. Bild wie oben Nro. 409 in der Schleissh. Gallerie.

Nach der Trennung von ihr verm. sich Karl Ludwig zu Schwetzingen am 6. Januar 1658 in morganatischer
Ehe mit Freifräulein Louise v. Degenfeld. Louise war als die Tochter des Generals Freih. Christoph Martin
v. Degenfeld Ende Nov. 1634 in Strassburg geb., starb am 28. März † 1677 in der Friedrichsburg zu Mannheim
u. ward dort in der Konkordia-Kirche begr.[2]) Aus dieser Verbindung, mit 13 Sprösslingen gesegnet, gingen die
s. g. Raugrafen hervor.[3])

Kinder:

1) **Karl II**, geb. am 10. April † 1651. Folgt sub XVIII.

2) **Elisabethe Charlotte**, geb. in Heidelberg am 27. Mai † 1652, verm. (nachdem sie zu Metz am
15. Nov. 1671 vom reformirten Bekenntnisse zum Katholicismus übergetreten war,[4]) per procur.
am 16. Nov. zu Metz u. persönlich am 21. Nov. gl. J. zu Chalons mit dem Herzog Philipp I
von Orleans und Valois, Sohn Königs Ludwig XIII von Frankreich.

Philipp war zu St. Germain am 21. Septbr. 1640 geb., starb in St. Cloud am 9. Juni 1701
und ruht zu St. Denis, während Elisabethe Charlotte seine 2. Gemahlin, welche ihm 2 Söhne
u. 1 Tochter geb., am 8. Dez. 1722 ebenfalls in St. Cloud starb u. bei St. Denis neben ihrem Gemahle begr. liegt.[5]) (Beider Herzen ruhen zu Val de Grace.)

NB. Schl. Gallerie Copie Nro. 410[6]) Das b. Nat. Mus. verwahrt ein Miniatur-Bildniss der Fürstin von Kleisrbg.[7]

3) **Friedrich**, geb. in Augsburg am 12. Mai 1653, gest. daselbst am Tage nach s. Geburt, begr. in
Heidelberg bei hl. Geist. (?)

---

[1]) Vergl. hierüber die bestimmten Nachweise in J. C. C. Hoffmeister's Hist. geneal. Handbuch von Hessen S. 45,
während Stramberg (Rhein. Antiqu. Abthlg. II Bd. VI S. 238) etc. Heidelberg als Sterbe-Ort annehmen.

[2]) Anfänglich ruhte ihr Leichnam in der fürstl. Gruft bei hl. Geist zu Heidelberg, von wo er später auf Befehl Karl
Ludwig's nach Mannheim gebracht, 1689 aber von den Franzosen nebst ihrer dort begrabenen Tochter aus dem
Sarge gerissen u. sammt der Kirche etc. in die Luft gesprengt wurde. In die Luft gesprengt wurde.

[3]) Karl Ludwig hatte ausserdem noch von einer Engländerin einen nachehelichen Sohn, Ludwig Freiherrn v. Selts, der
1660 starb. Parvus a. a. O. 564¹. J. F. Reiger Ausgelöschte Churpfalz-Simmerische Stamme-Linie etc. p. 184 ff. u.
D. H. v. Finsterwald's Germ. Princeps Buch vom pfalz. Hause p. 460, dann Häusser a. a. O. II 687. Ueber a. spä-
teres Verhältniss zu „Madame de Peran" vergl. v. Finsterwald's Germania Princeps a. a. O. 504 ff. etc.

[4]) Im Bd. X 2. Thl. des Theatrum Europaeum p. 560 ff. ist über dieses Ereigniss ausführlich berichtet, auch
über die Hochzeit zu Chalons. — Vergl. über Elisabethe Charlotte den Rhein. Antiquarius a. a. O. S. 361 ff.
Häusser a. a. O. II 712 ff. und die Abhandlg. von Ludw. Oelmer in Räumer's hist. Taschenbuch 4. Folge 5. Jahrgg.

[5]) Der 8. Oktob. 1721 als Todestag, wie ihn Cohn hat (Häusser mit dem richtigen Todesjahre 1722) ist falsch. Elisab. Charlotte's und ihres Gemahles Leichname erlitten das nemliche Schicksal, wie der der Dauphine Anna
Maria Christine etc. Vergl. S. 70 Note 1.

[6]) Wohl dasselbe Pastell-Bildniss, von dem Frhr. v. Aretin seel. in Lieferung VI der Alterthümer u. Kunstdenkmale
d. b. Herrscher-Hauses in dem Aufsatze über Elis. Charlotte spricht?

[7]) Man vergl. die Abbildung desselben in obiger Lieferung VI.

Kurbayern.

8) **Violanta Beatrix** etc., geb. in München am 23. Jan. 1673, verm. per procur. in München am 21. Nov. 1688 u. persönl. zu Florenz am 19. Jan. 1689 mit Ferdinand (III) Erbprinzen von Florenz aus dem Hause Medici, welcher am 9. Aug. 1663 zu Florenz geb. war, am 31. Oktob. 1713 daselbst (?) starb und bei San Lorenzo in der »Cappella reale de' Medici,«[1] begr. liegt.

Violanta etc. starb kinderlos zu Florenz am 29. Mai 1731 u. ruht in der Kirche des Karmeliterinen-Klosters di S. Teresa daselbst. (Epitaph.)[2] Ihr Herz wurde neben ihrem Gemahle beigesetzt.

NB. Von unbekannter Hand gemalt ist ihr Portrait als Nro. 345 in der Schl. Gallerie zu treffen.

Ernst Benno
1608—1666.

Ferdinand
Lorenz
1605—1662.

Ferdinand
Ernst
1666—1675.

Ferdinand
Marquard
1675—1739.

Max Philipp
1650—1705.

---

[1] Vergl. Giuseppe Richa Notizie istoriche delle Chiese Fiorentine etc. Tom. I. p. 342.
[2] Abgedr. bei Richa. a. a. O. p. 343.

Kurpfalz.

XVIII. Karl II. Regiert vom 28. August 1680 bis zum 26. Mai 1685.[1]

Beinamen: Probus der Fromme, Credulus der Leicht-gläubige:

geb. in Heidelberg am 10. April 1651;

gest. daselbst am 26. Mai † 1685;

begr. bei hl. Geist.

Devise: Qui facile credit, facilius decipitur.[2]

NB. Schl. Gallerie Bibl von unbek. Hand Nr. 411.

Gemahlin:

Wilhelmine Ernestine, Tochter Königs Friedrich III von Dänemark, geb. am 20. Juni 1650, verl. in Kopenhagen am 23. April 1670, verm. in Heidel-berg am 30. Septbr. † 1671, gest. zu Lichtenberg in Sachsen am 23.[3] April 1706, begr. bei hl. Geist in Heidelberg an der Seite ihres Gemahls (?).

NB. Bild wie oben Nr. 412[4].

Mit Karl's kinderlosem Hingang starb die zweite Reihe der wittelsbachischen Kurfürsten in der Kur-pfalz, die aus der Linie Simmern-Sponheim aus und gedieh nunmehr die pfälzische Kurwürde mit deren Landen an die nächstberechtigte Linie **Pfalz-Neu-burg**, welche (in der Person **Wolfgang Wilhelm's**) seit dem 19. Juli 1613 zur katholischen Kirche übergetreten war.

Neuburg.	Sulz-bach.	Zweybrücken-Landsberg.	Kleeburg.	Vel-denz.	Birkenfeld-Bischweiler.	Gelnhausen.
Phil. Wilh. 1653–1685.	Christ-ian August 1652–1708.	Fried. Ludw. 1615–1681.	Adolph Joh. 1654–1689.	Leop. Ludw. 1614–1694.	Christ-ian II 1671–1717.	Joh. Karl 1681–1704.
			Karl XI 1681–1697.			

(seitlich verlaufende Notizen:)

Beställgt in diesem Jahre (1685) den Kurstahl der Pfalz.

Zweybrücken-Landsberg fällt nach Fried. Ludwig's Tod (1681) an Karl XI von Schweden aus der Kleeburger-Linie.

[1] Kurf. Karl gab unter dem Namen Philotheus 1677 Symbola Christiana heraus. Er hatte bekanntlich am 2. Oktob. 1680 zu Oxford als Doctor Medicinae promovirt und ist der Inhalt des Diploms in Moser's Patz. Archiv XII 436 ff. abgedruckt. — Ueber Karl's Verhältniss endlich zu dem Hoffräulein Rödt von Collenberg vergl. Koehler's Hist. Münz-Belustigg. II 32 u. XII 85 ff., dann Häusser a. a. O. II 705 u. Finsterwald a. a. O. 526 ff. etc.

[2] Vergl. J. F. Reiger (a. a. O. p. 279).

[3] J. J. Müller's Staats-Kabinet, Erste Eröffnung S.359 hat den 2. April.

[4] Thl. X des Theatrum Europ. bringt zu p. 476 bez. zum Jahre 1671 ein ziemlich gutes Konterfei der Kurfürstin.

XXII. Maximilian II Maria Emanuel Kajetan etc. Regiert vom 26. Mai

1679 — 26. Febr. 1726.
Beinamen: der Grossmüthige, (der blaue König) etc.;
geb. in München am 11. Juli 1662;
unter Vormundschaft seines Oheims Herzogs Max Philipp vom 26. Mai 1679 —
11. Juli 1680;
schliesst mit Karl III Phil. von der Pfalz am 15. Mai 1724 den ersten bayerisch-
pfälz. Familien-Pakt u. Erbvertrag ab;
gest. in München am 26. Febr. 1726;
begr. bei St. Kajetan daselbst. (Sarg m. Inschrift[1] u. Zinngefäss mit dessen Eingeweiden.)

> NB. Schl. Gall. 3 Portraits von ihm, zwei von J. Vivien (Nr. 346 u. 1345), das dritte, ihn zu Pferd
> darstellend, von M. Maingaud (Nr. 1155). Im s. g. Stifter-Saale der alten Pinakothek in München
> hängt ein weiteres grosses Bild Max Emanuel's vom nemlichen Meister und wieder ein solches
> im Saal XIV der Res. d. Nat. Museums. Seine Kolossal-Statue ist am Münchener Promenade-
> Platz zu sehen.

Gemahlinnen:

I. **Maria Antonia Theresia Josepha** etc.,[2] Tochter Kaisers Leopold I, geb.
in Wien am 18. Jan. 1669, verl. in Wien am 15. Mai 1685, verm. am 15. Juli
gl. J. daselbst, gest. allda am 24. Dez. 1692 u. in der kaiserl. Gruft bei den
Kapuzinern beigesetzt. (Sarg mit Epitaph. — Herz u. Eingeweide verwahren die
Augustiner-Kirche u. der Dom zu St. Stephan.)[3]

> NB. Schl. Gall. Bild Nr. 347 von unbekanntem Meister.

II. **Theresia Kunigunde Karoline** etc., Tochter Königs Johann III Sobiesky von
Polen, geb. in Warschau am 4. März 1676, verl. daselbst am 7. Febr. 1694 u. verm.
allda per procur. am 15. Aug. gl. J. dann persönlich zu Wessel am 12. Jan. † 1695,
gest. in Venedig am 10. März 1730, begr. in München bei St. Kajetan. (Sarg mit
Inschrift[4] und Zinngefäss mit deren Eingeweiden.)

> NB. Ihr Bild von Jos. Vivien ist in d. Schleissh. Gallerie sub Nr. 258 u. von unbek. Hand sub
> Nr. 348 zu sehen.

Kinder erster Ehe:[5]

1) **Leopold Ferdinand**, geb. in München am 22. Mai 1689, gest. daselbst am 25. Mai
gl. J. und dort bei St. Kajetan begr. (Sarg mit Inschrift.)[6]

2) **Anton**, geb. in München am 28. † Nov. 1690 u., mit der Noth-Taufe versehen, am
gl. Tage gest., begr. bei St. Kajetan.

---

[1] Abgedr. in den „Merkwürdigkeiten etc." S. 56 ff. Ueber seine letzten Lebenstage bringt B. IV des
Parnassus Boicus S. 99 ff. nähere Nachrichten. Von den Dreharbeiten, mit denen sich der Kurfürst
in s. letzten Lebensjahren beschäftigte, sind einzelne in S. XV des h. Nat. Mus. zu finden.

[2] Wie Max Emanuel schon vorher mit Leopoldine Eleonore, Tochter des Kurfürsten Philipp Wilhelm
von der Pfalz verlobt war, so war auch seine 1. Gemahlin ehevor schon dem König Karl II von Spanien
bestimmt. Ueber Max Emanuel's Projekt, eine protestantische Prinzessin von Sachsen-Eisenach zu
heiraten, vergl. man B. II des obers. Archivs S. 203 ff.

[3] Abdruck des Epitaphs in den „Epitaphia ac Series Annorum Natalis et Obitus Corporum Augg. Regg.
et Ser. Personarum etc. In Mausoleo Caes. Subtus Eccl. PP. Capucinorum Viennae in Christo Quiescen-
tium etc. Vindobonae 1763 Nr. XXVI. Vergl. über das Epitaph in der Loretto-Kapelle bei den Augustinern, wo der Kurfürst Herz hinterlegt ist, Origo Progressus et Memorabilia Eccl. Caes. S. P.
Aug. Viennae 1730 p. 43 und dazu Gerbert's Tapographia Tom. IV. P. I p. 410, dann Tafel LXXVII
Nr. 23.

[4] Abgedr. in den „Merkwürdigkeiten etc." S. 58 ff.

[5] Ueber Max Emanuel's ausserehel. Kinder, beziehungsweise über seinen Sohn aus Anna Franziska von
Lonchier, den späteren s. g. Grafen Emanuel Franz Joseph von Bayern vergl. Finsterwald s. a. O.
4. Abthlg. des Buchs vom bayer. Hause p. 2448 f.

[6] Abgedr. in den „Merkwürdigkeiten etc." S. 52 f.

Kurpfalz.

	Reinbach.	Zweybrücken-Kleeburg.	Veldenz.	Birkenfeld.	
				Birkenweiler.	Gelnhausen.

XIX. Philipp Wilhelm. Regiert in Pfalz-Neuburg vom 10. April 1653 — 26. Mai 1685, an welchem Tage ihm die durch Karl's II Tod erledigte Kurpfalz zufällt.

Als Kurfürst regierte Philipp Wilhelm vom 26. Mai 1685 — 12. Septbr. 1690, und in den ihm durch den Theilungs-Vertrag d. dt. Kleve 19. Sept. 1666 zugefallenen Herzogthümern Jülich u. Berg seit diesem Tage.

Beinamen: Prudens et felix;
geb. in Neuburg a/D. am 4. Oktob. † 1615;
erster kathol. Kurfürst der Rheinpfalz seit der Reformation;
gest. in Wien am 12. Sept. † 1690;
begr. in der Jesuiten-Hofkirche zu Neuburg a/D. (Sarg mit Inschrift daselbst.) [1]
Wahlspruch: Tandem gradatim.

NB. Schl. Gallerie Portrait von unbek. Hand Nr. 439.

Table column data:
- Christ. Aug. 1632 — 1708.
- Adolph Joh. 1654 — 1689. / Gustav Sam. Leop. 1669 — 1731.
- Leop. Lodw. 1634 — 1694.
- Christian II 1671 — 1717. / Karl XI 1681 1697.
- Joh. Karl 1681 — 1704.

Gemahlinen: [2]

I. Anna Katharina Konstanze, Tochter Königs Sigmund III von Polen aus dem Hause Wasa, geb. 7. Aug. 1619, verm. in Warschau 9. Juni 1642, gest. in Köln a/Rh. 9. October † 1651, begr. in Düsseldorf in der ehem. Jesuitenkirche zu St. Andreas. (Sarg-Inschrift.) [2]

II. Elisabethe Amalia Magdalene, [4] Tochter des Landgrafen Georg II von Hessen-Darmstadt, geboren in Giessen 30. März † 1635, verm. per procur. 11. Aug., persönlich in Langenschwalbach 3. Septbr. † 1653, gest. in Neuburg a/D. 4. Aug. 1709, begr. daselbst. (Sarg-Inschrift.) [5]

NB. Schl. Gallerie Portrait v. unbek. Hand Nr. 440.

Kind erster Ehe:

Ein in Neuburg am 18. Juli 1645 todtgeborner Prinz, der dort begr. liegt.

Kinder zweiter Ehe:

1) **Eleonore Magdalene Therese,** geb. in Düsseldorf 6. Jan. 1655, verl. 18. Oktob. u. verm. 14. Decbr. 1676 in Passau mit Kaiser Leopold I als dessen 3. Gemahlin. [6]

---

[1] Abgedr. in J. N. Ant. Erbrn. v. Reisach's hist. topogr. Beschreibung des Herzogth. Neuburg p. 48 ff. Ueber Philipp W. Leichenbegängniss vergl. Nr. 11 Jahrgang IV des Neuburger Collectaneesblattes S. 51 ff., woselbst (S. 87 f.) auch die Sarg-Inschrift abgedruckt ist.

[2] Anfänglich war ihm die kurbrandenburg. Prinzessin Anna Sophie bestimmt, aber die Sache zerschlug sich wieder.

[3] Abgedr. bei G. B. Bayerle die kathol. Kirchen Düsseldorf's S. 146.

[4] Die Kurfürstin, welche 23 Wochenbetten durchmachte, hat die Geburtstage ihrer Kinder eigenhändig aufgezeichnet u. ist diese Aufzeichnung in J. D. Koehler's Münz-Belustigg. XII 51 f. abgedruckt.

[5] Abgedr. bei etc. Reisach a. a. O. p. 51 ff. Elisabethe war am 1. Nov. 1653 katholisch geworden. Als ihr Geburtsort wird auch Marburg genannt. Vergl. J. Ch. C. Hoffmeister. a. a. O. S. 138. Auf ihrem Sarge steht sogar Darmstadt!

[6] Hierüber erschien 1677 „Ragguaglio di quanto e Seguito nel terzo matrimonio di sua maestà Cesarea anno 1676, Vienna, 1677." Dann „Gentilitius bonae serea. Neoburg. Prosapiae etc." von dem kaiserl. Historiographen Marienberg. u. s. w.

Kurbayern.

3) **Joseph Ferdinand Leopold** etc. (Fürst von Asturien), geb. in Wien am 28. Oktober 1692, gest. als Erbe der gesammten spanischen Monarchie in Brüssel am 6. Febr. 1699, woselbst er im Dome zu St. Gudula u. Michael begr. liegt. (Denkmal m. Inschr.)[1]

Kinder zweiter Ehe:

4) **Todter Prinz**, geb. am 12. Aug. 1695 in Brüssel, begr. daselbst.

5) **Maria Anna Karoline** etc., geb. in Brüssel am 4. Aug. † 1696, trat am 29. Oktob. 1720 unter dem Namen Therese Emanuele de corde Jesu als Nonne in das Klarissinen-Kloster zu München,[2] wo sie am 9. Oktob. 1750 starb u. begr. wurde. Im Jahre 1809 wurden ihre Gebeine mit denen anderer wittelsbachischer Prinzessinen, welche in diesem Kloster Profess abgelegt hatten, (vergl. oben S. 12 Nr. 15 und S. 32 Nr. 10) nach U. L. Frau in die dortige Fürstengruft transferirt.
NB. Schl. Gallerie jugendl. Bild von unbek. Hand Nr. 349.

6) **Karl VII Albrecht**, geb. am 6. Aug. 1697. Folgt sub XXIII.

7) **Philipp Moriz Maria** etc., geb. in Brüssel am 5. Aug. 1698, zum Bischof von Paderborn erwählt am 14. März 1719 u. von Münster am 21. März gl. J., gest. am 12. März 1719 zu Rom u. dort bei S. Maria della Vittoria begr.,[3] ohne die Weihen empfangen zu haben.
NB. In der Schl. Gall. bildet s. Portrait, gemalt v. Trevisani Nr. 350, von M. Maingaud Nr. 861.

8) **Ferdinand Maria Innocenz** etc., geb. in Brüssel am 5. Aug. 1699, verm. zu Reichstadt in Böhmen am 5. Febr. 1719 mit Maria Anna Karoline, Tochter des Pfalzgrafen Philipp Wilhelm August von Neuburg, welche in Reichstadt am 30. Jan. 1693 geb. war, am 12. Septbr. 1751 zu Ahausen in Westphalen starb u. im Dome zu Münster begr. liegt, während ihr Herz zu St. Kajetan in München verwahrt wird. (Zinn-Behältniss mit Inschrift.)[4]
NB. Schl. Gallerie Portrait Nr. 352 v. unbek. Meister u. Nr. 874 von J. Vivien.

Herzog Ferdinand Maria starb am 9. Dezbr. 1738 zu München u. ruht daselbst bei St. Kajetan. (Sarg mit Inschrift.)[5]
NB. Schl. Gall. Bild des Herzogs von J. Vivien Nr. 351.

Kinder:

a) Maximilian Jos. Franz etc., geb. in München am 11. April 1720, gestorben daselbst am 28. April 1738 u. bei St. Kajetan begr. (Sarg mit Inschrift.)[6]

b) Klemens Franz v. Paula, geb. in München am 19. April 1722, verl. in Mannheim am 16., verm. am 17. Jan. 1742 daselbst mit Maria Anna Josephe Charlotte, Tochter des Pfalz-sulzbachischen Erbprinzen Joseph Karl Emanuel, geb. in Schwetzingen am 22. Juni 1722, gest. am 25. April 1790 in München u. begr. daselbst bei S. Kajetan (Sarg mit Inschrift), während ihr Herz zu Altötting beigesetzt ward.

Herzog Klemens etc. starb am 6. Aug. 1770 in München, wo er bei St. Kajetan begr. liegt. (Sarg mit Inschrift.[7]) Sein Herz verwahrt die Wallfahrtskirche zu Altötting.)
NB. Schl. Gallerie Bilder beider Gatten von G. Desmarées Nr. 353 u. 354.

---

[1] Abgedr. bei J. A. Rombaut „Het Verheerlykt of opgeheldord Brussel etc." I p. 165. Vergl. die von einem Jesuiten auf den Prinzen in Brüssel gemachte Grabschrift im Thl. XVII der histor. Münz-Belustigung p. 272.
[2] Solemner Professions-Act, welchen in den strengen Orden S. Clarae Die etc. Prinzessin etc. Maria Anna Carolina etc. Unter dem Nahmen Sor. Emanuela etc. Abgelegt. Münch. 1720.
[3] E. Plattner u. C. Bunsen etc. in ihrer Beschreibung der Stadt Rom III Abthlg. II S. 442 ff. erwähnen kein Grabmal bei S. Maria della Vittoria.
[4] Abgedr. in den „Merkwürdigkeiten etc." S. 69 ff. Es heisst hier deutlich, dass sie selbst in der Kathedrale zu Münster ruht.
[5] Abgedr. a. a. O. S. 66 ff.
[6] Abgedr. a. a. O. S. 64 ff. Der 28. April ist urkundlich.
[7] Abgedr. a. a. O. S. 74 ff.

Kurpfalz.

Leop. ist geb. in Wien 9. Juni 1640, starb daselbst 5. Mai 1705 und ruht in der kaiserl. Gruft bei den Kapuzinern. (Prächtiger Sarg mit Inschrift. Herz u. Eingeweide sind bei den Augustinern u. zu St. Stephan beigesetzt.)

Eleonore, welche ihrem Gemahle 3 Söhne u. 6 Töchter gebar, starb in Wien 19. Jan. 1720 u. ruht neben demselben bei den Kapuzinern[1]) im Ordenskleid einer Servitin.

NB. Schl. Gall. Portrait von unbek. Hand Nr. 441.

2) **Maria Adelheid Anna**, geb. in Neuburg 6. Jan., gest. zu Düsseldorf 22. Dez. 1656, begr. in der Jesuitenkirche allda. (Sarg mit Inschrift.)[2])

3) **Sophie Elisabethe** etc., geb. in Düsseldorf 27. Mai 1657, gest. daselbst 7. Febr. 1658, begr. in der Jesuitenkirche. (Sarg mit Inschrift.)[3])

4) **Johann Wilhelm** etc., geb. am 19. April ✝ 1658, Folgt sub XX.

5) **Wolfgang Georg Friedrich** etc., geb. in Düsseldorf 5. Juni 1659, Domherr in Trient, Strassburg (1661), Köln (1662), Osnabrück (1666), Passau (am 13. Juni 1669), Lüttich (1670), Dechant des St. Gereonstiftes daselbst (1671), Domherr in Münster (1674), Hildesheim (1675), Mainz, Paderborn u. Breslau (1678), Brixen (1679), Chorbischof von Köln 1680 und zum Bischof von Breslau designirt, ohne dass er in der Wahl (13. Mai 1682) durchzudringen vermochte. Wolfgang etc. starb in Wienerisch-Neustadt am 4. Juni 1683 u. ruht in der Jesuiten-Hofkirche zu Neuburg a D. (?)

NB. Schl. Gallerie Portrait v. unbek. Hand Nr. 442.

6) **Ludwig Anton**, geb. in Düsseldorf 9. Juni 1660, Domherr in Köln (1664), Mainz (1668), Strassburg (1669), Abt von Fékamp in der Normandie (17. März 1673), Domherr in Speier (1674), Münster (1675), Lüttich (1678), Deutschordens-Ritter und Koadjutor des Hoch- u. Deutschmeisters 26. Dez. 1679 bez. 1681, Hoch- u. Deutschmeister, sowie Administrator des Hochmeisterthums in Preussen 15. Jan. 1685, Propst in Ellwangen 22. Aug. 1689, Koadjutor des Erzstifts Mainz 19. April 1691 u. Bischof von Worms 12. Nov. gl. Js.

Im Jahre 1693 in Aschaffenburg zum Priester geweiht, starb Ludwig Anton in Lüttich am 4 Mai 1694, woselbst er im (jetzt zerstörten) St. Lambertus-Dome begr. liegt.

NB. Schl. Gallerie Portrait von W. Hopfer Nr. 443.

7) **Karl III Philipp**, geb. am 4. Nov. 1661, Folgt sub XXI.

8) **Alexander Sigmund**, geb. in Neuburg 16. April 1663, Domherr in Augsburg (1670), Eichstädt (1672), Regensburg (7. Febr. 1673), Konstanz (1685), Dompropst hier (1686?)[4]) und auch in Münster, Koadjutor des Hochstifts Augsburg (18. Aug. 1681), Bischof daselbst 1. April 1690. Am 25. Juli 1689 in Dillingen zum Subdiakon und Tags darauf zum Priester geweiht,[5]) erhielt Alexander etc. am 14. Jan. 1691 die bischöfl. Konsekration in Augsburg, starb daselbst am 24. Jan. 1737 und liegt im Dome vor dem Kreuz-Altare begr., (wo ihm an der Seite der Chor-Treppe ein herrliches Denkmal errichtet wurde.[6])

NB. Schl. Gall. Bild v. unbek. Hand Nr. 444.

---

[1]) Ihre selbstgefertigte Sarg-Inschrift lautete: Eleonore etc. Arme Sünderin. Man findet den Abdruck ihres Epitaphs in den „Epitaphia etc." (oben S. 74 Note 3) Nr. XXXV o. des von Kais. Leopold sub Nr. XXXI. Vergl. Gerbert's Tapographia Tom. IV P. I p. 406 u. 414, dann d. Tafeln 76 u. 79, 2. Kaiserin Maria Theresia liess den Holz-Sarg ihrer Grossmutter Eleonore durch einen schönen Metall-Sarg ersetzen. Ueber der Letztern literar. Produktivität, Uebersetzungen aus dem Lateinischen, Italienischen, Französischen etc. — sie brachte die Psalmen in deutsche Verse und versah sie mit eigenen Melodien — vergl. man den Rheinischen Antiquarius II. VIII. S. 500 f. u. die Jesuiten-Schrift „Leben und tugendem Eleonorae etc. Römischen Kaiserin. Wien 1721.

[2]) Abgedr. bei B. G. Bayerle (a. a. O. S. 146 f.).

[3]) Abgedr. a. a. O. S. 147.

[4]) Er resignirte diese Würde 1695.

[5]) Seine Primiz fand zu Neuburg am 28. Aug. 1689 statt. Neubg. Collect. Bl. Jahrgg. XVIII S. 31 f., etwas ausführlicher S. 68 ff. geschildert. Vergl. Hierarchia Augustana etc. Authore P. Corb. Khamm p. 456. — An diesem Tage traute der junge Priester seine Schwester Maria Anna mit dem Könige Karl II von Spanien.

[6]) Dessen Inschrift ist abgedr. bei Pl. Braun Gesch. d. Bischöfe v. Augsburg IV S. 433. Alex. Sigm. ist mit seinen 3 jüngeren Brüdern Uebersetzer des 1677 gedruckten Büchleins: Vera sapientia vel utilissimae considerationes ad acquirend. sanct. timorem distributa in sing. hebdomati dies, welches die 4 Prinzen ihrer Schwester der römischen Kaiserin Eleonore etc. dedicirten. Neubg. Collect. Blatt Jahrgg. XVIII. S. 16.

Kurbayern.

Kinder Herzogs Klemens:

aa) M a r i a , geb. u. gest. in München am 25. Sept. 1748, begr. bei St. Kajetan.
(Sarg mit Inschrift.)[1])

bb) P r i n z , geb. u. gest. in München am 28. Jan. 1753, begr. bei St. Kajetan.
(Sarg mit Inschrift.)[2])

cc) M a r i a A n n a , geb. u. gest. in München am 31. Mai 1754, begr. bei
St. Kajetan. (Sarg mit Inschrift.)[3])

dd) P r i n z e s s i n , geb. u. gest. in München am 25. Juni 1756, begr. bei St. Kajetan.
(Sarg mit Inschrift.)[4])

ee) P r i n z e s s i n ?

ff) P r i n z ?[5])

c) T h e r e s e E m a n u e l e etc., geb. in München den 22. Juli 1723, gest. in Frankfurt a.M. am 27. März 1743, begr. in Heidelberg bei den Karmeliten, aber
1805 zu U. L. Frau nach München transferirt. (Sarg mit Inschrift.)

.9) **Klemens August,** geb. in Brüssel am 17. August 1700, Domherr in Strassburg, in
Lüttich (Mai 1723) u. Köln (17. Juli 1727), Propst in Altötting (1718, resignirt
Mai 1723), Propst zu St. Paul in Lüttich (20. Septbr. 1725), Koadjutor des Bis-
thums Regensburg (19. Dezbr. 1715), Propst von Berchtesgaden und Bischof von
Regensburg (26. März 1716, resign. 2. Juli 1719), Bischof von Münster (26. März
1719), von Paderborn am Tage darauf, Koadjutor des Erzstifts Köln (9. Mai 1722),
Erzb. u. Kurfürst daselbst (12. Nov. 1723), Bischof von Hildesheim (8. Febr. 1724),
Bischof v. Osnabrück (4. Mai 1728), endlich Hoch- u. Deutschmeister (17. Juli 1732).

Klemens Aug. empfieng die Priesterweihe in der Schlosskapelle zu Schwaben bei
München am 4. März 1725[6]), zum Erzbischof weihte ihn Papst Benedikt XIII in
der Kirche des Dominikaner-Klosters Madonna della Guercia bei Viterbo am 9. Nov.
1727. Er starb auf Schloss Ehrenbreitstein am 6. Febr. 1761 und ruht im Dome
zu Köln vor der Kapelle der hl. Dreikönige. (Denkmal mit Inschrift.)[7]) Seine
Eingeweide erhielt die S. Remigius-Kirche in Bonn, Zunge Augen u. Gehirn die
Kapuzinerkirche daselbst u. s. Herz die Wallfahrtskirche zu Altötting.)[8])

Wahlspruch: Non mihi, sed populo.

NB. Sein von J. F. van Douven gemaltes Portrait zeigt die Schl. Gallerie sub Nr. 355, das
von Fr. Trevisani gemalte Bild hat Nr. 856.

---

[1]) Abgedr. a. a. O. S. 69. Die Sarg-Inschrift hat den 30. Septbr., der 25. ist urkundlich.

[2]) Abgedr. a. a. O. S. 71 f.

[3]) Abgedr. a. a. O. S. 72 f.

[4]) Abgedr. a. a. O. S. 73.

[5]) Hierauf deuten die bei M. Anders (Gesch. sämmtl. Kirchen etc. in u. um München) S. 41 sub XXI
u. XXII erwähnten Särge hin. Vergl. die Merkwürdigkeiten der kurfürstl. Hofkirche der PP. Theatiner S. 73 u. den Salzb. Kal. f. kathol. Christen von 1854 S. 136 Nr. 19—22. Was die ersten vier
Kinder anlangt, so befinde ich mich bezüglich derselben in vollem Einklang mit Herrn Hauptmann
A. Erhard, einem unserer tüchtigsten Kriegshistoriker, der mir sein Manuscript „Eine bayer. Fürstin
u. ihre Zeit" freundlichst zur Verfügung stellte.

[6]) Ueber s. am 1. (nicht 3.) April, am Ostersonntage 1725 zu München bei S. Michael gefeierte Primiz
vergl. B. III des Parnassus Boicus S. 4 ff. Uebrigens liegen zwei auf diesen feierlichen Anlass
gedruckte Schriften vor, deren eine den 1., die andere den 3. April als Primiztag feiert!

[7]) Vergl. den Rhein. Antiquarius Abth. III B. XII S. 422. Sein Zinnsarg wurde in der französ. Epoche
entwendet. S. 442.

[8]) Das Andenken dieses hochherzigen u. wohlthätigen Prinzen ist noch heutzutage am Niederrhein u. s. w.
ein eingesegnetes. Bonn, Köln, Mergentheim u. Münster weisen eine Reihe von durch Klemens August
entstandenen Prachtbauten kirchlicher u. wissenschaftlicher Richtung auf. Sein „Cursus philologicus
Remae 1718 — wo er von 1717 bis 19 studirte — befand sich, fünf Quartbände stark, ehemals auf der
Hofbibliothek zu Bonn. Vergl. d. Rhein. Antiquarius Abthlg. III B. V S. 301.

9) **Franz Ludwig**, geb. in Neuburg 18. Juli[1] 1664, Domherr zu Ollmütz (1678), Münster, Strassburg, Speier (1679), dann zu Lüttich, Köln (1687), Mainz (26. Oktob. 1695) u. Breslau, Bischof von Breslau 30. Juni 1683, Propst zu Ellwangen 8. Juni 1694, Bischof von Worms 12. Juli gl. Js., Hoch- u. Deutschmeister 13. Mai d. J., Koadjutor von Mainz am 4. Nov. 1710, Kurf. von Trier 20. Febr. 1716[2], auf welche Würde er 3. März 1729 verzichtete, um das Kurfürstenthum Mainz (30. Jan., Einzug 6. April 1729) übernehmen zu können.
Franz etc. hat nur die s. g. Minores empfangen, starb zu Breslau in der Nacht vom 18./19. April 1732, und liegt daselbst in der dem Dome St. Johann von ihm angebauten s. g. kurfürstl. Kapelle begr. (Denkstein mit kurzer Inschrift[3] u. dazu prachtvolles Monument von Marmor.)
NB. Schl. Gallerie Portrait von W. Hopfer Nr. 445.

10) **Friedrich Wilhelm**, geb. in Düsseldorf 20. Juli 1665, Koadjutor der Konstanzer Dompropstei (1677), Domherr daselbst (1685), in welchem Jahre er für das folgende (1686) zum Rektor Magnifikus der Univ. Heidelberg erwählt wurde.[4]
Friedr. W., der in Neuburg am 23. Oktob. 1683 Akolyth u. 1689 noch Domherr zu Münster geworden, fiel als kais. General am 23. Juli † 1689 bei der Belagerung von Mainz. Er liegt zu Düsseldorf in der Jesuitenkirche begr. (Sarg mit Inschrift.)[5]
NB. Schl. Gallerie Bild v. unbek. Hand Nr. 446.

11) **Maria Sophie Elisabethe**, geb. auf dem Schlosse Benrath bei Düsseldorf 6. Aug. 1666, verm. per proc. in Heidelberg 2. Juli 1687, persönl. zu Lissabon 30. August d. Js. mit König Peter II von Portugal aus dem Hause Braganza, der 26. April 1648 in Lissabon geb. war, auf dem Lustschlosse Alcantara 9. Dez. 1706 starb u. bei San Vincente de Fora[6] in Lissabon begr. liegt.
Maria Sophie des Königs 2. Gemahlin gebar ihm 5 Söhne u. 4 Töchter, starb in Lissabon 4. Aug. 1699 u. ruht neben ihrem Gemahle.
NB. Schl. Gallerie Portrait v. unbek. Hand Nr. 447.

12) **Maria Anna**, geb. auf Schloss Benrath 28. Oktob. 1667, verm. per procur. in Neuburg a/D. 28. Aug. † 1689.[7] pers. im Kloster S. Diego mit Karl II König von Spanien Valladolid 14. Mai † 1690 mit Karl II König von Spanien, welcher, der letzte Habsburger in Spanien, 6. Nov. 1661 in Madrid geb. war, daselbst 1. Nov. 1700 starb und im s. g. Pantheon unter dem Chor-Altar der San Lorenzo-Kirche des Escurials begr. liegt.
Maria Anna, dessen 2. Gemahlin blieb kinderlos, starb in Quadalaxara am 16. Juli 1740 u. ruht gleichfalls im Escurial.[8]
NB. Schl. Gallerie Portrait v. unbek. Hand Nr. 448.

---

[1] So nach des Prinzen eigener bestimmter Angabe. Vergl. J. D. Koehler's Hist. Münz-Belustigung Thl. IV 305. Nach der eigenhändigen Aufzeichnung seiner Mutter der Kurfürstin Elisabethe Amalie (Koehler XII 51) wäre Franz Ludwig am 24. Juli geboren, welches Datum auch auf seinem Grabmale steht. Vergl. den Aufsatz über Philipp Wilhelm in der Zeitschrift f. Baiern Jahrgg. II Bd. 1 S. 2 ff.

[2] Als solcher wurde Franz Ludwig zugleich Administrator der Abtei Prüm, welche Trier seit 30. Aug. 1576 an sich gezogen hatte. Vergl. Eiflia Illustrata von J. F. Schannat, edirt von Gg. Baersch III, II 326.

[3] Die Inschrift lautet: Hic jacet Franz Lodw. Peccator, orate pro eo. Vergl. Schannat (Hist. Eccl. Wormat. I 452). Eine ähnliche Grabschrift hatte sich — vergl. oben S. 77 — seine Schwester die Kaiserin Eleonore Magdalene setzen lassen. — Franz Ludwig's Denkmal erörtert F. W. Erdmann in s. Beschrbg. der Kathedral-Kirche ad St. Joannem etc. zu Breslau p. 97 ff. Vergl. den Rheinischen Antiquarius Abthlg. I B. III 47.

[4] Unter diesem erlauchten Rektorate regierte die Univ. Heidelberg — gegründet 1386 vom Kurf. Ruprecht I von der Pfalz (vergl. oben S. 19) — ihre 3. Sacular-Feier. Prinz Friedrich hatte im April 1678 die 4 niederen Weihen erhalten, bei denen es auch blieb.

[5] Abgedr. bei B. G. Bayerle s. a. O. S. 147 f.

[6] Vergl. W. Wattenbach Ferien-Reise durch Spanien und Portugal. Berlin 1869. S. 267.

[7] Diese Vermählung beschreibt das Neuburger Collect. Blatt Jahrgg. XVIII S. 70 ff. Vergl. oben S. 77 Note 5.

[8] Descripcion del real monasterio de S. Lorenzo del Escorial por el R. P. M. Fr. Andr. Ximenez, en Madrid 1764 p. 357 u. 362 f. Ueber das s. g. Pantheon des Escurials vergl. Wattenbach a. a. O. S. 232. Es ist hier zu bemerken, dass im Pantheon selbst nur die Könige von Spanien u. jene Königinen begr. liegen, welche Erbfolger gebaren. Maria Anna liegt demnach in einer Seitengruft der Kirche S. Lorenzo.

Kurbayern.

10) **Wilhelm**, geb. in Schleissheim am 12. Juli 1701. gest. in München am 12. Febr. 1704, begr. bei St. Kajetan daselbst. (Sarg mit Inschrift.)[1]

11) **Alois Johann Adolph**, geb. in München am 21. Juni 1702, gest. daselbst am 18. Juni 1705, begr. bei St. Kajetan. (Sarg mit Inschrift.)[2]

12) **Theodor Johann**, auch »der Kardinal von Bayern« genannt,[3] geb. in München am 3. Sept. 1703, Bischof von Regensburg 29. Juli 1719, von Freising 23. Febr. 1727 (Koadjutor seit 19. Nov. 1723), von Lüttich am 23. Jan. 1744, zum Kardinal in pectore ernannt 19. Septbr. 1743, public. 19. Jan. u. mit dem Hut geschmückt 28. Juni 1746, Propst des Kollegiatstifts Altötting seit 1750.

Die Priesterweihe hat Theodor Johann in der Schlosskapelle zu Ismaning bei München am 8. April 1728 erhalten[4] u. wurde von s. Bruder Klemens Aug. am 1. Oktob. 1730 zu Münster als Bischof konsekrirt. Er starb in Lüttich am 27. Jan. 1763, wo er auch im Lambertus-Dome beigesetzt wurde (Dom und Denkmal existiren nicht mehr),[5] während sein Herz in der Kapelle zu Altötting ruht.

NB. Schl. Gallerie Bild von unbek. Hand Nr. 336.

13) **Maximilian Emanuel Thomas** etc., geb. in München am 21. Dez. 1704, gest. daselbst (?) am 18. Febr. 1709 und bei St. Kajetan begr. (Sarg mit Inschrift.)[6]

---

[1] Abgedr. in den „Merkwürdigkeiten etc." S. 53 f.
[2] Abgedr. a. a. O. S. 54 f.
[3] Vergl. oben S. 56 Nr. 5. Also der 2. Kardinal von Bayern.
[4] Seine Primis behandelt F. J. v. Burgging in einer elg. Abhandlung: Umbständ. Relation von der etc. Primis etc. Mchn. 1730.
[5] Vergl. oben S. 58 Note 6 u. S. 77 Nr. 6.
[6] Abgedr. a. a. O. S. 55 f.

Kurpfalz.

13) **Philipp Wilhelm August**, geb. in Neuburg 19. Nov. 1668, verm. zu Raudnitz in Böhmen 29. Oktob. 1690 mit **Anna Maria Franziska**, Tochter Herz. Julius Franz von Sachsen-Lauenburg, welche 13. Juni † 1672 geb. war.

Philipp etc. starb zu Reichstadt 5. April[1]) 1693 u. liegt dort in der Stadtpfarrkirche (?) begr. Sein Herz verwahrt die Hofkirche zu Neuburg a/D.

In zweiter Ehe vermählte sich Anna etc. zu Düsseldorf am 2. Juli 1697 mit dem Prinzen und spätern Grossherzog Johann Gaston von Toskana, geb. in Florenz 24. Mai 1671, gest. daselbst 9. Juli 1737 u. bei S. Lorenzo in der »Cappella reale de' Medici« begr.

Anna Maria, hier kinderlos, starb in Reichstadt 15. Oktob. 1741, woselbst sie an der Seite ihres ersten Gemahles sich begr. liess.

Kinder Philipp Wilhelm's:

a) Leopoldine Eleonore Elisabethe etc., geboren in Reichstadt (?) am 22. Oktob. 1691, gest. daselbst (?) am 8. März 1693 u. neben ihren Eltern begr.

b) Maria Anna Karoline etc., geb. in Reichstadt am 30. Jan. 1693, verm. dortselbst am 5. Febr. 1719 mit Herz. Ferdinand Maria etc. von Bayern. Vergl. hierüber oben S. 76.

14) **Dorothea Sophie**, geb. in Neuburg 6. Juli[2]) 1670, verm. in erster Ehe per procur. 3. April 1690 zu Neuburg, persönlich 17. Sept. gl. Js. zu Parma mit Odoardo II Farnese, Herzog von Parma u. Piacenza, welcher geb. war zu Colorno 12. Aug.[3]) 1666, 6. Sept.[4]) 1693 zu Parma starb u. daselbst in der farnesischen Familiengruft bei Madonna della Steccata begr. liegt.

Dorothea, Odoardo's zweite Gemahlin, welche ihm 1 Sohn u. 1 Tochter geboren, heiratete hierauf 7. Sept. 1696[5]) in Parma den Halbbruder ihres ersten Gemahls Franz I Maria, Herzog von Parma[6]) u. Piacenza, geb. in Parma 19. Mai 1678, gest. in Piacenza 26. Februar 1727 und im Kapuziner-Habit in der Gruft der Kirche Madonna della Steccata begr. (Epitaph.)[7])

Dorothea, in zweiter Ehe kinderlos, starb 15. Septbr. 1748 in Parma u. ruht neben der Asche ihrer beiden Gemahle.

15) **Hedwig Elisabethe Amalie**, geb. in Düsseldorf 18. Juli 1673, verm. per procur. in Neuburg 11. Febr., persönlich in Warschau 25. März 1691 mit Jakob Ludwig etc. Sobiesky, Sohn Königs Johann III von Polen, geb. in Paris 15. Mai 1668, gest. zu Zolkiew in Polen[8]) 19. Dez. 1737 u. daselbst in der Pfarrkirche begr.

Hedwig gebar 1 Sohn und 4 Töchter, starb zu Ohlau in Schlesien 11. Aug. 1722 u. ruht in Breslau (?)

Sulzbach.	Zweybr. Kleeburg.	Veldenz.	Birkenfeld- Bischweiler.	Birkenfeld- Gelnhausen.
Christ. Aug. 1632—1708.	Adolph Joh. 1654—1689.	Leop. Ludw. 1624—1694.	Christ. II 1671—1707.	Joh. Karl 1681—1704.
	Gustav Sam. Leop. 1689—1731.			
	Karl XI 1681—1697.			

[1]) J. J. Müller's Staats-Cabinet, Erste Eröffnung S. 356 f.
[2]) Nicht 11. oder 12., wie Manche annehmen.
[3]) So nach Litta.
[4]) Ebenfalls nach Litta.
[5]) Desgleichen.
[6]) Als Herzog von Parma Franz VII.
[7]) Vergl. Litta famiglie celebri Italiane Tavola XX dei Farnesi duchi di Parma.
[8]) Nach Andern auf Liegenhof seiner Starostei im Marienburger-Werder.

Kurbayern.

XXII. Maximilian II Maria Eman. Kajetan. Regiert vom 26. Mai 1679 — 26. Febr. 1726.
Man vergl. über ihn u. seine Familie oben S. 74, 76, 78 u. 80.

Kurpfalz.

16) **Johann**, geb. zu Düsseldorf 1. Febr., gest. allda 2. gl. M. 1675 u. hier begr. (?)

17) **Leopoldine Eleonore** etc., geb. in Neuburg 27. Mai[1] 1679, gest. zu Düsseldorf 8. März 1693 als Braut Max II Emanuel's von Bayern, begr. daselbst in der Jesuitenkirche. (Sarg ohne Inschrift.[8]) Ihr Herz ruht in der Hofkirche zu Neuburg a. D.)

XX. Johann Wilhelm Jos. etc. Regiert vom 12. Septbr. 1690 bis 18. Juni 1716.

Beinamen: (Magnificus et potens):
geb. in Düsseldorf am 19. April 1658;
erneuert den urspr. jülich'schen Hubertus-Orden (29. Sept. 1708);
gest. in Düsseldorf am 18. Juni † 1716; •
begr. daselbst in der Jesuitenkirche. (Sarg mit Inschrift.)[4]

NB. Sein Bild von A. Schoon-Jans zeigt die Schlacht. Gall. Nr. 875, eines von unbek. Hand Nr. 449 u. im s. g. Stifter-Saale der alten Pinakothek hängt Joh. Wilhelm's grosses Bild von Richter. Im Thron-Saal steht s. vergoldete Kolossal-Statue u. im Saale XIV der Reu. uns. Nat. Mus. findet sich s. Büste von harz. Marmor.[5]

Gemahlinnen:

I. Maria Anna Josepha, Tochter Kaisers Ferdinand III, geb. in Regensburg 30. Dez. 1654, verm. in Wiener-Neustadt 25. Oktob. † 1678,[6] gest. in Wien 14. April † 1689, begr. daselbst in der kaiserl. Erbgruft bei den Kapuzinern. (Sarg-Inschrift daselbst.)[7]

NB. Schl. Gallerie Bild von unbek. Hand Nr. 450.

II. Anna Maria Louise, Tochter des Grossherzogs Cosmo III von Toskana, geb. in Florenz 11. Aug. 1667, verm. per proc. daselbst 22. April 1691, persönl. in Neuburg a'D. 5. Juni gl. J., kinderlos gest. in Florenz 18. Febr. 1743, u. begr. in der von ihr ausgebauten »Cappella reale de' Medici« bei S. Lorenzo.[8]

NB. Ihr Bild von Ant. Schoon-Jans bietet die Schl. Gall. sub Nr. 857 u. sub Nr. 451 noch ein Portrait v. unbek. Hand.

Kinder erster Ehe:

1) **Prinz**, geb. u. gest. in Düsseldorf 6. Febr. † 1683, begr. allda.

2) **Todter Prinz**, geb. in Wien am 5. Febr. † 1686, begr. in der kaiserl. Gruft daselbst bei den Kapuzinern.

---

[1] Nicht am 24. d. M., wie Viele haben.
[2] Vergl. B. G. Bayerle a. a. O. S. 147.
[3] Johann Wilhelm ist Gründer der berühmten Düsseldorfer Bilder-Gallerie. Ueber seine Unterhandlungen zur Befreiung der Christenheit in Armenien 1698—1706 schrieb Jos. v. Fink eine akad. Festrede für das Jahr 1829.
[4] Abgedr. bei Bayerle a. a. O. S. 149 f.
[5] Die Düsseldorfer Maler-Akademie besitzt Joh. Wilh.'s Statue von weissem Marmor u. auf dem Marktplatze daselbst ist seine von Ritter Grupello gefertigte und hiernach gegossene Reiterstatue zu sehen. Vergl. Bayerle S. 83 f. u. d. Rh. Antiqu. II VIII 657 f.
[6] Darüber erschien: Hymenaeus Palatino-Austr. serco. sponsie principp. clem. Joan. W. et Mariae A. archiduci etc. a Collegio S. J. Neoburgi a. D. 1678. Ingal-tadii.
[7] Abgedr. in M. Gerbert's Tapographia etc. I resp. Tom. IV. P. I p. 405 u. Tab. LXXV s Nr. 22 findet sich auch eine Abbildung des Sarges.
[8] Vergl. die hierauf bezügl. Inschrift bei G. Micha a. a. O. V 73.

	Sulz-bach.	Neuybr. Kleebg.	Vel-denz.	Birkenfeld. Bisch-weiler.	Geln-hausen.
	Christ. Aug. 1632— 1708. Theod. 1708— 1732.	Karl XI 1681— 1697. Karl XII 1697— 1718.	Leop. Ledw. 1634 1694.	Christ. II 1671— 1717. Christ. III 1717 1735.	Friedr. Beruh. 1704 — 1739.

(Veldenz fällt nach dessen Tod an die Kurpfalz zurück.)

Kurbayern.

XXIII. Karl (VII) Albert etc. Regiert vom 26. Febr. 1726 bis 20. Jan. 1745.
Geb. in Brüssel am 6. Aug. 1697;
König von Böhmen am 7. Dez. 1741;
erwählt zum deutschen Kaiser in Frankfurt a/M. am 24. Jan. 1742;
gekrönt daselbst am 12. Febr. gl. Jahres;
stellt den bayer. Hausorden vom hl. Georg wieder her (24. April 1729);
gest. in München am 20. Jan. 1745;
begr. bei St. Kajetan in München. (Sarg mit Inschrift.)[1] Das Herz ist in der Wallfahrtskirche zu Altötting (marmornes Mausoleum mit K. Albert's Büste), die Eingeweide sind
bei U. L. Frau in München beigesetzt. (Kleine Tumba mit Inschrift daselbst.)[2]
> NB. Sein von M. Maingraud gemaltes jugendliches Portrait bildet in der Schleissh. Gall. Nr. 859.
> Als Kaiser malte ihn J. Vivien (daselbst Nr. 873), zu Pferd G. Desmarées (Nr. 1156) und von
> unbek. Hand ist Nr. 357. Auch im Saale XVI des Nat. Mus. hängt des Kaisers lebensgrosses
> Bildniss von gleichfalls nicht bekanntem Meister.

Gemahlin:

Amalia Maria Josepha Anna etc., Tochter Kaisers Joseph I, geb. in Wien am
22. Oktob. 1701, verl. in München am 25. Sept. 1722, verm. in Wien am 5. Okt.
gl. J.,[2] gest. in München am 11. Dezbr. 1756, begr. daselbst bei St. Kajetan.
(Sarg mit Inschrift.)[4] Ihr Herz wird in Altötting aufbewahrt. (Epitaph.)[5]
> NB. Die Schl. Gall. bietet ihr von J. Vivien gemaltes Portrait sub Nr. 261, ein weiteres von
> (wem?) sub Nr. 358 u. eines von J. G. Winter sub Nr. 1344. Auch im Saale XVI des Nat.
> Mus. hängt eines von unbek. Meister etc.

Kinder:

1) **Maximiliana Maria**, geb. in München (?) am 12. April 1723, gest. bald darauf u. bei
St. Kajetan begr.

2) **Antonia Maria Walburga Symphorosa**, geb. in Nymphenburg am 18. Juli 1724, verl. am
26. Juli 1746, verm. per proc. in München am 13. Juni 1747, persönlich in Dresden
am 20. Juni gl. J. mit dem nachmal. Kurf. von Sachsen Friedrich Christian Leopold,
geb. in Dresden am 5. Sept. 1722, gest. daselbst am 17. Dez. 1763 u. begr. in
der älteren Gruft der dortigen katholischen Hofkirche (zur hl. Dreieinigkeit).
Antonia Maria, Mutter von 5 Söhnen und 2 Töchtern, starb in Dresden am
23. April 1780 u. ruht neben ihrem Gemahle.[6]
> NB. Schl. Gallerie Bild von unbek. Hand Nr. 859.

3) **Theresia Benedicte Maria** etc., geb. in München am 6. Dezbr. 1725, gest. in Frankfurt a/M. am 29. März 1743, begr. zu Heidelberg bei den Karmeliten u. von da
1805 nach St. Michael in München transferirt. (Sarg mit Inschrift.)

4) **Maximilian III Joseph Karl** etc.,[7] geb. am 28. März 1727. Folgt sub XXIV.

---

[1] Summarisch abgedr. in den „Merkwürdigkeiten etc." S. 77.
[2] Abgedr. bei A. Mayer (Frauenkirche etc. S. 436). Eine Abbildung des Denkmals in Altötting bei
J. A. Zimmermann im Thl. II s. Churb. Geistl. Calenders ad pag. 181; einen Abdruck der Inschrift
A. Mayer (Thesaur. Nov. II 247). — Mit Sophie v. Ingenheim erzeugte Karl Albert einen Sohn
Franz Ludwig, den Stammvater der jetzigen Grafen v. Holnstein aus Bayern, der 4. Oktob. 1723
geb. ist u. 4. Oktob. 1728 als legitim erklärt wurde. Das hat Karl VII aber von der Gräfin
Maria Josepha v. Hohendelg, welche 31. Mai 1736 den Grafen Emanuel etc. von Bayern, Marquis von
Villacerf, Grand von Spanien erster Klasse etc. (vergl. oben S. 74 Note 5) heirathete. Vergl. Dr. O.
T. v. Hefner adelig. Antiquarius I 104.
[3] Vergl. über das Beilager u. die darauf bezügl. Broschüren den B. I des Parnassus Boicus S. 442 ff.
[4] Summarisch abgedr. a. a. O. S. 77.
[5] Abgedr. bei A. Mayer (Thes. Nov. II 247).
[6] Vergl. die Geschichte etc. der k. kathol. Hof- und Pfarrkirche zu Dresden von Fr. Aug. Forwerk
S. 117 ff. — Die Kurfürstin malte vortrefflich, sprach 5 Sprachen, verfasste und komponirte zugleich
mehrere italienische Opern (vergl. Fr. M. Rudhart Gesch. der Oper am Hofe zu München I 142 ff.)
und gab auch mehrere Werke in französischer Sprache heraus. Die berühmte italien. Gelehrten-
Gesellschaft der „akademischen Hirten" ernannte sie zu ihrem Mitgliede. Vergl. Fr. Otto Stüchart
Galerie der Sächs. Fürstinen S. 455 ff.
[7] Seine 14 Taufnamen hat der Chur-Fürstl. Bayer. Hof-Calender für 1728 auf uns gebracht. Den feierl.
Tauf-Akt vollzog am 11. Mai Kurfürst Klem. Aug. von Köln in der Frauenkirche dahier.

Max. Emanuel 1730—36.

Mit Max Emanuel's im Kloster Eklzi (1736) erfolgtem Tode starb diese Nebenlinie aus.

Kurpfalz.

XXI. Karl III Philipp. Regiert vom 18. Juni 1716 bis 31. Dez. 1742.
Beinamen: (Clemens et Longaevus);
geb. in Neuburg a/D. am 4. Nov. 1661;
Domherr zu Köln 1673, zu Salzburg im Jahre 1677, zu Mainz 1679,
Malteser-Ritter 1677, welch' sämmtl. geistl. Pfründen er 1688 resignirt;
verlegt die pfälz. Residenz von Heidelberg nach Mannheim;
schliesst am 15. Mai 1724 zu München mit Max II Emanuel den ersten
pfälzisch-bayer. Familienpakt u. Erbvertrag ab;[1]
gest. in Mannheim am 31. Dez. 1742;
begr. daselbst in der kurf. Gruft der Schlosskapelle. (Sarg mit Inschrift.)
   NB. Die Ahnen-Gall. zeigt uns (Nr. 452) s. von unbek. Hand gemaltes Porträt.

Gemahlinen:

I. **Louise Charlotte,** Tochter des Fürsten Boguslaw von Radziwill,
Herzogs von Birza etc., geb. am 27. Febr. 1667, zum Erstenmale
verm. mit dem Markgrafen Ludwig von Brandenburg in Königsberg
am 7. Jan. 1681.
   Ludwig war geb. in Kleve am 8. Juli † 1666, starb zu Potsdam
am 7. April † 1687 u. liegt begr. im Dome zu Berlin.
   In erster Ehe kinderlos, vermählte sich Louise Charlotte mit Karl
Philipp in Berlin am 10. Aug. † 1688, starb zu Brieg in Schlesien
am 23. März[2] 1695 u. ruht bei hl. Geist in Heidelberg. (?)

II. **Theresia Katharina,** Tochter des Fürsten Joseph Karl Lubomirsky
von Ostrog, geb. 1683, verm. in Krakau am 15. Dez. 1701, gest. in
Innsbruck am 17. Jan. † 1712[3]), begr. in Heidelberg bei hl. Geist. (?)
   NB. Die Verbindung des Kurfürsten mit Violanta Therese, Tochter des Grafen
   Sebastian Franz von Thurn u. Taxis zu Rohrenfels (geb. am 1. Apr. 1683,
   verm. (wann?) und gest. in Mannheim am 2. Nov. 1734, wo sie neben
   Karl Philipp in der Schlosskapelle begr. wurde) wird in ihrer Rechtgiltig-
   keit noch viel bestritten.[4]

Kinder erster Ehe:

1) **Leopoldine Eleonore Josephine** etc., geb. in Brieg am 27. Dez. 1689,
   gest. am 8. März † 1693 und allda begr. (?)

2) **Maria Anna,** geb. am 7. Dez. 1690 zu Brieg, gest. daselbst (?) im
   Jahre 1692 und am gl. Orte begr. (?)

3) **Elisabeth Auguste Sophie,** geb. zu Brieg am 17. März 1693, verm. in
   Innsbruck am 2. Mai 1717 mit dem Erbprinzen Joseph Karl Emanuel
   von Pfalz-Sulzbach, welcher geb. war zu Sulzbach am 2. Nov. 1694,
   in Oggersheim am 18. Juli 1729 starb und bei S. Michael in München begr. ist.

---

[1] Karl III Philipp liess auch das während des franzö. Krieges ganz unbrauchbar
gewordene grosse Heidelberger Fass 1724 wieder in Stand setzen u. mit artigen
Versen versehen. Vergl. v. Finsterwald's Germania Princeps Buch vom pfälz. Hause
p. 732 f. Im J. 1752 wurde das Fass auch mit edlem Weine gefüllt.
[2] Diese Daten (10. Aug. u. 23. März) sind auch urkundlich. Man sieht, wie gründlich C. Behr
bei s. Genealogie zu Werk gegangen ist. Vergl. Cohn's Zusätze zur Tafel 52.
[3] Am 6. Jan. st. vet., also am 17. st. n.
[4] Nach Violanta's Sarg-Inschrift erschiene sie als legitime Gemahlin des Kurfürsten,
der übrigens erst nach ihrem Tode öffentlich bekannt gab, dass sie seine Gemahlin
gewesen u. vom Kaiser unterm 8. März 1733 in den Reichsfürstenstand erhoben
worden sei. — Auch mit den Sprösslingen dieser Ehe geht es nicht besser. Während
die Ehen, wie Finsterwald, Häuser etc. von 2 Söhnen sprechen, die Karl Philipp
nie legitimiren wollte, heisst es auf deren Mutter (bei Wickenberg vorfindlicher) Sarg-
Inschrift: etc. in-conjugio sterili, nullius prolis mater! Das Letztere wird wohl das
Richtigere sein?

Sein-bach.	Zweybr. Klee-burg.	Birken-feld.	Geln-hausen.
Theo-dor	Karl XII	Christ. II	Friedr. Bernh.
1708—	1697—	1671—	1704—
1732.	1718.	1717.	1739.
Johann Christ.	Gust. Sam.	Christ. III	Johann 1739—
1732—	Leop.	1717—	1780.
1733.	1718—	1735.	
Karl Theod.	1731.	Christ. IV	
1733—		1735—	
1742.		1775.	

Karl Theodor besteigt den pfälz. Kurstuhl 1742/43.

Nach dessen Tod fällt Zweybrücken an Birkenfeld.

5) **Joseph Ludwig Leopold** etc., geb. in Nymphenburg am 25. Aug. 1728, gest. in München am 2. Dez. 1733, begr. bei St. Kajetan. (Sarg mit Inschrift.)[1]

6) **Maria Anna Josepha Auguste**, geb. in Nymphenburg am 7. Aug. 1734, per proc. verm. in München am 10. Juli u. persönlich in Ettlingen am 20. Juli 1755 mit dem Markgrafen Ludwig Georg von Baden-Baden, welcher geboren ist am 7. Juni 1702 in Ettlingen, in Rastadt am 22. Oktober 1761 starb u. in der Stiftskirche zu Baden begr. liegt.

Maria etc., des Markgrafen 2. Gemahlin, gebar demselben 2 Söhne u. 1 Tochter, starb in München am 7. Mai 1776 u. ruht daselbst bei St. Kajetan. (Sarg mit Inschrift.[2]) Ihr Herz bewahrt die Altöttinger Wallfahrts-Kapelle.)

NB. Schl. Gallerie Bild v. unbek. Hand Nr. 360.

7) **Josepha Maria Antonia Walburga** etc., geb. in München am 30. März 1739, verm. per proc. in München am 13. Jan., persönlich in Schönbrunn am 23. Jan. 1765 mit Kaiser Joseph II als dessen 2. Gemahlin.

Joseph war geb. in Wien am 13. März 1741, starb daselbst am 20. Febr. 1790 und ruht bei den Kapuzinern allda. (Sarg-Inschrift.)

Seine Gemahlin Josephe etc. gebar ihm 1 Tochter, starb zu Wien am 28. Mai 1767 und ruht neben ihrem Gemahle. (Prächtiger Sarg mit Inschrift u. Portrait.)[3]

NB. Schl. Gallerie Bild v. unbek. Hand Nr. 361.

XXIV. Maximilian III Joseph Karl Leopold etc. Regiert vom 20. Jan. 1745 bis 30. Dez. 1777.

Beinamen: der Gute Vielgeliebte, (»guter Max«) etc.;
geb. in München am 28. März 1727;
grossjährig erklärt von s. sterbenden Vater am 19. Jan. 1745;
schliesst 8. Aug. 1761, 22. Sept. 1766, 26. Febr. 1771 u. 17. Juni 1774 neue Allianz- u. Erbverträge mit Karl IV Theodor von der Pfalz;
gründet in München am 28. März 1760 die bayer. Akademie der Wissenschaften;
gest. in München am 30. Dez. 1777;
begr. daselbst bei St. Kajetan. (Sarg mit Inschrift.)[4] Sein Herz ruht in der hl. Kapelle zu Altötting. (Epitaph.)[5]

NB. Sein Portrait von unbekannter Hand zeigt die Schleissh. Gall. Nr. 362 und zu Pferd von G. Desmarées Nr. 1157. In gl. Darstellung sehen wir den Kurfürsten von Regendas, dann wieder in lebensgrossem Portrait von unbek. Meister, weiter in einer Büste von kararischem Marmor etc. Im Saale XVII der Ren. etc. des k. Nat. Mus.

Gemahlin:

Maria Anna Sophie, Tochter Königs Friedrich August III von Polen und Kurfürsten von Sachsen,[6] geb. in Dresden am 29. Aug. 1728, verm. per proc. in Dresden am 13. Juni und persönlich in München am 9. Juli 1747 (nach am 26. Juli 1746 publizierter Verlobung), gest. in München am 17. Febr. 1797, begr. daselbst bei S. Kajetan. (Sarg mit Inschrift.) Ihr Herz ruht in Altötting.

Maria Anna stiftete (9. Juli 1747) den adel. Damen-Orden von St. Anna.

NB. In der Schleissh. Gall. ist Ihr von unbekannten Künstlern gemaltes Portrait sub Nr. 266, 363 u. 881 u. im Saale XVII der Renais. d. Nat. Mus. ein lebensgrosses Bild der Kurfürstin von gleichfalls unbekannten Meister, dann eine desgleichen Gyps-Statue zu treffen. In der Königl. Residenz dahier hängt ein weiteres lebensgrosses Bild, worauf Maria Anna als Stifterin des adel. St. Anna-Damen-Ordens dargestellt ist, im Gange zwischen dem weissen und Herkules-Saale.

---

[1] Abgedr. in den „Merkwürdigkeiten etc." S. 83 f. Hier ist irrig München als Geburtsort bezeichnet.
[2] Abgedr. a. a. O. S. 76.
[3] Abgedr. ist die Inschrift bei M. Gerbert Tapographia Principum Austriae Tom. IV P. I 462 f. u. eine Abbildung des Sarges bringt Tab. XCIII Lit. S.
[4] Abgedr. in den „Merkwürdigkeiten etc." S. 77 ff.
[5] Abgedr. bei Andr. Mayer im Tom. II des Thesaurus Novus II 247. — Max Joseph liess 1745 zu Frankfurt a./M. „Principia Philosophiae ac Matheseos propugnata a Max. Josepho" veröffentlichen. Auch war der Kurfürst bekanntlich ausgezeichneter Musiker auf dem Klaviere, der Violine, dem Cello u. besonders auf der Gambe. Seine — nicht in's grosse Publikum gedrungenen — Kompositionen bestanden meist in Kirchensachen. Vergl. Fr. M. Rudhart a. a. O. I 129 f.
[6] Als Kurfürst Friedr. August II.

Kurpfalz.

Elisabethe gebar ihrem Gemahle (über den weiter unten die Linie Sulzbach (II)
sub III 2) nachzusehen ist) 7 Kinder, starb in Mannheim am 30. Jan. 1728 u.
wurde erst in der Karmelitenkirche bei St. Jakob zu Heidelberg (Sarg mit Inschrift) begr., dann aber nach München zu St. Michael transferirt.[1]

4) **Prinz**, geb. u. gest. am 22. März 1695 zu Brieg, begr. daselbst. (?)[2]

Kinder zweiter Ehe:

5) **Theophile Elisabethe Franziska Felicitas**, geb in Breslau[3]) am 13. Nov. 1703, gest.
am 31. Jan. 1705 u. begr. daselbst (?)

6) **Anna Elisabethe Theophile** etc., geb. in Innsbruck am 9. Juni 1709, gest. daselbst
am 10. Febr. 1712, begr. bei hl. Geist in Heidelberg. (?)

Da **Karl III Philipp** ohne Erben starb, mit ihm also die Linie Neuburg
erlosch, ging die pfälzische Kurwürde nebst den dazu gehörigen Landen auf die
Sulzbacher Linie über, von welcher Pfalzgraf u. Herzog **Karl Theodor** (als
Karl IV Theodor) den Kurstuhl am 1. Jan. 1743 bestieg.

XXII. Karl IV Philipp Theodor. Regiert in Sulzbach vom 20. Juli 1733
bis 31. Dez. 1742 (vergl. unten bei den pfälzischen Nebenlinien sub K Sulzbach II),
in der an seine Linie gefallenen Kurpfalz vom 1. Jan. 1743 bis zum 30. Dez. 1777,
an welchem Tage, da der Kurfürst von Bayern **Max III Joseph** ohne Nachkommen
gestorben war, **Pfalz** u. **Bayern** (jetzt **Pfalz-Bayern** oder **Kur-Pfalzbayern**) nach
fünfthalbhundertjähr. Trennung (vergl. oben S. 7) unter dem Scepter Karl Theodor's
wieder vereinigt wurden.

Christ. | Friedr.
III | Beroh.
1717— | 1704—
1735. | 1739.
Christ. | Johann
IV | 1739—
1735— | 1780.
1775.
Karl
Aug.
1775—
1795.

---

[1] Vergl. die Beschrbg. der im J. 1805 neuhergestellten zweiten k. b. Fürstengruft in der Hofkirche
zu St. Michael von A. Baumgartner Nr. 11.

[2] K. Schönwälder enthält in s. geschichtl. Ortsnachrichten von Brieg über die Begräbnis-Stätten
dieser wittelsbachischen Sprösslinge nichts Genaueres. — Von dem 1695 geb. Prinzen kommt zu
bemerken, dass er selbstverständlich noch Karl Philipp's erster Ehe angehört, ob ihn schon Cohn
bereits in die zweite setzt.

[3] Nach Anderen in Brieg.

Kur-Pfalzbayern.

XXV. Karl IV Philipp Theodor, regiert vom 30. Dez. 1777 bis 16. Febr. 1799.
Beinamen: (a Deo Datus);
geb. in Drogenbusch bei Brüssel[1]) am 11. Dez. 1724;
unter Vormundschaft des Kurfürsten Karl III Philipp bis 11. Dez. 1742;
gründet am 15. Oktob. 1763 die pfälz. Akademie der Wissenschaften zu Mannheim;[2])
stiftet aus Anlass seines bevorstehenden 25 jähr. (kurpfälz.) Regierungs-Jubiläums den
Ritterorden vom pfälz. Löwen 4. Nov. 1767;
gest. zu München am 16. Febr. 1799;
begr. daselbst bei St. Kajetan. (Sarg mit Inschrift.) Sein Herz ist in der hl. Kapelle
zu Altötting beigesetzt.

> NB. Von den zahlreich vorhandenen Bildern Karl Theodor's verwahrt 2 die Schl. Gall.: eines in
> der Ahnen-Gallerie von P. H. Battoni (Nr. 455) und eines von unbek. Hand (Nr. 878), dann
> die alte Pinakothek im s. g. Stifter-Saale wieder eines von Battoni; weitere sind im Saale
> XVIII der Bemalten aus Nat. Mus. zu treffen u. ebendaselbst eine Marmor-Büste des Kur-
> fürsten sowie dessen Gyps-Statue etc.

Gemahlinen:

I. Elisabethe Maria Aloysia Auguste etc., Tochter des sulzbach. Erbprinzen
Joseph Karl Eman., geb. in Mannheim 17. Jan. 1721, verl. 13. April 1734, verm.
in Mannheim 17. Jan. 1742, gest. in Weinheim 17. Aug. 1794, begr. in Heidelberg bei den Karmeliten und 1805 nach St. Michael in München transferirt.
(Schöner Sarg mit Inschrift.)[3])
Elisabethe stiftete am 18. Oktob. 1766 den noch florirenden Elisabethen-Orden
für Damen, dessen erste Grossmeisterin sie war.

> NB. Porträt in der Schlossh. Gall. von unbek. Hand Nr. 879 und in der Ahnen-Gallerie
> daselbst, gemalt von G. Desmarées, Nr. 456. Auch im National-Mus. (Saal XVIII) hängt
> der Kurfürstin lebensgrosses Bild von unbek. Meister.

II. Maria Leopoldine etc., Tochter des Erzherzogs Ferdinand von Oesterreich-
Este zu Mailand 10. Dez. 1776, verm. in Innsbruck 15. Febr.
1795, gest. 23. Juni 1848 bei Wasserburg und zuerst in der Schlosskapelle,
dann in der Pfarrkirche zu Stepperg beigesetzt, endlich aber in die neugebaute
Gruft-Kapelle auf den St. Antonsberg daselbst transferirt.
, Maria Leopoldine hatte sich 14. Novbr. 1804 morgan. mit ihrem Obersthof-
meister, dem Grafen Ludwig von Arco vermählt, welcher 30. Jan. 1773
geb. war, 21. Aug. 1854 in München starb u. in der gräfl. Gruft auf dem südl.
Kirchhofe daselbst begr. lag, von wo er 28. März 1855 nach Stepperg trans-
ferirt wurde.
Aus dieser Ehe stammen die noch jetzt in Bayern reichbegüterten Grafen von
Arco-Stepperg und -Zinneberg her.

> NB. Porträt der Kurfürstin im Saale XIX der Benalten. des b. Nat. Mus.

Sohn Karl Theodor's erster Ehe:[4])

Franz Ludwig Jos., geb. in Mannheim am 28. Juni, gest. daselbst am 29. gl. M.
1761 und hier auch begr. (?)

Nach **Karl Theodor's** Tod gieng, da er keine Erben hinterliess, **Kur-Pfalzbayern**
erblich auf die Linie **Zweybrücken-Birkenfeld** über.

---

[1]) Dies wird vom Rhein. Antiqu. Abthlg. II B. VIII p. 684 mit Unrecht angezweifelt, denn die
Beweise dafür sind im hiesigen k. geh. Hausarchive zur Genüge vorhanden.
[2]) Auch eine Maler- u. Bildhauer-Akademie zu Mannheim, eine physikal. ökonom. Gesellschaft zu
Kaiserslautern, die s. g. deutsche Gesellschaft zu Mannheim u. vor Allem die deutsche National-
Schaubühne daselbst zählen zu Karl Theodor's segensreichen u. bedeutungsvollen Schöpfungen.
[3]) Vergl. die Beschreibung der im J. 1805 neuhergestellten Fürstengruft zu St. Michael von A. Baumgartner Nr. 14.
[4]) Ueber die natürl. Nachkommen Karl Theodor's von den späteren Grässern von Parkstein und Hayd-
eck vergl. man den Rhein. Antiqu. Abth. II. B. VIII p. 607 u. f. u. B. XVI p. 267 f.

Kur-Pfalzbayern, dann Bayern als Königreich.

XXVI. (I)¹⁾ Maximilian IV Joseph. Regiert im Herzogthume Zweybrücken nach dem Ableben seines Bruders, Herzogs **Karl III August⁴⁾** (1. April 1795) bis 16. Febr. 1799, von da ab in Kur-Pfalzbayern und den dazu gehörigen Ländern bis 31. Dez. 1805; hierauf in dem **Königreiche** Bayern bis zum 12. Oktob. 1825.

Wilhelm
1780—1817
Herzog in
Bayern
seit 1799.

Pius August
Herzog
1817—1837.

Beinamen: »Vater Max«, das »beste Herz« etc.;

geb. im kurfürstl. Schlosse zu Mannheim am 27. Mai 1756;

stiftet das Damenstift zur hl. Anna in Würzburg 12. Juli 1803;

nimmt am 1. Jan. 1806 den Titel eines **Königs von Bayern** an;

stiftet am 1. März 1806 den Militär-Max-Joseph-³⁾ und 19. Mai 1808 den Civil-Verdienst-Orden der bayer. Krone;

bestätigt den von Jos. Klemens Erzb. von Köln (29. Sept. 1693) gestifteten St. Michaels-Orden für sein Königreich am 11. Septbr. 1808, bez. 6. Aug. 1810;⁴⁾

giebt seinem Volke eine **landständische Verfassung** am 26. Mai 1818;

gest. in Nymphenburg in der Nacht vom 12. auf 13. Oktob. 1825;

begr. in München bei St. Kajetan (Sarg mit Inschrift). Das »beste Herz« wurde in Altötting beigesetzt.⁵⁾

NB. Ein Bild Maximilian's von Klotz bildet in der Schleissh. Ahnen-Gall. Nr. 464. Ein weiteres von Jos. Stieler ist im s. g. Stieler-Saale der alten Pinakothek befindlich. Maximilian's schönere Standbild von Erz von Chr. Rauch, L. v. Klenze u. Joh. B. Stiglmaier ziert den Max-Jos. oder Residenz-Platz zu München. Als von grossem histor. Werth bezeichnen wir besonders das Portrait Maximilian's I, welches er 1764 (also in s. 8. Lebensjahre) selbst gefertigt u. im hiesigen Nat. Mus. (Saal XVIII der Renaiss. etc.) aufbewahrt ist. Im nächsten Saale befindet sich eine Büste des Königs von Kirchmaier u. über der Ausgangsthüre s. lebensgrosses Bildniss von unbek. (?) Meister.

Gemahlinnen:

I. Auguste Wilhelmine Maria, Tochter des Landgrafen Georg Wilhelm von Hessen-Darmstadt, geb. in Darmstadt am 14. April 1765, verm. in Darmstadt 30. Sept. 1785, gest. in Rohrbach bei Heidelberg 30. März 1796, begr. in der Schloss-Kirche⁶⁾ zu Darmstadt (Sarg mit Inschr.).

NB. Ihr Portrait von Langenhöfel ist in der Schleissh. Gall. Nr. 265.

II. Karoline Friederike Wilhelmine, Tochter des Erbprinzen Karl Ludwig von Baden, geb. in Karlsruhe am 13. Juli 1776, verm. in Karlsruhe 9. März 1797, gest. zu München 13. Nov. 1841, begr. daselbst bei St. Kajetan (Sarg m. Inschr.)

NB. Ihr Portrait — in Hautelisse-Arbeit — zeigt Saal XIX der Ren. uns. Nat. Museums, desgleichen ihre Marmor-Büste von Franz Schwanthaler dem älteren.

Kinder erster Ehe:

1) **Ludwig I Karl August,** geb. am 25. Aug. 1786. Folgt sub XXVII (II).

2) **Augusta Amalia Ludovika Georgia,**⁷⁾ geb. in Strassburg am 21. Juni 1788, verm. in München 14. Januar 1806 mit dem kaiserl. französ. Prinzen Eugen Beauharnais, Vicekönig von Italien, späterm Herzog von Leuchtenberg und Fürsten von Eichstädt, dem Sohne des 1794 guillotinirten Vicomte Alex. Beauharnais u. der nachmaligen Kaiserin Josephine (Tascher de la Pagerie); geb. in Paris 3. Septbr. 1781, gest. in München 21. Febr. 1824, begr. daselbst bei St. Michael. (Prachtvolles Denkmal von A. B. Thorwaldsen auf der Kanzel-Seite.)

---

¹) Die röm. Ziff. I bedeutet die Reihenzahl der bayer. Könige.

²) Durch Vergleich vom 27. März 1776 hatte ihm dieser die Grafschaft Rappoltstein überlassen.

³) In Umwandlung des früheren Militär-Denkzeichens zu einem Orden.

⁴) Vergl. oben S. 70 Note 9.

⁵) Ueber die Erwerbungen u. Verluste Bayerns u. der Pfalz vom Lüneviller-Frieden (9. Febr. 1801) bis zum Vertrage mit Oestreich vom 14. April 1816 kann Dr. H. Dittmar's Abriss der Bayer. Gesch. nachgelesen werden. Vergl. M. V. Sattler's Lehrbuch d. b. Geschichte S. 337—362.

⁶) Nach dem Extrakt aus dem Kirchenbuche der fürstl. Schlosskirche vom 15. Apr. 1803.

⁷) Auguste war vorher (1804) mit dem Erbprinzen Georg etc. von Mecklenburg-Strelitz verlobt, der aber freiwillig zurücktrat. Vergl. Vaterl. Magazin I 29 ff.

Königreich Bayern.

Herzogl.
Bayer.
Nebon-Linie.

Wilhelm
1780 – 1817.
Pius August
1817 – 1837.

Auguste hat 2 Prinzen u. 6 Prinzessinen geboren, starb in München am 13. Mai 1851 und ruht an der Seite ihres Gemahls (Sarg mit Inschrift).

NB. Portrait im Brautkleide (von ?) im Saale XIX aus. Nat. Mus.

3) Amalia Maria Auguste, geb. in Mannheim am 9. Oktob. 1790, gest. zu Darmstadt 24. Jan. 1794 begr. daselbst in der Fürsten-Gruft der evang. Stadt-Kirche. (Sarg mit Inschrift.)

4) Charlotte Auguste, geb. zu Mannheim am 8. Febr. 1792, verm. in München 8. Juni 1808 mit dem nachmal. König Wilhelm I etc. von Wirtemberg als dessen erste Gemahlin. Wilhelm war geb. zu Lübben in Schlesien 27. Septbr. 1781, starb auf der Villa Rosenstein bei Stuttgart 24. Juni 1864 u. liegt in der Grabkapelle auf dem Rothenberg begr. (Gemeinschaftl. schönes Grabmal für sich u. seine 2. Gemahlin Katharina.) Seine kinderlose Ehe mit Charlotte wurde schon im J. 1814 wieder getrennt, worauf sich dieselbe zum zweiten Male per procur. zu München 20. Oktob. 1816 u. persönl. zu Wien 10. Nov. gl. J. mit dem Kaiser Franz I etc. von Oesterreich vermählte, der in Florenz 12. Febr. 1768 geb. war, in Wien 2. März 1835 starb u. bei den Kapuzinern daselbst begr. liegt. (Sarg mit Inschrift.)

Charlotte (jetzt Karoline), dieses Kaisers 4. Gemahlin, blieb kinderlos u. lebt abwechselnd in Wien u. Salzburg.

5) Karl Theodor Maximilian August, k. Prinz von Bayern, geb. in Mannheim am 7. Juli 1795.

NB. Das lebensgrosse Portrait des Prinzen von Jos. Stieler bildet Nr. 264 in der Schleissh. Gall. Im fünften kleineren Saale der neuen Pinakothek befindet sich als Nr. 161 sein Urbrbild vom gleichen Meister.

Kinder zweiter Ehe:

6) Prinz, todtgeb. in München am 5. Sept. 1799, begr. daselbst bei St. Kajetan. (Sarg mit Inschrift.)

7) Maximilian Joseph Karl Friedrich etc., geb. in Amberg am 28.[1] Okt. 1800, gest. in München 12. Febr. 1803, begr. bei St. Kajetan. (Einfaches Denkmal rechts des Altars von U. L. Frau daselbst von Fr. Schwanthaler sen.)[2]

8) Elisabethe Ludovike, geb. in München am 13. Nov. 1801, verm. per procur. in München 16. Nov. 1823, persönlich in Berlin 29. Nov. gl. J. mit dem nachmal. König Friedrich Wilhelm IV von Preussen, welcher in Berlin 15. Oktob. 1795 geb. war, in Sanssouci seiner Sommer-Residenz 2. Jan. 1861 starb u. in der Friedenskirche daselbst in der Gruft vor der Altar-Nische begr. liegt. (Sarg mit Inschrift. Sein Herz hinterliegt in einer Marmor-Kapsel zu den Füssen s. Eltern im k. Mausoleum zu Charlottenburg.)

Elisabethens Ehe mit Friedrich Wilhelm IV blieb kinderlos.

9) Amalia Auguste, geb. in München am 13. Novbr. 1801 (Zwillingsschwester der eben gedachten Elisabethe), verm. per procur. in München 10. Nov., persönl. in Dresden 21. Novbr. 1822 mit dem Prinzen und jetzigen Könige Johann I Nepomuk etc. von Sachsen, der 12. Dez. 1801 in Leipzig geb. ist.

Diese Ehe ward mit 3 Prinzen u. 6 Prinzessinen gesegnet.

10) Sophie Friederike Dorothee Wilhelmine, geb. in München am 27. Jan. 1805, verm. in Wien 4. Nov. 1824 mit dem Erzherzog Franz Karl Joh. von Oesterreich, welcher 7. Dez. 1802 in Wien geb. ist.

In dieser Ehe — Sophie ist die Mutter des regierenden Kaisers Franz Joseph I von Oesterreich, sowie des unglücklichen Kais. Maximilian von Mexico — wurden 4 Prinzen u. 1 Prinzessin erzeugt.

---

[1] So nach dem Orig. Taufzeugnis im allg. Reichsarchiv.
[2] Von dem Eingangsthore rechts der erste Seite-Altar.

Königreich Bayern.

11) **Maria Anna Leopoldine Wilhelmine** etc., Zwillingsschwester der vorigen, geb. in München
am 27. Jan. 1805, verm. in Dresden 24. April 1833 mit dem nachmal. Könige Friedrich August II etc. von Sachsen als dessen 2. Gemahlin.
Friedrich August war geb. in Dresden 18. Mai 1797, verschied am 9. Aug. 1854
bei Brennbüchel in Tyrol u. wurde in der kathol. Hof- u. Pfarrkirche zu Dresden
begr. (Sarg mit Inschrift.) — Diese Ehe blieb kinderlos.

12) **Ludovike Wilhelmine**, geb. in München am 30. Aug. 1808, verm. in Tegernsee 9. Sept.
1828 mit dem Herzoge **Maximilian** in Bayern aus der Birkenfelder-Nebenlinie. Maximilian ist geb. in Bamberg 4. Dez. 1808. — Aus dieser Ehe giengen 5 Prinzen
u. 5 Prinzessinen hervor. Man vergl. unten die herzogl. Nebenlinie sub I.

13) **Maximiliana Josephe Karoline** etc., geb. in Nymphenburg am 21. Juli 1810, gest. in
München 4. Febr. 1821, begr. daselbst bei St. Kajetan. (Sarg mit Inschrift. Sehr
schönes Denkmal von Conrad Eberhard u. bez. L. Kleuze links von U. L. Frauen-Altar.)

XXVII. (II) Ludwig I Karl August. Regiert vom 13. Oktob. 1825 bis zum
20. März 1848, an welchem Tage er freiwillig die Krone zu Gunsten seines erstgebornen
Sohnes Maximilian niederlegte.

Pius August
1817—37.

Maximilian
seit 1837
Familien-
Haupt.

Beinamen: (der Kunst-Mäcen, Ludovicus Augustus etc.);[1]
geb. in Strassburg am 25. Aug. 1786;
erhebt München zur wahren Kunststadt Deutschlands durch herrliche Schöpfungen und
Sammlungen aller Art (Glyptothek, Königsbau, beide Pinakotheken, Bibliothek- und
Archiv-Gebäude, Universität, Bavaria, Propyläen etc.);
baut die Walhalla, die Ruhmeshalle bei München, die Befreiungshalle bei Kelheim etc.;
stiftet den Ludwigs-Orden am 25. Aug. 1827;
legt den Grund zum deutschen Zollverein durch den Vertrag mit Wirtemberg 18. Jan. 1828;
wandelt den St. Michaels-Orden in einen Verdienst-Orden um, 16. Febr. 1837;
gest. in Nizza auf der Villa Lions am 29. Febr. 1868;
begr. in der von ihm erbauten Basilika des hl. Bonifacius. (Marmor-Sarkophag m. Inschr.
Sein Herz verwahrt die Wallfahrtskapelle zu Altötting. Das Gefäss mit s. Eingeweiden
ruht auf dem Sarge der Königin Therese.)
Wahlspruch: »Gerecht u. beharrlich«.
NB. Die s. g. Ahnen-Gall. zeigt des Königs Bild v. Cl. v. Zimmermann sub Nr. 465, der Stifter-Saal
in d. alt. Pinakothek ein solches von Jos. Stieler u. der Eingangs-Saal der neuen ein weiteres
in der Hubertusordens-Tracht von Wilh. v. Kaulbach, dann das Seiten-Kabinet XI daselbst ein
Jugend-Portrait des Monarchen von Angelika Kauffmann sub Nr. 368. Sein Reiter-Monument
von M. Widnmann, gegossen von F. v. Miller, ziert den Odeonsplatz d. b. Haupt- u. Residenz-Stadt.

Gemahlin:

Theresia Charlotte Louise etc., Tochter Herzogs Friedrich von Sachsen-Hildburghausen,[2] geb. in Hildburghausen am 8. Juli 1792, verm. in München 12. Oktob.
1810[3], gest. daselbst 26. Oktob. 1854, begr. erst bei St. Kajetan und von da
19. März 1857 in die Basilika transferirt. (Sarg mit Inschrift.)
Königin Therese hat am 12. Dez. 1827 den Theresien-Damen-Orden gestiftet.
NB. Ihr von Pet. Langer gemaltes Portrait ist in der Schleissh. Gall. sub Nr. 263 zu sehen, ein
ein weiteres, die Königin lebensgross im Krönungs-Ornate darstellend, von J. Stieler bietet
die neue Pinakothek sub Nr. 190 im fünften kl. Saale.

Kinder:

1) **Maximilian II Joseph**, geb. am 28. Nov. 1811. Folgt sub XXVIII (III).

2) **Mathilde Karoline Friederike** etc., geb. in Augsburg am 30. Aug. 1813, verm. in München
26. Dez. 1833 mit dem jetzigen Grossherzoge **Ludwig III** von Hessen und bei Rhein,
welcher in Darmstadt 9. Juni 1806 geboren ward.

---

[1] Vergl. das treffliche Buch „Ludwig Augustus etc." von Dr. Sepp, Schaffhausen 1869.
[2] Seit 1826 Herz. v. Sachsen-Altenburg.
[3] Von den mit dieser Vermählung verbundenen Feierlichkeiten stammt das Münchner-Oktoberfest her.

Königreich Bayern.

Mathilde starb kinderlos in Darmstadt 25. Mai 1862 u. ruht dort in der kathol. Kirche. (Schönes Grab-Monument daselbst von Professor Max Widnmann in München, zu dem L. v. Klenze den architekton. Theil entwarf.[1])

NB. Ihr Portrait von J. Stieler hängt sub Nr. 168 im fünften kl. Saale der neuen Pinakothek.

3) **Otto I Friedrich Ludwig**, geb. in Salzburg am 1. Juni 1815. Zum König von Griechenland erwählt 27. Mai 1832, besteigt er diesen Thron 25. Januar 1833[2]), wurde 24. Okt. 1862 von dem aufständischen Volke zur Flucht gezwungen u. residirte von da ab im k. Schlosse zu Bamberg, wo er 26. Juli 1867 starb u. bei St. Kajetan in München begr. liegt. (Sarg mit Inschrift.)

König Otto I hatte sich am 22. Nov. 1836 in Oldenburg mit **Amalia Maria Friederike**, Tochter des Grossherzogs Paul Friedrich August von Oldenburg verm., welche am 21. Dez. 1818 zu Oldenburg das Licht der Welt erblickte.

Die kinderlose Königin-Wittwe lebt jetzt zu Bamberg.

NB. Otto's Portrait von J. Stieler hängt (als Nr. 164) u. das Portr. seiner Gemahlin vom gl. Meister (als Nr. 169) in d. n. Pinakothek.

4) **Theodelinde Charlotte Louise** etc., geb. in Würzburg am 7. Okt. 1816, gest. daselbst 12. April 1817 u. in der Schönborn'schen Kapelle des dortigen Domes begraben. (Hübsches Denkmal daselbst.)

5) **Luitpold Karl Joseph Wilh.** etc., geb. in Würzburg 12. März 1821, verm. in Florenz 15. April 1844 mit Auguste Ferdinande Louise etc., Tochter des Grossherzogs Leopold II von Toskana, Erzherzogs von Oesterreich, geb. in Florenz 1. April 1825, gest. 26. April 1864 in München u. daselbst bei St. Kajetan begr. (Sarg m. Inschr.)

Aus dieser Ehe giengen 3 Prinzen und 1 Prinzessin hervor.

Vergl. unten die Luitpold'sche kgl. Neben-Linie B. I.

6) **Adelgunde Auguste Charlotte** etc., geb. in Würzburg am 19. März 1823, verm. in München 30. März 1842 mit Franz V Ferd. Geminian, Herz. von Modena u. Erzherzog von Oesterreich-Este, welcher in Modena 1. Juni 1819 zur Welt kam. — Kinderlose Ehe.

NB. Ihr Portrait von J. Stieler findet sich in d. n. Pinakothek sub Nr. 166.

7) **Hildegarde Louise Charlotte** etc. geb. in Würzburg am 10. Juni 1825, verm. in München 1. Mai 1844 mit **Albrecht Friedrich Rudolph**, Erzherzog von Oesterreich, geb. in Wien 3. Aug. 1817.

Hildegarde gebar 1 Sohn u. 2 Töchter, starb in Wien 2. April 1864 u. ruht bei den Kapuzinern. (Sarg mit Inschrift. Ihr Herz verwahrt die Augustiner-Loretto-Kapelle u. ihre Eingeweide die neue Gruft bei St. Stephan daselbst.)

NB. Portrait wie oben Nr. 167.

8) **Alexandra Amalia**, kgl. Prinzessin von Bayern, geb. in Aschaffenburg am 26. August 1826, oberste Vorsteherin und Aebtissin der k. Damenstifte zur hl. Anna in München u. in Würzburg.

NB. J. Stieler's Portr. stellt die Prinzessin als junges Mädchen dar. Wie oben Nr. 165.

9) **Adalbert Wilhelm** etc., geb. in München am 19. Juli 1828, verm. zu Madrid 25. Aug. 1856 mit Donna Anfalia Felipe Pilar, Tochter des k. spanischen Infanten Franz de Paula Anton Maria, welche in Madrid 12. Oktob. 1834 geb. wurde.

Diese Ehe ist bis jetzt mit 2 Söhnen u. 2 Töchtern gesegnet.

Vergl. unter C die Adalbert'sche kgl. Neben-Linie C sub I.

---

[1] Die Behauptung in Heyl's u. Berlepsch's neuestem Reisehandbuch für West-Deutschland, Hildgh. 1857 p. 675, dass Scholl dieses Grabmal gefertigt, ist unrichtig. — Von der höchstsel. Grossherzogin kommt noch zu bemerken, dass sie ausgezeichnet malte. In der neuen Pinakothek hängen 2 Oelgemälde von ihr sub Nr. 284 u. 323.

[2] Seinen Einzug in Nauplia hielt er am 6. Febr. 1833. Pet. v. Hess hat denselben in ein herrliches Bild gebracht, das im Saale IV d. n. Pinakothek Nr. 35 aufgehängt ist.

Königreich Bayern.

Von König **Ludwig I** gehen, wie schon angedeutet, wieder drei Linien aus:

1) Die **Maximilian**'sche (regierende) **königliche Haupt-Linie**. Folgt sogleich sub A.

2) Die **Luitpold**'sche kgl. **Neben-Linie**. Folgt sub B.

3) Die **Adalbert**'sche kgl. **Neben-Linie**. Folgt sub C.

A. Maximilian'sche kgl. Hauptlinie.

	Kgl. Neben-Linien:		Herzogl.
	Luitpold.	Adalbert.	Nebenlinie.

XXVIII. (III) Maximilian II Joseph, vom 20. März 1848 bis 10. März 1864.

Beinamen: (Der Vielgeliebte, der Friedliebende);

geb. in München am 28. Nov. 1811;

stiftet den Maximilians-Orden für Wissenschaft u. Kunst am 28. Nov. 1853;

macht München durch die Wirksamkeit der von ihm berufenen reich dotirten histor. Kommission zum Mittelpunkt der deutschen Geschichtsforschung;

gründet das bayer. National-Museum, das nach ihm genannte Maximilianeum, das Maximilians-Waisenstift etc.;

gest. in München am 10. März 1864;

begr. bei S. Kajetan in der eigens hiezu bestimmten Grab-Kapelle. (Marmor-Sarkophag.) Das königliche Herz verwahrt die Wallfahrtskirche zu Altötting.

Devise: Freiheit u. Gesetzmässigkeit. — Gott und mein Volk.

NB. Schöne Erz-Denkmäler des unvergesslichen Monarchen besitzen Lindau, Bayreuth u. Landshut. Die beiden ersteren modellirten Joh. Halbig u. Friedr. Brugger in München u. goss F. v. Miller daselbst; letzteres, modellirt von Bernhard in Landshut, wurde von Lenz u. Herold in Nürnberg gegossen. [1]

(Kgl. Neben-Linien: Luitpold seit 1839 volljährig. Adalbert seit 1846 volljährig. Maximilian seit 1837 Familien-Haupt.)

Gemahlin:

Maria Friederike Franziska Auguste Hedwig, Tochter des Prinzen Wilhelm von Preussen, geb. in Berlin am 15. Okt. 1825, verl. in Berlin 23. Febr. 1842, verm. per proc. daselbst 5. Okt. u. persönlich in München 12. Oktob. gl. J.

Kinder:

1) **Ludwig II Otto Friedrich Wilhelm**, geb. am 25. Aug. 1845. Folgt sub XXIX (IV).

2) **Otto Wilhelm Luitpold Adalbert Waldemar**, k. Prinz von Bayern, geb. in München am 27. April 1848.

---

[1] In der Haupt- u. Residenz-Stadt München wird dem Könige demnächst ein schönes Denkmal in der von ihm geschaffenen prächtigen Maximilians-Strasse errichtet, wozu Professor Kasp. Zumbusch, der Sieger im ruhmvollen Preiswettkampfe des Jahres 1865, das Modell geliefert. Vergl. über die Arbeiten zum Denkmale die bayer. Landeszeitung vom 7. Juni 1869 Nr. 32 der Abendausgabe S. 4.

Königreich Bayern.

XXLX. (IV) Seine jetzt glorreich regierende Majestät **Ludwig II Otto Friedrich Wilhelm** sind seit 1180 der neun u. zwanzigste Regent von Bayern, sowie seit 1806 dessen vierter König.

Laitpold. 1839. Adalbert 1846. Maximilian 1837.

Allerhöchstdieselben, geb. zu Nymphenburg am 25. Aug. 1845, haben die Regierung am Tage des Ablebens Ihres Herrn Vaters den 10. März 1864 angetreten und am 19. Juli 1866 zur Belohnung für tapfere Kriegs-Thaten[1]), sowie für besonders hervorragende Verdienste um die Armee den **Militär-Verdienst-Orden** gestiftet.

Gott verleihe Seiner Majestät eine recht lange und viel gesegnete Regierung!

---

[1]) Denen es, wie die Stiftungs-Urkunde besagt, an der einen oder andern statutenmässigen Vorbedingung zur Erlangung des Max-Josephs-Ordens fehlt. Vgl. oben S. 89.

Königreich Bayern.

B. Luitpold'sche kgl. Nebenlinie.

I. Luitpold Karl Joseph etc., k. Prinz von Bayern.

Geb. in Würzburg am 12. März 1821;

verm. am 15. April 1844 in Florenz mit

> **Auguste Ferdinande Louise** etc., Tochter des Grossherzogs Leopold II von Toskana, Erzherz. v. Oesterreich, geb. in Florenz am 1. April 1825.
>
> Diese Prinzessin starb in München am 26. April 1864 u. liegt daselbst bei St. Kajetan begr. (Sarg mit Inschrift.) Vergl. oben S. 92 Nr. 5.
>
> NB. Ihr von J. Stieler herrührendes Bild ist in der neuen Pinakothek als Nr. 170 zu finden.

Ludwig II König seit 1864. — Adalbert seit 1846 volljährig. — Max seit 1837 Familien-Haupt.

Kinder:

1) **Ludwig Leopold Joseph** etc., k. Prinz von Bayern, geb. in München am 7. Jan. 1845, verm. am 20. Februar 1868 zu Wien mit **Maria Theresia**, Tochter des Erzherzogs Ferdinand von Oesterreich-Este, Prinzen von Modena, welche am 2. Juli 1849 in Brünn geboren wurde.

   Sohn:

   Ruprecht Ferdinand Maria, kgl. Prinz von Bayern, geb. in München am 18. Mai 1869.

2) **Leopold Maximilian Joseph** etc., k. Prinz v. Bayern, geb. in München am 9. Febr. 1846.

3) **Theresia Charlotte Maria Anna** etc., k. Prinzessin v. Bayern, geb. in München am 12. Nov. 1850.

4) **Arnulf Franz Joseph** etc., k. Prinz v. Bayern, geb. in München am 6. Juli 1852.

Königreich Bayern.

Maximilian'   Leitpold'   Herzogl.
sche kgl.   sche kgl.   Nebenlinie.
Hauptlinie. Nebenlinie.

C. Adalbert'sche kgl. Nebenlinie.

I. Adalbert Georg Wilhelm Ludwig, k. Prinz von Bayern.

Geb. in München am 19. Juli 1828;

verm. am 25. Aug. 1856 zu Madrid mit

> **Donna Amalia Felipe Pilar,** Tochter des kgl. spanischen Infanten Franz de Paula Anton Maria, welche in Madrid am 12. Okt. 1834 das Licht der Welt erblickte. Vergl. oben S. 92 Nr. 9.[1]

> NB. Das Bildl des Prinzen von J. Stieler, ihn noch als Knaben darstellend, hängt in dem fünften U. Saale d. n. Pinak. als Nr. 163.

Kinder:

1) **Ludwig Ferdinand Maria Karl** etc., k. Prinz v. Bayern, geb. zu Madrid am 22. Oktob. 1859.

2) **Alphons Maria Franz von Assisi Emanuel** etc., k. Prinz von Bayern, geb. in München am 24. Jan. 1862.

3) **Isabella Maria Louise Amalia** etc., k. Prinzessin von Bayern, geb. in Nymphenburg am 31. Aug. 1863.

4) **Elmira Alexandra,** k. Prinzessin von Bayern, geb. in München am 22. Nov. 1868.

Ludwig II   Leitpold   Max
König seit seit 1830 seit 1837
1864.   volljährig. Familien-
                        Haupt.

[1] Die Prinzessin ist eine vortreffliche Malerin. Eine Villa bei Madrid von ihrer Hand schmückt die n. Pinakothek als Nr. 77. Vergl. oben S. 92 Note 1.

Königreich Bayern.

Herzoglich Bayerische Neben-Linie

in ihrem dermaligen Familien-Bestande.

NB. Das Nähere über diese Linie (Birkenfeld-Gelnhausen) folgt unten bei den pfälz. Neben-Linien sub M.

	Kgl. bayer. Haupt-Linie.	Leitpold' sche kgl. Nebenlinie.	Adalbert' sche kgl. Nebenlinie.

I. Maximilian, Herzog in Bayern: Familien-Haupt seit 3. Aug. 1837.
Geb. in Bamberg am 4. Dez. 1808;
verm. am 9. Sept. 1828 zu Tegernsee mit

Ludwig II König seit 1864. — *Luitpold volljährig seit 1852.* — *Adalbert volljährig seit 1848.*

Ludovike Wilhelmine, Tochter Königs Maximilian I Joseph von Bayern, welche in München am 30. Aug. 1808 das Licht der Welt erblickte.

Kinder:

1) **Ludwig Wilhelm,** Herzog in Bayern, geb. in München am 21. Juni 1831.
Er vermählte sich 28. Mai 1857 [1]) in Augsburg mit Freiin Henriette von Wallersee.
Bis jetzt erzeugte Herzog Ludwig eine Tochter.

2) **Wilhelm Karl,** geb. in München am 24. Dezbr. 1832, gest. daselbst 13. Febr. 1833, begr. in der herzogl. Familien-Gruft des ehem. Benediktiner-Klosters Banz. (Sarg mit Inschrift.)

3) **Helene Karoline Therese,** geb. in München am 4. April 1834, verm. in Possenhofen 24. Aug. 1858 mit Maximilian Anton Lamoral Fürsten und Erbprinzen von Thurn u. Taxis, geb. in Regensburg 28. Sept. 1831, gest. daselbst 26. Juni 1867, begr. in der prächtigen fürstl. Grab-Kapelle allda. (Sarg mit Inschrift.)
Helene hat ihrem Gemahle 2 Söhne u. 2 Töchter geboren.

4) **Elisabethe Amalia Eugenie,** geb. in München am 24. Dez. 1837, verl. in Ischl 19. Aug. 1853, verm. in Wien 24. April 1854 mit **Franz Joseph I** Kaiser von Oesterreich, geb. in Schönbrunn 18. Aug. 1830.
Aus dieser Ehe giengen bis jetzt 1 Prinz u. 3 Prinzessinnen hervor. [2])
NB. Das Portrait der Kaiserin von Schrotberg hängt im K. M. Saale der neuen Pinakothek sub Nr. 172.

5) **Karl Theodor,** Herzog in Bayern und zukünftiger Fideikommiss-Nachfolger, geb. in Possenhofen am 9. Aug. 1839, verm. 11. Febr. 1865 in Dresden mit Sophie Maria Friederike etc., Tochter Königs Johann I von Sachsen, welche in Dresden 15. März 1845 geb. war, in München 9. März 1867 starb u. daselbst bei St. Kajetan beigesetzt, aber schon 12 gl. M. in die herzogl. Familien-Gruft nach Banz abgeführt wurde. (Sarg mit Inschrift.)

Tochter:

Amalia Maria, Herzogin in Bayern, geb. in München am 24. Dez. 1865.

[1]) Nicht 1858, wie Cohn hat.
[2]) Davon leben noch Gisela geb. 1856, Rudolph geb. 1858 u. Maria geb. 1868.

Königreich Bayern.

Kgl. bayer. Haupt-Linie.	Luitpold'sche kgl. Nebenlinie.	Adalbert'sche kgl. Nebenlinie.
Ludwig II 1864.	Luitpold 1839.	Adalbert 1846.

6) **Maria Sophia Amalia** (»Heldin von Gaëta«[1]), geb. in Possenhofen am 4. Okt. 1841, verm. per proc. in München 8. Jan., persönlich zu Bari 3. Februar 1859 mit dem Herzoge **Franz Maria Leopold** von Kalabrien, späterem Könige (dieses Namens II) beider Sicilien. Franz II ist geb. in Neapel 16. Jan. 1836. Die Ehe desselben mit Herzogin Maria ist bis jetzt mit einer Tochter gesegnet.

7) **Mathilde Ludovika**, geb. in Possenhofen am 30. Sept. 1843, verm. in München 5. Juni 1861 mit dem Grafen **Ludwig Maria** zu Trani, zweitgebornem Sohne Königs Ferdinand II beider Sicilien.
Graf Ludwig ist geb. in Capodimonte 1. August 1838. Seine Gemahlin hat ihm bis jetzt 1 Tochter geboren.

8) **Ein Prinz**, todtgeboren am 8. Dez. 1845 in München, beigesetzt in der herzogl. Familien-Gruft zu Banz.

9) **Sophie Charlotte Auguste**, geb. in München 22. Febr. 1847, verl. 11. Juli 1868 zu Baden-Baden u. verm. am 28. Sept. gl. Js. in Possenhofen mit dem Prinzen **Ferdinand** von Orleans, Herzog von Alençon, welcher in Neuilly 12. Juli 1844 geboren ist.
Sophie gebar bis jetzt eine Tochter.

10) **Maximilian Emanuel**, Herzog in Bayern, geb. in München 7. Dez. 1849.

---

[1] Vergl. das schöne Fresko-Bild Ferdinand Piloty's Nr. 143 an der Nordwand des Saales XIV der hist. Galerie des b. Nat.-Mus.

B.

Die bayerischen und pfälzischen Nebenlinien

des

Stammhauses Wittelsbach.

I. Bayerische Nebenlinien.

A. Niederbayern 1255—1340.

Nach dem Tode Herzogs **Otto II** (des Erlauchten) von Bayern im J. 1253 regierten seine beiden Söhne **Ludwig II** und **Heinrich I** die ihnen in Bayern und am Rhein angefallenen Lande gemeinschaftlich bis zum 28. März 1255, an welchem Tage sie sich in dieselben theilten, wie oben S. 5 ausführlicher erzählt wurde.

Das untere oder niedere Bayern (daher im Gegensatze zu Oberbayern jetzt Niederbayern) erhielt **Heinrich I.**

Er und seine Nachkommen regierten daselbst bis 1340 in folgender Ordnung:

$\overline{XIII}$

Ludwig II
1255—94.

I. Heinrich I, vom 28. März 1255 — 3. Febr. 1290.

Geb. in Landshut am 19. Nov. 1235;

gest. in Burghausen am 3. Febr. 1290;

begr. in der Cisterz. Klosterkirche zu Seligenthal bei Landshut. (Ehemal. Inschrift allda.)[1]

Gemahlin:

Elisabethe, Tochter Königs Bela IV von Ungarn aus dem Stamme Arpád's, geb. um 1236 (?), verm. 1244[2], gest. in Landshut am 24. Oktober 1271, begr. neben ihrem Gemahle.[3] (Ehemal. Grabinschrift.)

---

[1] In einem Seligenthaler-Archivale des Reichsarchivs. Nach dem Neuburg. Collectaneen-Blatt Nr. 4 Jahrg. III S. 27 sollen die Schweden im 30jähr. Kriege die Särge in dieser Gruft aufgesprengt und die Gebeine zerstreut haben. Diese wurden später der allgemeinen Sage nach in eine Truhe gesammelt u. in der Gruft aufs Neue beigesetzt. Der Aufsatz „Die Fürstengruft zu Seeligenthal etc." im Salzb. Kal. f. kathol. Christen v. 1856 S. 125 f. bestätigt dies in genauerer Angabe. Vergl. das Grabmal Herzogs Ludwig zu Seeligenthal in der I. Lieferung der Alterthümer u. Kunst-Denkmale des Bayer. Herrscher-Hauses, aber auch den Aufsatz „Die Niederb. Herzogen-Gruft im Nonnenkloster Seeligenthal etc." im Jahrgang 1839 S. 148 f. des Taschenbuchs f. d. vaterl. Gesch. v. J. Frhr. v. Hormayr, wornach im J. 1729 zwanzig Zinn-Särge dieser Gruft ausgeleert u. in Altar-Leuchter umgegossen wurden!

[2] Annales Schlemtalenses bei Boehmer (Fontes III 529) „1244 Heinricus duxit d. Elisabeth filiam Bele etc.". Die Ehe wurde erst 1250 oder richtiger 1253 vollzogen, als Heinrich 18 Jahre zählte.

[3] Heinrich hatte auch mit einer Straubinger Bürgerstochter (Senftin?) eine natürl. Tochter Namens Petrissa erzeugt, welche sich Oktob. 1291 mit Otto von Ottingen verheirathete. Arrodenium Summar. Archivbeschrbg. im k. b. Reichsarchiv.

Niederbayern.

Kinder Heinrich's

1) **Agnes I**, geb. im Jan. 1254, gest. — nicht als Nonne[1]) — im Kloster Seligenthal 20. Okt. 1315[2]) u. dort begr.

2) **Agnes II**, geb. am 17. Juli 1255, gest. in Landshut (?) 10. Mai 1260, begr. in Seligenthal[3]).

3) **Agnes III**, geb. in Landshut am 29. Okt. 1256, gest. daselbst (?) 16. Nov. 1260, begr. in Seligenthal.

4) **Elisabethe**, geb. in (Landshut?) am 23. April 1258, nahm in Seligenthal den Schleier 15. Aug. 1270, wo sie 8. Aug. 1314 starb u. auch ruht. (Epitaph.)[4])

5) **Otto III**, geb. am 11. Febr. 1261. Folgt sub II.

6) **Heinrich**, geb. in Landshut (?) am 23. Febr. 1262, gest. daselbst (?) 16. Septbr. 1280, begr. in Seligenthal.[5])

7) **Sophie**, geb. um 1264, verm. 8. Nov. 1277 zu Landshut mit dem Grafen Poppo VIII (XIV) von Henneberg, welcher um 1260 (?) geb. war, 4. Febr. 1291 starb u. im henneberg'schen Erbbegräbnisse des Prämonstratenser-Klosters Vessera begr. liegt.

Sophie, welche ihm keine Kinder gebar, starb 4. Febr. 1282 u. ruht neben ihrem Gemahle.

8) **Katharine**, geb. am 9. Juni 1267, verl. in Landshut 8. Novbr. 1277, verm. 12?? mit dem Markgrafen Friedrich (Tutta Theute Tatta, d. h. Stammler, auch Insolens genannt) von Meissen-Landsberg.

Friedrich ist geb. um 1269, starb auf der Jagd bei Hirschstein 16. Aug. 1291 u. ruht im s. g. Bruder-Chor des mit dem Klarissinen-Kloster verbundenen Franziskaner-Klosters Weissenfels.

Katharina, welche ihm nur 1 Tochter geboren, starb in Seligenthal, wohin sie sich als Wittwe zurückgezogen zu haben scheint, 9. Jan. 1310 (?) u. ruht daselbst.[6])

9) **Ludwig III**, geb. am 9. Oktob. 1269. Folgt sub III.

10) **Stephan I**, geb. am 14. März 1271. Folgt sub IV.

---

[1]) Vergl. Lieferung 3 der Alterthümer und Kunst-Denkmale des bayer. Herrscher-Hauses „Glasgemälde aus Seeligenthal". Aus der bayer. Hofhaltungs-Ordnung vom 20. Aug. 1294 (Quellen u. Erörterungen VI 52 ff. — 56) geht hervor, dass Agnes nicht geistlich geworden und noch deutlicher erhellt dies aus der Urkunde vom 16. Mai 1296 in B. XV der Mon. Boic. p. 451 ff., welche Prinzessin Agnes mitbesiegelte.

[2]) Monum. Boica resp. Seeligenthalensia XV 542.

[3]) Mon. Boic. XV 522.

[4]) A. a. O. 531.

[5]) A. a. O. 536.

[6]) Mon. Boica (Necrolog. Seeligenthal) XV 507. Nach F. O. Stichart (Galerie der Sächsischen Fürstinen S. 45 und dem B. I S. 118 des Sächs. Archive ruht Katharina (oder wie sie hier irrig genannt wird, Hildegard) auch in Weissenfels, während Sagittarius (bei Mencken II 808 und Ed. Beyer (Das Cistercienser-Kloster Alt-Zelle) sie irrig in Altzelle begraben sein lassen. Ueber Friedrich's Tutta Begräbniss hingegen sind sie uneins. Beyer stimmt Stichart bei und Sagittarius (a. a. O. 808) konstatirt ausdrücklich, dass der Markgraf in Altenzell begr. liegt. Nach dem B. I S. 118 des Sächs. Archive ist unsere Angabe die richtige und auch die Behauptung im Repositorium Biblieth. Curiosae p. 321 f., wornach Friedrich im Kloster Sennslitz begraben sei, irrig.

Oberbayern
u.
Pfalz a. Rh.

Ludwig II
1255—94.
Rudolph I
Ludwig IV
1294—1310
resp. 1313.

Niederbayern.

II. Otto III. Regiert vom 3. Febr. 1290 bis Juli 1294 allein für sich und seine noch minderjährigen Brüder **Ludwig III** u. **Stephan I.**, von da ab bis zum 13. Mai 1296, an welchem Tage Ludwig starb, gemeinschaftlich mit beiden Brüdern; vom 13. Mai 1296 bis 21. Dezbr. 1310 mit Bruder Stephan I und von da bis zu seinem eigenen Tode (9. Septbr. 1312) mit dessen Söhnen, seinen Neffen **Heinrich II** u. **Otto IV.**

Geb. am 11. Febr. 1261;

zum König von Ungarn gekrönt als Bela V zu Stuhlweissenburg am 6. Dez. 1305;

legt durch den ersten grossen Freiheitsbrief (s. g. Ottonische Hand-Veste) den Grund zur bayer. Landstandschaft (15. Juni 1311);

gest. in Landshut am 9. Septbr. 1312[1]);

begr. im Kloster Seligenthal. (Ehemal. Inschrift daselbst.)[2]

Gemahlinnen:

I. **Katharina**, Tochter Königs Rudolph I (von Habsburg), geb. um 1256 (?), verl. in Regensburg im Septbr. 1276, verm. in Wien im Januar 1279, gest. in (Landshut?) 4. April 1282, begr. im Kloster Seligenthal.[3]

II. **Agnes**, Tochter Herzogs Heinrich III von Glogau in Schlesien, geb. um 1280 (?), verl. in Breslau bald nach Beginn des Jahres 1308, verm. in Straubing 18. Mai 1309.

Nach Otto's[4] Tod heiratete Herzogin Agnes den Grafen Albrecht von Hals im Sommer 1319, welcher um das Jahr 1295 geb. war, im Jahre 1333(?) starb und zu Osterhofen in der Stiftskirche begr. liegt.

Agnes, von der man nicht gewiss weiss, ob sie auch in dieser Ehe Kinder gebar, starb in Landshut (?) 25. Dez. 1361 u. ruht in Seligenthal.[5]

Kinder erster Ehe:

1) **Heinrich** | Zwillinge ?, geb. u. gest. im Jahre 1280 zu Wien u. in der alten Baben-
2) **Rudolph** | berger-Gruft des regul. Chorherrnstifts Heiligenkreuz in Niederösterreich begr. (Reste ihrer Grabinschrift in der Gruft daselbst.)[6]

Kinder zweiter Ehe:

3) **Agnes**, geb. 1310, verm. zwischen 1326—1327 in Vilshofen[7]) mit dem Grafen Heinrich III von Mursch u. Ortenburg, welcher geb. ist um das Jahr 1290, im J. 1360 starb u. in der ortenburgischen Kapelle des hl. Sixtus am Dome zu Passau begr. liegt, als dessen zweite Gemahlin.

Agnes hatte ihm einen Sohn geb., starb nicht vor 1360 und ruht neben ihrem Gemahle. (Schönes gemeinschaftl. Denkmal daselbst von rothem Marmor.)[8]

4) **Heinrich III** der Jüngere oder Natternberger, geb. 26. April 1312. Folgt sub VII.

---

[1] Nach Michael Beham's Reimchronik Friedrich's des Siegreichen wäre er in Gammelsdorf und nach den Annales Seligenthalnrs (Böhmer Fontes III 529), sowie nach dem Seligenthaler Nekrologe erst im Jahre 1313 gestorben. Die Mehrzahl der Quellen hat richtiger 1312, womit das Rechnungsbuch des Klosters Aldersbach (Quellen und Erörterungen B. I 456) vollkommen übereinstimmt.

[2] In einem Seligenthaler Archivale beim Münchner Reichsarchive erhalten. Vergl. Mon. B. XV 535.

[3] Mon. Boic. XV 517.

[4] Ende März 1307 hatte sich Otto mit der Tochter des Wojwoden Ladislau Apor von Siebenbürgen, welcher ihn in zeitweiliger Gefangenschaft hielt, unfreiwillig verloben müssen.

[5] Mon. Boic. XV 519.

[6] Nicht also in Seligenthal ruhen Beide, wie sonst gerne angenommen wird. Die Inschrift-Reste sind uns erhalten in Gerbert's Tapographia Tom. I. P. IV p. 47. Vergl. die Tafel VI Nr. IV.

[7] Quellen und Erörterungen I 467.

[8] J. P. Hraschberg Gesch. des Gesammthauses Ortenburg S. 206 beschreibt das Hochgrab-Monument und bringt auch die Inschrift. Vergl. Dr. A. Erhard Gesch. d. St. Passau II 69 f. u. Deutschlands Kunst-Topographie von Dr. W. Lotz II 364.

Niederbayern.

(Rudolph I
Ludwig IV
1294—1310
resp. 1313.

III. Ludwig III. Regiert vom 3. Febr. 1290 bis Juli 1294 zugleich mit seinem Bruder Stephan I unter ihres älteren Bruders Otto III Leitung, vom Juli 1294 bis 13. Mai 1206 mit beiden Brüdern gemeinschaftlich.

Geb. in (Landshut?) am 9. Oktob. 1269;

gest. in Landshut am 13. Mai 1296 unvermählt;

begr. in Seligenthal.

wie oben. **IV. Stephan I.** Vom 3. Febr. 1290 — Juli 1294 mit s. Bruder **Ludwig III** unter Leitung ihres älteren Bruders **Otto III**, von da bis 13. Mai 1296 gemeinsam mit beiden Brüdern u. vom 13. Mai 1296 bis 21. Dez. 1310 hinwiederum mit Otto III.

Beinamen: Der »Junge«, der »Elter«;

geb. in (Landshut?) am 14. März 1271;

postulirt zum Erzbischofe von Salzburg im Frühjahre 1290, aber von der römischen Kurie nicht bestätigt, sondern dafür nur zum päpstlichen Kaplan ernannt, auf welche Würde der Herzog später verzichtete;

gest. in Landshut am 21. Dez. 1310[1]);

begr. in Seligenthal.

Gemahlin:

Judith, Tochter Herzogs Boleslaus III (Sapiens Gloriosus Bellicosus Locuples) von Schweidnitz in Schlesien, geb. um das Jahr 1280, vermählt zu Schweidnitz (?) im Jahre 1297[2]), gestorben in Landshut am 15. Septbr. 1320[3]), begr. im Seligenthaler Erbbegräbnis an der Seite ihres Gemahles.

Kinder:

1) **Agnes,** geb. im Jahre 1301, gest. als Nonne zu Seligenthal am 7. Dez. 1316, begr. daselbst.[4])

2) **Beatrix,** geb. 1302, verm. zu Villach (?) im Sommer 1321 mit Heinrich II Grafen von Görz, welcher 1263 geb. war, 24. April 1323 zu Görz starb u. in Tarvis begraben, von hier aber nach Rosaz (?) transferirt wurde.[5])

Beatrix, Heinrich's 2. Gemahlin .(»Bellissima fanciulla«), gebar ihm 1 Sohn, starb in Landshut 29. April 1360[6]) u. ruht zu Seligenthal.

3) **Friedrich,** geb. 1303 (?)

4) **Judith,** geb. 1304 (?)

5) **Heinrich II** der Aeltere, geb. am 29. Septbr. 1305. Folgt sub V.

---

[1]) Monum. Boic. XV 546.

[2]) Continuatio Altahensis bei Bochmer (Fontes III 556). „Stephanus etc. duxit etc. filiam Pulkonis de Polan, celebratis ibidem nupciis." Demnach hätte die Vermählung und nicht bloss die Ehberedung in Polen selbst, wohl in Schweidnitz Statt gefunden. — Aber auch das Vermählungsjahr 1290 findet sich genannt.

[3]) Mon. B. XV 536.

[4]) Daselbst 547 u. 550.

[5]) Dass Heinrich nicht in Tarvis (Treviso?), sondern in Görz starb, weist G. Verci (Storia della Marca Trivigiana etc. VI 234 nach. — R. Coronimo de Cronberg (Tentamen etc. comitum et rerum Goritiae, Editio II p. 271) sagt über des Grafen Begräbnis „Cineres Henrici Tarvisio Rosatium translatos." Das scheint eher noch Rosazzo in der Provinz Udine, als das mailänd. Pfarrdorf Rosate zu sein?

[6]) Mon. Boic. a. a. O. 521, wo ihr Todes-Jahr (1360) blos als Druckfehler erscheint (XL statt LX). Denn 1359 kommt Beatrix, wie Coronimo zeigt, noch urkundlich vor. — Von der Verlobung dieser Prinzessin mit dem Kurfürsten Ruprecht I v. d. Pfalz war oben (S. 19 Note 4) die Sprache.

Niederbayern.

6) Elisabethe, geb. 1306, verl. in Passau 24. März 1311, verm. in Straubing 15. Mai 1325 mit Herzog Otto (dem Fröhlichen Lustigen, Gütigen, Kühnen) von Oesterreich, geb. im Sept. 1301[1]), gest. in Wien in der Nacht vom 16. auf 17. Febr. 1339 u. begr. im Cistercienser-Kloster Neuberg in Steiermark (Grabschrift daselbst)[2]), nachdem er ebevor bei den Augustinern in Wien beigesetzt worden, als dessen erste Gemahlin.

Elisabethe, welche ihm 2 Söhne geboren, starb in Wien 25. März 1330[3]) u. ruht an der Seite ihres Gemahls.

7) **Otto IV**, geb. am 3. Januar 1307. Folgt sub VI.

8) **Ludwig**, geb. 1308 (?)[4])

V. Heinrich II. Regiert vom 21. Dez. 1310 in Gemeinschaft mit s. Bruder Otto IV und s. Oheim Otto III bis zum Tode des Letztern 9. Sept. 1312, von da ab gemeinsam mit dem Bruder Otto IV und dem Vetter Heinrich III bis zur Theilung vom 7. Aug. 1331[5]), der s. g.

Vierten bayerischen Landestheilung
vom 7. August 1331,

wodurch Heinrich II Landshut Straubing Schärding Pfarrkirchen etc. mit dem Sitze Landshut, Otto IV Burghausen Oetting Traunstein Reichenhall Rosenheim etc. mit dem Sitze Burghausen und Heinrich III endlich Deggendorf Landau Dingolfing Vilshofen Natternberg etc. mit dem Sitze **Deggendorf** zugetheilt erhielt.

Hievon hat man häufig die 3 dadurch entstandenen Linien nach den Hauptorten **Landshut Burghausen** und **Deggendorf** benannt.[4])

Vom 7. Aug. 1331 regiert Heinrich II allein in dem ihm zugefallenen Theile Niederbayern's (**Linie Landshut**) bis zum 6. Nov. 1332, wo er und sein Vetter Heinrich III ihre Theile zusammenwarfen, und darin gemeinschaftlich bis zum Tode des Letztern (18. Juni 1333) herrschten. Mit seinem Bruder Otto IV übernahm Heinrich II die Regierung in dem Theile ihres eben verstorbenen Vetters Heinrich III und regierte, nachdem auch Otto IV ohne Erben verschieden war, vom 14. Dez. 1334 an allein in dem wieder vereinigten Niederbayern bis zu s. eigenen Ende.

Beinamen Heinrich's II: Probus der Fromme, der Aeltere, der Zänker;
geb. in Landshut (?) am 29. Sept. 1305;
unter Vormundschaft erst s. Oheimes Otto III vom 21. Dez. 1310 bis 9. Sept. 1312, dann Herzogs Ludwig IV von Oberbayern (des nachmal. Kaisers) bis 1323 u. von 1313—17 auch unter der Herz. Rudolph's I;
zum König des deutsch. Reichs von Ludwig IV im geh. Vertrage v. 19. Nov. 1333 zu Rothenburg bestimmt, welchen aber der Kaiser bald hernach widerrief;
erbaut auf s. Heerfahrt nach Litthauen die **Bayerburg** an der Memel 1327;
gest. in Landshut am 1. Sept. 1339;
begr. in Seligenthal.

[1] Vergl. Cohn Tafel 32.
[2] Vergl. Gerberts Topographia Tom. IV I 162 u. Tab. XIII mit Abbildung der Gruft und der darin ruhenden Särge.
[3] M. B. XV 516.
[4] Die sub 3, 4 und 8 hier aufgeführten Kinder Herzog Stephan's I sind bisher von bayer. Genealogen unbeachtet geblieben. Ich gebe sie nach der Compilatio chronologica bei Oefele (II 341) mit Vorbehalt, obwohl sie auch in alten archivalischen Aufzeichnungen sich antreffen lassen und sohin mehr als Wahrscheinlichkeit für sich haben.
[5] Ihr gingen in Landshut am d. Oktob. 1324 und am 29. Juni 1329 beschworne Verträge voraus, zuerst die nächsten 2 Jahre, dann überhaupt stets ungetheilt beisammen zu bleiben.
[6] Vergl. meine Kl. Hülfsmittel beim Studium d. bayer. Gesch. S. 22.

14

Niederbayern.

Gemahlin: [1]

Margarethe, Tochter Königs Johann von Böhmen, geb. am 8. Juli 1313, verl. 12. Aug. 1322, verm. in Straubing 12. Febr. 1328[2]), gest. in Prag 11. Juli[3]) 1341 als Braut Königs Kasimir III des Grossen von Polen (seit 20. Mai d. J.), begr. im (jetzt zerstörten) Cisterz.-Kloster Königssaal bei Prag.[4])

Kinder:

1) **Johann**, geb. im Jahre 1329. Folgt sub VIII

2) **Heinrich**, geb. Ende 1330, gest. 25. April 1340 in Landshut (?), begr. in Seligenthal.[5])

VI. Otto IV. Regiert vom 21. Dezbr. 1310 bis 9. Septbr. 1312 mit Oheim **Otto III** u. Bruder **Heinrich II** gemeinschaftlich, von da bis zur Theilung vom 7. Aug. 1331 in gleicher Weise mit Bruder u. Vetter **Heinrich III**. In seinem Antheil Burghausen (daher **Linie Burghausen**) allein bis zum 14. Dez. 1334 u. im Antheil seines Vetters nach dessen Tod (18. Juni 1333) gemeinsam mit Heinrich II bis zu seinem Ableben (14. Dez. 1334).

Beinamen: der Abbacher;
geb. am 3. Januar[6]) 1307;
unter Vormundschaft erst s. Oheims Otto III (bis 1312), dann Herzogs bez. Kaisers Ludwig IV bis 1322, schliesslich s. Bruders Heinrich II bis 1326; gest. in München am 14. Dez. 1334[7]); begr. in Seligenthal.

Gemahlin:

Richarde, Tochter Herzogs Wilhelm I von Jülich, geb. am 7. März 1314, verl. in Köln im Juli 1324, verm. in (Landshut?) Mai 1325[8]), gest. am 7. März 1360, begr. in Seligenthal.[9])

Sohn:

Albrecht, geb. in Landshut um 1332, gest. daselbst jung und in Seligenthal begr.

---

[1]) Im Sommer 1313 verlobte Heinrich sich mit Judith, Tochter Königs Albrecht I v. Deutschl.
[2]) So Böhmer (a. a. O. S. 112).
[3]) Das Seligenthaler Todtenbuch hat den 9. Juli.
[4]) Nicht in Seligenthal, wie Viele annehmen.
[5]) Neuburger Copialbuch I f. 58 v. Seinen Todestag entnehmen wir dem Seligenthaler Todten-Buche, Mon. Boic. XV p. 521. Wer sollte sonst dieser „allis divinandam relictus" sein? Zwei weitere Geschwister ans. Heinrich sind allzu unbestimmt, um sie hier einzustellen.
[6]) Nach Wünsch (?)
[7]) Das Todtenbuch von Seligenthal (M. B. XV 547) hat das Jahr 1335, aber Boehmer (Wittelsbach'sche Regesten S. 127) weist dessen Unrichtigkeit nach.
[8]) Das Aldersbacher Rechnungsbuch (Quellen u. Erörterungen I 466) sagt 1324 1. März — 1325 4. Mai u. 1325 4. Mai — 1326 26. Mai: „De stewra horribibus nostris imposita in subsidium ducis Ottonis, cum duxit uxorem" u. „Item duci Ottoni ducenti uxorem in subsidium expensarum". Sonach wäre die (wohl erst später vollzogene?) Vermählung auf etwa Mai 1325 zurückzudatiren.
[9]) M. B. XV 544. Ihre von Cohn Tab. 45 angenommene 2. Vermählung mit dem Grafen Engelbert III von der Mark erscheint mir unnachweisbar.

Niederbayern.

VII. Heinrich XIV. Regiert seit 9. Septbr. 1312 gemeinschaftl. mit seinen Vettern Heinrich II u. Otto IV bis zur Theilung von 1331, durch welche er Deggendorf etc. (daher Linie Deggendorf) erhielt. Wirft 6. Nov. 1332 s. Antheil mit dem Heinrich's II zusammen und regiert jetzt mit diesem gemeinsam bis 18. Juni 1333.

Beinamen: der Jüngere der Junge, der Natternberger[1];

geb. auf Schloss Natternborg am 26. Aug. 1312;

unter Vormundschaft Herz. bez. Kais. Ludwig IV bis Jan. 1322, dann bis 26. Aug. 1330 unter der s. Vetters Heinrich II[2];

gest. auf Natternberg am 18. Juni 1333;

begr. in Seligenthal bei seinen Eltern.

Gemahlin:

Anna, Tochter Herzogs Friedrich des Schönen von Oesterreich, geb. im J. 1311, verlobt in Schaffhausen 4. Juli 1326 und vermählt vor dem 21. Sept. 1328[3]

Nach Heinrich's Tod u. kinderloser Ehe heiratete Anna 29. Sept. 1336 zu Wien den Grafen Johann Heinrich von Görz, welcher geb. war im J. 1321, in Triest 17. März 1338 starb u. in Treviso (?) begr. liegt, als dessen 2. Gemahlin.

Anna, auch in zweiter Ehe kinderlos, zog sich 1340 in das St. Klara-Kloster in Wien zurück, als dessen Aebtissin sie am 14. Dezbr. 1343 starb u. daselbst begr. liegt. (Monument ist keines mehr vorhanden.)

VIII. Johann I. Regiert vom 1. Sept. 1339 bis 20. Dez. 1340.

Beinamen: das Kind;

geb. am 29. Nov. 1329[4];

unter Vormundschaft Kais. Ludwig's IV bis zu s. Tode;

gest. in Landshut am 20. Dez. 1340;

begr. in Seligenthal.

Gemahlin:

Anna, Tochter Kaisers Ludwig IV des Bayers, geb. um 1326, verl. in Ingolstadt 16. Febr., verm. in München im Frühjahr 1339[5], gest. 3. Juni 1361 als Nonne im Cisterzienserinen-Kloster Fontenelles bei Valenciennes. (Epitaph daselbst.)[6]

Da Johann I keine Nachkommen hinterliess, fiel Niederbayern nach einer Trennung von fünf und achtzig Jahren wieder an Oberbayern zurück.

---

[1] „A castro, in quo nutritus fuerat, vocabatur etc. de Natternberckh". Boehmer Fontes I 139.

[2] Sowohl an Otto's IV, als an Heinrich's III Vormundschaft nahm von 1313—1317 auch Pfalzgraf Rudolph I Ludwig's des Bayers älterer Bruder Antheil.

[3] Boehmer (Wittelsb. Regesten S. 127).

[4] So Wünsch.

[5] Vita Ludov. IV bei Boehmer Fontes I 157. Vergl. oben S. 10 Nr. 8. Klöden (a. a. O. IV 77) lässt Johann auch mit Königs Kasimir von Polen ältester Tochter Elisabethe verlobt werden, der frühern Braut Ludwig's des Römers. Vergl. unten die Linie Brandenburg sub II.

[6] Vergl. oben S. 10 Nr. 8.

Niederbayern mit Holland.	Pfalz a. Rh.

Brandenburg.

B. Brandenburg 1323—1373.

Diese (streng genommen) nicht hieher gehörige Nebenlinie einiger bayer. Wittelsbacher darf desshalb nicht übergangen werden, weil dieselben auch in Bayern eine Zeitlang (mit-)regiert haben.

Es ist bekannt, dass Kaiser Ludwig IV nach dem Tode des letzten Markgrafen Waldemar die Mark **Brandenburg** Anfangs März 1323 seinem erstgebornen Sohne Ludwig V verlieh, welcher davon den Namen der Brandenburger erhielt.

Als nun Kaiser Ludwig 1347 starb, regierte **Ludwig V** zugleich mit seinen 5 jüngern Brüdern in sämmtlichen vom Vater hinterlassenen Landen, bis ihm durch die am 13. Sept. 1349 erfolgte allgem. Theilung **Brandenburg** mit **Oberbayern** (u. dem 1342 erheirateten **Tirol**) zufiel. Diese Länder bildeten die eine grosse Theilungs-Hälfte für Ludwig V und dessen Brüder **Ludwig VI u. Otto V.** während die **andere Hälfte**, nämlich **Niederbayern** und die **holländischen** Provinzen als gemeinsamer Antheil den Brüdern **Stephan II, Wilhelm I** und **Albrecht I** zufiel. Vergl. oben S. 12 u. 14.

Am 10. Novbr. 1350 nahmen Ludwig V, Ludwig VI u. Otto V unter sich einen Provinzen-Tausch in der Art vor, dass Ersterer auf 6 Jahre **Oberbayern** mit **Tirol** erhielt, während **Brandenburg** an Ludwig VI u. Otto V kam. Ein neuer Vertrag vom 24. Dez. 1351 bestätigte diesen Tausch für immer.

Acht Jahre nach Ludwig's VI Tod trat Otto V Brandenburg am 15. Aug. 1373 verkäuflich an Kaiser Karl IV ab, womit dieses Land für das Haus **Wittelsbach** auf immer verloren ging. Mit Otto V erreichte denn auch die **brandenburg'sche Nebenlinie** ihr rasches Ende.

(Steph. II Wilh. I Albrecht I 1349—53.	Rudolph II 1338—53. Repr. I Repr. II 1336—53.	**I. Ludwig V.** Regiert in Brandenburg vom Anfange März 1323 bis 11. Okt. 1347 allein, von da bis 13. Sept. 1349 gemeinschaftlich mit allen seinen Brüdern, u. vom 13. Sept. 1349 bis 10. Nov. 1350 bez. 24. Dez. 1351 mit den Brüdern Ludwig VI u. Otto V.

Das Nähere über Ludwig V den Brandenburger ist oben S. 12, 14 u. 16 nachzusehen.

Ober- bayern mit Tirol.	Niederbayern mit Holland.	Pfalz a. Rh.
Ludw. V 1350/1 — 1361.	{ Stephan II { Wilhelm I { Albrecht I	Rud. II 1338— 1353.
Main- hard 1361— 1363.	1349—1353. Nieder- bayern- Landshut.	Rupr. I 1353— 1390.
Stephan II 1343— 1375.	Stephan II 1353— 1375.	Wilh. I 1353— 1358. Albr. I 1358— 1404.

Brandenburg.

II. Ludwig VI. Regiert in Brandenburg mit seinem Bruder Otto V vom 10. Nov. 1350 bez. 24. Dez. 1351 bis zu seinem Tode, 17. Mai[1] 1365.

Beinamen: der Römer, der Jüngere;

geb. in Rom am 7. Mai 1328;

gest. in Berlin am 17. Mai 1365;

begr. daselbst in der Franziskanerkirche zum grauen Kloster an der linken Seite des Hochaltars. (Ehem. Grabschrift daselbst.)[2]

Gemahlinen:

I. **Kunigunde,**[3] Tochter Königs Kasimir III des Grossen von Polen (des letzten Piasten), geb. um das Jahr 1334, verl. in Krakau am 1. Jan. 1345, verm. daselbst vor dem 10. Mai 1352, gest. zu Berlin im Jahre 1357 und dort im grauen Kloster neben ihrem Gemahle begr. (Ehem. Grabinschrift.)[4]

II. **Ingeburg,** Tochter Herzogs Albrecht I des Grossen von Meklenburg, geb. um 1340 u. erst für Ludwig's VI Bruder Otto V bestimmt, mit Ludwig selbst verl. am 25. Juli 1357, verm. in Berlin (?) am 15. (?) Febr. 1360, gest. nach dem 25. Juli 1395[5]), begr. zu Itzehoe.

Ingeburg hat sich bald nach Ludwig's Tod (1366) mit dem Grafen Heinrich II (dem Eisernen) von Holstein vermählt, welcher um 1317 geb. war[6]), zwischen dem 9. Novbr. 1384 u. 12. Juni 1389[7]) starb u. zu Itzehoe in der gräfl. Erbgruft begr. liegt.[8]

Die 2. Ehe Ingeburg's war mit 3 Söhnen und 1 Tochter gesegnet.

---

[1] Mon. Boic. XV 523. Todtenbuch von Seligenthal.

[2] Abgedr. in L. v. Ledebur's Archiv etc. I S. 44. Vergl. J. J. Bellermann Das graue Kloster in Berlin. Erstes Stück S. 55, und K. F. Kliden Diplomat. Gesch. des etc. Markgrafen Waldemar IV 305 etc.

[3] Am 20. Juni 1335 hatte sich Ludwig in Königsberg mit Elisabethe ältester Schwester Kunigunde's verlobt, aber diese Heirat kam nicht zu Stande. Kliden a. a. O. IV 7 u. 75. Elisabethe, hierauf angebliche Braut des letzten niederbayer. Herzogs Johann, heirathete 1343 den Herzog Boguslav von Pommern-Wolgast.

[4] Bei L. v. Ledebur a. a. O., bei K. F. Kliden a. a. O. IV 282 etc.

[5] Nordalbingische Studien V 209.

[6] Nordalbingische Studien III 194. Vergl. W. Junghans Graf Heinrich der Eiserne von Holstein S. 2 f.

[7] Nordalbingische Studien V 208. Vor dem 17. April 1390, sagt Junghans.

[8] So W. E. Christiani Gesch. der Herzogth. Schleswig u. Holstein III 272 nach dem Presbyter Bremensis, aber Junghans sagt: „Kein Stein zeigt uns den Ort an, wo er Ruhe fand."

Ober-bayern mit Tirol	Nieder-bayern Landshut	Straubing-Holland	Pfalz a. Rh.
Ludw V 1349/1-1361.	Stephan II 1353-1375.	Wilh. I 1353-1358.	Rud. II 1356-1353.
Main-hard 1361-1363.		Albr. I 1358-1404.	Ruyr. I 1353-1390.
Stephan II 1363-1375.			

Brandenburg.

III. Otto V. Regiert in Brandenburg allein vom 17. Mai 1365 bis zu deren Verkauf an Karl IV 15. Aug. 1373.

Beinamen: Finnius Ignavus, der Faullenzer der Faule der Finne; der Verschwender; der Jüngere;

geb. in München 1340/42[1]);

unter Vormundschaft seines Bruders Ludwig V bis 24. Dezbr. 1351, von da bis 1360 unter der seines Bruders Ludwig VI;

kehrt nach dem Verkauf der Mark Brandenburg wieder heim und nimmt für sein bayer. Land „vor dem Walde" Antheil an der Regierung der Brüder Stephan III, Friedrich u. Johann II (vergl. oben S. 20);

gest. auf dem Schlosse Wolfstein a. d. Jsar am 15. Novbr. 1379;

begr. in Seligenthal.[2])

Gemahlin:[3])

Katharina, Tochter Kaisers Karl IV, geb. zu Prag im Aug. 1342, versprochen daselbst mit Otto V am 30. Januar 1366, verm. vor dem 1. Nov. gl. J.[4]), gest. in Wien am 26. April 1395, begr. im Dome daselbst zu St. Stephan.

In erster Ehe hatte Katharina den Herzog Rudolph IV (den lästigen Sinnreichen etc.) von Oesterreich nach Ostern 1358[5]) zu Prag geheirathet. Rudolph war geb. am 1. Nov. 1339, starb am 27. Juli 1365 in Mailand u. wurde allda bei St. Giovanni (in Concha) beigesetzt, später aber nach St. Stephan in Wien transferirt, wo ihm u. seiner Wittwe Katharina an der Epistelseite des Frauen-Altars ein schönes Denkmal gesetzt ward.[6])

Beide Ehen Katharine's blieben kinderlos.

---

[1]) Zirngibl (Lebensgesch. Ludwig d. Baiers S. 485) lässt Otto im Mai 1344 geboren sein.

[2]) A. Mayer (in s. Gesch. d. Münchner Frauenkirche S. 34) lässt Otto bei U. L. Frau begraben sein. Für Seligenthal sprechen triftigere Gründe, z. B. das noch in Abschrift vorhandene Epitaph aus Seligenthal. Vergl. die Mon. Boic. XV 543. So sagt auch H. Ziegler in s. Reim-Chronik (Codex bavar. 1600 hiesiger Hof- u. Staats-Bibliothek):

Herzog Otten Bildnus man sieht,
Wer zu Landshut ist wohl bericht,
Wol auf Sant Martins Khirchhoff zwar,
Wenig leudt nemen Solches war!

Das ist 1561 u. wird von Arrodes bestätigt. Hat sich hievon — die Sache wäre doch interessant — gar nichts erhalten??

[3]) Zuerst war die Herzogin Ingeburg von Meklenburg für ihn bestimmt (siehe oben S. 109); am 26. Juli 1358 wurde er dann mit Elisabethe, Tochter Herzogs Boguslav von Pommern a. am 18. März 1363 mit Elisabethe der jüngern Schwester seiner Gemahlin Katharina verlobt, musste sich aber schliesslich mit der ältern Schwester begnügen.

[4]) Cohn hat auf Tafel 43 u. 46 den 19. März 1366 u. Pelzel (Karl IV II 766 f.) gar den 27. Febr. gl. J. Allerdings heisst der Kaiser bereits am 1. Nov. 1366 Otto s. Tochtermann u. s. Tochter dessen eheliche Wirthin, aber Klüden IV 308 ff. findet letztere erst im Juni 1370 urkundlich als Frau bezeichnet.

[5]) Dr. A. Huber (Rudolph IV S. 13). Die Verlobung geschah im Juni 1348 zu Seefeld.

[6]) Beide ruhen in der s. g. neuen Gruft. Die Inschrift des Denkmals ist abgedr. bei Fr. Tschiska Die Metropolitan-Kirche zu St. Stephan 1843 S. 116. Eine Abbildung des Denkmals bringt derselbe Autor in seinem 1832 über die St. Stephans-Kirche erschienenen Buche auf Kupfertafel 35. Vergl. Gerbert's Topographia IV I 171 f. u. die Tafeln XV, XVI u. XVII.

Ober-
bayern
mit
Tirol.

Bran-
den-
burg.

Strau-
bing-
Holland.

Pfalz
a. Rh.

Bayern-Landshut.

C. Bayern-Landshut 1353 resp. 1392—1503.

Diese Linie gieng aus der sechsten bayer. Landestheilung vom 3. Juni 1353 (vergl. oben S. 18) hervor, welche die drei Brüder **Stephan II, Wilhelm I** u. **Albrecht I** dergestalt unter sich vorgenommen, dass die beiden Letzteren einen Theil von **Niederbayern** mit der Hauptstadt **Straubing** nebst den holländischen Provinzen erhielten, während Stephan II den andern Theil Niederbayern's mit **Landshut** als Hauptstadt bekam. Nach seinem Tode regierten seine Söhne **Stephan III, Friedrich** u. **Johann II** die väterlichen Lande eine Zeit lang gemeinschaftlich, bis die Theilung vom 19. Nov. 1392 eine neue selbstständige Linie Landshut bildete, die nunmehr ununterbrochen bis 1503 fortdauerte, in welchem Jahre sie mit Herzog **Georg** ausstarb. Die landshutischen Lande fielen mit Ausnahme der durch den Kölner-Spruch davon abgelösten s. g. jungen Pfalz (Herzogthum Neuburg) an die **Münchner-** oder **Hauptlinie** zurück. Beträchtliche Gebietstheile giengen indess an Oester-reich, Wirtemberg, die Reichsstadt Nürnberg etc. verloren.

Ludw. Ludw. Wilh. I Rud. II
V   VI u. 1353— 1358·
13ᵐ/ₐₐ Otto V 1358. 1353.
—1361 13ᵐ/ₐₐ Albr. 1 Rupr. 1
Main- —1365 1358— 1353—
hard resp. 1404. 1390.
1361— 1375.
1363.

I. Stephan II mit der Hafte.

Regiert mit den Brüdern **Wilhelm I** und **Albrecht I** vom 13. Sept. 1349 bis 3. Juni 1353 in Niederbayern u. in den holländischen Provinzen. Von da bis 13. Jan. 1363, an welchem Tage er nach seines Neffen **Mainhard** Tod Oberbayern mit Tirol an sich nahm, bis zu s. eigenen Ableben (19. Mai 1375) in Niederbayern-Landshut, sowie in den letztgenannten Ländern. (Vergl. oben S. 16, 18 u. 20.)

Bayern- Bayern-
landsh-   Mün-
stadt.   chen.

Steph. Joh. II Albr. 1 Rupr. 1
III 1392— 1358— 1353—
1392— 1397. 1404. 1390.
1413.   Rup. II
             1390—
             1398.

II. Friedrich.

Regiert in den vom Vater (**Stephan II**) hinterlassenen Ländern mit den Brüdern **Stephan III** u. **Johann** vom 19. Mai 1375 bis 29. Sept. gl. J., an welchem Tage Ex-Kurfürst **Otto V** von Branden-burg mit seinem **oberpfälzischen** Gebiete in gemeinsame Regierung mit den 3 Brüdern u. bez. Neffen trat. (Vergl. oben S. 20.)

Unterm 19. Nov. 1392 fand eine neue Theilung der 3 Brüder Statt, in Folge deren Friedrich das gesammte **Landshuter-Niederland** erhielt. Er ist sonach der eigentliche Begründer der **Linie Landshut** u. regierte in s. Theile bis zum 4. Dez. 1393.

112

Bayern-Landshut.

Beiname: Prudens der Weise der Kluge,[1] Landshutensis;
geb. um 1339;
gest. in Budweis am 4. Dez. 1393[2];
begr. in Seligenthal.[3] (Ehemal. Epitaph daselbst.)

Gemahlinnen:

I. **Anna**, Tochter des Grafen Berthold VII, genannt von Neyffen, Grafen v. Graisbach u. Marstetten, geb. im Sommer 1327, verl. in Würzburg 11. Dezbr. 1342, verm. in Reichenhall 15. März 1360 (?), gest. in Landshut (?) 15. Oktob.[4] 1380, begr. in Seligenthal.

II. **Magdalena**, Tochter Herzogs Barnabas Visconti von Mailand, geb. um 1366 (?), verm. in Landshut 2. Sept. 1381, gest. in Burghausen, 24. August 1404, begr. im Cistercienser. Kloster Raitenhaslach. (Plafond-Gedenktafel rechter Hand daselbst.)

Kind Friedrich's erster Ehe:

1) **Elisabethe**, geb. 1361, verl. in München 18. Februar 1367, verm. bald darnach in Mailand (?) mit Marco Visconti, dem Sohne Herzog Barnabas von Mailand, welcher in Mailand 3. Januar 1382 starb u. dort bei S. Giovanni (in Concha) neben s. Vater (der daselbst ein prachtvolles Monument hat)[5] begraben liegt.

Elisabethe, welche ihrem Gemahl nur eine Tochter geboren, starb in Mailand 17. Jan. 1382 u. ruht neben demselben bei S. Giovanni.

Kinder zweiter Ehe:

2) **Elisabethe** (genannt die »schöne Else«), geb. im Jahre 1383, verm. in Schongau 18. Septbr. 1401[6]) mit dem dortmaligen Burggrafen von Nürnberg Friedrich VI, nachberigem ersten Kurfürsten von Brandenburg aus dem Hause Hohenzollern, geb. in Nürnberg 21. Sept. 1372, gest. in Kadolzburg 21. Septbr. 1440, begr. in burggräfl. Erbbegräbnisse des Cistercienser-Klosters Heilsbronn. (Gedächtnisstafel an der dritten Säule rechts daselbst.)

Elisabethe, welche ihm 4 Söhne u. 7 Töchter gebar, starb in Ansbach 13. Nov. 1442 und ruht neben ihrem Gemahle.[7]

3) **Margarethe**, geb. 1384, gest. in Burghausen in früher Jugend, begr. im Kloster Raitenhaslach. (Rechte Gedenktafel daselbst.)

4) **Heinrich XVI** geb. im Jahre 1386. Folgt sub IIIb.

5) **Magdalene**, geb. 1388, verl. in Hall bei Innsbruck 18. Dezbr. 1403, verm. in Salzburg (?) um Pfingsten 1404 mit Johann Mainhard (VII) Pfalzgrafen zu Kärnthen u. Grafen von Görz und Tirol, welcher 1378 geb. war, vor dem 22. Mai 1430 starb u. (wo?) begr. liegt.

Magdalene, des Pfalzgrafen erste Gemahlin, gebar demselben 2 Söhne (?), starb in Burghausen (?) im Jahre 1410 u. ruht zu Raitenhaslach. (Rechte Gedenktafel am Plafond daselbst.)

6) **Johann**, geb. 1390, gest. im Schlosse Burghausen 20. Dezbr. 1396, begr. in Raitenhaslach (die gleiche Gedenktafel.)

---

[1] Von ihm singt H. Ziegler's Reim-Chronik:
> Ein gescheider Fürst ward Friderich,
> Daher man noch sagt, Hertzog Fritz
> War klug, Pflag alle Zeit den Witz etc.

Vergl. J. Staindel bei Oefele I 529.

[2] Chronic. Salisburgense bei H. Pez SS. RR. Austr. I 431. Die Augsburger-Chronik eines Ungenannten, dann die des Rock. Zink (B. I 96 u. B. II 45 der schwäb. Städte-Chroniken) sprechen sogar von Vergiftung in Prag, von wo Friedrich auf der Heimkehr begriffen war. Vergl. Ladislaus Sunth. (Oefele II 547) u. a. w.

[3] A. Mayer (Gesch. d. Münchner-Frauenkirche S. 34) lässt ihn in München bei U. L. Frau begr. sein. Auch hier (vergl. oben S. 110 Note 2) ist unsere Annahme durch gute Gründe zu belegen, hauptsächlich durch die aus Seligenthal 1581 nach München gekommene Epitaph-Abschrift. — Vergl. Monum. Boica XV 546.

[4] Das Seligenthaler Nekrologium hat den 17. Oktob. Der 15. ist urkundlich.

[5] Vergl. Storia di Milano del conte P. Verri I 457.

[6] A. Fr. Riedel Geschichte des preussischen Königshauses I 409. Ohne Beleg sagt M. Frhr. v. Freyberg (B. I seiner Gesch. d. bayer. Landstände S. 354), dass die Vermählung am 16. Oktob. 1401 zu Landshut gefeiert worden.

[7] Vergl. in Frh. H. v. Stillfried's Alterth. u. Kunstdenkmalen des etc. Hauses Hohenzollern die Münsterkirche Heilsbronn fol. VI. Die Gedächtniss-Tafel ihres Gemahls ist daselbst f. IV abgedruckt. Im nämlichen Werke (Neue Folge der Alterthümer des H. Hohenzollern B. I findet sich das herrliche (gleichzeitige) Bildniss Elisabethe's u. ihres Gemahls, beide im Betschemmel knieend.

Bayern-Ingolst.	Bayern-München	Strau-bing-Holland	Kur-Pfalz	Neu-burg-Ober-pfalz	Mün-mers-Zweybr.-Veldenz	Lan-bach
Steph.	Joh. II	Albr. I	Rup. II	Johann	Steph.	Otto I
III	1392—	1358—	1390—	1410—	1410—	1410—
1392—	1397.	1404.	1398.	1443.	1459.	1461.
1413.	(Ernst	Wilh.	Rupr.	Chri-		
Ludw.	Wilh.	II	III	stoph		
VII	III	1404—	1394—	1443—		
1413—	1397—	1417.	1419.	1448.		
1447.	1435.	Joh.	Ludw.			
		III	III			
Ludw.	Ernst	1417—	1410—			
VIII	1435—	1425.	1436.			
1443—	1438.		Ludw.			
1445.	Adolph		IV			
	1435—		1436—			
	1441.		1449.			
	Alb. II		Friedr.			
	(III)		I			
	1438—		1449—			
	1460.		1476.			

Bayern-Landshut.

III. Heinrich XVI. Regiert vom 4. Dezbr. 1393 bis 30. Juli 1450.

Beinamen: der Reiche, Niger der Schwarze;

geb. im Jahre 1386;

unter Vormundschaft seiner Oheime Stephan III u. Johann II vom 11. Febr. 1394 bis 1404;

gest. in Landshut am 30. Juli 1450;

begr. in Seligenthal.

Wahlspruch: »Walt Gott«.

NB. Des Herzogs gleichzeitiges Bildniss (1420—30) ist doppelt in einem von ihm gestifteten Altar-Bild erhalten, das eine Zeit lang sich im Saal IV der Gothik des Münchner-National-Museums befand, jetzt aber wieder in die St. Georg's-Kapelle auf der Trausnitz zurückgebracht wurde. Vergl. Lieferung I der Alterth. und Kunst-Denkmale des b. Herrscher-Hauses, v. Hefner-Alteneck's Trachten etc. II Tafel 175 u. E. Förster's Denkmale d. Kunst Bd. IV Abthlg. 3 S. 21 ff. u. die dazu gehörigen Tafeln. — In der Ahnen-Gallerie zu Schleissheim ist sub Nr. 365 eine den Herzog Heinrich vorstellende Kopie zu sehen. Hister. Werth hat sie entschieden wohl noch nicht?

Gemahlin:[1]

Margaretha, Tochter Herzogs Albrecht IV (Mirabilia mundi etc.) von Oesterreich, geb. im Jahre 1395, verl. in Wien 14. März 1405, verm. in Landshut 25. Nov. 1412, gest. in Burghausen 24. Dezbr. 1447, begr. in Raitenhaslach vor dem hl. Kreuz-Altar. (Rechte Gedenktafel am Plafond u. ehemal. schönes Marmor-Monument daselbst.)

Kinder:

1) **Johanna**, geb. im Jahre 1413, verl. in Heidelberg 11. Dez. 1429, verm. in Burghausen Mitte Jan. 1430[2]) mit dem Pfalzgrafen Otto I von Mosbach, geb. in Mosbach 24. Aug. 1390, gest. im Benediktiner-Kloster Reichenbach in der Oberpfalz 24. Aug. 1461 u. daselbst begr.

Johanna gebar ihrem Gemahle 4 Söhne und 5 Töchter, starb 20. Juli 1444 in Mosbach und liegt in der Stiftskirche daselbst begr. (Denkmal mit Inschr.) Das Nähere über beide Gatten vergl. unten bei den pfälz. Nebenlinien II B sub I.

2) **Albrecht**, geb. im Jahre 1414, gest. in Burghausen um das Jahr 1416, begraben in Raitenhaslach. (Linke am Plafond befindl. Gedenktafel daselbst.)

---

[1] Herzog Heinrich hatte auch zwei natürl. Töchter, Elisabetha u. Barbara, deren Aufnahme in ein Kloster das Basler-Concil am 28. Sept. 1436 dem Bischofe von Freising „bei Nachsicht des Mangels ehelicher Geburt" anbefahl.

[2] Die Ehe-Beredung hatte in Nürnberg am 28. Nov. 1429 Statt.

Bayern-München.	Kur-pfalz.	Simmern-Zweybrücken-Veldenz.	Mos-bach.

3) **Friedrich**, geb. im Jahre 1415, gest. 7. Juni 1416 in Burghausen[1], begr. in Raitenhaslach. (Gleiche Gedenk-Tafel, wie oben (S. 113) sub 2 bei seinem Bruder Albrecht.)

4) **Ludwig IX**, geb. am 23. Febr. 1417. Folgt sub IV.

5) **Elisabethe**, geb. im Jahre 1419, verl. in Nürnberg 9. Septbr. 1444 mit dem Grafen Ulrich V (dem Vielgeliebten) von Wirtemberg, der sie 7. Febr. 1445 zu Stuttgart als seine 2. Gemahlin heimführte.[2]

Ulrich, dem sie 2 Söhne u. 1 Tochter gebar, erblickte das Licht der Welt um das Jahr 1412, starb in Leonberg 1. Sept. 1480 u. ruht in der Stiftskirche zu Stuttgart. (Epitaph und Standbild daselbst.)

Elisabethe starb zu Landshut 1. Jan. 1451 u. ruht neben ihrem Gemahle. (Denkstein mit Epitaph daselbst hinter dem Altare.)[3]

Elisabethe sollte nach zu Landshut 10. Febr. 1427 gemachter Ehe-Beredung mit dem jungen Pfalzgrafen Friedrich (I) verheiratet werden. Die Sache zerschlug sich aus nicht näher bekannten Gründen. Vergl. oben S. 35. (Statt Elisabethe wird auch ihre gleich folgende Schwester Margarethe für dieses Vermählungs-Projekt genannt.)

6) **Margarethe**, geb. 1420, gest. im Kloster Seligenthal, wo sie in jugendl. Alter den Schleier genommen (wann?) u. daselbst begraben liegt.

Albr. II (III) (der Fromme) 1438—1460.	Friedr. I (der Siegreiche) 1449—1476.	Stephan 1410—1459.	Otto I 1410—1461.
Joh. IV. u. Sigm. 1460—1463.	Phil. (der Aufrichtige) 1476—1508.	Sim- mern- Spon- heim. Simm- Nassau- Spon- heim. Veldenz.	Otto II 1461—1490.
Sigm. 1463—1465.		Friedr. Ludw. I (der der Hunds- Schwarz- rücker) zc) 1459— 1459— 1480. 1489.	
Sigm. Albr. III (IV) 1465—1467.			
Albr. III (IV) (der Weise) 1467—1508.			

IV. Ludwig IX. Regiert vom 30. Juli 1450 bis 18. Jan. 1479.

Beinamen: Dives der Reiche, Pacificus der Friedstifter, der Grosse, der »deutsche Herkules«, der »mächtige Herzog« etc.;

geb. in Burghausen am 23. Febr. 1417;

stiftet die Universität Ingolstadt am 26. Juni 1472;

gest. am 18. Jan. 1479[4] in Landshut;

begr. in Seligenthal.[5]

NB. Kopie in der Schl. Gall. sub Nr. 366, dann Bronce-Statue auf dem Dreifaltigkeits-Platte in Landshut, modellirt von Fr. Brugger u. gegossen von F. v. Miller in München und vergoldetes Standbild im Münchner Thronsaale.

---

[1] Oberb. Arch. II 124 (zur Gesch. des Schlosses Burghausen von Obernberg.)

[2] Cod. Bavar. 3025 a (Augsburger Chronik p. 27.) „Die hochzeit was an der herren fasnacht."

[3] Abgedr. bei Tiedemann a. a. O. S. 17. Vergl. oben S. 26 u. 31.

[4] So urkundlich.

[5] Sein wortkarges Epitaph ist uns in einem Seligenthaler-Archivale des Münchner-Reichsarchivs mit dem richtigen „dies Priscae" erhalten.

Bayern-Landshut.

Gemahlin:[1]

Amalia, Tochter des Kurfürsten Friedrich II (des Sanftmüthigen) von Sachsen, geb. in Meissen am 13. April 1435, verl. in Landshut 18. April 1450, verm. daselbst 21. Febr. 1452[2]), gest. in Rochlitz 18. Nov. 1502[3]), begr. im Dome zu Meissen. (Messing-Grabplatte mit Inschrift.)[4])

Kinder:

1) Elisabethe, geb. in Burghausen (?) um 1453, gest. daselbst (?) im Jahre 1457, begr. in Seligenthal.

2) Georg, geb. 15. Aug. 1455. Folgt sub V.

3) Margarethe, geb. in Amberg am 7. Nov. 1456, verm. daselbst 17. April 1474 mit dem nachmaligen Kurfürsten Philipp von der Pfalz (verlobt 23. Febr. gl. J.), gest. in Heidelberg 24. 25. Jan. 1501, begr. daselbst bei h. Geist. Ueber ihren Gemahl und ihre Familie vergl. man oben S. 35, 37, 39, 41 und 43.

4) Anna, geb. u. gest. im Jahre 1462, begr. in Seligenthal.

V. Georg. Regiert vom 18. Jan. 1479 bis 1. Dez. 1503.

Beinamen: der Mächtige, der Reiche u. s. w.;

geb. in Landshut am 15. Aug. 1455[5]);

gest. am 1. Dez. 1503 zu Ingolstadt;

begr. in Seligenthal (ehem. Grabdenkmal und Epitaph daselbst), während Herz und Eingeweide zu Ingolstadt bei U. schönen L. Frau verwahrt werden.[6])

NB. Die 3. Lieferung der Alterth. u. Kunst-Denkmale des b. Herrscher-Hauses enthält auf dem Denkmal in der Burghauser-Schloss-Kapelle die einzigen gleichzeitigen Bildnisse des fürstlichen Ehepaars. Eine Kopie davon bietet der Saal IX der Gothik im Nat. Museum dahier. Eine weitere Kopie von unbek. Hand findet sich als Nr. 367 in der Schleissh. Gall.

---

[1]) Am 21. Mai 1426 wurde der junge Herz. Ludwig mit Anna, Tochter des Kurf. Friedrich I von Sachsen verlobt, welche 1431 den Landgrafen Ludwig II (d. Frommen) von Hessen heiratete.

[2]) Arnoden's summar. Arch. Beschrbg. datirt den Herzogs Morgengab-Brief für Amalia auf den Aschermittwoch. Nach Inhalt der Heirats-Abrede war der 28. Febr. 1451 als Hochzeitstag bestimmt gewesen.

[3]) Joh. Joach. Müller's Staats-Cabinet, Erste Eröffnung S. 539 f.

[4]) Abgedr. in der Thrringia Sacra p. 944 u. in Sam. Zeyher's Monumenten daselbst abgebildet. Vergl. D. W. Lotz Kunst-Topographie Deutschlands I 437.

[5]) Oberb. Archiv Bd. IX S. 555 ff., womit die Annales Seldental. (Boehmer Fontes III 529) genau stimmen. Desgleichen eine Urkunde Herzog Ludwig's vom näml. Tage im Neuburger Copialb. 34 beim Münchner-Reichs-Archive u. die gleichzeitige histor. Notiz in den Mon. Boic. XV 558. Der junge Herzog wurde noch an seinem Geburtstage bei St. Martin getauft.

[6]) Vergl. den Salzb. Kalender f. kathol. Christen v. 1858. S. 124 f. Der Wappenschild auf dem ehemal. Seligenthaler-Denksteine hat sich in kolorirter Abbildung nebst den Inschriften in einem Seligenthaler-Archivale des Reichs-Archivs erhalten.

13*

Bayern-München.	Kur-pfalz.	Sim-mern-Sponh.	Zweybr.-Veldenz.	Hos-bach.
Albr. III(IV) 1467—1508.	Philipp 1476—1508.	Friedr. 1459—1480. Joh. I 1480—1509.	Ludw.I 1459—1489. Kaspar 1489—1490. Alexander 1489—1514.	Otto II 1461—1499.

Bayern-München.	Kur-pfalz.	Sim-mern-Spanh.	Zweibr. Tab-denz.	Ans-bach.
Albr. III (IV) 1467– 1508.	Phil. 1476– 1508.	Fried. I 1459– 1480. Joh. I 1480– 1509.	Ludw.I 1459– 1489. Kaspar 1489– 1490. Ale-xander 1489– 1514.	Otto II 1461– 1499.

Bayern-Landshut.

Gemahlin: [1]

Hedwig, Tochter des Königs Kasimir IV von Polen aus dem Stamme Jagello's, geb. am 21. Sept. 1457, verl. 31. Dezbr. 1474 bez. 5. Febr. 1475, verm. in Landshut 14. Nov. 1475, gest. in Burghausen 18. Febr. 1502, begr. in Raitenhaslach. (Rechte Gedenktafel am Plafond daselbst.)

Kinder:

1) **Ludwig**, geb. Ende des Jahres 1476, gest. im Jahre 1500, begraben in Seligenthal.

2) **Ruprecht**, geb. im Jahre 1477, gest. in früher Jugend (wann?) begr. in Seligenthal.

3) **Elisabethe**, geb. im Jahre 1478, verm. in Heidelberg 10. Febr. 1499 mit dem Pfalzgrafen Ruprecht (Virtuosus dem Tugend-haften etc.), welchem sie 4 Söhne gebar, 15. Sept. 1504 in Landshut starb u. in Seligenthal begr. liegt.

   Ueber den Pfalzgrafen Ruprecht und dessen Kinder ver-weisen wir auf oben S. 37 Nr. 3 a, b, c u. d.

4) **Margarethe**, geb. im Jahre 1480[2], tritt, nachdem aus ihrer 1491 mit dem Landgrafen Wilhelm III von Hessen pro-jektirten Verbindung nichts wurde, am 7. Septbr. 1494 als Nonne in's Dominikanerinen-Kloster Altenhohenau, flieht von da wegen Ausbruch des bayer. Erbfolgekrieges Anfangs d. J. 1504 nach Neuburg a/D., wo sie nach erlangter päpstlicher Dispens[3] in den Benediktinerinen-Orden aufgenommen und 1509 zur Aebtissin des dortigen Klosters gewählt wird, auf diese Würde 1521 freiwillig Verzicht leistet u. daselbst 6. Jan. 1531 stirbt. Sie ruhte in der ehem. Kloster-Kirche neben den hl. Hilarius.[4]

   NB. Ihr Portrait von J. v. Achen's Hand — Nr. 368 der Ahnen-Gall. — zählen wir noch nicht zu den reinen Orig. Portraits, doch kann Achen ein solches vor sich gehabt haben.

5) **Wolfgang**, geb. im Jahre 1482 (?), gest. in früher Jugend (wann?), begr. zu Seligenthal.[5]

Das landshutische Gebiet fiel nach Herzogs **Georg** Tod, wie schon oben (S. 111) bemerkt, zum grössten Theile an die **Hauptlinie Bayern-München** zurück.

---

[1] Herzog Georg's erste Braut war die böhmische Prinzessin Ludmilla, Toch-ter Königs Georg Podiebrad, welche ihm zu Prag am 8. Mai 1460 verlobt wurde u. am 30. Januar 1504 als die Gemahlin Herzogs Friedrich I von Schlesien-Liegnitz u. Brieg starb.

[2] Als Geburts-Ort der Kinder Herzogs Georg lässt sich im Allgemeinen Burg-hausen, wo Herzogin Hedwig wie eine Gefangene lebte, mit ziemlicher Be-stimmtheit annehmen.

[3] Und erfolgter Entlassung, denn sie war von Altenhohenau ohne Wissen ihrer geistlichen Obern entflohen. Neuburger Collect. Blatt 10. Jahrgg. III S. 78 f.

[4] Als die Kirche den Lutherischen eingeräumt wurde, sollen ihre Gebeine mit denen des hl. Hilarius aus den Gräbern genommen u. in einer Urne an einem bis jetzt noch nicht entdeckten Orte versteckt worden sein. Neu-burger-Collect. Blatt Nr. 4 Jahrgg. II S. 28 f.

[5] Herzog Georg hatte noch eine natürl. Tochter Namens Anna Grünbacher, welcher er in einer eigenhändig von ihm selbst geschriebenen Urkunde v. 3. März 1503 das Schloss Zangberg vermachte. Diese Urkunde wird im allg. Reichsarchive verwahrt.

Ober-bayern u. Tirol.	Nieder-bayern-Landsh.	Bran-den-berg.	Pfalz u. Rh.

Straubing-Holland.

D. Straubing-Holland 1353—1425.

Bei der schon oben (S. 18) erwähnten sechsten bayerischen Landes-theilung vom 3. Juni 1353 bekamen die Söhne **Wilhelm I** u. **Albrecht I** Kaisers Ludwig des Bayers einen Theil von **Niederbayern**, nach der Haupt-stadt **Straubing** benannt, und dazu die holländischen Provinzen. Als mit dem Tode Herzogs **Johann III** (1425) diese wittelsbachische Seitenlinie wieder erlosch, fiel Straubing an Ingolstadt, Landshut u. **München** zurück, die holländischen Provinzen aber giengen an Herzog Philipp den Kühnen von Burgund verloren.

	Ludw. V 13../u 1361.	Steph. II 1353–1375.	Ludw. VI Otto V 13../u 1365 bez. 1373.	Rup. I 1353–1390.

I. Wilhelm I (als Graf von Holland V). Regiert vom 3. Juni 1353
mit seinem Bruder **Albrecht I**[1]) gemeinschaftlich bis zum Jahre 1358.

Beinamen: der tolle Graf[2]), Furiosus, Dux freneticus etc.;

geb. am 12. Mai 1330 in Frankfurt am Main[3]);

wurde 1356 geisteskrank u. verfiel allmählig in solche Raserei, dass er im Jahre 1358 nach Quesnoy in Gewahrsam gebracht werden musste[4]); gest. daselbst am 15. April 1388[5]);

begr. zu Valenciennes in der Minoritenkirche. (Sehr schönes Denkmal von schwarzem Marmor beim Hochaltar, zugleich mit ihm u. seinem Onkel Wilhelm IV von Gräfin Margarethe ihrem Gemahle (seinem Neffen) Wilhelm VI gewidmet, mit Inschrift.)[6])

Gemahlin:

Mechtilde, Tochter Herzogs Heinrich I (des Schiefkopfs) von Lan-caster Grafen von Derby u. Linkoln, geb. im Jahre 1339, verm. in London im Sommer des Jahres 1352[7]), gest. im Jahre 1362[8]), begr. im Benediktinerinen-Kloster Rhijnsburg bei Leyden.

---

[1]) Seit 12. Oktbr. 1354 war Albrecht speciell Statthalter in Niederbayern. Seine mit dem Bruder Wilhelm I als gemeinschaftlich bezeichnete Regierung in Holland kann höchstens nominell als solche betrachtet werden. Die holländ. Provinzen kehrten sich selbstverständlich nie an die Ländertheilungen der Söhne Ludwig's des Bayern.

[2]) „Willem van Bayeren bygenaamt de dolle Graaf." Auch „de dolle hertog" hiess er.

[3]) Vergl. den Brief der Kaiserin Margarethe bei A. Matthaei Analect. Tom. IV p. 707 in Willelmi Chronicon Monachi et Procuratoris Egmondani.

[4]) Wilhelm I kommt noch am 20. Sept. u. 20. Nov. 1357 urkundlich als Herrscher vor. Jac. de Riemer Beschryving van Gravenhaage 1730 p. 184 ff.

[5]) So Scriverius, Vinchant, Henri d'Ovterman etc. Andere haben irrthümlich 1377. Nach der Grab-Inschrift ist allein 1388 richtig.

[6]) Letztere ist abgedr. bei Henri d'Ortreman, Hist. de la ville et comté de Valenciennes p. 447 f. Sie stellt, wie schon bemerkt, Wilhelm's I Todesjahr zweifellos fest.

[7]) Der Heiratsvertrag vom 12. Nov. 1351 ist bei Rymer (a. a. O. Tom. III P. I p. 74 f.) abgedruckt.

[8]) Joh. von Leyden Chron. Hollandiae in R. I der Annales R. II. Belgic. pag. 285. Vergl. Fr. Vinchant Annales de la Province et Comté du Hainaut III 260 u. Cohn Tafel 66. — Unter solchen Umständen scheint es wohl irrig, wenn Herr Reichsarchiv-Vorstand etc. Dr. v. Löher in s. Jakobaea von Bayern (I 133) annimmt, Wilhelm's Gemahlin wäre erst nach ihm gestorben; diese selbst dann, wenn man auch, wie Goutheeren that, das „poet quatuor autem annos etc." bei Joh. v. Leyden auf Wilhelm's Tod beziehen wollte, weil Letzterer nicht 1377, sondern (vergl. oben) erst 1388 starb.

Ober-bayern u. Tirol.	Branden-burg.	Pfalz a. Rh.
Maishard	Otto V	Rup. I
1361—63.	1365—73.	1353—
Stephan II		1390.
1363—75.		Rup. II
Steph. III		1390—
Friedrich		1398.
Johann II		Rup.
1375—92.		III
		1398—
		1410.
Bayern- Bayern- Bayern-Ingolst. Landsh. Münch.		
Steph. Friedr. Joh. II		
III 1392 1392—		
1393— 1393. 1397.		
1413. Heinr. Ernst		
IV Wilh.		
1393— III		
1450. 1397—		
1435.		

Straubing-Holland.

II. Albrecht I. Regiert vom 3. Juni 1353 bezw. von Anfang 1358[1]) bis zum 13. Dez. 1404.

Geb. in München am 25. Juli 1336;

stiftet 1382 den Ritter-Orden des hl. Anton, der in Mitte des 15. Jahrhunderts noch vorkommt[2]) u. circa 1390 den Orden vom Garten[3]);

gest. im Haag (Grafenhaag) am 13. Dez. 1404;

begr. in der Hof- und Kollegiat-Kapelle, später französischen Kirche daselbst.[4]) (Ehemal. Denkmal an der Nordseite des Hochaltars.)

Gemahlinen:

I. **Margarethe** (merite dicta secunda Theodora)[5]), Tochter Herzogs Ludwig I zu Brieg in Schlesien, geb. im Jahre 1336 (?), verl. 24. März 1353 in Prag[6], verm. 19. Juli gl. Js. in Passau, gest. im Haag zwischen dem 18. u. 22. Febr. 1386, begr. daselbst in der Hof- u. Kollegiat-Kapelle, wo ihr von ihrem Gemahle an der Nordseite des Hochaltars ein prächtiges Denkmal errichtet wurde, von dem aber nichts mehr existirt.[7])

II. **Margarethe**, Tochter des Grafen Adolph V (I) von Kleve-Mark, geb. um das Jahr 1375, verl. zu Köln a Rh. 19. März 1394, vermählt daselbst 30. gl. Monats, gest. in Huis te Kleef (nach ihr so benannt) bei Harlem im Jahre 1412, begr. im Haag in dem von ihr gestifteten St. Vincenz-Dominikaner-Kloster, dessen Kirche noch jetzt die »Kloster-Kirche« heisst. (Ehem. schönes Grabmal nördl. vom Hochaltar.)

Kinder erster Ehe:[8])

1) **Johanna I**, geb. im Jahre 1356, verl. in Kempnaten 13. Juni, ratif. Prag 6. Juli 1370, verm. in Nürnberg 29. Sept. gl. J. mit König Wenzel von Boehmen (später auch von Deutschland), welcher geb. ist in Nürnberg 26. Febr. 1361, auf dem Neu-Schlosse bei Kunratz nächst Prag 16. Aug. 1419 starb und im Cisterzienser-Kloster Königsaal begr. wurde, als dessen erste Gemahlin.[9])

Johanna starb in kinderloser Ehe zu Prag (?) 31. Dez. 1386 und ruht in der Schlosskirche daselbst. (Brustbild mit Inschrift.)[10])

---

[1]) Am 23. Febr. empfieng Albrecht die Huldigung der ersten holländ. Stadt. Vergl. J. David Vaterlandsche Historie VI 403. Bis zum Tode seines Bruders Wilhelm I regierte er als dessen Stellvertreter (Ruwaard = Ruhe-Bewahrer Regent).

[2]) Vergl. unten die Anmerkung zu Jakobaea bezüglich ihres u. Frans von Borselen's Portraits im hiesigen National-Museum.

[3]) Ueber diese beiden Orden wittelsbachischer Abstammung vergl. man unsern Aufsatz im Abend-Blatte der „Neuen Münchner-Zeitung" vom 10. Juli 1861 über wittelsbachische Haus-Orden.

[4]) So genannt von den französischen Reformirten, die darin ihren Gottesdienst hielten. Die Hofkapelle ist 1642 abgebrannt u. sind wohl dabei die ältern Denkmale zu Grunde gegangen.

[5]) J. de Riemer (a. a. O. p. 269 Note c).

[6]) Nach Heinrich von Diessenhofen (Boehmer Fontes IV 88) war schon diem die Hochzeit. Dann ist wohl eine Art feierlicherer Vermählung nachgefolgt.

[7]) Vergl. Fr. Vinchant (a. a. O. III 242), wo indess 1387 steht.

[8]) Nach Wagenaar Allg. Gesch. der Vereinigten Niederlande II 54 hinterliess Albrecht auch mehrere natürliche Söhne, darunter Wilhelm ersten Herrn von Schagen. Vergl. Johann v. Leyden (a. a. O. 346), Vinchant (a. a. O. III 339) u. s. w. Ueber Albrecht's Verhältniss zu Adelheid von Poelgeest vergl. Wagenaar II 29 f.

[9]) Nach Zerstörung des Klosters durch die Hussiten wurden Wenzel's Gebeine in die Prager Schlosskirche gebracht, wo sie schon vor Beisetzung der Leiche zu Königsaal einige Zeit geruht. F. M. Pelzel Lebensgesch. etc. Königs Wenceslaus II 689 f. Vergl. oben S. 22 Nr. 3.

[10]) Diese ist abgebr. bei Pelzel cl 143).

Straubing-Holland.

Bayerns Bayern- Bayern- Kur-
Insel- Lands- Nie- pfalz.
stadt. hut. bern.

Steph. Friedr. Joh. II Rupr.
III 1392— 1392— III
1392 — 1393. 1397. 1398—
1413. Heinr. Ernst 1410.
IV Wilh.
1393— III
1450. 1397.
1435.

2) **Katharina**, geb. im Jahre 1360, verl. 1363 mit Herzog Eduard von Geldern aus dem Hause Nassau, der 12. März 1337 geb. war, nach der Schlacht bei Geilenkirchen oder Baesweiler 22. Aug. 1371 starb und im neuen Kloster zu Graventhal begr. liegt.[1]

Katharina vermählte sich hierauf nach am 7. April 1377 vorausgegangener Heiraths-Abrede den 18. September 1379 zu Geertruidenburg mit dem Markgrafen Wilhelm II von Jülich und Herzog von Geldern, der im Jahre 1364 geb. war, in Arnheim 16. Febr. 1402 starb und im Karthäuser-Kloster Monkhusen bei Arnhem begr. liegt. In dieser Ehe kinderlos, starb Herz. Katharina im Schlosse zu Hattem 10. Nov. 1400 u. ruht neben ihrem Gemahle.

3) **Margarethe**, geb. im Jahre 1363, verm. 12. April 1385[2]) zu Cambray mit Herz. Johann (dem Unerschrockenen Streitbaren Treulosen, Jean sans peur etc.) von Burgund, geb. zu Dijon 28. Mai 1371, ermordet auf der Yonne-Brücke bei Montereau 10. Sept. 1419, begr. im Chor der Karthäuser-Kirche zu Dijon. (Denkmal daselbst.[3])

Margarethe, welche ihrem Gemahle 1 Sohn u. 7 Töchter geboren, starb zu Dijon 23. Jan. 1423 u. ruht neben ihrem Gemahle.

4) **Wilhelm II**, geb. am 5. April 1365. Folgt unten sub III.

5) **Albrecht der Junge** (fälschlich mit II bezeichnet, woher denn auch die Zählung der bayer. Herzoge dieses Namens eine irrige ist)[4]), geb. im Jahre 1368, Statthalter seines Vaters in Straubing seit 1389[5]), gest. in Kelheim 21. Jan. 1397, begr. in der Karmelitenkirche zu Straubing. (Schönes gleichzeitiges Hochgrab-Denkmal daselbst.)[6])

6) **Johanna II**, geb. im Jahre 1373, verl. in Linz 25. Juni 1381, verm. in Wien 24. April 1390 mit Herzog Albrecht IV (dem Geduldigen, Mirabilia mundi etc.), welcher geb. war 21. Sept. 1377, in Kloster-Neuburg 14. Sept. 1404 starb u. bei St. Stephan in Wien begr. liegt. (Neue Inschrift in der 1754 renovirten Gruft.)[7])

Johanna gebar 1 Sohn u. 1 Tochter, starb 28. Juli 1410[8]) u. ruht neben ihrem Gemahle.

7) **Johann III**, geb. im Haag im Jahre 1374. Folgt sub IV.

---

[1] Nach Anderen starb Eduard am 24. August. Als er im Treffen den Helm momentan lüftete, traf ihn ein Pfeil aus verrätherischer Hand. Daran starb er gleich hernach. — Nach dem Tode ihres Verlobten trug Katharina auf ihrem Aermel die Inschrift: „Je suis vierge et veuve." F. Vinchant Annales etc. du Hainaut (III 337). Vergl. Wernh. Taschenmoeherai Annales Cliviae etc. p. 517 u. s. w.

[2] v. Löher's 10. April 1386 für die mittelbachisch-burgundische Doppelheirat. (B. I 146 u. 445. 7) ist unrichtig, wie den einschlägigen Quellen entnommen werden kann. v. Löher erzählt ja selbst, dass damals in Cambray noch die Vermählung Karl's VI von Frankreich (mit Elisabethe von Bayern-Ingolstadt) angebahnt wurde (I 147); aber diese Vermählung fand schon im Juli 1385 zu Amiens Statt.

[3] Vergl. die Verse bei Vinchant (IV 76).

[4] Man vergl. meine Kl. Hilfsmittel beim Studium d. bayer. Geschichte. S. 9 f.

[5] In Kurfürst Ludwig's von der Pfalz Reim-Genealogie (F. Ch. J. Fischer Novissima Script. ac Monum. RH. German. etc. Collectie I 122) heisst es ganz richtig:
Albrecht war in dem Niederlaandt,
Gubernator, starb bald zu haandt.

[6] Abgebildet im B. XIV der Monum. Boica, im Heft 3 des ersten Bandes der Verhandlungen des hist. Ver. im Unterdonaukreis, im Salzbacher Kal. für kathol. Christen v. 1849 S. 71 u. s. w. Vergl. Lad. Sunthesnius (bei Oefele II 574).

[7] Vergl. Gerbert's Topographia Tom. IV P. I 181 u. Tafel XVI f.

[8] Vergl. das Archiv f. Kunde österr. Gesch.-Quellen B. XIX p. 398.

Bayern-Ingol-stadt.	Bayern-Lands-hut.	Bayern-Mün-chen.	Kur-Pfalz.
Steph. III 1392— 1413. Ludw. VII (der Bär-tige) 1413— 1447.	Heinr. IV (der Reiche) 1393— 1450.	Ernst Wilh. III 1398— 1435.	Rup. III 1398— 1410. Ludw. III (auch der Bär-tige etc.) Blinde etc.) 1410— 1436.

Straubing-Holland.

III. Wilhelm II (als Graf von Holland etc. VI). Regiert vom 13. Dez. 1404 bis 31. Mai 1417.

Geb. im Haag (?) am 5. April 1365;

gest. in seinem Schlosse Bouchain am 31. Mai 1417[1]);

begr. zu Valenciennes bei den Minoriten (gemeinschaftl. Denkmal daselbst, zunächst ihm, dann s. Vorgängern Wilhelm IV u. Wilhelm V von seiner Gemahlin Margarethe errichtet.[2])

Wahlspruch: Evertit et aequat u. Victoria jure paratur.

Gemahlin:[3]

Margarethe, Tochter Herzogs Philipp II (des Kühnen, le Hardy) von Burgund, geb. im Oktob. 1374, verm. in Cambray 12. April 1385[4]), gest. in Quesnoy 1441, begr. in der Dominikaner-Kloster-Kirche daselbst.

Tochter:[5]

Jakobaea, geb. am 25. Juli 1401, verm.

1) im Haag 6. Aug. 1415 — nach in Compiègne 30. Juni 1406 vorausgegangener Verlobung — mit Johann Herzog von Touraine u. Grafen von Ponthieu, Sohn Königs Karl VI von Frankreich (nachherigem Dauphin), geb. in Paris 31. Aug. 1398, gest. zu Compiègne 4. April 1417, begr. daselbst bei St. Corneille.

In dieser Ehe kinderlos, vermählte sich Jakobaea nach erholter päpstlicher Dispensation vom 22. Dezemb. 1417[6])

2) im Haag 10. April[7]) 1418 (Verlobung zu Biervliet 1. August 1417 u. bürgerl. Trauung im Haag 10. März 1418) mit dem Herzoge Johann von Brabant. Derselbe war geb. 11. Juni 1403, starb 17. April 1427 in Brüssel u. ruht im Chor der St. Johanniskirche zu Tervueren bei Brüssel neben s. Vater Anton[8]).

---

[1]) So Pet. Scriverius (a. a. O. p. 119). La chronique D'Enguerran de Monstrelet, Paris 1857 (III 173), J. Bertholet, Wagenaar, Dr. H. Leo etc. M. Marchal giebt in einer Note (4) zu M. de Barante's Hist. des ducs de Bourgogne Tome IV p. 65 dem 30. Mai Edm. Dynter's den Vorzug. Den 31. Mai „ultima dies Maii" haben auch Johann von Leyden (a. a. O. 446), Joh. de Beka in A. Matthaei Analecta (Editio Secunda Tom. III 356.), Reiner Snoys (Archiatr. de Rebus Bataricis Libri XIII Francoforti 1620 p. 154) mit „pridie Calend. Junij", W. van Gouthoeven (D'oude Chronijcke ende Historien van Holland etc. tot Dordrecht 1620 p. 431) u. s. w., so dass kein Zweifel mehr sein kann.

[2]) Abdruck der Inschrift bei P. d'Ortreman Hist. de la Ville etc. Valenciennes p. 447 f. Vergl. oben S. 117. Nach David (VI 512) wurden Wilhelm's Eingeweide in Bouchain beigesetzt.

[3]) Graf Wilhelm wurde im J. 1378 mit Maria, Tochter Königs Karl V von Frankreich verlobt, welche indess schon 1377 starb. Vergl. den Heirats-Vertrag vom 3. März 1373 u. ratif. 17. Sept. 1375 bei Fr. Chr. J. Fischer Nov. SS. etc. Collectio II 60 f.

[4]) Wittelsbachisch-burgundische Doppel-Hochzeit. Vergl. S. 110 Nr. 3.

[5]) Wilhelm hinterliess nach Wagenaar (a. a. O. p. 70) 4 natürliche Kinder, 3 Söhne und 1 Tochter, aber Vinchant (IV 63) hat 2 Söhne u. 2 Töchter u. Johann v. Leyden (a. a. O. p. 347) 2 Söhne u. 1 Tochter.

[6]) Diese Dispens wiederrief der Papst (Martin V) schon am 5. Januar 1418 wieder und nahm auch diesen Wiederruf am 27. May gl. Js. wieder zurück. Es sind die betr. Urkunden bei Fr. Ch. J. Fischer (a. a. O. II 147—153) u. bei Edm. Dynter (vergl. unten Note 8) III 355—366 abgedruckt zu finden.

[7]) Vergl. Vinchant (a. a. O. 71), der den 4. April annimmt.

[8]) Vergl. unten sub IV Johann III das Grabdenkmal des Herzogs Anton, 1. Gemahls der Elisabethe von Luxemburg u. Chronique des Ducs de Brabant par Edmond de Dynter in der Bearbeitung des P. F. X. De Ram Tome III 481 f.

Straubing-Holland

	Bayern-		Kur-
Insbr. richt.	Lands- hut.	Mün- chen.	pfalz.
Steph.	Heinr.	Ernst Wilh.	Rup.
III	IV	III	III
1392—	1393—	1398—	
1413.	1450.	1397-	1410.
Lodw.		1435.	Lodw.
VII			III
1413—			1410—
1447.			1436.

Auch in dieser ihrer zweiten Ehe (die sie selbst für ungültig hielt) ohne Nachkommen, heiratete Jakobaea

3) in London im April (?)[1] 1422 den Bruder Heinrich's V von England, den Herzog Humfrid von Glocester etc., welcher um das Jahr 1391 geb. war, in der Abtei Bury St. Edmunds 23. Febr. 1447 im Gefängnisse eines plötzlichen Todes starb und in der Abtei St. Albans begr. liegt.[2]

Humfrid, der als ein für seine Zeit sehr gelehrter Fürst galt[3], hatte sich neuerdings (Sommer 1428) mit Eleonore Cobham von Sterborough vermählt, welche, der Zauberei angeschuldigt, im Gefängnisse ihr Leben geendet haben soll.

Nachdem Jakobaea's Ehe mit Humfrid geringe Anerkennung gefunden und am 13. Febr. 1425, bez. 9. Januar 1428 auch kirchlich verboten wurde, heiratete sie

4) abermals im Haag 1. Juli 1432[4] heimlich u. im Frühlinge 1434 zu St. Martinsdyk auf der Insel Tholen öffentlich den burgund. Statthalter von Holland u. Seeland General Franz II von Borselen, spätern Grafen von Ostervant Marschall von Frankreich u. Ritter des gold. Vliess- sowie des holländ. wittelsbach'schen St. Antonius-Ordens.

Franz von Borselen verschied hochbetagt im J. 1472 zu St. Martins-Dyk, wo er auch begr. liegt.[5]

In allen ihren Ehen ohne Nachkommen[6], starb Jakobaea in der Nacht vom 8. auf 9. Okt.[7] 1436 auf Schloss Teilingen im Rheinland u. ruht neben ihrem Grossvater Albrecht I im Haag in der Hof- u. Kollegiat-Kapelle. (Ihr Grabdenkmal existirt nicht mehr)[8].

NB. Abbildungen Jakobaea's u. Franz v. Borselen's — nach den Orig. im Museum zu Amsterdam — beide mit dem St. Antonius-Orden geschmückt, weist der Saal IV der Gothik im b. Nat. Museum auf)[9].

---

[1] So nach einer Note de Ram's zu Dynter (III 852 2), womit Dr. R. Pauli (Gesch. von England V 192) übereinstimmt, indem er behauptet, Humfrid habe Jakobaeen kurz vor dem Tode s. Bruders Heinrich V (gest. 31. August 1422) geheiratet. Aehnlich sagt R. Pauli in den Bildern aus Altengland S. 328. Umgekehrt meint J. David (a. a. O. VI 560), diess wäre kurz nach Heinrich's Ableben geschehen. v. Löher setzt die Heirat (II 1371 „wahrscheinlich" auf den 30. Oktober Vergl. dessen Beiträge zur Gesch. d. Jakobaea etc. Abthlg. 1 in B. X der Abhandlungen der histor. Classe der k. b. Akad. d. W. S. 50 f.

[2] Vergl. R. Pauli (a. a. O. V. 284 Note 3).

[3] Man schreibt ihm einen Traktat „Tabula Directionum" zu. Ueber Humfrid's Gelehrsamkeit u. s. w. vergl. Sharon Turner The History of England during the Middle Ages Vol. III 154 f. u. R. Pauli's Bilder etc. S. 346 ff.

[4] So v. Löher (II 487 ff.), Vinchant (IV 117) nimmt das Jahr 1433 an.

[5] In der St. Jakobs- oder s. g. grossen Kirche im Haag war mit dem Wappen anderer Vliess-Ritter auch das Franz v. Borselen's aufgehängt. Vergl. Riemer (p. 268 u. die Abbildg. 1 daselbst).

[6] Mit Bezug auf ihre 4 Ehen setzt ihr Reiner Snoys (a. a. O. p. 141) folgendes Epitaph: Quatuor ipsa viros et habens nec habens: sed iniqui Vertumnis genita, maesta Jacoba jacet.

[7] Die grosse Mehrzahl der einschlägigen Quellen stellt Jakobaea's Tod auf „St. Dionys-Abend". Sie berufen sich zum Theil auf das Nekrologium St. Mariae de Breda. Umgekehrt beruft sich David (VI 659 f. Note 4) für seinen 9. Okt. auf ein Dokument von Jakobaea's Testamenten. Ich habe beide gleich gewichtige Meinungen zu vereinigen gesucht. Ein Sonntag aber, wie v. Löher angibt (II 519) war der 9. Oktober wohl nicht, sondern ein Dienstag.

[8] Ueber das Schicksal eines in dieser Kirche befindlich gewesenen Standbildes der Fürstin vergl. Riemer (a. a. O. p. 270 f.) Ueber ihren Wahlspruch: C'est bien raison, ist v. Löher im B. X der histor. Abbildgn. Abth. 2 S. 275. nachzulesen.

[9] Vergl. v. Löher (I 464 u. II 566).

16

Bayern-		Kur-
Ingolst.	Landsh. Münch.	pfals.

Ludw.	Heinr.	Ernst	Ludw.
VII	IV	Wilh.	III
1413—	1393—	1397—	1410—
1447.	1450.	1435.	1436.

IV. Johann III. Regiert vom 31. Mai 1417 bis 6. Jan. 1425.

Beinamen: der Unbarmherzige Jean sans pitié etc.;

geb. im Jahre 1374;

erwählt z. Bischof v. Lüttich im J. 1390 (Einzug daselbst 10. Juli gl. J.);

resignirt, ohne die höhern Weihen erhalten zu haben, dieses Hochstift in die Hände des Conciliums zu Konstanz, welches ihn vom Diakonate dispensirt u. zur Verehelichung zulässt, 2d. März 1418;

gest. im Haag am 6. Jan. 1425 (an Gift);[1]

begr. daselbst in der St. Vincenz- oder Kloster-Kirche. (Kein Denkmal mehr.)[2]

Gemahlin:

Elisabethe, Tochter Herzogs Johann von Luxenburg u. Görlitz Markgrafen von Brandenburg u. der Lausitz, geb. um das Jahr 1390 (?).

In erster Ehe war sie verm. mit Anton von Burgund Herzog von Brabant, der sie zu Brüssel am 6. Juli 1409 (verl. in Prag 27. April gl. J.) als seine 2. Gemahlin heimführte. Er war geb. im J. 1384. fiel in der Schlacht bei Azincourt 25. Oktob. 1415 u. ruht im Chor der St. Johanneskirche zu Tervueren. (Denkmal, ihm, s. ersten Gemahlin u. den 2 Söhnen aus dieser Ehe 1616 errichtet.)[3]

Elisabethe, welche in dieser Ehe keine Kinder gebar, heirathet Herz. Johann III Anfangs Juni 1418, starb zu Trier 3. Aug. 1451 und ruht dort in der Klosterkirche der mindern Brüder. (Epitaph rechts vom Haupt-Altare mit Inschrift.)[4]

Nach Johann's kinderlosem Tode wurde Straubing unter die überlebenden Linien Ingolstadt Landshut u. München nach 4 Kopftheilen vertheilt, von denen 2 an die Herzoge Ernst u. Wilhelm III von München und je einer an Ludwig den Bärtigen von Ingolstadt und an Heinrich den Reichen von Landshut fielen, während, wie schon oben (S. 117) bemerkt, die holländischen Provinzen an Herzog Philipp von Burgund verloren giengen.

[1] Auch Delft wird, aber nur selten u. mit Unrecht als des Grafen Sterbe-Ort genannt

[2] Die Belehnungs-Scene in Konstanz vom Jahre 1417 im B. II S. 20 ff. (Tafel 20) u. J. H. v. Hefner-Alteneck's Trachten des christl. Mittelalters gebt nur allein unsern Herzog Johann an.

[3] Die Inschrift giebt Jean Bertholet Hist. etc. du Duché de Luxembourg etc. (VII 235 ff.) Vergl. Dynter s. a. O. III 304 u. 753.

[4] Diese ist bei Bertholet (s. a. O. p. 441 f.) abgedruckt.

Bayern-Landshut.	Wilh. ober.	Strau-bing-Holland.	Kur-pfalz.

E. Bayern-Ingolstadt 1392—1447.

Schon oben (S. 20 u. 111) ist erzählt worden, dass die Söhne Herzogs **Stephan II** am 19. Nov. 1392 Oberbayern u. den grössern Theil von Niederbayern dergestalt unter sich getheilt haben, dass dem ältern Bruder **Stephan III** ein Theil von Oberbayern mit der Hauptstadt **Ingolstadt**, dann einige Orte in der Oberpfalz zufielen, während die jüngern Brüder **Friedrich** u. **Johann II**, der eine Niederbayern mit **Landshut**, der andere die zweite Hälfte von Oberbayern mit **München** bekamen.

Stephan III eröffnete also 1392 die Linie **Bayern-Ingolstadt**, welche 1447 mit seinem Sohne **Ludwig VII** dem Bärtigen wieder ausstarb.

Friedr.	Joh. II	Albr.	Rup. II
1392—	1392—	II	1390—
1393.	1397.	1358—	1398.
Heinr.	Ernst	1404.	Rup.
IV	Wilh.	Wilh.	III
1393—	III	II	1398
1450.	1397	1404—	1410.
	1435.	1417.	Ludw.
			III
			1410—
			1436.

I. Stephan III. Regiert vom 19. Mai 1375 mit seinen Brüdern bis zur Theilung vom 19. Nov. 1392, von da ab allein in den ingolstädtischen Landen bis zum 25. Sept. 1395, wo er und sein Bruder Johann II ihre Theile zu gemeinschaftlicher Regierung wieder zusammenwarfen.

Nach Johann's Tod (8. August 1397) setzte Stephan die gemeinschaftliche Regierung mit dessen Söhnen **Ernst** und **Wilhelm III** bis zum 6. Dez. 1402 fort, an welchem Tage die beiden Linien zur Theilung des Jahres 1392 zurückkehrten. Stephan III regierte hierauf allein bis zu seinem Tode 26. Septbr. 1413.

Beinamen: der Junge[1]), der Gütige, der Kneissl Knäuffel (Kneyffel Khneipell)[2]), Ingolstadiensis, der Tapfere etc.;

geb. um das Jahr 1337;

gest. zu Niederschönenfeld am 26. Sept. 1413;

begr. daselbst, aber von seinem Sohne Ludwig VII später (1430) in die von diesem erbaute U. schöne L. Frauen-Kirche zu Ingolstadt transferirt[3]) (Gedenktafel daselbst).

Stephan's Schwur-Formel: Durch den lieben Gott.

Gemahlinnen:

I. Thaddaea, Tochter Herzogs Barnabas Visconti von Mailand, geb. um das Jahr 1350 (?), verm. 13. Oktob. 1364, gest. in München (?) 28. Sept. 1381, begr. bei U. L. Frau daselbst.

II. Elisabethe, Tochter des Grafen Adolph V von Kleve, geb. um das Jahr 1378, seit 1400 Wittwe Reinold's von Valkenburg Herrn von Borne, Sittart u. Ravenstein, welcher Elisabethe im Januar 1393 geehlicht[4]), im Jahre 1400 starb u. (wo?) begr. liegt.

---

[1]) Findet sich noch in Urkunden so genannt (im Gegensatze zum Vater).

[2]) „Kneyffel quia semper bene vestitutus incessit" sagt V. Arpekh (B. Pez Thesaur. Anecd. Tom. III P. III p. 569). Vergl. J. A. Schmeller's bayer. Wörterbuch II 372.

[3]) Und zwar in das für Ludwig selbst bestimmte Grab in Mitte der Kirche. J. N. Mederer (Gesch. v. Ingolstadt) S. 114 bezweifelt diese von J. Staindel (Oefele I 532) u. V. Arpekh (a. a. O. p. 376 u. 383) ausdrücklich behauptete Transferirung, aber wie die neuesten Erhebungen dargethan, mit Unrecht. Vergl. den Sulzb. Kalender für kathol. Christen 1856 S. 124 f.

[4]) Vergl. die Urkunde vom 9. Jan. (1393) bei Dr. Th. J. Lacomblet Urkundenbuch für die Gesch. d. Niederrheins III b. 867 f. Nr. 977.

16*

Bayern-Ingolstadt.

Elisabethe, in dieser Ehe kinderlos, vermählte sich mit Herzog Stephan zu Köln a Rh. 17. Januar 1401. Wann sie starb u. wo sie begraben liegt, ist unbekannt. (Spuren weisen auf ihre Heimat zurück.)

Kinder erster Ehe:[3]

1) **Ludwig VII** der Gebartete, geb. am 20. Dez. 1365. Folgt sub II.

2) **Elisabeth** (von den Franzosen Isabeau die Scheussliche genannt), geb. 1371, verm. in Amiens 10. Juli 1385 mit Karl VI (genannt le Bien-Aimé) von Frankreich, welcher in Paris 3. Dez. 1368 geb. war, daselbst 22. Oktob. 1422 starb u. in der Abtei zu St. Denis begr. liegt. (Ehemal. Doppel-Grabmal für ihn u. seine Gemahlin in der Kapelle Karl's V von schwarzem Marmor mit weissen Marmor-Figuren und Inschriften. Sein Herz verwahrt die Orleans-Kapelle der Cölestiner-Klosterkirche in Paris.)[2]

Isabeau hat ihrem Gemahle 6 Söhne u. 6 Töchter geboren, starb in Paris 30. Sept. 1435 u. ruht neben ihrem Gemahle. (Ihr Herz wurde gleichfalls bei den Cölestinern beigesetzt.)

II. Ludwig VII. Regiert vom 26. Sept. 1413 bis zum 4. Septbr. 1443. dem Tag seiner Gefangennahme.

Beinamen: Barbatus der Gebartete Bärtige im Bart Bärtling, der bayer. Kadmus oder Ismael, der Hoffärtige u. a. w.;

geb. am 20. Dezbr.[2] 1365;

verlobt am 27. Juni 1399 mit Johanna II, Tochter Königs Karl III (de la Paix u. le Petit) von Neapel aus dem Hause Anjou[4]);

gest. zu Burghausen auf der Veste in der Nacht vom 1. auf 2. Mai 1447; begr. zu Raitenhaslach in der Kirche des ehemaligen Cisterzienser-Klosters. (Linke Gedenktafel am Plafond der Kirche)[5].

NB. Bild in der Schleich. Ahnen-Gallerie von B. Beham Nr. 311 (ob nach einem Originale?)

---

[1] Vielfach wird noch der Regensburger Bischof Johann I (der Moosburger von 1384 bis 1409) zu den ehelichen Kindern Herzoge Stephan, aber mit Unrecht gezählt, denn er war, wie es in einem gleichzeitigen Freisinger-Codex heisst, dessen „filius illegitimus." Dass Stephan ihn Sohn, Ludwig VII öfters Bruder nannte, hängt mit Johann's hoher geistlicher Würde zusammen. Derselbe starb am 25. April 1409 u. liegt im Regensburger-Dome begr. (Ussele I 215. Vergl. J. R. Schuegraf (Gesch. d. Regensburger-Domes I 165.)

[2] Vergl. M. Felibien Hist. de l'Abbaye Royale de St. Denys p. 556. Im Jahre 1793 wurden auch die Gebeine Karl's VI u. Isabellens aus ihren Särgen gerissen u. in naben Kirchhofe in eine grosse Grube geworfen. Das Grab-Denkmal wurde dabei gründlich zerstört. Vergl. Recit Historique de la violation des Tombeaux etc. p. 15 u. ben. oben S. 70 Note 1.

[3] Nach Wünsch.

[4] Die Orig. Vollmacht zur Anwerbung dd. München 19. Juli 1396 hinterliegt im Reichs-Archive. Prinzessin Johanna heirathete bald hernach den Herzog Wilhelm von Oesterreich.

[5] Das Modell aus Solenhofer-Stein, welches der Herzog von einem unbekannten Künstler zwischen 1430 u. 1440 für s. zukünftige Grabstätte bei U. schönen L. Frau in Ingolstadt herstellen liess, kam nicht zur Ausführung, denn der dazu bestimmte rohe Marmor-Block liegt noch jetzt unbehauen in dem von Ludwig erbauten prächtigen Gotteshause. Das Modell selbst, ein wahres Meisterstück, wird im bayerischen National-Museum (Saal IV der Gothik) verwahrt u. ist in der 2. Lieferung der Alterthümer u. Kunst-Denkmale des b. Herrscher-Hauses abgebildet. Ein zweites ähnliches Relief, von dem der hiesige histor. Verein eine Photographie besitzt, ist in Form einer Steinplatte s. das s. g. Feldkirchner-Thor zu Ingolstadt eingemauert. Ueber Ludwig's Bestimmungen vom 5. Juli 1429 hinsichtlich seines eigenen Begräbnisses, sowie des seines Vaters, seiner Gemahlin Anna u. seiner beiden in Paris gestorbenen Söhne vergl. J. N. Mederer's Gesch. etc. von Ingolstadt S. 112 ff. — Ueber die von s. Gegner Heinrich v. Landshut bei Papst Nikolaus V unterm 28. Juni bereits erwirkte Genehmigung „Ludwicum sepulturae ecclesiast. participem reddere" siehe den B. VIII des oberh. Arch. S. 411.

Bayern-Ingolstadt.

Gemahlinen:

I. Anna, Tochter Johann's I von Bourbon, Grafen de la Marche, von Vendôme etc., geb. um das Jahr 1380, verl. 26. Septbr. 1390 in Bourges, verm. 1401 mit Johann II von Berry, Grafen von Montpensier als dessen 2. Gemahlin.

Anna, die ihm kein Kind gebar, vermählte sich zu Paris im Jahre 1402 mit Ludwig, starb daselbst im Jahre 1406[1]) und ruht in der jetzt völlig abgebrochenen Kirche des ehemal. Prediger-Klosters von St. Jaques (»Dominicains de la rue Saint-Jacques«)[2]), während ihr Herz im Kloster Kaisheim beigesetzt und von da zur U. schönen L. Frau nach Ingolstadt transferirt ward.[3]) (Gedenktafel daselbst.)

II. Katharina, Tochter Peter's II (des Edlen) Grafen von Alençon, geb. zu Verneuil um das Jahr 1395 (?), verm. zu Alençon im Aug. 1411 mit Peter von Evreux, Grafen von Mortagne, welcher 31. März 1366 in Evreux geb., war, zu Sancerre 29. Juli 1412 starb u. in der Karthause zu Paris begr. liegt. (Doppel-Denkmal daselbst in der Nähe der Sakristei von schwarzem und weissem Marmor, hochgrabartig gestaltet, für ihn u. s. Gemahlin.[4])

Katharina, welche in erster Ehe keine Kinder (?) gebar, verm. sich mit Ludwig in Paris 1. Oktob. 1413; starb daselbst 25. Juni 1462 u. ruht nicht neben ihrem I. Gemahle, sondern in der Abtei-Kirche von St. Généviève. (Ehemal. Denkmal mit Epitaph daselbst in der St. Martins-Kapelle.)[5])

Kinder erster Ehe:[6])

1) **Ludwig VIII,** geb. am 1. Septbr. 1403. Folgt sub III.

2) **Johann,** geb. u. gest. in Paris 1404, begr. daselbst bei St. Jaques.

Kinder zweiter Ehe:

3) **Johann,** geb. in Paris am 6. Febr. 1414, gest. daselbst in jungen Jahren u. bei St. Jaques begr.

4) **Tochter,** geb. u. gest. in Paris u. wohl auch dort begr. (?).

Heinr.IV
1393—
1450.

Albr. II
(III)
1438—
1460.

Ludw.IV
1436—
1449.

III. Ludwig VIII. Regiert, nachdem er den alten Vater gefangen genommen u. der Herrschaft beraubt hatte, vom 4. Sept. 1443 bis zu seinem frühzeitigen Tod 7. April 1445.

[1]) Im Wochenbette.

[2]) So P. Anselme in s. Histoire généalog. etc. de la maison royale de France (IIIme Edition) I 319. Lebeuf's Hist. de la ville etc. de Paris (in der Ausgabe von Hipp. Cocheris Par. 1864) Tom. II 112 f. nennt unter den fürstl. Personen, die in dieser Kirche begr. lagen, Anna nicht. Das Gleiche gilt von dem unten folgenden Aubin-Louis Millin, Antiquités Nation. etc.

[3]) Vergl. den Salzbacher Kalender für kathol. Christen v. 1858 S. 124 f.

[4]) Aubin-Louis Millin Antiquités Nationales ou Recueil de Monuments etc. à Paris Tom. V. Artic. LII p. 18, woselbst (ad p. 17) beide Grabsteine bildlich sich dargestellt finden.

[5]) Abgeb. bei A. L. Millin a. a. O. V. Art. LX p. 91.

[6]) Ludwig sagt in einem Notariats-Instrumente v. 11. Dez. 1414, das beim Reichsarchive hinterliegt, von dieser Ehe selbst „cum genuisset (Anna) plures liberos, inter quos primogenitus fuit filius Ludovicus". — Unter Ludwig's natürlichen Kindern (Angelus Rumpler bei Oefele I 105) spielt in der h. Gesch. Wieland von Freyberg die bedentendste Rolle.

Bayern-Ingolstadt.

Bayern-Landsh.	Bayern-München.	Kur-pfalz.
Heinr. IV 1393—1450.	Albr. II (III) 1438—1460.	Ludw. IV 1436—1449.

Beinamen: Gibber Gibbosus, dictus Höferlin (Hoekerlein?)[1] der Höcker der Höckerige, der Buckel der Bucklige der Buget Pugglet etc.;

geb. in Paris am 1. Septbr. 1403[2]);

verl. zuerst mit Anna v. Lusignan, Tochter Königs Johann II von Cypern, welche 1432 dem Prinzen Ludwig von Piemont vermählt wurde, dann mit Isabelle, Tochter Herzogs Karl I von Lothringen, die 1420 mit dem Titular-König Renatus I von Neapel sich verband;

gest. in Ingolstadt am 7. April 1445[3]);

begr. daselbst bei U. schönen L. Frau.[4]) (Gedenktafel daselbst.)

Gemahlin:

Margarethe (die »neue Grethel«), Tochter des Kurfürsten Friedrich I von Brandenburg, geb. um das Jahr 1410.

Sie vermählte sich zuerst zu Tangermünde 23. Mai 1423 mit Herz. Albrecht V von Meklenburg, welcher um 1400 geb. war, im Nov. 1423 starb und in der meklenb. Fürsten-Gruft zu Doberan begr. liegt.

Hierauf verlobte sich Margarethe, deren Ehe mit Albrecht V nicht zum Vollzuge gekommen war[5]), am 25. Juli 1431 zu Neuburg a D., dann 31. Oktob. 1438 zu Neumarkt in der Oberpfalz mit Herzog Ludwig VIII, heiratete denselben in Ingolstadt 20. Juli 1441[6]) und starb in Landshut 24. Juli 1465[7]), nachdem sie sich, wie es heisst, zur linken Hand mit ihrem frühern Hofmeister Grafen Martin v. Waldenfels im Jahre 1446 vermählt hatte.

Margarethe liegt im Kloster Seligenthal[8]) bestattet. Sie gebar dem Grafen Martin 3 Töchter[9]). (Epitaph in Seligenthal.)

Kinder:

1) **Unbestimmten** Geschlechts, geb. um 1442.

2) **Katharina,** geb. um 1443, verlobt im Jahre 1446 mit dem Pfalzgrafen Ludwig I von Zweybrücken-Veldenz.

Die Ingolstädtischen Lande fielen zum grössten Theile an **Bayern-Landshut.** Einiges davon kam später an **Bayern-München.**

---

[1] V. Arnpekh erzählt ein Paarmal, dass Ludwig s. Höcker davon bekommen, dass er als Knabe heimlich in einem Tragkorbe aus Frankreich nach Bayern transportirt wurde. Pez. Thesaurus etc. Tom. III Pars III p. 377 u. 390.

[2] Dieses Datum konnte einem im Besitze des Hrn. Optikus Strauss in Schwabach befindlich gewesenen fragmentarischen und deshalb nicht näher zu bestimmenden Nekrologe entnommen werden, der mir vor einigen Jahren ganz kurze Zeit vorlag.

[3] Die Augsburger-Chronik eines Ungenannten (B. I der schwäb. Städte-Chroniken S. 120) hat in Worten und Zahlen den 13. April, womit Erh. Wahraus (daselbst S. 240) übereinstimmt. Der 7. ist urkundlich.

[4] Sulzb. Kal. f. kathol. Christen 1858 S. 124 f.

[5] Versuch in d. Gesch. d. Herzogth. Meklenburg durch Sam. Buchholtz p. 346.

[6] Nach E. Stillfried's Stammtafel, A. Fr. Riedel Gesch. d. Preus. Königshauses und Cobe etc. am 1. Juni vermählt, was unrichtig ist.

[7] Das Seligenthaler-Todtenbuch hat den 28. Juli, Stillfried im B. II der neuen Folge der Alterthümer etc. und Riedel (a. a. O.) den 21, Cobe Tafel 74 den 27. Der 24. ist urkundlich. Im Tom. I der s. g. Literalien von Seligenthal im Münchner Reichsarchive hat sich eine von 1591 herrührende kolorirte Abbildung ihres Grabmals erhalten.

[8] Vergl. Al. Staudenraus Topogr. Statist. Beschrbg. der Stadt Landshut S. 151 II die bayer. Fürstengruft. Dem oben (S. 101 Note 1) Gesagten fügen wir aus diesem Buche noch bei, dass im J. 1734, also fünf Jahre nach Auslevrung der 20 Zinn-Särge sämmtl. fürstl. Gebeine in einen grossen Zinn-Sarg gelegt wurden, welchen man im Jahre 1783 wieder entdeckte. Ueber die Seligenthaler-Kirche vergl. noch Dr. W. Lotz (II 471 f.)

[9] Ladislaus Suntheim (bei Oefele II 568.) Vergl. die histor. Miscelle (Dr. Haeutle's) im Morgenblatte 86 der bayer. Zeitung von 1863 S. 299, wodurch Suntheim's Angabe an Glaubwürdigkeit gewinnt.

II. Pfälzische Nebenlinien.

Ingol-stadt.	Bayern-Lands-hut.	Mün-chen.	Strass-burg-Holland.	Kur-Pfalz.	Sim-mern-Zweybr-Veldenz.	Neu-burg.
Steph. III 1392—1413. Ludw. VII 1413—1447.	Heinr. IV 1383—1450.	(Ernst Wilh.) III 1397—1435. Ernst 1435—1438. Adolph 1435—1441. Alb. II (III) 1438—1460.	Wilh. II 1404—1417. Joh. III 1417—1425.	Ludw. III 1410—1436. Ludw. IV 1436—1449.	Steph. 1410—1459.	Otto I 1410—1461.

A. Neunburg-Oberpfalz oder Neumarkt 1410—1448.

Durch die oben (S. 27) erwähnte dritte pfälzische Landestheilung vom 3. Okt. 1410 fiel der grössere Theil der Oberpfalz an Königs Ruprecht Klem zweitgebornen Sohn Johann, dessen Linie (sie wird nach den Orten Neunburg vorm Wald oder Neumarkt benannt)[1] schon mit dem Pfalzgrafen Christoph, seinem Sohne im Jahre 1448 wieder ausstarb.

I. Johann. Regiert vom 3. Oktob. 1410 bis 13. März 1443.

Beinamen: der Oberpfälzer, Neunburger, Neumarkter[2], Sulzbacher, (Hussitengeissel?)[3];

geb. zu Neunburg vorm Wald um das Jahr 1383;

gest. im Benediktiner-Kloster Kastel am 13. März 1443;

begr. bei St. Georg zu Neunburg v.W. (rother Marmorstein ohne Inschrift über dem am 12. Juni 1850 geöffneten Grabe vor dem Hochaltar in Mitte des Chors.)[4]

[1] Auch nach Amberg diese Linie zu benennen, ist falsch, denn es hat stets zu jenem Antheile der Oberpfalz gehört, welcher unter dem Namen „Kurpräcipuum" dem jeweiligen Kurfürsten der Rheinpfalz allein zufiel. Vergl. oben S. 19 u. Note 2 daselbst.

[2] Vergl. Andreas Presbyter im Diarium Neumarkt bei Oefele I 23.

[3] Von dem Siege seiner Truppen über die Hussiten bei Hiltersried 16. Septbr. 1433. Geschichtskundige wissen, dass dieser Beiname Herzog Johann etwas gar euphemistisch klingt. Vergl. Kriegsgesch. von Bayern, Franken, Pfalz und Schwaben von 1347 bis 1506 von J. Würdinger I 188 ff.

[4] Vergl. über Johann's Grabstätte in B. XIV 281 ff. d. Verhandlungen des histor. Vereins der Oberpfalz die Abhandlung von J. Mayer.

Bayern-Ingolst.	Landsh.	Münch.	Straubing-Holland.	Kur-pfalz.	Sim-mern-Zweybr.-Velden.	Ans-bach.
Steph. III 1392—1413.	Heinr. IV 1393—1450.	Ernst, Wilh. III 1397—1435.	Wilh. III 1404—1417.	Ludw. III 1410—1436.	Steph. 1410—1459.	Otto I 1410—1461.
Ludw. VII 1413—1447.		Ernst 1435—1438.	Johann 1417—1425.	Ludw. IV 1436—1449.		
		Adolph 1435—1441.				
		Albr. II (III) 1438—1460.				

Neunburg-Oberpfalz.

Gemahlinnen:

I. Katharina, Tochter Herzogs Wartislaw VII (des Jüngern) von Pommern »jenseits Colberg«[1]), geb. um das Jahr 1390, verm. in Kopenhagen (?) 15. Aug. 1407[2]), gest. 12. März 1426 im Brigittinen-Kloster Gnadenberg, begr. erst in der Hofkirche S. Mariae Assumptionis in Neumarkt u. von da später nach Kloster Gnadenberg transferirt. (Ihre Grabstätte befand sich vor dem Brüder-Chor, ist aber in der jetzt grossentheils zerstörten Kirche nicht mehr zu finden.)[3])

II. Beatrix, Tochter Herzogs Ernst von Bayern-München, geb. um 1403 (?) u. seit 1426 Wittwe des Grafen Hermann III von Cilley etc. (über beide ist oben S. 24 Nr. 2 zu vergleichen), als welche sie sich 7. Septbr. 1426 vermählte, 12. März 1447 in Neumarkt starb und im Kloster Gnadenberg (vor dem Sakramenten-Häus'chen) begr. liegt. (Kein Denkmal mehr.)

Kinder erster Ehe:

1) **Margaretha,** geb. am 24. Aug. 1408, gest. in jungen Jahren, begr. in Gnadenberg. (Kein Denkmal mehr.)

2) **Adolph,** geb. u. gest. im Jahre 1409 in Amberg u. daselbst bei St. Martin begr. (Kein Denkmal.)

3) **Otto,** geb. 1410,

4) **Johann I,** geb. 1411,

5) **Friedrich,** geb. 1412.

   starben jung u. liegen im Kloster Gnadenberg begr. (Keine Denkmale mehr.)

6) **Johann II,** geb. im Sept. 1413 in Lengenfeld, gest. nach 3 Tagen in Amberg und dort bei St. Martin begr. (Kein Denkmal.)

7) **Christoph,** geb. am 26. Febr. 1416. Folgt sub II.

---

[1]) Die Lande „diesseits" überliess er s. Brüdern Bogislav VI u. Barnim VII.

[2]) Johann reiste Anfangs August 1407 nach dem Norden ab. J. Chmel: Regesta Ruperti S. 144 Nr. 2347.

[3]) Die Italien der Kirche sind im B. II des Königreiches Bayern in seinen etc. Schönheiten zur Seite 43 ff. abgebildet.

Ingol-stadt.	Bayern-Landsh.	Mün-chen.	Kur-pfalz.	Sim-mern-Zweybr.-Vel-denz.	Roos-bach.
Ludw. VII 1413— 1447.	Heinr. IV 1393— 1450.	Albr. II (III) 1438— 1460.	Ludw. IV 1436— 1449.	Steph. 1410— 1459.	Otto I 1410— 1461.
Ludw. VIII 1443 1445.					

Neunburg-Oberpfalz.

II. Christoph. Regiert vom 13. März 1443 bis 5. Jan. 1448.

Beinamen: Bavarus, der Rinden- oder Bark- (Bork-) König (rex corticus) etc.[1];

geb. in Neumarkt am 26. Febr. 1416;

erwählt zum König von Dänemark[2] am 10. April 1440; zum König von Schweden am 4. Okt. gl. J., von Norwegen am 4. Juni 1441[3]);

erhebt (1443?) Kopenhagen zur Haupt- u. Residenzstadt seines Reiches;

gest. in Helsingborg am 5. Jan.[4] 1448;

begr. in der Domkirche St. Lucii zu Roeskilde auf See-land, dem Erb-Begräbnisse der dänischen Könige.

Gemahlin:

Dorothea, Tochter des Kurfürsten Johann (des Alchymisten) von Brandenburg, geb. 1422, verl. mit Christoph auf der Plassenburg 11. Juni 1445, verm. in Kopenhagen 12. Septbr.[5]) gl. J., gest. 25. Nov. 1495 im Schlosse zu Kallundsborg als Gemahlin Königs Christian I von Dänemark, wel-cher (aus oldenburgischem Stamme) 1426 geb. war, sich 28. Okt. 1449 mit Dorotheen vermählte, 22. Mai 1481 in Kopenhagen starb und zu Roes-kilde in der Dreifaltigkeits-Kapelle des Domes von St. Lucius begr. liegt. (Weder Epitaph noch Denkmal mehr.)[6]

Dorothea hat ihrem 2. Gemahle 4 Söhne und 1 Tochter geboren.

Die Neunburg-oberpfälzischen Lande fielen nach König Christoph's kinderlosem Tode an die 2 pfälzischen Linien: **Simmern-Zweybrücken-Veldenz** und **Mosbach.**

[1]) Vergl. Ludw. Frhrn. v. Holberg Dän. Reichshistorie I 620.
[2]) Als solcher Christoph III.
[3]) Für Norwegen nach dem Diarium Vazstenense von Fr. Benzel p. 80 f. Als König von Dänemark wurde Christoph gekrönt zu Ripen am 1. Januar 1443, von Schweden zu Upsala am 14. Septbr. 1441, von Norwegen zu Opslo im Sommer 1442. Vergl. F. C. Dahlmann Gesch. v. Dänemark I 172.
[4]) Das Diarium Vazstenense p. 97 sagt: obiit in profesto vigiliae epiphaniae Domini in Dacia. Auch in Detmar's Chronik herausgegeben von Dr. F. G. Grautoff II 112 heisst es, dass Christoph am hl. Dreikönigs-Abende gestorben.
[5]) Vergl. das Diarium Vazst. p. 93: Nuptiae etc. factae sunt dominica infra octavam nativ. b. Mariae virg. Dahlmann hat den 11. Septbr. Aber der Morgengab-Brief Königs Christoph datirt vom Matthäustage!
[6]) Vergl. den Danske Vitruvius II Deel p. 133 f., wo es heisst, dass Christoph, Christian I und Dorothea der allg. Sage und nach der Wahrscheinlichkeit nach in der von Christian erbau-ten Dreifaltigkeits-Kapelle im Dome zu Roeskilde ruhen u. dass über diese 3 königl. Personen sich weder Epitaphium noch Inscription mehr verfindet.

Bayern-Ingolst. Landsh. München.		Straubing-Holland.	Kurpfalz.	Neumarkt-Oberpfalz.	Simmern-Zweybr.-Veldenz.
Steph. III 1392—1413. Ludw. VII (d. Bärtige) 1413—1447. Ludw. VIII (der Höckerige) 1443—1445.	Heinr. IV (der Reiche) 1393—1450. Ludw. IX 1450—1479.	(Ernst Wilh. III 1397—1435. Ernst 1435—1438. Adolph 1435—1441. Alb. II (III) (der Fromme) 1438—1460.	Wilh. II 1404—1417. Joh. III 1417—1425.	Ludw. III (der Bärtige) 1410—1436. Ludw. IV (der Gütige) 1436—1449. Friedr. I (der Siegreiche) 1449—1476.	Johann 1410—1443. Christoph 1443—1448.	Steph. 1410—1459. Friedr. I (der Handsrücker) 1459—1480.

Mosbach.

B. Mosbach 1410—1499.

Um diese pfälzische Nebenlinie, welcher eigentlich die von Simmern-Zweybrücken-Veldenz vorangehen sollte, nicht unter die vielen Verzweigungen der Letztern hinein zu bringen, wird ihrer schon hier an zweiter Stelle gedacht. In der bereits mehr erwähnten pfälz. Theilung vom 3. Oktober 1410 erhielt nämlich der jüngste Sohn Königs Ruprecht Namens **Otto** die in der Neckar-Gegend liegenden pfälzischen Besitzungen, welche gewöhnlich nach ihrem Hauptorte **Mosbach** in einen Namen zusammengefasst werden. Hievon bekam auch die dadurch sich bildende Nebenlinie den gleichen Namen. Sie starb 1499 wieder aus.

I. Otto I. Regiert vom 3. Okt. 1410 bis zum 5. Juli 1461.

Beinamen: der Mosbacher, der Aeltere (seinem gleichnamigen Sohne gegenüber) u. s. w.;

geb. in Mosbach am 24. Aug. 1390;

gest. im Benedikt. Kloster Reichenbach in der Oberpfalz am 5. Juli 1461[1];

begr. daselbst. (Grabmonument ohne Umschrift in der Nische des linken Seitenaltars.)

Gemahlin:

Johanna, Tochter Herzogs Heinrich IV des Reichen von Bayern-Landshut, geb. im Jahre 1413, verl. zu Heidelberg 11. Dez. 1429, verm. Mitte Januar 1430 in Burghausen[2], gest. in Mosbach 20. Juli 1444, begr. in der Stiftskirche daselbst. (Grabdenkmal von Erz mit ihrem Bildnisse und Inschrift)[3].

---

[1] Urkundlich.

[2] Vergl. oben S. 118.

[3] Abbildung bei Wickenburg Tom. I Pars II p. 1. Der Todestag hier ist falsch. Die Inschrift demselben (Acta Palatina II 61) verbessert ihn in den richtigen 20. Juli.

Bayern-Ingolst.	Landsh.	März.	Strau-Mar-Holland.	Kurpfalz.	Neusberg-Ober-pfalz.	Simmern-Zweibr-Veldenz.
Steph. III 13??– 1413.	Heinr. IV 1393– 1450.	Ernst {Wilh. III 1404– 1397–	Wilh. II 1404– 1417.	Ludw. III 1410– 1436.	Johan 1410– 1443. Chri- stoph	Steph. 1410– 1459. Friedr. I
Ludw. VII 1413– 1447.	Ludw. IX 1450– 1479.	1435. Ernst 1435– 1438.	Joh.III 1417– 1425.	Ludw. IV 1436– 1449.	1443– 1448.	1459– 1480.
Ludw. VIII 1415– 1445.		Adolph 1435– 1441.		Friedr. I 1449– 1476.		
		Albr. II(III) 14??– 1493.				

Mosbach.

Kinder:

1) **Margarethe**, geb. am 2. März 1432, verm. 11. Juli 1446 mit dem Grafen Reinhard III von Hanau-Münzenberg, welcher 22. April 1412 geb. war, 26. Juni 1451 starb u. zu Hanau in der Marien-kirche begr. liegt, als dessen 2. Gemahlin.

Margarethe gebar in dieser Ehe einen Sohn, starb im J. 1454 u. ruht neben ihrem Gemahle.

2) **Amalia**, geb. am 22. Febr. 1433, verm. im Febr. 1445 mit dem Grafen Philipp (dem Aeltern) von Rieneck, der um 1418 geb. war, 5. Dez. 1483 starb u. in der Pfarr-Kirche zu Grünsfeld begr. liegt. (Grabdenkmal daselbst.)

Amalia hat ihm eine Tochter geboren, starb 15. Mai 1483 und ruht neben ihrem Gemahle. (Doppeltes Denkmal, einmal für sich, dann ge-meinschaftlich mit ihrem Gemahle.[1])

3) **Otto II**, geb. am 22. Juni 1435. Folgt sub II.

4) **Ruprecht** (I als Bischof u. bez. Administrator von Regensburg), geb. am 25. Nov. 1437, Domherr in Passau, Regensburg (14. Juni 1447), in Frei-sing (Januar 1456), Dompropst in Regensburg (2. Juli 1452), Administrator dieses Hochstifts (4. Sept. 1457).

Ruprecht (I) starb, um den Regensburger Dom-bau sehr verdient, vor erhaltenen Weihen zu Yps in Oesterreich 1. Nov. 1465 u. ruht im Dome zu Regensburg. (Grabstein von rothem Marmor mit Inschrift, jetzt rechts beim westl. Eingang des südlichen Seitenschiffes aufgestellt.)[2]

5) **Dorothea**, geb. am 24. August 1439, gest. als Priorin des Dominikanerinen-Klosters Liebenau bei Worms, in welches sie noch in jungen Jahren als Nonne eingetreten war, 15. Mai 1482, begr. zu Liebenau. (Ehemal. Epitaph daselbst.)[3]

---

[1] Ersteres mit dem Sterbjahr 1486 für Amalia war am Ende des vorigen Jahrhunderts noch vorhanden. Gräfin. Archive Jahrgang I S. 378 ff. Abgebildet ist es Eingangs des Heftes 8 der genannten Zeitschrift. Das gemeinschaftl. Monument ist in Grünsfeld noch heutigen Tags zu sehen. Vergl. Dr. W. Lootz Kunsttopogr. Deutschlands II 152 und B. XX S. 95 ff. des histor. Ver. Archivs f. Unterfranken etc.

[2] Abgedr. ist die Inschrift bei J. R. Schuegraf (Gesch. d. Re-gensburger-Domes I 181).

[3] Abgedr. bei J. F. Schannat (Hist. Episc. Wormat. I 173). Cohn lässt sie (Tafel 58) weg, aber nicht Dorothea selbst, sondern nur ihre häufig angenommene Vermählung mit einem Landgrafen von Leuchtenberg ist zu verwerfen.

Mosbach.

6) **Albrecht**, geb. am 6. Sept. 1440, Domherr in Bamberg (März 1474), Köln und Strassburg, Dompropst daselbst und seit 12. Novbr. 1478 Bischof, gest. in Elsasszabern 20. Aug. 1506, begr. daselbst in der ebem. Stifts-Kirche.

7) **Anna**, geb. im Jahre 1441, starb als Priorin des Klosters Himmelskron zu Hochheim (?), wo sie auch begr. liegt.[1]

8) **Johann**, geb. am 1. Aug. 1443, Domherr in Regensburg (1460), Augsburg, Hamberg (15. April 1472), Eichstädt, Mainz, Dompropst in Augsburg 4. Dez. 1468[2]) und in Regensburg 1472.

Johann starb auf einer Pilgerreise in's gelobte Land zu Jerusalem 4. Oktob. 1486, wo er bei den Minoriten auf dem Berge Sion begr. liegt.[3] (In der Kirche des Benediktiner-Klosters Reichenbach hatte er sich bei seinen Lebzeiten in der Nische des linken Seiten-Altars ein Denkmal errichtet, das noch existirt.)[4]

9) **Barbara**, geb. im Juli 1444, gest. als Nonne u. Meisterin im Kloster Liebenau (?)[5]

II. Otto II. Regiert vom 5. Juli 1461 bis zum 8. April 1499.

Beinamen: Mathematicus;

geb. am 22. Juni 1435;

übergiebt durch einen Schenkungsakt zu Germersheim am 4. Okt. 1490 seine Lande dem Kurfürsten Philipp von der Pfalz zur gemeinsamen Mitregierung;

gest. in Neumarkt am 8. April 1499;

begr. in der Hofkirche St. Mariae Assumptionis daselbst. (Schönes Grabdenkmal von rothem Marmor, das 1845 restaurirt wurde[6], auch eine hölzerne Gedenktafel daselbst hinter der Orgel.)

Da Otto II von **Mosbach** unvermählt starb, fielen seine Lande an die **Kurpfalz** zurück.

[1] Schannat (a. a. O.) kennt übrigens keine solche Priorin zu Hochheim.
[2] Miscella Hist. Palat. a. a. O p. 228 u. Hierarchia August. von C. Khamm p. 52.
[3] Ausserhalb des hl. Grab-Tempels, sagt Prior Veit von Ebersberg. Vergl. C. Khamm a. a. O, p. 530.
[4] Die Inschrift demselben ist abgedr. im Salzb. Kal. für kathol. Christen v. 1859 S. 128.
[5] Von ihr gilt das eben (Note 1) Gesagte. — Die meisten Geburtsdaten der Kinder Otto's I wurden übrigens nach einer im Cod. Bavar. 805 auf hiesiger kgl. Hof- und Staatsbibliothek gleichzeitigen Aufzeichnung abkorrigirt.
[6] Frh. v. Löwenthal bringt in s. Gesch. d. Schultheissen-Amts u. d. Stadt Neumarkt eine Abbildung deuselben.

	Bayern-			Strau-bing-Holland.	Kur-pfalz.	Neun-berg-Ober-pfalz.	Rais-bach.
Ingol-stadt.	Lands-hut.	Mün-chen.					
Steph. III 1392—1413.	Heinr. IV 1393—1450.	[Ernst (Wilh. III 1397—	Wilh. III 1404—1417.	Ludw. III 1410—1436.	Johann 1410—1443. Chri-stoph 1443—1448.	Otto I 1410—1461.	
Ludw. VII 1413—1447.	Ludw. IX 1450—1479.	Ernst 1435—1458.	Johann III 1417—1425.	Ludw. IV 1436—1449.			
Ludw. VIII 1443—1445.		Adolph 1435—1441. Albr. II (III) 1438—1460.		Friedr. I 1449—1476.			

Simmern-Zweybrücken-Veldenz.

C. Simmern-Zweybrücken-Veldenz
bezw.
Simmern-Sponheim 1410—1685.

Der Stifter dieser bedeutenden pfälzischen Linie, aus welcher eine Reihe der tüchtigsten Wittelsbacher hervorgieng, ist Königs Ruprecht Klem fünftgeborner Sohn Pfalzgraf **Stephan**, welcher in der Oktober-Theilung des Jahres 1410 die **Simmern-zweybrücklischen Lande** erhalten hatte, u. sie bald darauf mit **Veldenz** und einem Theile der Grafschaft Sponheim vermehrte.

Im J. 1559 nach **Otto Heinrich's** kinderlosem Ableben gelangte die **simmern'sche Linie** auf den pfälzischen Kurstuhl, den sie bis 1685 inne hatte, in diesem Jahre aber nach einer Gesammtdauer von 275 Jahren in der Person des Kurfürsten **Karl II** von der Pfalz wieder erlosch.

I. Stephan. Regiert vom 3. Oktober 1410 bis zum 14. Febr. 1459.

Beinamen: der Zweybrücker;

geb. am 23. Juni[1]) 1385;

verkauft s. Erbtheil an Königs Christoph hinterlassenen oberpfälzischen Landen an seinen Bruder **Otto I** von Mosbach 26. Juni 1448;

gest. in Simmern am 14. Febr. 1459;

begr. zu Meisenheim in dem alten veldenz'schen Erbbegräbnisse der ehemal. Deutschordens-Kirche, welche später sein Sohn Ludwig neu gebaut hat, (Herzog-Stephans-Gruft.)[2])

NB. Stephan's Portr. befindet sich in der Grünberger'schen Gallerie im Schlosse zu Heidelberg als Nr. 5, desgl. in der Schleisheimer-Ahnen-Gallerie sub Nr. 391, hier wie dort aber wohl nur Kopie (?)

[1]) Dieses Geburts-Datum ist nachträglich den Monats-Tafeln Wünsch's entnommen worden. Für die Richtigkeit desselben stehen wir nicht ein.

[2]) Von Herz. Stephan erhielt die Gruft dieser Kirche den Namen Stephans-Gruft. Georg Christ. Crollius Denkmahl Carl Aug. Friedrichs des Einzigen etc. S. 2.

Bayern-		Mörs-	Straub-	Kur-	Neun-	Ros-
Ingol-stadt.	Lands-hut.	chern.	ling-Holland.	pfalz.	berg-Ober-pfalz.	bach.
Steph. III 1392— 1413.	Heinr. IV 1393— 1450.	Ernst [Wilh. III 1397— 1435.	Wilh. III 1404— 1417.	Ludw. III 1410— 1436.	Johann 1410— 1443.	Otto I 1410— 1461.
Ludw. VII 1413— 1447.	Ludw. IX 1450— 1479.	Ernst 1435— 1438.	Johann III 1417— 1425.	Ludw. IV 1436— 1449.	Chri-stoph 1443— 1448.	
Ludw. VIII 1443— 1445.		Adolph 1435— 1441. Albr. II (III) 1438— 1460.		Friedr. I 1449— 1476.		

Simmern-Zweybrücken-Veldenz.

Gemahlin:

Anna, Erbtochter des Grafen Friedrich III von Veldenz, geb. um das Jahr 1390 (?), verl. in Heidelberg 14. April 1409 u. verm. daselbst 13. Juni 1410, gest. in Wachenheim 16. Nov. 1439, begr. in Meisenheim neben ihrem Gemahle.

Kinder:

1) **Anna**, geb. im Jahre 1413, verm. in den Niederlanden (wo?) vor dem 5. Novbr. 1433[1]) mit dem Junggrafen Vincenz von Mörs u. Saarwerden, Hauptmann von Geldern, der um das Jahr 1415 (?) geb. war, 10. April 1500[2]) starb und zu Saarwerden (?) begr. liegt.
   Anna gebar ihm 2 Söhne u. 3 Töchter, starb im Jahre 1455 u. ruht bei St. Gertraud zu Köln a.Rh. (Kein Denkmal vorhanden.)

2) **Margarethe**, geb. im Jahre 1416, verl. zu Wachenheim 29. Juni 1418 mit dem Grafen Emich VII von Leiningen-Hartenburg, gestorben als Braut zu Wachenheim 23. Nov. 1426, begr. in der reform. Kirche zu Anweiler. (Kein Epitaph.)

3) **Friedrich I**, geb. am 24. April 1417. Folgt sub II.

4) **Ruprecht**, geb. im Jahre 1420, Domherr in Mainz, Propst bei St. Guido in Speier (Juli 1436), Dompropst in Strassburg (1438?), päpstl. Notar (1440), Domherr (1455) und Dompropst in Würzburg (1460), Bischof von Strassburg 11. Novbr. 1440, gest. in Elsasszabern 17. Okt. 1478, begr. daselbst in der ehem. Stifts-Kirche. (Denkmal mit Inschr.)[3])

5) **Stephan**, geb. im Jahre 1421, Kanonikus Schatzmeister und Architekt in Köln (1438), Domherr in Mainz (1441), Dom-Kustos u. Propst in Köln (1465), Domdechant daselbst (1468), Propst und Schatzmeister bei St. Kassius in Bonn (1483), gest. in Köln 4. Septbr.[4]) 1485, begr. daselbst (wo?).

6) **Ludwig I**, geb. im J. 1424. Folgt bei der Linie Zweybrücken-Veldenz sub I.

---

[1]) Urkundlich im Reichsarchive nachzuweisen. Man vergl. übrigens die Urkunde beider Gatten vom 10. März 1435. (Miscell. Hist. Palat. von G. Ch. Joannis p. 101.)

[2]) M. Félix-Victor Goethals (Dictionnaire généal. et héraldr. des familles nobles du royaume de Belgique III und voce Hornes-Meurs V. Vincent etc.) lässt den Grafen im J. 1499 sterben, aber erst 1455 heiraten!

[3]) Abgedr. bei Crollius, Denkmahl etc. S. 80, bei Pareus (in der Ausgabe des Joannis S. 182) u. s. w. Der 17. Oktob. steht sowohl auf Ruprecht's Denkmal, als auch in der grossen handschriftl. Chronik von Strassburg des J. G. Saladinus auf hiesiger k. Hof- u. Staatsbibliothek: Starb auf Samstag St. Lucas abends.

[4]) Nach Wünsch.

Simmern-Sponheim.

7) **Johann,** geb. um 1429, studierte in Rom und Bologna, wo er Licenziat der Rechte wurde, wird 1452 Domherr zu Trier, 1456 Propst bei St. Martin in Worms, 17. Juni 1457 Bischof von Münster, als welcher er 18. Juni 1465 quittirte, nachdem er 1459 noch Dompropst in Worms und unterm 13. Dez. 1464 Erzbischof von Magdeburg geworden war. Die Priesterweihe erhielt Johann 1. April 1458 zu Münster im Dom, u. die bischöfliche Konsekration ebendaselbst 26. Nov. 1459[1]). Er starb auf dem Schlosse Giebichenstein a. d. Saale 13. Dez. 1475 u. liegt im Dome zu Magdeburg bestattet. (Denkmal mit Grabschrift daselbst.)[2])

Meigr.	Albr.	Ludw.	Otto I
IV	II (III)	IV	1410-
1393-	1438-	1436-	1461.
1450.	1460.	1449.	Otto II:
Ludw.	Joh.	Friedr.	1461-
IX	IV s.	I	1499.
1450-	1Sigm.	1449-	
1479.	1460-	1476.	
Georg	1463.	Phil.	
1479-	Sigm.	1476-	
1503.	1463-	1508.	
	1465.		
	Sigm.		
	o.		
	Albr.		
	III (IV)		
	1465-		
	1467.		
	Albr.		
	III (IV)		
	1467-		
	1508.		

II. Friedrich I. Regiert vom 16. Sept. 1444 in Sponheim, seinem der-

einstigen Erblande, das ihm der Grossvater (Graf Friedrich v. Veldenz) freiwillig abgetreten und vom 14. Febr. 1459 an auch in den simmern'schen Landen (woraus dann zusammen sich das Herzogthum Simmern bildete) bis zum 29. Nov. 1480.

Beinamen: Cynomotus der Hundsrücker, der fromme Herzog u. s. w.;

geb. am 24. April 1417;

verlobt zu Hagenau am 22. Sept. 1433 mit einer Tochter Herzogs Ernst von Oesterreich;

gest. in Simmern am 29. Nov. 1480;

begr. in der Kirche des ehem. Augustiner-Klosters Ravengiersburg mitten im Chor. (Kein Denkzeichen mehr vorhanden.)

Gemahlin:

Margarethe, Tochter Arnold's von Egmond, Herzogs von Geldern, geb. um das Jahr 1436, verm. in Lobeth 16. Aug.[3]) 1454, gest. in Simmern 2. Novbr. 1486, begr. neben ihrem Gemahle. (Keine Inschrift etc. mehr.)

Kinder:

1) **Katharina,** geb. 1455, nimmt den Schleier im Klarissinen-Kloster zu Trier 1478, wird Aebtissin 1504, dankt als solche ab, stirbt daselbst 28. Dez. 1522 und liegt dort begr. (Kein Denkmal mehr.)

2) **Stephan,** geb. am 25. Febr. 1457, Domherr in Mainz u. Köln, Domkustos, Scholaster u. Schatzmeister in Köln (1473), Domdechant daselbst, Propst, Schatzmeister u. Archidiakon zu Bonn bei St. Kassius (1483), Dompropst zu Strassburg (1489[4]), begr. in Köln (?)

---

[1]) Subdiakon werde er am 22. Febr. u. Diakon am 18. März. Vergl. Die Geschichts-Quellen des Bisthums Münster B. 1 S. 320. Sein Abzug nach Magdeburg erfolgte am 14./16. Febr. 1466.

[2]) Abgedr. bei Crollius Denkmahl etc. S. 82 und in G. Th. Johannis Kalender-Arbeiten S. 32 etc.

[3]) Nach Wünsch. Den in Geldern gelegenen Vermählungs-Ort giebt uns Is. An. Nijhoff Gedenkwaardigheden uit de Geschiedenes van Gelderland Vierde Deel p. LXXXI. zu erkennen.

[4]) Crollius Denkmahl etc. S. 80 f. Note 3. Nach den Miscella Hist. Palat. des G. J. Joannis a. a. O. 231 p. starb er 1519.

Simmern-Sponheim.

Bayern-Landsh.	München.	Kur-pfalz.	Neu-burg.
Heinr. IV 1393—1450.	Albr. II (III) 1438—1460.	Ludw. IV 1436— 1449.	Otto I 1410— 1461.
Ludw. IX 1450— 1479.	Joh. IV u. Sigm. 1460— 1463.	Friedr. I 1449— 1476.	Otto II 1461— 1499.
Georg 1479— 1503.	Sigm. 1463— 1465.	Phil. 1476— 1508.	
	Sigm. u. Albr. III (IV) 1465— 1467.		
	Albr. III (IV) 1467— 1508.		

3) **Wilhelm** (I), geb. am 2. Jan. 1458, gest. im gleichen Jahre, begr. in Simmern bei St. Stephan (der später reformirten oder s. g. Stadt-Kirche)[1].

4) **Johann I**, geb. am 15. Mai 1459. Folgt sub III.

5) **Friedrich**, geb. am 10. April 1460, wird Domherr in Trier (1470), Domherr, dann Kantor am Dome zu Mainz 1487 und 1491, Scholaster bei St. Alban, Domherr in Köln, Strassburg und Magdeburg, Kanonikus bei St. Stephan und bei St. Viktor in Mainz, Propst bei St. Maria ad gradus daselbst, Kämmerer u. Domdechant in Köln und Dompropst in Strassburg, gest. in Trier 22. Novbr. 1518, begraben daselbst (?).

6) **Ruprecht II** (als Bischof von Regensburg), geb. am 16. Oktbr. 1461, Domherr in Strassburg u. Trier (1470), in Mainz (1473), in Würzburg (um 1491), Kantor u. Propst daselbst (1485), Abt in Klingen-münster (4. Okt. 1494) u. Propst bei St. Maria ad gradus in Mainz, Koadjutor des Bisthums Regensburg 1487, dann Bischof daselbst 12. Sept. 1492. Konsekrirt als Bischof im Regensburger-Dome 24. Nov. 1493, starb er 19. April 1507 auf dem Schlosse Wörth und liegt im Dome zu Regensburg begr. (Denkmal von rothem Marmor mit Inschrift daselbst im südl. Seitenschiffe.)[2]

7) **Anna**, geb. am 31. Juli 1465, tritt im Jahre 1482 in das St. Klara-Kloster zu Trier ein, woselbst sie am 17. Aug. 1517 starb u. auch begr. liegt. (Kein Denkmal mehr vorhanden.)[3]

8) **Margarethe**, geb. am 2. Dez. 1466, wird Nonne im regul. Chorfrauen-Stift St. Agnes auf dem Engelsberge zu Trier, von wo sie 1499 als Meisterin in jenes von St. Maria oder Thomas bei Andernach berufen wurde, dort mit vielem Erfolge die sehr nöthig gewordene Kloster-Reform durchführte (1502) und im August des Jahres 1506 starb. Sie ruht daselbst. (Kein Denkmal mehr.)

9) **Helene**, geb. 1467, nimmt den Schleier im regulirten Chorfrauenstift auf dem Engelsberge zu Trier, wird dort binnen wenigen Jahren Priorin, resignirt aber und stirbt daselbst am 21. Febr. 1555 und ruht (Prae-excellentissima omnium sororum)[4] in der Kirche des Klosters. (Gleichfalls kein Denkmal mehr vorhanden.)

10) **Wilhelm II**[5], geb. am 20. April 1468, Domherr in Trier seit dem Jahre 1480 stirbt er daselbst im J. 1481 und liegt bei St. Maria Genitrix begr. (Epitaph von Erz.)[6]

---

[1] Vergl. meinen Aufsatz über die Grüfte zu Simmern in den Morgenblättern 42, 43 u. 44 der bayer. Zeitung vom J. 1866.

[2] Abgedr. bei G. Ch. Joannis SS. RR. Mogunt. II 385 etc., von dem so gewissenhaften Schongraf (a. a. O.) aber nicht erwähnt.

[3] Chr. von Stramberg Metrop. Eccl. Trever. hat sie nicht.

[4] Chr. von Stramberg II 253.

[5] Der Ungenannte bei Freyberg (I 93) heisst ihn Heinrich.

[6] Vergl. Chr. v. Stramberg (a. a. O. I 152).

Bayern-Landsh. Münch.	Kur-pfälz.	Zweybr-Vel-denz.	Ras-beck.	Junge Pfälz.
Georg Albr.	Phil.	Ladw.I	Otto	Otto
1479- (III)IV	1476-	1450-	II	Heinr.
1503. 1467-	1508.	1480.	1461-	1505-
1508. Ludw.		Kasp.	1499.	1556.
Wilh.	V	1489-		Phil.
IV	1508-	1490.		1505-
-1508-	1544.	Alex.		1541.
1516.		1490-		
		1514.		

Simmern-Sponheim.

III. Johann I, Graf von Sponheim. Regiert vom 29. Nov. 1480 bis zum 27. Jan. 1509.

Beinamen: der Aeltere;

geb. am 15. Mai 1459;

gest. in Starkenburg am 27. Jan. 1509;

begr. in der früher katholischen, dann reformirten oder s. g. Stadt-Kirche bei St. Stephan zu Simmern. (Einfacher Denk-stein mit Inschrift im Chor daselbst.)[1]

Gemahlin:

Johanna, Tochter des Grafen Johann II (oder auch III) von Nassau-Saarbrücken, geboren am 14. April 1464, verl. in Heidelberg 16. April 1478, vermählt (daselbst?) 29. Sept. 1481, gest. 7. Mai 1521, begr. neben ihrem Gemahle. (Schöner, ihr vom Sohne Johann II 1554 errichtetes Grabmal mit Inschrift daselbst.)[2]

Kinder:

1) **Friedrich I**, geb. 7. Dezbr. 1490, gest. noch im näml. Jahre, begr. (wo?)

2) **Johann II**, geb. am 20. März 1492. Folgt sub IV.

3) **Friedrich II**, geb. 1494 (?), Dompropst in Strassburg, wann gest. u. wo begraben? ist nicht bekannt.

---

[1] Die Inschrift ist abgedruckt im B. III der Acta Palatina S. 29, bei Andreae Simmern Palatina p. 18 f., im Rhein. Antiquarius Abthlg. II R. VI S. 408 etc. Abgebildet ist das Monument, einfach wie es selbst ist, (vergl. oben den Text) bei Wickenburg a. a. O. Tom. I P. II p. 210. Nach Joh. Trithemii Chron. Hirsaug. und Anderen wäre Johann I in Ravengiersburg bei s. Eltern begr., was unrichtig ist.

[2] Die Inschrift ist an den oben angegebenen Orten zu finden. Sei es, dass sie selbst unrichtig ist, oder unrichtig wieder gegeben worde (der Antiquarius z. B. hat s. a. O. 1531, aber die Acta Palatina 1521), das Todesjahr der Fürstin ist nicht 1531, sondern 1521. — Johanna war zuerst (1459?) mit dem Markgrafen Albrecht von Baden verlobt.

Bayern.	Kur-pfalz.	Zweibr.-Veld-enz.	Junge Pfalz.	Kreu-markt.	Neben-linie Vel-denz.
Wilh. IV 1508— 1516.	Ludw. V 1508— 1544.	Alex. 1409— 1514.	Otto Heinr. 1505— 1556.	Wolfg. 1524— 1558.	Rupr. 1543— 1544.
Wilh. IV u. Ludw. X 1516— 1545.	Friedr. II 1514 — 1532.	Ludw. 1544.	Phil. 1505— 1541.		Georg Joh. I 1544— 1592.
Wilh. IV 1545— 1550.	Otto Heinr. 1560.		Wolfg. 1560.		
Albr. IV (V) 1550— 1579.					

Simmern-Sponheim.

IV. Johann II, Graf zu Sponheim. Regiert vom 27. Jan. 1509 bis zum 18. Mai 1557.

Beinamen: der Jüngere;

geb. in Simmern am 20. März[1]) 1492;

gest. in Simmern am 18. Mai 1557;

begr. daselbst bei weiland St. Stephan. (Schönes Doppel-Denkmal mit seiner ersten Gemahlin Beatrix.)[2])

NB. Schl. Gallerie Orig. (?) Bild von unbekannter Hand Nr. 384. Im Saale III der Renaissance des b. N. M. hängt ein nach Orig. Portraits zusammengestelltes Familien-Bild Herz. Johans, seiner ersten Gemahlin Beatrix und s. Kinder Georg, Richard, Elisabethe u. Sabine, welches von H. Schöpfer sein dürfte (?).

Gemahlinen:

I. Beatrix, Tochter des Markgrafen Christoph I von Baden-Hochberg, geb. am 22. Jan. 1492, verl. 1501, vermählt in Heidelberg (?) 1508, gestorben 4. April 1535, begraben in Simmern. (Denkmal oben.)

NB. Schl. Gall. Nr. 305 (wie oben).

II. Maria Jakobaea, Tochter des Grafen Ludwig I^V (des Aelteren) von Oettingen, geb. im Jahre 1530 (?), verm. auf dem Schlosse Dhaun 18. Aug. 1554, gest. 13. Dez. 1598, begr. in Simmern. (Denkmal daselbst in fornice clauso.)[3])

Nach ihres Gemahles Tod vermählte sich Maria Jakobaea zu Heidelberg am 25. Februar des Jahres 1569 mit dem Freihrn. Johann v. Schwarzenberg u. Hohenlandsberg, welcher 1588 starb und in der früheren St. Stephans-Kirche zu Simmern begr. liegt. (Kein Denkmal.)

---

[1]) C. Büttinghausen's Beyträge I S. 102. — Auf Johann's Veranlassung gab Hierco. Roller 1530 das berühmte (besser berichtigte) Tornierbuch von Simmern heraus, „das so unendlich viel Verwirrung in die deutsche Geschichte brachte." Rhein. Antiquarius Abthlg. II B. VI S. 412.

[2]) Die Inschrift ist in den Actis Palatinis III Seite 30, bei Andreae S. 19 f., im Rhein. Antiquarius a. a. O. S. 409 f. u. s. w. abgedruckt. Wickenburg n. a. O. Tom. I P. II p. 211 hat eine Abbildung des Monuments. — Aus B. VII 479 der Acta Palatina lernen wir den eifrig katholischen Johann als vorzügl. Bilderschnitzler kennen, indem er für das Kloster Marienberg bei Boppard ein kunstreiches Bild, die Entschlafung der hl. Maria schnitzte, das dort im Chor noch jetzt zu sehen. Metropolis Ecclesiae Treverici etc. von Chr. de Stramberg I 583. Vergl. den Rhein. Antiquarius Abthlg. II B. XVII p. 136.

[3]) Abgebildet bei Wickenburg p. 209. Die Inschrift ist in J. H. Andreae's Simmera Palatina p. 18, theilweise im Rhein. Antiquarius Abthlg. II B. XVII p. 134. u. s. w. abgedruckt.

Simmern-Sponheim.

Kinder erster Ehe:

1) **Katharina**, geb. am 27. März 1510, trat 1563 in das Cisterz. Kloster Marienberg bei Boppard, wurde 1563 und wieder 1571 Aebtissin des Klosters gl. Ordens zu Kumd bei Simmern, starb daselbst 22. März 1572 u. liegt dort begr. (Die Kirche ist jetzt Ruine.)

2) **Johanna**, geb. am 1. Juli 1512, kam in's Cisterz. Kloster Marienberg, wurde daselbst Priorin u. (im März 1576) Aebtissin, starb allda 2. Februar 1581 und wurde in der Kloster-Kirche bestattet. (Ihr Grabdenkmal wurde 1738 beim Brand des Klosters zerstört.)

3) **Ottilie**, geb. am 24. Novbr. 1513, nahm gleichfalls in Marienberg, wohin sie 1520 gekommen, den Schleier, starb dort als Nonne 6. Septbr. 1553 u. liegt daselbst begr. (Grabstein mit Inschrift im Kreuzgange.)[1]

4) **Friedrich III**, geb. am 14. Febr. 1515. Folgt sub V.

5) **Brigitte**, geb. in Simmern am 18. August 1516, widmet sich noch jung dem beschaul. Leben, wird im Septbr. 1552 zur Aebtissin des Benediktinerinnen-Klosters Neuburg am Neckar erwählt, wo sie 30. April 1562 starb u. auch begr. liegt. (Ehemal. Grab-Inschrift daselbst.)[2]

6) **Georg**, geb. am 20. Febr. 1518. Folgt sub VI.

7) **Elisabethe**, geb. am 13. Febr. 1520, verl. in Simmern 10. Novbr. 1535, verm. in Fürstenau 9. Januar 1536 mit dem Grafen Georg I von Erbach, kurpfälz. Unterlandvogt im Elsass etc., geb. 24. Jan. 1506, gest. 27. Aug. 1569, begr. in der Stiftskirche zu Michelstadt. (Alabaster-Denkmal mit Inschrift.)

Elisabethe liess ihren Gemahl kinderlos, starb 18. Febr. 1564 u. ruht neben demselben.[3]

8) **Richard**, geb. am 25. Juli 1521. Folgt sub VII.

9) **Maria**, geb. am 29. April 1524, gestorben als Schreiberin im Cisterz. Kloster Marienberg 29. Mai 1576, wo sie auch begr. liegt. (Grabstein mit Inschrift im Kreuzgange daselbst.)[4]

10) **Wilhelm**, geb. am 24. Juli 1526, gest. 9. März 1527, begr. in Simmern.

11) **Sabine** (»edle Sabine von Bayern«), geb. am 13. Juni 1528, verm. in Speier 8. Mai 1544[5] mit Lamoral I Fürsten von Gavre, Grafen von Egmond etc., der seinerseits im Jahre 1522 geb. war, zu Brüssel auf dem Schaffote 5. Juni 1568 starb und im neuen Gruftgewölbe der Pfarrkirche zu Sotteghem[6] im Bezirk Alost von Ostflandern begr. liegt.

Sabine hat ihrem Gemahle 12 Kinder, 3 Söhne u. 9 Töchter geboren, starb in Antwerpen 19. Juni 1578 u. ruht neben ihrem Gemahle.

---

[1] Abgedr. in den Actis Palatinis III 28.

[2] Abgedr. im Apographum Monumentorum etc. S. 119, bei J. P. Kayser (Hist. Schau-Platz der etc. Stadt Heydelberg S. 180), bei Joannis (Miscell. Hist. Palat. p. 231) etc.

[3] Eine Abbildung der für beide Gatten gemeinschaftlichen schönen Denkmals findet sich in Dan. Schneider's Vollst. Hoch-Gräfl. Erbachischer Stamm-Tafel etc. u. die Inschrift daselbst S. 361.

[4] Abgedr. im R. III der Acta Palatina S. 26.

[5] Auch holländ. Quellen, wie Goethoeren u. a. w. bekennen sich zu diesem Datum. Andere haben den 22. Mai. Ersteres ist wohl richtiger, denn der letz. Heirathsbrief datirt vom 7. Mai.

[6] Wo er seiner Mutter ein schönes Mausoleum errichtet hatte. Vergl. Egmondanorum etc. Gentis Hist. et Genealogia P. Corn. Berkenbergii Gondani p. 172.

Bayern.	Kur-pfalz.	Zweybr-Vel-dens.	Neu-markt.	Neben-linie Vel-dens.

Simmern-Sponheim.

12) **Helene**, geb. am 13. Juni 1532, verm. 23. Novbr. 1551 m Heidelberg mit dem Grafen Philipp III von Hanau-Münzenberg, gest. in Hanau 5. Februar 1579, begr. daselbst in der Marien-Kirche.

Helene hat ihrem Gemahle, der im Jahre 1526 geb. war, am 26. Nov. 1561 starb und neben s. Gemahlin begr. liegt, 2 Töchter u. 1 Sohn geboren.[1]

Albr. IV (V) 1550–1579.	Otto Hein. 1556–1559.	Wolfg. 1532–1569.	Wolfg. 1526–1559.	Georg Joh. I 1544–1592.

V. Friedrich II (als pfälz. Kurfürst III), Graf von Sponheim.

Regiert im Herzogthume Simmern vom 18. Mai 1557 bis zum 12. Febr. 1559, an welchem Tage Friedrich, auf den pfälzischen Kurstuhl gelangt, Simmern seinem Bruder Georg zur selbstständigen Herrschaft abtrat.

Ueber Friedrich vergl. man oben S. 49 ff.

Albr. IV (V) 1550–1579.	Friedr. III 1559–1576.	Wolfg. 1532–1569.	—	Georg Joh. I 1544–1592.

VI. Georg, Graf von Sponheim. Regiert in Simmern vom 12. Febr. 1559 bis zu seinem Tode — 17. Mai 1569.

Geb. am 20. Febr. 1518;

wird Domherr zu Mainz (1526), Bamberg (1532)[2], Köln und Strassburg (auch 1532), resignirt auf diese Pfründen 1539;

gest. in Simmern am 17. Mai 1569;

begr. daselbst bei seinem Vater.

Gemahlin:

Elisabethe, Tochter des Landgrafen Wilhelm I (des Aeltern) von Hessen, geb. in Marburg am 4. März 1502, Wittwe des Pfalzgrafen Ludwig II von Zweybrücken-Veldenz, mit welchem sie sich 10. Septbr. 1525 vermählt u. ihm 1 Sohn und 1 Tochter geboren hatte.

---

[1] Die Tochter Amalia, welche Manche (auch Cohn) Johann II noch gebe u. zugleich mit dem Grafen Philipp von Leiningen-Westerburg vermählt sein lassen, ist eine Verwechselung mit dieses Grafen 1. Gemahlin: Gräfin Amalia v. Zweybrücken-Bitsch. Johann II hat eine solche Tochter nicht gehabt.

[2] Resignirt auf diese Pfründe am 1. Dez. 1540.

Bayern-‖ Kur-‖	Zweybrücken-Veldenz.				Neben-Linie Veldenz.
Albr. ‖ Friedr.	Wolfgang 1532—1569.				Georg Joh. I
IV (V) ‖ III					1644—
1550-- ‖ 1559—		Pfalz-			1592.
1579. ‖ 1578.	Neu-burg.	Zwey-brück.	Bisch-weil. Licht.	Birken-feld.	
	Phil. Ludw. 1569— 1614.	Joh. I 1569— 1604.	Otto Heinr. 1569— 1604.	Friedr. 1569— 1597.	Karl 1569— 1600.	

Wilh.	Ludw.	Phil.	Joh. I	Otto	Friedr.	Karl	Georg
V	VI	Ludw.	1569—	Heinr.	1569—	1569—	Gustav
1579—	1576—	1569—	1604.	1569—	1597.	1600.	1592—
1597.	1583.	1614.		1604.			1634.
Max I	Friedr.						
1597—	IV						
1651.	1583—						
	1610.						

Simmern-Sponheim.

Ueber Ludwig II ist unten die Linie Zwey-brücken-Veldenz E sub IV nachzusehen.

Elisabethe vermählte sich mit Georg 14. Aug. 1559[1]), starb in Lauingen 5. Jan. 1563 und ruht daselbst bei St. Martin. (Prachtvolles von ihrem Enkel 1. Ehe Philipp Ludwig erbautes Mausoleum daselbst.)

Sohn:

Johann, geb. am 7. Okt. 1561, gest. 28. Jan. 1562, begr. in Mainz bei St. Stephan. (Epitaph daselbst.)[2])

VII. Richard. Regiert vom 17. Mai 1569 bis zum 13. Jan. 1598.

Geb. in Simmern am 25. Juli 1521:

Domherr in Mainz (1541), in Köln, in Speier, Strassburg u. Bamberg, Dompropst zu Strassburg (12. Jan. 1552), Administrator des Cisterz. Stifts Waldsassen (1556), Propst bei St. Viktor in Mainz (28. Febr. 1559), Dompropst daselbst (im gl. Jahre), resignirt auf diese sämmtlichen Pfründen von 1562 bis 1569 (?);

gest. in Simmern am 13/14. Jan. 1598;

begr. daselbst in der reformirt. oder s. g. Stadt-Kirche. (Ausgezeichnetes Doppel-Monument zugleich für seine erste Gemahlin Juliana.)[3])

[1]) Büttinghausen's Beyträge I S. 268. Nach Fr. X. Kaufmann's manuscriptl. mitlelsb. Genealogie beim allg. Reichsarchive hatte aber die 2. Vermählung Elisabethe's schon 1540 Statt gefunden (f. 47/r), was (f. 92/v) mit dem Beisatze wiederholt wird, Letztere habe sich 8 Jahre im Wittwenstande befunden, von 1532—1540.

[2]) Vergl. Hist. abrégé de la maison Palatine par Mr. l'abbé Schannat p. 99 f. — Uebrigens erregt dieser Sohn immerhin Bedenken, denen Crollius a. a. O. p. 97 u. 194 gerechten Ausdruck giebt. — Vielleicht ist aber — vergl. Note 1 — sein Geburtsjahr gut um einige Jahre hinaufzurücken.

[3]) Abgebildet bei Wickenburg Tom. I P. II p. 197. Die Inschrift desselben ist abgedruckt im B. III der Acta Palatina S. 31, bei Andreae (a. a. O. p. 19) u. neuestens im Rhein. Antiquarius Abthlg. II B. VI S. 407 f. Das Denkmal zeigt den Pfalzgrafen Richard mit seinen beiden ersten Frauen abgebildet. — v. Stramberg sagt (a. a. O. S. 409) über diese Grabdenkmale in Simmern „dass sie leider ein Gegenstand unverzeihlicher Vernachlässigung geworden."

Bayern.	Kur-pfalz.	Neubg.	Zweybr.	Pfalz-Velden.Linie.	Veldh.Linie.	Park-stein.	Birken-feld.	Veben.Vel-denz.	Neu-stadt-Lautern.
Wilh.V1579—1597.	Ludw.VI1576—1583.	Phil.Ludw.1569—1614.	Joh. I1569—1604.	Otto Heinr.1569—1604.	Friedr.1569—1597.	Karl1569—1600.	Georg Gustav1592—1634.	Johann Kasim.1578—1592.	
Max I1597—1651.	Friedr.IV1583—1610.								

Simmern-Sponheim.

Gemahlinen:

I. Juliana,[1] Tochter des Grafen Johann IV von Wied, Runkel und Ysenburg, geb. um 1545(?), verl. in Heidelberg 1. Mai 1559(?), verm. in Simmern 30. Aug. 1569, gest. 30. Apr. 1575, begr. neben ihrem Gemahle. (Doppel-Denkmal mit demselben.)[2]

II. Emilie, Tochter Herzogs Christoph von Wirtenberg, geb. am 19. August 1550, verm. 25. Mai 1578 und gest. 4. Juni 1589 in Simmern, begr. daselbst in der reformirten oder e. g. Stadt-Kirche. (Denkmal mit Inschr. daselbst links vom Chor-Altar.)[3]

III. Anna Margarethe, Tochter des Pfalzgrafen Georg Johann I von Veldenz, geb. 17. Jan. 1571, verm. in Heidelberg (?) 14. Dez. 1589, gest. 14. Nov. † 1621, begr. zu Simmern neben den Vorigen (?)

Kinder erster Ehe:

1) Juliana, geboren in Ravengiersburg am 21. Novbr. 1571, gest. in Simmern (?) 4. Febr. 1572, begr. daselbst in der reform. oder e. g. Stadt-Kirche.

2) Katharina, geb. am 10. Mai 1573, gest. 12. Okt. 1586, begr. wie oben.

3) Prinz, geb. u. gest. im Jahre 1574, begr. wie oben.

4) Prinz, geb. u. gest. am 30. April 1575, begr. neben seiner Mutter, die mit ihm am gl. Tage starb.

Nach dem Ableben des Pfalzgrafen Richard fiel Simmern an die Kurpfalz zurück, welche dortmals von Fürsten dieser Linie regiert wurde. Ueber ihre Blüthe, ihren Verlauf und ihr Ende ist oben S. 49—73 nachzusehen.

[1] Schrieb u. veröffentlichte ein Buch von der Perspektive mit eigenhändig gezeichneten Figuren. Wickenberg Tom. I Pars II p. 198. In Bütting-hausen's Beytr. I 193 wird dieses Buch Johann II zugeschrieben.

[2] Die Inschrift ist abgedr. bei Andreae (a. a. O. p. 19), in den Actis Palatinis III 31 u. s. w. Die Verlobung schon im Jahre 1559, obwohl es bei Kaufmann (f. 48) deutlich heisst: „Heyraths-Brief den 1. Mai 1559 Mannheimer-Archiv." erscheint mir Angesichts der geistl. Chargen, die Richard noch im Laufe des Jahres 1559 annahm, wenigstens zweifelhaft, oder ist seine Resignation zurückzudatiren?

[3] Abgedr. in den Actis Palatinis III S. 31 f. Abgebildet bei Wickenberg a. a. O. Tom. I P. II p. 208.

Kur-bayern, pfälz.	Kur-pfälz.	Pfalz-Neuburg.			Pfalz-Zweybrücken.			Veldenz.	Birkenfeld.	
		Neubg. Sulzb. II.	Sulzb. pont-stein.	El-ster-bach.	Jüng. Linie.	Lands-berg.	Klee-burg.	Vel-denz.	Lützel-stein-Guten-berg.	Bir-kenf.	Bisch-weiler.
Max I 1597	Fried. V 1610	Phil. Lud-wig 1615	Au-gust 1615	Joh. Fried. 1615	Joh. II 1604	Fried. Ka-sim. 1611	Joh. Ka-sim. 1611	Georg Gust. 1592	Georg II 1592	Georg Wilh. 1600	Chri-stian I 1630
— 1651.	— 1610	1569	— 1632.	— 1644.	1635.	1611	1611	1634.	1654.	1669.	1654.
Ferd. Maria 1651	Karl Lud-wig 1632	1614.	Chri-stian Aug. 1632		Fried. 1635	1645.	1652.	Leop. Lod-wig 1634			Chri-stian II 1654
— 1679.	Wolf-gang Wilh. 1614				Fried. Lod-wig 1661.	Karl X 1652					1671.
	1690.	— 1708.			1645						
		Phil. Wilh. 1653			1654. 1681.	1694.	1694.				
		— 1685.			Adolph Joh. 1654						
					1683.						

Jüngere Linie Simmern.

D. Jüngere Linie Simmern
1611—1673.

Bei der Theilung, welche Kurfürst **Friedrich V** in Gemässheit
letztwilliger Verfügung s. Vaters mit
seinem jüngern Bruder Pfalzgrafen
Ludwig Philipp vornahm, bekam
Letzterer **Simmern**, die sponhei-
mischen Gebietstheile u. das Fürstenthum **Lautern**[1] u. so beginnt
eine neue Linie dieses Namens, genannt die **jüngere**, welche jedoch
nach einer Dauer von nur 62 Jahren
schon wieder erlosch.

I. Ludwig Philipp. Regiert

v. 9. Sept. 1610, resp. vom J.
1611 bis 6. Jan. 1655.
Beinamen: Simmerensis;
geb. in Heidelberg am 23. Nov.
1602[2]);
unter Vormundschaft Herzogs
Johann II von Zweybrücken-Veldenz bis 1620 (?);
gest. zu Crossen in Schlesien am
6. Jan. † 1655;
begr. zu Simmern in der neu-
erbauten Gruft der reformirten
oder s. g. Stadtkirche.[3])

Gemahlin:

Maria Eleonore, Tochter des
Kurfürsten Joachim Friedrich
von Brandenburg, geb. in Köln
an der Spree am 1. April †
1607, verm. zu Köln a. d. Spree
4. Dez. 1631. gest. in Kreuznach 18. Febr. † 1675, begr.
neben ihrem Gemahle zu Simmern.

[1]) Dieses Fürstenthum u. noch Anderes
musste Ludwig Philipp in Folge Vergleichs vom 2. Dez. 1653 an die Kurpfalz wieder zurückgeben.

[2]) Nicht 26. Nov., wie Viele haben.

[3]) Vergl. Büttinghausen's Beyträge II
103 ff.

Zwei-bayern.	Zwei-pfalz.	Pfalz-Neuburg.			Pfalz-Zweybrücken.			Veldenz.		Birkenfeld.	
		Neuhg.	Sulzb. II.	Hö-gelt-sheim.	Zwz. Linie.	Lande-berg.	Klee-burg.	Vel-denz.	Lützel-stein-Unter-leubg.	Bir-kenf.	Bisch-weiler.
Max I 1597	Fried. V 1610	Phil. Lud-wig 1569	Au-gust 1615	Joh. Fried. 1615	Joh. II 1604	Fried. Ka-sim.	Joh. Ka-sim. 1611	Georg Gust. 1592	Georg Joh. II 1592	Georg Wilh. 1600	Chri-stian I 1630
— 1651.	—	1569	—	—	1635.	1611	1611	—	—	1669.	1654.
Ferd. 1632.	Karl Lud-wig 1632	1614.	Chri-stian Aug.	—	Fried. 1635	1645.	1652.	1634.	Leop. Lud-wig		Chri-stian II
Maria 1651		Wolf-gang Wilh. 1614	1632	—	1661.	Fried. Lud-wig 1645	Karl X 1652	—	1634		1654
— 1679.	1680.	—	—	1708.			1654.	1694.		1671.
		1653.					1661.	Adolph Joh. 1654		
		Phil. Wilh. 1653						1683.		
		— 1685.								

Jüngere Linie Simmern.

Kinder:

1) **Karl Friedrich**, geb. in Kaisers-lautern am 6. Januar 1633, gest. in Frankenthal 13. Jan. 1635, begr. in Simmern (?).

2) **Gustav Ludwig**, geb. in Heidel-berg am 1. März 1634, gest. in Metz 5. Aug. 1635, begr. in Simmern (?).

3) **Karl Philipp**, geb. in Franken-thal am 20. April † 1635, gest. in Metz 24. Febr. 1636, begr. in Simmern (?).

4) **Ludwig Kasimir**, geb. in Metz am 27. Sept. † 1636, gest. in Kreuznach 14. Dez. 1652 [1], begr. zu Simmern in der Stadt-Kirche. (Sarg mit Inschrift.)

5) **Elisabethe Maria Charlotte**, geb. in Sedan am 24. Okt. 1638, verm. in Brieg 20. Okt. 1660 mit Herz. Georg III von Schle-sien zu Liegnitz als dessen 2. Gemahlin.

Georg (aus dem Stamme der Piasten) ist geb. in Brieg am 14. Septbr. † 1611, starb am 14. Juli † 1664 und ruht in der Schloss-Kirche bei S. Hedwig in Brieg. (Sarg-in-schrift.)

Charlotte, welche demselben keine Nachkommen geboren, starb in Brieg 22. Mai † 1664 und ruht daselbst. (Sarg-Inschrift.) [2]

6) **Ludwig Heinrich Moriz** etc., geb. 1. Okt. † 1640. Folgt sub II.

7) **Louise Sophie Eleonore**, geb. am 27. Juni 1642 in Kreuznach, gest. daselbst 29. März † 1643, begr. in Simmern (?).

---

[1] Er starb an zu starkem Trompeten-Blasen. Büttinghausen Beyträge II 108 f., wo auch die Sarg-Inschrift erhalten ist.

[2] Bei Büttinghausen Beytr. I S. 400 f. sind beide Inschriften abgedruckt. Als Sterbetag der Fürstin wird hier und anderweitig der 20. Mai ge-nannt, aber der XI. Kal. Junii der Sarginschrift ist der 22. Mai.

Kur-Bayern.	Kur-pfalz.	Neu-burg.	Suls-bach II.	Pfalz-Zweybrücken.			Vel-denz.	Lützel-stein.	Birken-feld.	Bisch-weiler.
				Jüngere Linie.	Lands-berg.	Klee-burg.				
Max I 1597— 1651.	Friedr. V 1610— 1632.	Phil. Ludw. 1569— 1614.	August 1615— 1632.	Joh. II 1604— 1635.	Friedr. Kasim. 1611— 1645.	Joh. Kasim. 1611— 1652.	Georg Gustav 1592— 1634.	Georg Joh. II 1592— 1654.	Georg Wilh. 1609— 1669.	Chri- stian I 1639— 1654.
Ferd. 1632.	Karl Ludw. 1632— 1680.	Wolfg. Wilh. 1614— 1653.	Christ. Aug. 1632— 1708.	Friedr. 1635— 1681.	Friedr. Ludw. 1645— 1681.	Karl X 1632— 1654.	Leop. Ludw. 1634— 1694.	—	Karl II Otto 1669— 1671.	Chri- stian II 1654— 1671/ 1717.
Maria 1851— 1679.		Phil. Wilh. 1653— 1685.				Adolph Joh. 1654 — 1683.				

Jüngere Linie Simmern.

II. Ludwig Heinrich Moritz

etc. Regiert vom 6. Jan. 1655 bis zum 3. Jan. 1674.

Geb. in Sedan am 11. Okt. † 1640;

unter Vormundschaft s. Vetters des Kurf. Karl I Ludwig und s. Mutter vom 6. Januar 1655 bis zum Jahre 1658;

gest. in Kreuznach am 3. Jan. † 1674;

begr. in der Fürstengruft zu Simmern. (Sarginschrift.)[1]

Gemahlin:

Maria, Tochter des Prinzen Heinrich Friedrich v. Nassau-Oranien, geb. am 5. Septbr. 1642, verm. in Kleve 23. September † 1666, gest. in Kreuznach 20. März † 1688, begr. an der Seite ihres Gemahls. (Sarg-Inschrift.)[2]

Simmern fiel wieder an die Kurpfalz zurück.

[1] Abgedr. bei Büttinghausen (a. a. O. II 109 ff.)

[2] Zu finden a. a. O. II 110 f.

Bayern- Landsh. Münch.	Kur- pfalz.	Simmern- Sponh.	Neu- bach.

E. Zweybrücken-Veldenz, dann mittlere und jüngere Linie Zweybrücken mit den Nebenlinien Sulzbach I und Parkstein 1444—1661.

Die Linie Zweybrücken-Veldenz zweigte sich von der Linie Simmern-Zweybrücken-Veldenz (später Simmern-Sponheim) dadurch ab, dass Pfalzgraf Stephan von Simmern (vergl. oben S. 133) durch Vertrag vom 23. Sept. 1444 die zweybrückischen Lande und das durch seine Gemahlin ererbte Veldenz seinem viertgebornen[1] Sohne Ludwig (dem Schwarzen) bestimmte. Hieraus bildete sich später das s. g. Herzogthum Zweybrücken.[2]

Von Ludwig's Enkel, dem Pfalzgrafen Wolfgang giengen 1569 wieder 5 Linien aus: Neuburg, Zweybrücken, Sulzbach I (oder Hilpoltstein), Parkstein[3] u. Birkenfeld. Die erste hievon gelangte nach dem Aussterben der Linie Simmern auf den pfälzischen Kurstuhl; Zweybrücken theilte sich unter Wolfgang's Sohn, Johann I in die jüngere Linie Zweybrücken, dann in die Linien Zweybrücken-Landsberg und Kleeburg, deren letztere 1654 in der Person Karl's X den schwedischen Thron bestieg. Sulzbach löste 1742 Neuburg in der pfälzischen Kurwürde ab und Birkenfeld endlich überdauerte alle anderen wittelsbachischen Linien, indem es in der königlich bayerischen Hauptlinie, den zwei kgl. Nebenlinien sowie in der herzoglichen Nebenlinie noch jetzt auf's Herrlichste blüht.

Die Linie Zweybrücken-Veldenz, später mittlere, dann aber jüngere Linie Zweybrücken erlosch nach mehr als 200jähriger Dauer im J. 1661. Sulzbach I u. Parkstein sollen des Zusammenhanges wegen gleich hier am geeigneten Orte eingeschaltet werden.

Heinr.	Albr.	Ludw.	Friedr.	Otto I
IV	II (III)	IV	I	1410—
1393-	1438—	1436—	1444—	1461.
1450.	1460.	1449.	1480.	Otto II
Ludw.	Joh.	Friedr.	Joh. I	1461—
IX	IV u.	I	1480—	1499.
1450-	Sigm.	1449—	1509.	
1479.	1460—	1476.		
Georg	1463.	Phil.		
1479	Sigm.	1476—.		
1503.	1463—	1506.		
	1465.			
{Sigm.				
u.				
Albr.				
III (IV)				
1465—				
1467.				
Albr.				
III (IV)				
1467—				
1508.				

I. Ludwig I.

Regiert im Zweybrückischen und in der vom mütterl. Grossvater ihm überlassenen Grafschaft Veldenz unter väterlicher Administration vom 16. Sept. 1444 bis zum 14. Febr. 1459, von da ab selbstständig bis zum 19. Juli 1489, nachdem er 1482 einen Theil von Zweybrücken an s. Sohn Alexander abgetreten.

Beinamen: Niger der Schwarze der schwarze Herzog etc.;
geb. im Jahre 1424;

[1] Sonst immer, aber irrig als der zweitgeborne behandelt. Vergl. Joh. G. Bachmann (Pfalz-Zweibr. Staatsrecht S. 6 u. 65.) u. G. Ch. Johannis etc. Kalenderarbeiten S. 30 fl.

[2] Vergl. Bachmann a. a. O. S. 1 ff.

[3] Bisher ist diese Nebenlinie allenthalben unrichtig mit Linie Hilpoltstein oder auch Vohenstrauss bezeichnet worden. Hilpoltstein bekam nicht Friedrich, Herzog Wolfgang zweitjüngster Sohn, sondern der drittjüngste Otto Heinrich. Vergl. Bachmann a. a. O. S. 61 u. B. XX der gesammten Verhandlungen des hist. Vereines von Oberpfalz und Regensburg — Geschichte der Herrschaft, Burg u. Stadt Hilpoltstein von C. Siegert S. 290 ff. —

| # Zweybrücken-Veldenz.

gest. in Simmern[1]) am 19. Juli 1489;

begr. in einer Kapelle der reformirten Stadtkirche zu Meisenheim, die er bei dem Neubau des Hauptgebäudes 1480 eigens für sich errichtet hatte. (Ludwig's Grabmal-Kapelle oder s. g. Kapellen-Gruft.)[2])

NB. Ludwig's Portrait befindet sich in der Grainberger'schen Gallerie im Schlosse zu Heidelberg sub Nr. 6; ein anderes (kaum gleichzeitiges) Bild desselben von unbekannter Hand bietet sub Nr. 413 die Schleissh. Gallerie.

Gemahlin: [3])

Johanna, Tochter Anton's (des Grossen) von Croy, Herrn von Croy, Airenes, Renty etc., Grafen von Porcien, Guines, Beaumont etc., geb. um das Jahr 1435, verm. in Luxemburg 20. (?) März 1454, gest. in ihrer Sommerwohnung am Kreuzberge bei Zweybrücken 18. Juni[4]) 1504, begr. neben ihrem Gemahle.

NB. Schleissh. Gall. (Kopie?) sub Nr. 414.

Kinder:

1) **Margarethe**, geb. am 10. Juli 1456, verl. 31. Juli 1465 mit dem Grafen Philipp von Nassau-Wiesbaden, dem sie im Jahre 1470 angetraut wurde.

   Philipp war geboren um 1450, starb 16. Juni 1509 u. ruht in der Pfarrkirche zu Idstein. Margarethe gebar in dieser Ehe kein Kind, starb 7. Sept. 1527 u. ruht neben ihrem Gemahle.

2) **Kaspar**, geb. am 11. Juli 1458. Folgt sub II.

3) **Johanna**, geb. im Jahre 1459, gest. als Nonne des Klosters Marienberg bei Boppard 11. Sept. 1520, wo sie 11. Januar 1469 eingetreten war und auch begr. liegt. (Grabstein mit Inschrift daselbst im Kreuzgange.)

4) **Anna**, geb. im Jahre 1461, kam 11. Januar 1469 in's Stift Marienberg bei Boppard, wo sie 21. April 1520 starb u. begr. liegt. (Grabstein mit Inschrift daselbst im Kreuzgange.)[5])

5) **Alexander**, geb. am 26. Nov. 1462. Folgt sub III.

6) **David**, geb. im Jahre 1463, gest. 10. April 1478, begr. zu Meisenheim (?).

7) **Albrecht**, geb. im Jahre 1464, Domherr in Köln und in Strassburg, gest. im J. 1513[6]), begr. zu Meisenheim (?).

8) **Katharina**, geb. im Jahre 1465, gieng im J. 1469 in's St. Agnes-Kloster auf dem Engelsberge zu Trier,[7]) wo sie im Jahre 1542 als Aebtissin starb u. begr. liegt.

9) **Philipp**, geb. am 21. April[8]) 1467, gest. 26. Aug.[9]) 1489 als Domherr von Strassburg u. Köln u. Propst an letzterem Hochstifte, begr. zu Meisenheim in der reformirten Stadtkirche. (Weder Denkmal noch Inschrift vorhanden.)

10) **Johann**, geb. im Jahre 1468, Domherr in Strassburg u. Köln und Propst hierselbst, gest. im Jahre 1513 u. begr. in Meisenheim (?).

11) **Elisabethe**, geb. im Jahre 1469, verl. 7. Dez. 1482 mit dem Grafen Johann von Solms-Münzenberg, welcher vor vollzogener Ehe zu Alexandria in Aegypten 31. Okt. 1483 starb, worauf sich Elisabethe nach auf Martinsburg 26. Dez. 1487 vorausgegangener Verlobung in Saarbrücken mit dem Grafen Johann Ludwig I von Nassau-Saarbrücken 29. Jan. 1492 vermählte.

---

[1]) So die gewöhnliche Annahme. J. G. Lehmann (Gesch. des Herz. Zweibr. S. 197) sagt, dass Ludwig „wahrscheinlich in s. Residenz Zweibrücken gestorben sei." Vergl. Crollius Denkmahl etc. S. 89.

[2]) Crollius a. a. O. S. 2. Von ihm haben wir diese Gruft-Bezeichnungen entlehnt.

[3]) Im J. 1446 wurde Ludwig mit Katharina, Tochter Herzogs Ludwig VIII von Bayern-Ingolstadt verlobt. Vergl. oben S. 126 Nr. 2.

[4]) Nach Wünsch.

[5]) Die Inschrift der Denkmäler der Johanna und Anna ist im B. III der Acta Palatina p. 27 abgedruckt; desgl. bei Crollius a. a. O. S. 88 u. s. w.

[6]) Vergl. über dieses Todesjahr Crollius a. a. O. S. 88 f.

[7]) Miscella Hist. Pal. von Joannis p. 234. Offenbar war, um dort zunächst erzogen zu werden.

[8]) Wünsch.

[9]) Wünsch. Vergl. wegen des Todesjahres Crollius a. a. O. S. 52 u. 89. Nach Bachmann (a. a. O. S. 49) wäre Philipp schon Ende 1479 nicht mehr am Leben gewesen.

Zweybrücken - Veldenz.

Johann Ludwig ist geb. in Saarbrücken 19. Okt. 1472, starb daselbst 4. Juni 1545 u. liegt in der Stifts-Kirche St. Arnual bei Saarbrücken begr. (Standbild u. Inschrift daselbst.) ¹)

Elisabethe, des Grafen erste Gemahlin, starb, nachdem sie ihm 6 Töchter geboren, 23. Juni 1500 und ruht bei St. Arnual. (Ihr ein Epitaph zu setzen wurde vergessen.)²)

12) **Samson,**³) geb. am 27. Juni⁴) 1474, gest. in Zweybrücken 11. Mai 1480 in Folge eines Sturzes vom s. g. blauen Schlossthurm, begr. zu Zweybrücken in der ältern Pfarrkirche, an deren Stelle später die neue (Alexanders-) Kirche kam.⁵)

Bayern-Landsh. / Bilach.	Kurpfalz.	Simmern-Spanh.	Zweibach.	
Georg 1479—1503.	Albr. III(IV) 1467—1508.	Phil. 1474—1508.	Joh. I 1480—1509.	Otto II 1461—1499.

II. Kaspar. Regiert gemeinschaftlich mit s. Bruder Alexander vom 19. Juli bez. 27. Novbr. 1489 bis zum 20. Dezbr. 1490, an welchem Tage er als angeblich irrsinnig⁶) in Gewahrsam genommen wurde. In einem Theile von Zweybrücken hatte ihm der Vater schon seit 19. April 1478 Regierungsgewalt eingeräumt.
Geb. am 11. Juli 1458;
gest. im Gefängniss zu Nohefelden im Juli oder Aug. 1527;⁷)
begr. in der Kirche des benachbarten Dorfes Wolfersweiler. (Kein Monument u. d. gl. daselbst.)

Gemahlin:⁸)

Amalia, Tochter des Kurfürsten Albrecht Achilles von Brandenburg, geb. auf der Plassenburg am 1. Oktob. 1461, verl. in Ansbach 1. Juni 1465, verm. in Zweybrücken 19. April 1478⁹), gest. im Wildbad zu Baden 3. Sept. 1481, wo sie in der dortigen Stiftskirche begr. liegt.¹⁰)

---

¹) Das Erstere ist abgebildet bei Christ. Wilh. Schmidt Die Grabmäler des Hauses Nassau-Saarbrücken etc. Tafel 3. Letztere hat Joh. Gg. Hagelgans in s. Nassauischen Geschlechts-Tafel p. 52 abgedruckt.

²) Vergl. Hagelgans a. a. O.

³) Nach Anderen hätte dieser Prinz Lazarus geheissen, was unrichtig ist. — Der sogenannte bayer. Chronist bei Frhrn. v. Freyberg (I 94) vermehrt die Familie Ludwig's I mit 3 Söhnen: Hieronymus Heinrich und Wolfgang, die indessen wenig Wahrscheinlichkeit für sich haben. Aehnlich verhält sich's mit dem Christoph des Ladislaus Santheim. (Oefele II 580.)

⁴) Nach Wünsch.

⁵) Ueber eine illegitime Tochter Herzogs Ludwig, welche (genannt Elsegin) am 1454 geboren wurde u. sich mit einem Leonhard v. Lauterecken vermählte, vergl. Crollius a. a. O. S. 90.

⁶) Nach Ladisl. Santheim (Oefele II 579 fl.) waren die Gründe dieser Einsperrung politischer Natur. Vergl. Bachmann a. a. O. S.50 fl., Lehmann (Gesch. d. Herz. Zweibr. S. 199 fl.). Crollius a.a.O.S.85 u. s. w.

⁷) Crollius S. 55 Note 1.

⁸) Nach dem Tode s. Gemahlin erzeugte der Herzog mit einer gewissen Behold eine Tochter Namens Amalia, welche 1502 mit dem Sohne des bergl. Kellners Albrecht zu Kirkel verheiratet wurde. Joannis Miscella Hist. Palatinae p. 223 u. Pareus p. 190 Note 1.

⁹) Bachmann (a. a. O. S. 51) lässt die Hochzeit am 19. April 1479 gefeiert werden; dies ist wohl richtiger für 1478, was Johannis etc. Kalender-Arbeiten S. 57. Crollius Denkmaeler etc. S. 86 u. die Misc. Hist. Palat. des Joannis p. 110 bestätigen. Auch Stillfried hat in s. Stammtafel der 19. April. aber 1474 und das Nämliche im B. II der neuen Folge s. Hohenzollern'schen Alterthümer etc. Cohn nimmt mit aus den 19. April 1478 an. (Vergl. Tafel 54.) Lehmann (a. a. O. S. 200) bleibt auf 1474 stehen.

¹⁰) Trotz ihres testamentar. ausgesprochenen Wunsches, in der Marienkirche zu Bergzabern begr. zu werden. — Vorher war Herzog Kaspar mit der Schwester s. Gemahlin Margarethe (1464) verlobt, welche indess 1467 in's St. Klara-Kloster in Hof gieng, wo sie als Aebtissin 1509 starb.

Bayern-Landsh. Klach.	Kur-pfalz.	Sim-mern-Spanh.	Rom-bach.
Georg 1479—1503. Wilh. IV 1508—1516.	Albr. III(IV) 1467—1508. Ludw. V 1508—1544.	Phil. 1476—1508.	Joh. I 1480—1509. Joh. II 1509—1557.	Otto 1461—1499. —

Zweybrücken-Veldenz.

III. Alexander. Regiert gemeinschaftlich mit s. Bruder Kaspar vom 27. November 1489 bis zu des Letztern Gefangennehmung 26. Dez. 1490; von da ab allein bis zu s. Tode 31. Okt. 1514.

In der Grafschaft Veldenz hatte ihm sein Vater schon am 12. März 1482 u. bald hernach auch im Zweybrückischen Regierungsrechte übertragen.

Beinamen: Claudus, der Hinkende der Lahme etc.;

geb. am 26. Nov. 1462;

wird am 2. Sept. 1495 in Jerusalem, wohin er gewallfahrtet, zum Ritter des hl. Grabes geschlagen;

gest. in Zweybrücken am 31. Okt. 1514;

begr. in der von ihm daselbst neu erbauten St. Nikolaus- (später nach ihm benannten Alexanders-) Kirche. (Ehemal. Grabinschr. daselbst im Chor u. Denkmal in Meisenheim.) [1]

NB. Sein Portrait bildet in der Graimberger'schen Sammlung Nr. 14; in der Schleissh. Gallerie — von unbek. Hand — Nr. 415.

Gemahlin:

Margarethe, Tochter des Grafen Kraft VI von Hohenlohe, geb. im Jahre 1480, verl. in Worms 31. Okt. 1498, verm. in Zweybrücken 21. Jan. 1499, gest. daselbst 3. Sept. 1522, begr. neben ihrem Gemahle. (Denkmal in Meisenheim.)

NB. Bild in der Schleissh. Gall. Nr. 416.

Kinder:

1) **Johanna,** geb. am 4. Dez.[2] 1499, Nonne bei St. Agnes in Trier, gest. daselbst 11. Nov. 1537 u. dort begr.

2) **Ludwig II,** der Jüngere, geb. am 14. Sept. 1502. Folgt sub II.

3) **Georg,** geb. im Jahre 1503, Domherr in Trier, Köln (1520) u. Strassburg, gest. vor dem 16. Juni 1537, begr. zu Zweybrücken (?).

4) **Margarethe,** geb. im Jahre 1505, gest. im Kloster Marienberg bei Boppard 9. Dez. 1522[?], wo sie 1520 als Nonne eingetreten war u. auch begr. liegt.

5) **Ruprecht,** geb. im J. 1506. Folgt unten bei der Neben-Linie Veldenz II sub I.

6) **Katharina,** geb. am 5. Nov. 1510, verm. sich 21. März 1540 mit dem Grafen Otto II von Rietberg, welcher im J. 1517 geboren war, im Lager vor Metz 1552 starb und (wo?) begr. liegt (??)

Katharina, welche kein Kind geboren, starb 5. Mai 1542 u. liegt im münster'schen Cisterz. Kloster Marienfeld begr. Sie soll vor ihrer Vermählung Nonne im Kloster Marienberg bei Boppard gewesen sein. [4]

---

[1] Erstere ist abgedr. bei Crollius Denkmahl etc. S. 93. Im 30 jährigen Kriege wurde die Alexanders-Kirche fürchtbar mitgenommen u. von feindlichen Truppen namentlich aller ihrer Metall-Epitaphien der dort begr. Mitglieder der wittelsbach'schen Familie beraubt. Noch ärger hausten später die Franzosen, die sogar die Zinn-Särge fortschleppten. — Vergl. Th. Cas. Heintz Die Alexanders-Kirche zu Zweybrücken S. 39 ff. u. S. 53.

[2] Wünsch.

[3] Chr. de Stramberg (Metrop. Eccl. Trever. I 383).

[4] Urkundliches über ihre Vermählung fand ich nicht. Letztere ist nach den Genealogen, die sich mit den Grafen v. Rietberg (Rittberg) befasst, immer noch sehr fraglich.

Zweybrücken-Veldenz.

Bayern.	Kurpfalz.	Simmern-Sponh.	Junge Pfalz.	Neumarkt.	Neburg-Veldenz.
Wilh. IV 1508— 1516. {Wilh. IV u. Ludw. X 1516— 1545.	Ladw. V 1508— 1544.	Joh. II 1509— 1557.	Otto Heinr. 1505— 1556. Phil. 1505— 1541.	Wolfg. 1524— 1558.	—

IV. Ludwig II. Regiert vom 31. Oktob. 1514 bis 3. Dez. 1532.

Beinamen: der Jüngere;
geb. in Zweybrücken am 14. September 1502;
gest. in Zweybrücken am 3. Dez. 1532;
begr. im Chor der Alexanders-Kirche daselbst. (Kein Epitaph.)

NB. Ein Porträt Ludwig's II[1]) hat sich in der Graimberger'schen Gallerie in Heidelberg sub Nr. 22. erhalten; von unbek. Hand hängt es als Nr. 417 zu Schleissheim.

Gemahlin:

Elisabethe, Tochter des Landgrafen Wilhelm I (des Aeltern) von Hessen, geb. in Marburg am 4. März 1503, verm. in Kassel 10. Septbr. 1525, dann nach Ludwig's Tod zum zweitenmal 14. Aug. 1559 mit dem Pfalzgrafen Georg von Simmern-Sponheim, worüber das oben (S. 140 f.) Vorgetragene verglichen werden kann. Elisabethe starb 5. Jan. 1563 zu Lauingen, wo sie auch in der dortigen Fürstengruft der Pfarrkirche St. Martin begr. liegt. (Prachtvolles Mausoleum hinter dem Chor-Altare daselbst, ihr von ihrem Enkel Philipp Ludwig errichtet[2]).

NB. Schleissh. Gall. Bild Nr. 418 von unbekanntem Meister.

Kinder:

1) Wolfgang, geb. am 26. Sept. 1526. Folgt sub V.
2) Christina, geb. in Zweybrücken am 2. Febr. 1528, gest. daselbst 23. Aug. 1534, begr. im Chor der dortigen Alexanders-Kirche. (Kein Epitaph.)

Bayern.	Kurpfalz.	Simmern-Sponh.	Junge Pfalz.	Neumarkt.	Neburg-Veldenz.
Wilh. IV u. Ladw. X 1516— 1545. Wilh. IV 1545— 1550. Albr. IV (V) 1550— 1579.	Ladw. V 1508— 1544. Friedr. II 1544— 1556. Otto Heinr. 1556— 1559. Friedr. III 1559— 1576.	Joh. II 1509— 1557. Friedr. II (III) 1557— 1559. Georg 1559— 1569.	Otto Heinr. 1505— 1556. Phil. 1505— 1541.	Wolfg. 1524— 1558.	Rupr. 1543— 1544. Georg Joh. I 1544— 1592.

V. Wolfgang. Regiert in den Zweybrücken-veldenzischen

Landen vom 3. Dezbr. 1532 bis zum 11. Juni 1569, vom 30. Juni 1557 an in der ihm vom pfälzischen Kurfürsten geschenkten s. g. jungen Pfalz u. seit dem Jahre 1566 auch in der halben hintern Grafschaft Sponheim, welche ihm Kurf. Friedrich III in Folge des Heidelberger-Vertrages vom 2. Nov. 1553 abtrat[3]).

Geb. in Zweybrücken am 26. Septbr. 1526[4]);
unter Vormundschaft s. Mutter Elisabethe und s. Oheimes, des Pfalzgrafen Ruprecht von Veldenz bis 3. Okt. 1543:

---

[1]) Soll schon 1526 (?) zum Protestantismus übergetreten sein. Wenn diese allerdings nichts weniger als verbürgte Nachricht sich wirklich so verhielte, so wäre Ludwig der erste Wittelsbacher, welcher von der katholischen Kirche sich losgesagt.

[2]) Eine genaue Beschreibung davon bringt Crollius Denkmahl etc. S. 97 ff. B. Mayer (Gesch. d. Stadt Lauingen S. 219) giebt als Erbauer des Denkmals den Herzog Wolfgang an.

[3]) Seitdem bildet dieses Territorium einen integrirenden Theil des Herzogthums Zweybrücken.

[4]) Nach der Inschrift s. Grabdenkmals wäre er am 20. Septbr. 1525 geboren, aber hier entscheidet gegen die irrende Grabschrift das urkundliche Datum.

Zweybrücken-Veldenz.

führt durch s. Testament vom 18. August 1568 die Primogenitur ein;

stirbt auf seinem Kriegszuge nach Frankreich, um den Hugenotten beizustehen, in Nessun bei Limoges am 11. Juni 1569;

begr. zuerst in der Pfarrkirche zu Angouleme, von wo die Leiche nach Coignac, dann nach Rochelle u. von hier zur See nach Lübeck verbracht u. endlich 1571 in der Kapellengruft der reformirten Stadtkirche zu Meisenheim beigesetzt wurde. (Die Eingeweide Wolfgang's blieben in Nessun. — Zu Meisenheim besteht in der Ludwig's Grabmal-Kapelle der dortigen Stadtkirche ein schönes Denkmal für Wolfgang u. dessen Gemahlin Anna.) [1]

Devise: Vive memor Lethi! [2]

NB. Die Graimberger'sche Gallerie zu Heidelberg verwahrt sein Portrait sub Nr. 32; die Ahnen-Gall. in Schleissheim (von nicht genanntem Meister) sub Nr. 419.

Gemahlin:

Anna, Tochter des Landgrafen Philipp I (des Grossmüthigen) von Hessen, geb. in Kassel am 26. Okt. 1529, verm. daselbst 6. Sept. 1544, gest. in Meisenheim 10. Juli 1591, begr. neben ihrem Gemahle. (Epitaph daselbst.) [3]

NB. Schleissh. Gallerie Bild Nr. 420. Ein schönes Portrait der Herzogin von Hans Mielich zeigt Saal V der Gothik im b. Nat. Museum.

Kinder:

1) **Christina,** geb. am 29. Febr. 1546 in Zweybrücken, verlobt im Jahre 1570 mit dem Herzoge Friedrich Kasimir von Teschen, gest. in Odernheim 22. März† 1619, begr. in Meisenheim bei ihren Eltern. (Denkmal mit Inschrift in der Ludwigs-Grabmal-Kapelle. [4]) Auch in Odernheim hatte sie sich ein solches errichten lassen.)

2) **Philipp Ludwig,** geb. am 2. Okt. 1547. Folgt unten bei der Neben-Linie Neuburg J sub II.

3) **Johann,** geb. am 18. Mai 1550. Folgt nach den Nebenlinien Sulzbach I und Parkstein unten sub VI.

4) **Dorothea Agnes,** geb. in Amberg [5]) am 16. Novbr. 1551, gest. daselbst 24. Febr. 1552 u. bei St. Martin begr. (Grabstein mit Inschrift am Fusse des Hochaltars, bereits sehr abgetreten.)

5) **Elisabeth I,** geb. in Amberg am 31. März 1553, gest. daselbst 21. April 1554, begr. in Amberg bei St. Martin. (Kein Denkmal etc. mehr vorhanden.)

6) **Anna,** geb. in Amberg am 2. Juni 1554, gest. in Meisenheim 13. Novbr. 1576, begr. daselbst bei ihren Eltern. (Denkmal mit Inschrift in der Ludwigs-Grabmal-Kapelle) [6]).

7) **Elisabethe II,** geb. in Amberg am 14. Juni 1555, gest. in Neuburg a. d. Donau 24. Nov. 1625, begr. in Lauingen bei St. Martin. (Epitaph.) [7])

8) **Otto Heinrich,** geb. am 22. Juli 1556. Folgt sofort in der:

[1] Die Inschrift bringt am Korrektesten Crollius a. a. O. S. 114 f., auch das Neuburger Taschenbuch, dritter Jahrgang S. 189 f. hat sie in gutem Abdruck. Vergl. Parens a. a. O. p. 196 f.

[2] Auf alle s. Thaler liess Wolfgang den Spruch schlagen: Date Caesari quae Caesaris et Deo quae Dei sunt. Koehler's Münzbelustigung IX 89 f. Vergl. Fr. Exter Versuch einer Sammlung von Pfalz. Medaillen II 24 ff.

[3] Abgedr. bei Crollius S. 115 u. s. w.

[4] Abdruck bei Crollius S. 119 f., bei Parens p. 196 u. s. w.

[5] Pfalzgraf Wolfgang war nämlich kurfürstl. Statthalter in der Oberpfalz von 1551 bis 1556.

[6] Abgedr. bei Crollius S. 120, bei Parens S. 200 u. s. w.

[7] Crollius S. 121 f. Der 24. Nov. 1625 nach altem Kalender war kein Montag, wohl aber der nach neuem Kalender, welche in diesem Epitaph verwechselt zu sein scheinen. R. Mayer (Gesch. d. Stadt Lauingen S. 222 f.) verwechselt seinerseits die beiden Töchter Elisabethe Herzogs Wolfgang, wie das vor ihm so Viele gethan. Vergl. das Neuburger Collectaneenblatt Jahrgg. XXI S. 35.

Bayern.	Kur-pfalz.	Sim-mern-Sponh.	Neub.	Pfalz-Zweybr. Lütz. Linie.	Park-stein.	Birken-feld.	Nebenlinie Veldenz.			Neu-stadt-Lautern.
Albr. IV (V) 1550–1579.	Friedr. III 1559–1576.	Richrd. 1569–1598.	Phil. Ludw. 1569–1614.	Joh. I 1569–1604.	Friedr. 1597.	Karl 1569–1600. Georg Wilh. 1600–1669.	Georg Joh. I 1544–92.			Joh. Kasim. 1578–1592.
Wilh. V 1579–1597.	Ludw. VI 1576–1583.						Vel-denz. Georg Gust. 1592–1634.	Lützel-stein. Joh. Aug. 1592–1611.	Gutten-berg. Georg Joh. II u. Ludw. Phil. 1592–1601 resp. 1654.	
Max I 1597–1651.	Friedr. IV 1583–1610.									

Zweybrücken-Veldenz.

Nebenlinie Sulzbach I
oder
Hilpoltstein 1569—1604.

Otto Heinrich. Regiert die ihm durch das väterliche Testament zugewiesenen Aemter Sulzbach, Hilpoltstein und Allersberg[1]) (nach Ersterem pflegt man diese kleine Nebenlinie gewöhnlich zu benennen) unter der Oberherrlichkeit seines ältesten Bruders Philipp Ludwig vom 11. Juni 1569 bis zum 19. Aug. 1604.

Geb. in Amberg am 22. Juli 1556;

unter Vormundschaft des Kurfürsten Ludwig VI von der Pfalz u. des Landgrafen Wilhelm von Hessen vom 11. Juni 1569 bis 11. Juni 1574;

gest. in Sulzbach am 29. Aug. † 1604;

begr. zu Lauingen bei St. Martin. (Denkstein und Sarg mit Inschrift.)[2])

NB. Devise: Deum time, Regem honora.

Gemahlin:

Dorothea Maria, Tochter des Herzogs Christoph von Wirtemberg, geb. am 3. Septbr. 1559, verm. in Stuttgart 25. Novbr. 1582, gestorben in Hilpoltstein 23. März † 1639, begr. in Lauingen bei St. Martin. (Sarg mit Inschrift.)

---

¹) Diese Testamentsbestimmung erhielt durch den s. g. Neuburger-Vergleich vom 29. April 1581 ihre Bestätigung. Von da ab erst, bezw. Mai 1582 datirt deshalb Manche den Regierungsbeginn Otto Heinrich's.

²) Vergl. B. Mayer's Gesch. von Lauingen S. 221. Er hat sich die Inschrift selbst gemacht.

Zweybrücken-Veldenz resp. **Sulzbach I.**

Kinder:

a) **Ludwig**, geb. am 6. Jan. 1584, gest. in Sulzbach 12. März gl. J., begr. bei St. Martin in Lauingen. (Denkstein auf der Evangelienseite des Choraltars; Sarg-Inschrift verwischt.)

b) **Anna Elisabethe**, geb. in Sulzbach am 3. Jan. 1585, gest. dortselbst 18. April gl. Js., begr. in Lauingen. (Denkstein auf der gl. Seite des Chor-Altars u. Sarg mit Inschrift.)

c) **Georg Friedrich**, geb. in Sulzbach am 15. März 1587, gest. daselbst 25. April gl. Js., begr. in Lauingen. (Denkstein wie oben u. Sarg ohne Inschrift.)

d) **Dorothea Sophie**, geb. in Sulzbach am 10. März 1588, gest. in Hilpoltstein 24. Septbr. 1607, begr. zu Lauingen. (Sarg mit Inschrift.)

e) **Sabine**, geb. in Sulzbach am 25. Febr. 1589, verl. im Jahre 1606 mit Joh. Georg Frhrn. v. Wartenberg, oberstem Erbschenken des Königreichs Böhmen, Herrn zu Rohositz, Neuschloss u. Böhmisch-Lippa, verm. im Schlosse zu Rottau 7. März 1625[1]).

Joh. Georg etc. starb kurz vor der Schlacht bei Lützen (6. Nov. 1632) „eines unheimlichen" Todes.[2])

Sabine hatte ihm 1 Sohn geboren, starb im Jahre 1651 u. liegt in Lauingen (?) begr.[3])

f) **Otto Georg**, geb. in Sulzbach am 9. April, gest. daselbst 29. Mai 1590, begr. bei St. Martin in Lauingen. (Denkstein auf der Evangelienseite des Chor-Altars u. Sarg mit Inschrift.)

g) **Susanna**, geb. am 6. Juni 1591 in Sulzbach, verm. in Neuburg a/D. 6. Juni 1613 mit dem Pfalzgrafen Georg Johann II von Veldenz (Lützelstein-Guttenberg).

Susanna, welche ihm 3 Söhne und 1 Tochter geboren, starb 21. Febr. † 1661 zu Nürtingen u. ruht in Lützelstein.

Ueber Georg Johann II vergl. man noch unten die Nebenlinie Veldenz II sub VI.

h) **Maria Elisabethe**, geb. am 7. April 1593, gest. 23. Febr. 1594, begr. bei St. Martin in Lauingen. (Sarg mit Inschrift.)

i) **Anna Sibille**, geb. in Sulzbach am 10. Mai 1594, gest. daselbst am 10. Dezbr. † gl. Js., begr. in Lauingen. (Sarg mit Inschrift.)

k) **Magdalene Sabine** und

l) **Anna Sophie**, Zwillinge, geb. in Sulzbach 6. Septbr. 1595, jene gest. daselbst 18. Febr., diese 21. April 1596, beide begr. zu Lauingen. (Denksteine u. Särge mit Inschrift.)

m) **Dorothea Ursula**, geb. in Sulzbach am 2. Sept. 1597, gest. am 3. März 1598, begr. in Lauingen. (Sarg mit Inschrift.)

n) **Friedrich Christian**, geb. am 19. Jan. 1600, gest. am 25. März gl. J., begr. in Lauingen. (Denkstein u. Sarg mit Inschrift.)[4])

Sulzbach, Hilpoltstein etc. fallen nach **Otto Heinrich's** unbeerbtem Tode an seinen ältern Bruder **Philipp Ludwig** zurück, womit die erste s. g. **Sulzbacher-Linie** wieder ihr Ende erreichte. Die zweite länger dauernde beginnt mit Philipp Ludwig's Sohn **August** im J. 1615. Vergl. unten K.

(Fortsetzung der Kinder Herzogs **Wolfgang** von Zweybrücken-Veldenz auf S. 151.)

9) **Friedrich**, geb. am 11. Aug. 1557. Folgt sofort in der:

---

[1]) Nach der Pfalzgräfin eigener Angabe u. zwar bei Gelegenheit der Tauf-Feierlichkeiten des Pfalzgrafen Leop. Ludwig von Veldenz. Orig. Akten im k. Reichsarchiv. Dies wird mit der Orts-Angabe Schloss Rottau, wo damals Pfalzgraf Georg Gustav von Veldenz residirte, bestätigt durch den pfalzgräfl. Hofprediger Joh. Nik. Silesius, der die Trauung vornahm. Hochzeit. Ehren-Sermon bey Vermählung etc. Frankf. a. M. 1625.

[2]) Geschichte der Fruchtbringenden Gesellschaft von F. W. Barthold S. 185.

[3]) Von ihrem Sohne Hermann weist diese Kohlbrenner (vergl. unten Note 5) S. 18 ff. durch Mittheilung der Sarg-Inschrift nach.

[4]) Die Sarg-Inschriften Otto Heinrich's u. seiner Gemahlin Dorothea Maria sind bei J. P. v. Kohlbrenner Materialien zur Geschichte des Vaterlandes I. Stück S. 17 f. u. 21 f., die der oben sub b, d, f, h. i, k, l, m und n verzeichneten Kinder Beider S. 16—23 daselbst abgedruckt.

Bayern.	Kur-phän.	Sim-mern-Sponh.	Pfalz-Neubg.	Zweybr. mittl. Linie.	Vohen-bach L.	Birchen-feld.	Nebenlinie Veldenz.			Neu-stadt-Lautern.
Albr. IV (V) 1550— 1579.	Friedr. III 1559— 1576.	Richrd. 1569— 1598.	Phil. Ludw. 1569— 1614.	Joh. I 1569— 1604.	Otto Heinr. 1569— 1604.	Karl 1569— 1600.	GeorgJoh.I 1544—92.			Joh. Kasim. 1578— 1592.
Wilh. V 1579— 1597.	Ladw. VI 1576— 1583.						Vel-deus.	Lützel-stein.	Gutten-berg.	
	Friedr. IV 1583— 1610.						Georg Gust. 1592— 1634.	Joh. Aug. 1592— 1611.	Georg Joh. II u. Ladw. Phil. 1592— 1634 resp. 1601.	

Zweybrücken-Veldenz

Nebenlinie Parkstein[1]
1569—1597.

Friedrich. Regiert in den ihm durch s. Vaters Wolfgang Testament zugewiesenen Aemtern Parkstein u. Welden, dann in der Pflege Floss (Hilpoltstein hatte bekanntlich sein Bruder Otto Heinrich inne) vom 11. Juni 1569, bezw. Mai 1582 (ähnlich wie Otto Heinrich unter der Oberherrlichkeit ihres ältesten Bruders Ludwig Philipp bis zum 17. Dez. 1597.

Geb. in Meisenheim am 11. Aug. 1557;[2]
unter der gleichen Vormundschaft wie s. Bruder Otto Heinrich bis 11. Aug. 1575;
gest. auf dem von ihm erbauten Schlosse Friedrichsburg bei Vohenstrauss am 17. Dez. † 1597;
begr. in der Fürstengruft bei St. Martin zu Lauingen. (Sarg mit Inschrift.)[3]
Wahlsprüche: Justitia stabilitur thronus. — Endurer fait durer. — Assai ben balla, a chi la fortuna suona.[4] — Ich will thun was recht und billig ist. — Recht muss doch Recht bleiben. — Wohlan, soll's sein, so sei's.[5]

----

[1] Irrig wird noch vielfach Hilpoltstein zum Antheile Friedrich's gezählt und hiernach die von ihm gebaute Linie ebenso irrig mit Hilpoltstein oder gar Vohenstrauss bezeichnet. Man vergl. Bachmann (a. a. O. S. 63).
[2] Urkundliches Datum.
[3] Das Granegger'sche Kabinet in Neuburg a. Donau besitzt seine Todtenhaube. Eine Abbildung des Epitaph bringt das unten (Note 5) angeführte Predigt-Büchlein, die Sarg-Inschrift selbst v. Kohlreusser a. a. O. S. 26 f.
[4] Wem's Glück wohl pfeift, der tanzt wohl.
[5] Und noch manch andern Wahlspruch gebrauchte dieser (mit Joh. II) sprichwörter-reichste aller Wittelsbacher. Vergl. Von den „Vier Leichpredigen Ueber den abgang etc. (Getruckt zu Lauingen bei Leonh. Reinmichel" die zweite.

Zweybrücken - Veldenz resp. Parkstein.

Gemahlin:

Katharina Sophie, Tochter Herzogs Heinrich XI (des Hochmüthigen) von Liegnitz, Brieg u. Goldberg, geb. am 7. Aug. 1561, verl. in Ansbach 20. Jan. 1587, verm. daselbst 26. Febr. † gl. Js., gest. auf der Friedrichsburg 10. Mai 1608, begr. bei St. Martin in Lauingen. (Sarg mit Inschrift.)[1]
Devise: Ich hoffe allezeit zu Gott.

Kinder:

a) **Anna Sophie**, geb. in Weiden am 25. Nov. 1588, gest. in Amberg 21. März 1589, begr. daselbst bei St. Martin. (Die Inschrift des am Fusse des Hochaltares befindlichen Gedenksteines ist bereits völlig verwischt.)

b) **Georg Friedrich**, und

c) **Friedrich Kasimir**, Zwillingsbrüder, geb. in Weiden am 8. März 1590, Ersterer gestorben 20., Letzterer 16. Juli gl. Js., Beide begr. in Weiden und 1598 von da zu St. Martin nach Lauingen transferirt. (Sarg-Inschriften.)

Herzog **Friedrich's** Landestheile fallen nach s. kinderlosen Tode an Neuburg zurück.

(Schluss der Kinder Herzog Wolfgang's. Vergl. S. 153.)

10) **Barbara**, geb. in Neuburg a. d. D. am 27. Juli 1559, verl. in Neuburg 21. Aug., verm. in Oettingen 7. Nov. 1591 mit dem Grafen Gottfried von Oettingen als dessen 2. Gemahlin.
Graf Gottfried war geb. in Bietigheim am 19. Juni 1554, starb 7. Nov. 1622 und ruht in der Schlosskirche St. Michael zu Haarburg. (Schöner Denkstein links am Eingange der Kirche.) Barbara, welche ihm kein Kind gebar, starb in Oettingen 5. März 1618 und ruht neben ihrem Gemahle. (Denkstein wie oben.)

11) **Karl**, geb. am 4. Sept. 1560. Folgt unten bei der Nebenlinie Birkenfeld L sub 1.

12) **Maria Elisabethe**, geb. in Neuburg am 4. Oktober 1561, verm. auf der Hartenburg (nach am 23. Aug. 1585 zu Meisenheim vorausgegangener Verlobung) 7. Novbr. gl. J. mit dem Grafen Emich XI (Posthumus dem Jüngern) von Leiningen-Dachsburg-Hartenburg, geb. am 1. Nov. 1562, gest. in Darmstadt 24. Nov. 1606, begr. in der gräfl. Gruftkapelle zu Dürkheim, wohin er von Darmstadt transferirt wurde.
Maria Elisabethe gebar ihrem Gemahle 3 Söhne und 4 Töchter, starb in Dürkheim 28. Febr. 1629 und ruht neben Emich. (Prachtvolles Monument daselbst für beide Gatten.)[2]

13) **Susanna**, geboren in Neuburg a. d. Donau am 13. Nov. 1564, gest. daselbst 23. Juni 1585, begraben bei St. Martin in Lauingen. (Gedenkstein daselbst an der Evangelienseite des Chor-Altares.)[3]

Von den Söhnen Herzogs **Wolfgang** hatten, wie bereits oben erörtert wurde, **Otto Heinrich** Sulzbach etc., **Friedrich** Parkstein und Weiden etc., **Karl** aber Birkenfeld erhalten. Den beiden Erstgebornen hingegen fiel der grössere Erbtheil, dem Pfalzgrafen **Ludwig Philipp** nämlich das Herzogthum **Neuburg** nebst der Oberherrlichkeit über die den Brüdern Otto Heinrich und Friedrich überlassenen Gebietstheile und dem Pfalzgrafen **Johann I** das Herzogthum **Zweybrücken** zu.
Letzterer eröffnete damit die s. g. **mittlere Linie Zweybrücken**, während Ersterer die Linie **Pfalz-Neuburg** gründete, von der wir schon oben (S. 75) gehört, dass sie 1685 den pfälz. Kurstuhl bestiegen und die wir weiter unten (sub J) noch genauer behandeln werden.

[1] Abgedr. bei v. Kohlbrenner S. 25 f.
[2] Vergl. Urkundl. Gesch. d. gräfl. Hauses Leiningen-Hartenburg u. Westerburg von J. G. Lehmann S. 241.
[3] Abgedr. ist dessen Inschrift bei Crollius a. a. O. 122.

20*

Bayern.	Kur-pfalz.	Sim-mern-Sponh.	Neu-burg.	Sulz-bach I.	Phil.		Birken-feld.	Vol-dens.	Lützel-stein.	Gutten-berg.	Rauti-Lanters.	
					Friedr.	Park-stein.						
Wolb. V 1579—1597.	Friedr. III 1559—1576.	Richrd. 1569—1598.	Phil. Ludw. 1569—1614.	Otto Heinr. 1569—1604.	Friedr. 1569—1597.	Karl 1600. Georg Wilh. 1600—1669.	Georg Joh. I 1544—1592. Georg Gustav 1592—1634.	Johann Aug. 1592—1611.	Georg Joh. II u. Phil. 1592—1654 resp. 1601.	Johann Kasim. Ludw. 1576—1592.	**VI. Johann I.**

Zweybrücken-Veldenz,
jetzt mittlere Linie
Zweybrücken 1569—1611.

VI. Johann I. Regiert vom 11. Juni 1569 bis 12. Aug. 1604.

Beinamen: Der Aeltere, der Hinkende, der Historiker etc. [1]

Geb. in Meisenheim am 18. Mai 1550;

gest. zu Germersheim am 12. Aug. 1604;

begr. in der reformirten Pfarrkirche (früher St. Martin) zu Bergzabern, von wo er am 24. Jun. 1606 in die Alexanderskirche nach Zweybrücken transferirt wurde. (Schönes Denkmal im Chor daselbst.[2])

Devise: Illumina oculos meos Domine.[3]

NB. Portr. (-Kopie?) in der Schleissh. Gall. Nr. 421.

[1] Johann wird mit Unrecht für den Verfasser der (vom Kurf. Ludwig VI herstammenden) Rein-Genealogie d. bayer. u. pfälz. Hauses gehalten, die z. B. Fr. Chr. Jon. Fischer in s. Novissima SS. ac Mscum. 52. Germ. Collectio I 37 ff. abgedruckt hat. Vergl. II. 11 67 ff. des Archivs für Gesch. u. Alterthumskunde des Ober-Main-Kreises. — Uebrigens besitzt Pfalzgraf Johann gleichwohl grosse Verdienste um die Genealogie s. Hauses. Es heisst nämlich von ihm, dass er 25 Folianten genealogischer Forschungen „mit unermüdeter eigener Hand" zusammengeschrieben habe, in denen er die Abstammung s. Hauses bis auf den trojanischen Antenor zurückführte. Vergl. Pareus p. 201 f. Johannis etc. Kalender-Arbeiten S. 104 f. u. s. w. Ueber das Schicksal dieser Arbeiten u. ihren jetzigen Lager-Ort ist Lehmann's Gesch. d. Herzogthums Zweibrücken S. 402 nachzusehen. — Nach Fr. Exter Versuch einer Sammlung der Pfälz. Medaillen II 35 f., wären es aber nicht 25 Folianten, sondern blos 25 Bücher in einem Folianten gewesen; allerdings ein erheblicher Unterschied.

[2] Dessen Inschr. ist abgedr. bei Crollius a. a. O. S. 122 ff. bei Heintz die Alexanderskirche S. 90 f. etc.

[3] Herzog Johann führte auf s. Münzen den gleichen Spruch, wie sein Vater Wolfgang: Date Caesari etc. (vergl. oben S. 151 Note 2.)

Mittlere Linie Zweybrücken.

Gemahlin:

Magdalene, Tochter Herzogs Wilhelm IV (des Reichen) von Jülich, Kleve und Berg, geb. in
Kleve am 2. Novbr. 1553, verm. in Bergzabern 4. Oktbr. 1579, gest. in Meisenheim 30. Juli
1633 u. dort in der Ludwig-Grabmals-Kapelle der reform. Stadtkirche begr. (Sarg-Inschrift
und Grabschrift auf dem Denksteine ihres Gemahls in der Alexanderskirche zu Zweybrücken.)[1]
Devise: Wie Gott will.
ND. Schl. Gallerie Bild Nr. 422.

Kinder:

1) **Ludwig Wilhelm**, geb. in Zweybrücken am 28. Nov. 1580, gest. daselbst 26. März 1581, begr.
im Chor der Alexanderskirche daselbst. (Kein Epitaph.)

2) **Maria Elisabethe**, geb. in Zweybrücken am 7. Nov. 1581, verl. daselbst 15. Jan. 1601, verm.
in Zweybrücken 17. Mai gl. Js. mit dem Pfalzgrafen Georg Gustav von Veldenz als dessen
2. Gemahlin.
Ueber Maria Elisabethe, welche 18. Aug. † 1637 starb, u. ihren Gemahl ist unten die Nebenlinie Veldenz sub H III nachzusehen.

3) **Anna Magdalene**, geb. in Zweybrücken am 11. Jan. † 1583, gest. 7. Febr. gl. J., begr. in Zweybrücken im Chor der Alexanderskirche. (Kein Epitaph.)

4) **Johann II**, geb. am 26. März 1584. Folgt sub VII.

5) **Friedrich Kasimir**, geb. 10. Juni 1585. Folgt bei Zweybrücken-Landsberg F sub I.

6) **Elisabethe Dorothea**, geb. am 16. Juli 1586, gest. 23. Novbr. 1593, begr. zu Zweybrücken im
Chor der Alexanderskirche. (Kein Epitaph.)

7) **Prinz**, geb. u. gest. in Heidelberg am 24. Febr. 1588, begr. daselbst bei hl. Geist. (Epitaph
daselbst im Chor.)[2]

8) **Johann Kasimir**, geb. am 10. April 1589. Folgt unten bei der Nebenlinie Zweybrücken-
Kleeburg G sub I.

9) **Prinzessin**, geb. u. gest. am 7. Juni 1590 in Zweybrücken u. daselbst im Chor der Alexanderskirche. (Keine Inschrift.)

10) **Amalia Jakobaea Henriette**, geb. in Zweybrücken am 26. Septbr. 1592, verm. 2. Dez. 1638 mit
Jakob Franz Baron von Pestalcalda kgl. spanischem Gouverneur in Trier, der im Jahre 1645
gestorben sein soll, als dessen 2. Gemahlin.
Sie gebar demselben keine Kinder, starb, zur kathol. Kirche zurückgekehrt, in Düsseldorf
18. Mai 1655 und ruht in der Fürstengruft der ehemal. Maria Himmelfahrts-Stiftskirche.
(Sarg-Inschrift.)[3]

11) **Prinz**, todtgeb. in Zweybrücken 28. Sept. † 1593, begr. wie 9.

12) **Anna Katharina**, geb. auf dem Schlosse Kirkel bei Zweybrücken am 22. Juli 1597, gest. daselbst
2. Dezbr. † gl. J., begr. im Chor der Alexanderskirche zu Zweybrücken. (Kein Epitaph.)

Johann's I von Zweybrücken erstgeborner Sohn **Johann II** folgte s. Vater 1604 in der
Regierung nach. Seinen beiden jüngern Brüdern bestimmte er in Gemässheit des väterl. Testamentes
vom 18. Juni 1591 auf dem Vergleichswege am 12. April 1611 als Ansitze: dem Pfalzgrafen **Fried-
rich Kasimir Landsberg** und dem Pfalzgrafen **Johann Kasimir Neukastel** mit je 3000 fl. Jahres-
Rente. Letzteres wurde 1617 mit **Kleeburg** vertauscht. So haben wir abermals 3 zweybrückische
Linien: die jüngere Linie Zweybrücken, die Linie von Zweybrücken-Landsberg und jene von
Zweybrücken-Neukastel[4] oder wie sie jetzt gewöhnlich heisst, Zweybrücken-Kleeburg.

---

[1] Letztere bringt Heintz a. a. O. S. 90. Erstere trifft man bei Crollius S. 124.
[2] Abgedr. ist das Epitaph bei Crollius S. 125, bei J. P. Kayser (Hist. Schau-Platz der etc. Stadt Heydelberg p. 51),
im Apographum Monumentorum etc. p. 9. u. a. w.
[3] Abgedr. bei B. G. Bayerle Die kathol. Kirchen Düsseldorfs S. 69, woselbst als Geburtstag der 20. Sept. zu lesen.
Sonderbar ist, dass die Sarg-Inschrift ihres Vermähltseins mit keiner Silbe gedenkt und nicht minder verdient
Erwähnung, dass Amalia, während ca auf dem Insiegel ihres Gemahls doch heisst "Baro de Pestacalda", sich
stets unterschreibt "Gräfin v. P."
[4] Schon M. Frey in s. geogr. histor. stat. Beschrbg. des k. b. Rhein-Kreises sagte I 190, dass die schwedische Linie
den Namen der Neukasteler tragen sollte, nicht der Kleeburger. Vergl. Crollius a. a. O. S. 125 u. 148.

Bayern.	Kur-pfalz.	Neu-burg.	Sulz-bach II.	Hilpolt-stein.	Zweybrücken-Lands-berg.	Klee-burg.	Vel-denz.	Lützel-stein-Gutten-berg.	Birken-feld.	Bisch-weiler.	Simmern-Jüngere Linie.	Zweybr.-Veldenz,

<table>
<tr><td colspan="12"></td><td>Zweybr.-Veldenz,
jetzt jüngere Linie
Zweybrücken
1611—1661.</td></tr>
</table>

Max I 1597– 1651.	Friedr. IV 1583– 1610. Friedr. V 1610– 1632. Karl Ludw. 1632– 1680.	Phil. Ludw. 1569– 1614.	August 1615– 1632. Christ. 1644.	Johann Friedr. 1615– 1645.	Friedr. Kasim. 1611– 1652.	Johann Kasim. 1611– 1634.	Georg Gustav 1592– 1634.	Georg Joh. II 1592 bez. 1611– 1654.	Georg Wilh. 1600– 1669.	Chri-stian I 1630– 1654.	Ludw. Phil. 1611– 1655.
		Wolfg. Wilh. 1614– 1653.	August 1632– 1708.								

VII. Johann II. Regiert vom 12. August 1604 bis zum 9. Aug. 1635.

Beinamen: Bipontinus, der Jüngere u. s. w.:

geb. in Bergzabern am 26. März † 1584;

gest. in Metz am 9. Aug. † 1635;

begr. daselbst und später (1646) nach Zweybrücken in die von s. Vater benannte Johanns-Gruft[1] d. Alexanders-Kirche transferirt. (Sarg ohne Inschr.)

Wahlsprüche: Verbum Domini manet in aeternum. Justitia exaltat gentem. Justitia stabilitur thronus,[2] Justitia et beneficentia Principes Dei sunt etc.

NB. Portrait in der Grainberger'schen Gall. sub Nr. 53, in der Ahnen-Gallerie zu Schleissheim — Kopie — sub Nr. 423.

Gemahlinen:

I. Katharina, Tochter des Vicomte René II von Rohan-Frontenay (aus der Linie Rohan-Gié), Fürsten von Leon etc., geb. am 20. Juni 1578, verl. am 4. Oktbr. 1602, verm. zu Blien in der Bretagne(?) 28. Aug.[3] 1604, gest. zu Zweybrücken am 16. Mai 1607, begr. in der s. g. Johanns-Gruft der Alexanderskirche daselbst.

NB. Schl. Gallerie — Kopie — Nr. 424.

---

[1] Crollius Denkmahl etc. S.36.

[2] Den gl. Wahlspruch brauchte Pfalzgraf Friedrich zu Parkstein. Vergl. oben S. 154.

[3] Nach Kam. Behr am 9. Aug.

Jüngere Linie Zweybrücken.

II. Louise Juliana, Tochter des Kurf. Friedrich IV von der Pfalz, geb. in Heidelberg am 16. Juli 1594, verl. 15. Septbr. 1611, verm. in Heidelberg 13. Mai † 1612, gest. in Meisenheim 28. April † 1640, begr. in der Herzog Stephans-Gruft der reform. Stadtkirche daselbst. (Sarginschrift.)[1]) Vergl. oben S. 59 Nr. 1.

Kind erster Ehe:

1) **Magdalene Katharina,** geb. in Zweybrücken am 26. April † 1607, verl. 21. Juli 1630, vermählt am 14. Nov. gl. J. mit dem Pfalzgrafen Christian I von Birkenfeld.

Magdalene gebar ihm 9 Kinder, starb am 20. Januar † 1648 und liegt zu Bischweiler begr. Ueber beide Gatten ist unten die Linie Birkenfeld-Bischweiler sub III des Nähern zu vergleichen.

Kinder zweiter Ehe:

2) **Elisabethe Louise Juliana,** geb. in Heidelberg am 16. Juli † 1613, seit 18. Juli 1649 Aebtissin zu Herford, wo sie 29. März 1667 starb u. begr. liegt.

3) **Katharina Charlotte,** geb. in Zweybrücken am 11. Jan. † 1615, verm. in Düsseldorf 11. Nov. † 1631, gest. daselbst 21. März † 1651 und dort in der Fürstengruft der Maria Himmelfahrts-Stiftskirche begr. (Sarg mit Inschrift.)[3])

Ihr Gemahl, Herzog Wolfgang Wilhelm von Neuburg, dessen 2. Frau sie war, ist geb. zu Neuburg a/D. am 25. Oktbr. 1578, starb in Düsseldorf 20. März † 1653 und ruht alldort bei St. Andreas. (Vergl. oben S. 60 Nr. 10 u. unten bei Neuburg I sub III.)

4) **Friedrich,** geb. am 5. April 1616. Folgt sub VIII.

5) **Anna Sibille,** geb. in Zweybrücken am 20. Juli † 1617, gest. am 9. Nov. † 1641 in Düsseldorf, begr. in Meisenheim neben ihrer Mutter. (Sarginschrift.)[3])

6) **Johann Ludwig,** geb. in Zweybrücken am 22. Juli † 1619, gest. als quiesc. k. schwed. Oberst in Zweybrücken 15. Okt. 1647, begr. daselbst in der s. g. Johanns-Gruft der Alexanderskirche. (Denkmal allda im Chor mit Inschrift.[4])

7) **Juliana Magdalene,** geb. in Heidelberg am 23. April 1621, verm. in Düsseldorf am 17. Novbr. 1645 mit dem Pfalzgrafen Friedrich Ludwig von Zweybrücken-Landsberg, welchem sie 6 Söhne u. 7 Töchter gebar.

Juliana Magdalene starb in Meisenheim 15. März 1672 u. liegt daselbst neben ihrem Gemahle begr. Vergl. Näheres unten bei Zweybrücken-Landsberg F sub II.

8) **Maria Amalia,** geb. in Zweybrücken am 19. Okt. 1622, gest. in Düsseldorf 11. Juni † 1641 u. dort in der Maria Himmelfahrts-Stiftskirche begr. (Sarg-Inschrift.)[5])

---

[1]) Crollius etc. S. 129. Die Inschrift war schon vor beinahe 100 Jahren theilweise zerstört. Wie mag es jetzt damit stehen?

[2]) Bayerle a. a. O. S. 62 f.

[3]) Abgedr. bei Crollius S. 131.

[4]) Abgedr. bei Crollius S. 131 f., bei Heintz S. 93 etc. Wenn die Vorigen auch den 21. Juli als Geburtstag haben, so ist doch die 22. urkundlich. Dieselbe Grabschrift bei Pareus (a. a. O. S. 474) hat den Geburtstag richtig.

[5]) Bayerle S. 60.

Kurbayern.	Kurpfalz.	Neubg.	Sulzb. II.	Hilpoltstein.	Zweybrücken-Landsberg.	Kleeburg.	Veldens.	Lützelstein-Guttenberg.	Birkenfeld.	Bischweiler.	Jüngere Linie Zimmern.
Max I 1597— 1651. Ferd. Maria 1651— 1679.	Karl Ludw. 1632— 1680.	Wolfg. Wilh. 1614— 1653. Phil. Wilh. 1658— 1685.	Christ. August 1632— 1708.	Johann Friedr. 1615— 1644.	Friedr. Kasim. 1611— 1652. Friedr. Karl X Ludw. (Gust.) 1645— 1652— 1681. 1654. Adolph Johann 1654— 1689.	Johann Leop. Kasim. Ludw. 1611— 1634— 1652. 1694.		Johann Gg. II 1611— 1654.	Georg Wilh. 1634— 1669.	Christian I 1639— 1654. Christian II 1654— 1671.	Ludw. Phil. 1611— 1655. Ludw. Heinr. Moria 1655— 1673.

Jüngere Linie
Zweybrücken.

VIII. Friedrich. Regiert vom 9. August 1635 bis zum 9. Juli 1661. Geb. in Zweybrücken am 5. April 1616; gest. im Schlosse Nohefelden am 9. Juli 1661; begr. in der Alexanderkirche zu Zweybrücken.[1]

Gemahlin:

Anna Juliana, Tochter des Grafen Wilhelm Ludwig von Nassau - Saarbrücken, geb. in Saarbrücken am 8. April 16*?, verm. in Metz am 6. April 1640, gest. in Meisenheim am 29. Nov. 1667, begr. allda in der Kapellengruft d. reform. Stadtkirche. (Kein Epitaph.)

Kinder:

1) **Wilhelm Ludwig,** geb. in Meisenheim am 23. März 1641[2], gest. daselbst am 9. Mai 1642 u. dort begr.

2) **Elisabethe,** geb. in Meisenheim am 1. April † 1642. Kanonissin zu Herford 1652[3], verl. in Meisenheim 9. Aug. 1667 und verm. daselbst am 16. Okt. gl. J. mit dem Fürsten Viktor Amadeus von Anhalt - Bernburg, welcher am 6. Oktober 1634 zu Bernburg geb. war, am 14. Febr. 1718 im Schlosse daselbst starb u. in der Fürsten - Gruft dortiger Schlosskirche begr. liegt.

---

[1] Friedrich trat 1647 der a. g. Fruchtbringenden Gesellsch. bei.

[2] Nicht 12/22. Febr.

[3] Sie hat diese Pfründe persönlich nie angetreten.

| # Jüngere Linie Zweybrücken.

Elisabethe, welche ihm 4 Söhne u. 1 Tochter geboren[1]), starb am 17. April 1677 in Bernburg u. ruht daselbst in der Schlosskirche.

NB. Gute Portr. Kupferstiche beider Gatten hat Joh. Chr. Beckmann's Historie des Fürstenth. Anhalt Thl. V ad p. 374 u. 398.

3) **Christine Louise Juliana**, geb. in Meisenheim am 18. April † 1643, gest. in Herford 21. Juli 1652 u. daselbst begr. (»in sacello ecclesiae«).[2])

4) **Friedrich Ludwig**, geb. am 23. Nov. † 1644, gest. 12. Juni † 1645, begr. in der s. g. Johanns-Gruft der Alexanderskirche zu Zweybrücken.

5) **Sophie Amalia**, geb. in Zweybrücken am 15. Dez. † 1646, verm. in erster Ehe mit dem Grafen Siegfried von Hohenlohe-Weikersheim 27. Juli[2]) 1678. Graf Siegfried ist geb. am 28. August 1619 zu Neuenstein, starb 26. April 1684 zu Weikersheim und ruht in der Gruft der Stadt-Kirche daselbst.

Sophie Amalia des Grafen (dem sie keine Kinder gebar) 2. Gemahlin, vermählte sich jetzt ihrerseits in 2. Ehe mit dem Pfalzgrafen Johann Karl von Birkenfeld-Gelnhausen am 26. Mai 1685, starb zu Gelnhausen 30. Nov. † 1695 u. ruht daselbst.

Vergl. über sie und Johann Karl unten die Nebenlinie Birkenfeld-Gelnhausen M sub I.

6) **Eleonore Auguste**, geb. in Zweybrücken am 15. März † 1648, gest. in Bergzabern 16. Novbr. 1658, begr. daselbst, aber im folgenden Jahre in die Alexanderskirche nach Zweybrücken translerirt, wo sie in der s. g. Johanns-Gruft beigesetzt ist.

7) **Karl Gustav**, geb. in Zweybrücken am 23. Mai † 1649, gest. daselbst 15. Febr. † 1650, begr. wie Nr. 6.

8) **Katharina Charlotte**, geb. in Zweybrücken am 22. Febr. † 1651, gest. daselbst 10. Juli 1652 u. auch allda begr. (Wie oben.)

9) **Charlotte Friederike**, geb. in Zweybrücken am 2. Dez. † 1653, verm. in Meisenheim 14. Nov. † 1672 mit dem Pfalzgrafen Wilhelm Ludwig von Zweybrücken-Landsberg.

Das Nähere über sie und ihren Gemahl folgt unten bei der Linie Zweybrücken-Landsberg F sub II Nr. 2.

10) **Prinz**, geboren und gestorben in Zweybrücken am 18. April 1656, begr. daselbst im Chor der Alexanderskirche.

Da Pfalzgraf **Friedrich** ohne männliche Erben starb, so fiel das Herzogthum **Zweybrücken** an die nächstverwandte Linie Zweybrücken-Landsberg u. in dieser an Herzog **Friedrich Ludwig**.

---

[1]) Kam. Behr fügt (Tafel CXX) noch 1 Kind, geb. u. gest. 1677, ohne Angabe des Geschlechts hinzu.
[2]) Vergl. Crollius S. 191.
[3]) Nach Wünsch.

Bayern	Kur-pfalz.	Neu-burg.	Sulz-bach II.	Hilpolt-stein.	Zweybrücken-jüngere Linie.	Klee-burg.	Vel-denz.	Lützel-stein-Gutten-berg.	Birken-feld.	Bisch-weiler.	Jüngere Linie Sim-mern.
Max I 1597—1651. Karl Ludw. 1632—1680.	Friedr. V 1610—1632.	Phil. Ludw. 1569—1614. Wolfg. Wilh. 1614—1653.	August 1615—1632. Christ. August 1632—1708.	Johann Friedr. 1615—1644. —	Joh. II 1604—1635. Friedr. 1635—1661.	Johann Kasim. 1611—1652.	Georg Gustav 1592—1634. Leop. Ludw. 1634—1694.	Georg Joh. II 1611—1654.	Georg Wilh. 1600—1669.	Chri-stian I 1630—1654.	Ludw. Phil. 1611—1655.

Zweybr.-Landsberg.

F. Zweybrücken-Landsberg 1611—1681.

Der Entstehung der Linien Zweybrücken-Landsberg u. Zweybrücken-Kleeburg (od. wie Letztere noch geheissen wird, der schwedischen)[1] haben wir schon bei Einführung der jüngern Linie Zweybrücken (oben S. 157) Erwähnung gethan. Die Landsberger-Linie, auf welche nach Friedrich's von Zweybrücken unbeerbtem Ableben im J. 1661 dieses Herzogthum übergegangen war, starb übrigens nach nur 70jähriger Dauer schon 1681 wieder aus.

I. Friedrich Kasimir.

Regiert in seinem Antheile Landsberg vom 12. April 1611 bis zum 30. Sept. † 1645.

Beiname: Der Pfalzgraf in Montfort[2];

geb. in Zweybrücken am 10. Juni 1585;

wird Domherr (1591) und später Kapitel-Dekan in Strassburg, auf welche Pfründen er 1627 wieder verzichtet;

gest. zu Montfort im Herzogthume Burgund am 30. Sept. 1645;

[1] Weil aus ihr 3 schwedische Könige hervorgegangen. Vgl. Bachmann (a. a. O. S. 19)

[2] Crollius S. 136.

begr. daselbst, aber 1648 in die Alexanderskirche nach Zweybrücken transferirt. (Sein Denkmal im Chor existirt nicht mehr.) [1]

* **Gemahlin:**

Amalia (»Antwerpiana«),[2] Tochter des Prinzen Wilhelm I (des Verschwiegenen) von Nassau-Oranien und Dillenburg, geb. in Antwerpen am 9. Dez. † 1581, verl. in Kaiserslautern 6. Jan., verm. in Zweybrücken 4. Juli † 1616, gest. in Landsberg 28. Sept. † 1657, begr. in der s. g. Stephansgruft der reform. Stadtkirche zu Meisenheim. (Sarg-Inschrift.) [3]

Kinder:

1) **Friedrich**, geb. in Landsberg am 14. Aug. † 1617, gest. daselbst 15. Aug. † gl. J., begr. zu Meisenheim in der Kapellen-Gruft der reformirten Stadtkirche. (Grabinschrift in der Ludwigs-Grab-Kapelle[4]) daselbst.

2) **Friedrich Ludwig**, geb. am 27. Okt. † 1619. Folgt sub II.

3) **Karl Heinrich**, geb. in Strassburg am 25. Juli † 1622, gest. daselbst 11. Juni † 1623, begr. zu Zweybrücken im Chor der Alexanderskirche.

II. (IX.) Friedrich Ludwig. Folgt drüben S. 164.

---

[1] Sehr bezeichnend sagt Crollius a. a. O. S. 136: Epitaphium Gallorum injuria cum aliis deletum. Vergl. oben S. 149 Note 1.

[2] So benannt, weil der Magistrat von Antwerpen mit zu ihren Taufpathen gehörte.

[3] Abgedr. bei Crollius a. a. O. S. 137 u. s. w.

[4] Abgedr. bei Crollius S. 137 f, bei Joannis (Miscella etc. p. 249 f.) u. s. w.

Kur-bayern	Kur-pfalz	Neubg.	Sulzb. II.	Zweybrücken Jüngere Linie	Riess-berg	Velden.	Lützel-stein-Gutten-berg	Birken-feld	Bisch-weiler	Jüngere Linie Simmern
Max I 1597— 1651.	Karl Ludw. 1632— 1680.	Wolfg. Wilh. 1614— 1653.	Christ. August 1632— 1708.	Friedr. 1635— 1661. —	Johann Kasim. 1611— 1652.	Leop. Ludw. 1634— 1694.	Georg Joh. II 1611— 1654.	Georg Wilh. 1600— 1669.	Chri-stian I 1630— 1654.	Ludw. Phil. 1611— 1655.
Ferd. 1651— 1680.	Karl 1680— 1685.	Phil. Wilh. 1653— 1685.			Karl X. (Gust.) 1652— 1654.			Karl Otto 1669— 1671.	Chri-stian II 1654— 1671/ 1717.	Ludw. Heinr. Moriz 1655— 1673.
Maria 1651— 1679.					Adolph Johann 1654— 1689.					
Max Eman. 1679— 1726.										

Zweybrücken-Landsberg.

II. (IX.)¹) Friedrich Ludwig.
Regiert in Landsberg vom 30. Sept. 1645 u. dann in dem ihm nach Friedrich's Tod (9. Juli 1661) zugefallenen Herzogthume Zweybrücken bis zum 11. April 1681²).

Geb. in Heidelberg am 27. Okt. † 1619;

gest. in Landsberg am 11. April³) † 1681;

begr. in der Stephans-Gruft der reformirten Stadtkirche zu Meisenheim zwischen Gemahlin und Mutter. (Sarginschrift.)

Gemahlin:

Juliana Magdalene, Tochter des Pfalzgrafen Johann II von Zweybrücken, geb. in Heidelberg am 23. April 1621, verm. in Düsseldorf 27. Nov. † 1645, gest. in Meisenheim 25. März † 1672, begr. in der Stephansgruft d. reform. Stadt-Kirche daselbst. (Sarginschr.?)

Vgl. oben S. 150, wo Vermählungs-Datum und Sterbetag nach altem Kalender steht.

---

¹) Diese eingeklammerte Zahl bezieht sich auf das Herzogthum Zweybrücken. Friedr. Ludwig ist als Ludwig d. Schwarzen (oben S.164) der neunte Herzog desselben.

²) Die neben Anderen auch von G. F. Buckisch (Hist. geneal. Palat. Neo-Bavar. p. 231) aufgestellte Behauptung, dass Friedrich Ludwig noch bei s. Lebzeiten die Landesregierung seinem zweitgebornen Sohne Wilhelm Ludwig abgetreten u. dann nach dessen Ableben aufs Neue übernommen habe, ist schon bei Paesis (a. a. O. 479) gebührend widerlegt.

³) Die bei Crollius S. 139 abgedr. Sarg-Inschrift hat den 1. April offenbar den alten Kalenders.

⁴) Abgedr. bei Crollius S. 140, der hier alt. u. neuen Kalend. verwechselt. Nach dem Tode s. Gemahlin verm. sich Friedrich Ludwig am 21. Aug. 1672 (wie Wunsch sagt) morganatisch mit Maria Elisabethe Hepp (Heppin) von Meisenheim, aus welcher Verbindung die Freiherrn von Fürstenwärtherstammen. Maria Elisab. starb im März 1724, 96 Jahr alt. Sie hatte ihrem fürstl. Gemahl 5 Kinder geboren. Crollius Denkmahl etc. S. 41 f. ..., u. S. 145.

Zweybrücken-Landsberg.

Kinder:

1) **Karl Friedrich**, geb. in Zweybrücken 12/13. Sept. † 1646, gest. 21. Okt. † gl. J., begr. in der Alexanderskirche zu Zweybrücken.

2) **Wilhelm Ludwig**, geb. am 23. Febr. † 1648 in Landsberg, verm. in Meisenheim am 14. Novbr. † 1672 [1]) mit Charlotte Friederike, Tochter des Pfalzgrafen Friedrich von Zweybrücken (jüngerer Linie), welche am 2. Dez. † 1653 in Zweybrücken geb. war, am 27. Okt. 1712 zu Dürrenmoschel starb und in der reform. Stadtkirche zu Meisenheim begr. liegt. (Denkmal mit Inschrift daselbst, ihr 1721 vom Pfalzgrafen Gustav Samuel Leopold errichtet.) [2])

    Vergl. oben S. 161 Nr. 9.

    Wilhelm Ludwig starb zu Meisenheim am 31. Aug. 1675 und ruht in der s. g. Kapellen-Gruft der reform. Stadtkirche daselbst. (Sarginschrift.) [3])

Kinder:

    a) **Karl Ludwig**, geb. am 18. Aug. 1673, gest. 11. Nov. 1674, begr. zu Meisenheim in der Kapellen-Gruft. (Kein Epitaph.)

    b) **Wilhelm Christian**, geb. am 5. Juli, gest. 28. Nov. 1674, begr. wie a.

    c) **Wilhelmine Sophie**, geb. am 27. Juli 1675, gest. 5. Nov. gl. J., begr. wie a. [4])

3) **Prinzessin**, geb. am 28. Dez. † 1648, gest. 1. Jan. † 1649, begr. in der Stephans-Gruft zu Meisenheim.

4) **Prinz**, am 9. Jan. † 1650, gest. 12. gl. M. u. J., begr. zu Meisenheim.

5) **Gustav Johann**, geb. in Landsberg am 11. Jan. † 1651, gest. 25. Febr. † 1652, begr. in der Stephans-Gruft der reform. Stadtkirche zu Meisenheim. (Sarg-Inschrift.) [5])

6) **Prinzessin**, todtgeboren am 15. April † 1652, begr. in Meisenheim.

7) **Charlotte Amalia**, geb. in Landsberg am 24. Mai † 1653, verl. in Landsberg 19. Juli † 1678, verm. an eben diesem Orte 24. gl. M. † u. J. mit dem Grafen Johann Philipp von Isenburg-Offenbach, geb. am 4. Dez. 1655, gest. 21. Sept. 1718 und begr. zu Offenbach.

    Charlotte, des Grafen (dem sie keine Kinder gebar) erste Gemahlin, starb zu Offenbach 9. Aug. 1707 und ruht daselbst.

8) **Louise Magdalene**, geb. in Landsberg am 17. Juni † 1654, gest. zu Meisenheim 11. Febr. † 1672 und dort begr. in der Stephansgruft.

9) **Maria Sophie**, geb. am 13. Aug. † 1655, gest. zu Landsberg 8. Okt. [6]) 1657, begr. zu Meisenheim in der Kapellengruft.

---

[1]) Der 14. Aug. bei Cöln u. K. Behr ist nicht richtig. Vergl. Crollius S. 141 Note 2.

[2]) Die Inschrift ist abgedr. bei Crollius S. 147, bei Joannis (Miscella etc.) p. 248 f. u. s. w. Charlotte, bekannt unter dem Namen „Administratorin von Zweybrücken" hat sich um dieses Land durch ihre musterhafte Verwaltung desselben von 1693—1698 hohe Verdienste erworben.

[3]) Abgedr. bei Crollius S. 140.

[4]) Vergl. Crollius S. 16 Nr. 6—8 u. S. 141.

[5]) Abgedr. bei Crollius a. a. O. S. 141.

[6]) Auch der 5. Oktob. wird genannt.

10) Elisabethe Christine, geb. in Landsberg am 27. Okt. † 1656, in erster Ehe verm. zu Bockenheim 7. Nov. 1678 mit dem Grafen Emich XIII. von Leiningen-Dachsburg-Hartenburg als dessen 2. Gemahlin.

> Emich ist geb. am 6. Febr. 1649, starb am 13. Dez. 1684 und ruht in der leiningischen Erbgruft zu Dürkheim.

> Elisabethe, welche ihm 3 Söhne und 1 Tochter geboren, vermählte sich hierauf in 2. Ehe am 22. Dez. 1692 mit dem Burggrafen Christoph Friedrich von Dohna zu Reichertswalde und Lauck, welcher am 19. Oktob. 1652 geb. war, am 10. Novbr. 1734 starb und in Küstrin (?) begr. liegt, als dessen 2. Gemahlin. Elisabethe hat ihm 1 Sohn und 1 Tochter geb., starb am 9. August [1]) 1707 und ruht in Küstrin. (?)

11) Karl Kasimir, geb. in Landsberg am 6. Aug. † 1658, gest. in Heidelberg 14. Sept. 1673, begr. in Meisenheim in der Kapellengruft der reformirten Stadtkirche. (Sarginschrift.) [2])

12) Juliana Eleonore, geb. am 27. Juni † 1661, gest 12/13. Febr. † 1662, begr. in Meisenheim.

13) Johann, geb. in Meisenheim am 11. Febr. † 1663, gest. allda 25. Januar 1665 und in der dortigen Stephans-Gruft beigesetzt.

Zweybrücken fällt mit **Landsberg** nach dem Tode **Friedrich's Ludwig** an die **Kleeburger-Linie** und in dieser an **Karl XI** König von Schweden.

[1]) So Wünsch.
[2]) Abgedr. bei Crollius p. 143 f.

Kur-bayern.	Kur-pfalz.	Neu-burg.	Sulz-bach II.	Hilpolt-stein.	Zweybrücken-jüngere Linie.	Zweybrücken-Landsberg.	Vel-denz.	Lützel-stein-Gutten-berg.	Birken-feld.	Bisch-weiler.	Johanne Linie Klee-burg.
Max I. 1597—1651.	Friedr. V 1610—1632.	Phil. Ludw. 1569—1632.	Aug. 1615—1632.	Johann Friedr. 1614.	Joh. II 1604—1635.	Friedr. Kasim. 1611—1615.	Georg Gustav 1592—1634.	Georg Joh. II 1611—1654.	Georg Wilh. 1600—1669.	Chri-stian I 1639—1654.	Ludw. Phil. 1611—1655.
Ferd. Maria 1651—1679.	Karl Ludw. 1632—1680.	Wolfg. Wilh. 1611—1653.	Christ. Aug. 1632—1708.		Friedr. 1625—1661.	Leop. Ludw. 1645—1694.					

G. Zweybrücken-Kleeburg
oder
schwedische Linie
1611—1731.

Ueber ihre Entstehung wolle S. 157 nachgesehen werden. Die Dauer derselben betrug 120 Jahre, indem sie, beginnend 1611, mit Gustav Samuel Leopold 1731 wieder ausstarb.

I. Johann Kasimir. Regiert in s. Ansätze Neukastel, welchen er 1617 gegen Kleeburg austauschte, vom 12. April 1611 bis 18. Juni 1652.

Beinamen: Der Kleeburger, der Schwede etc.; geb. in Zweybrücken am 20. April †[1]) 1589; wird für 1606 zum Rektor Magn. der Universität Heidelberg erwählt; gest. auf dem jetzt zerstörten Schlosse Stegeborg in Oestergöthland am 18. Juni †[2]) 1652; begr. in der Schlosskirche daselbst, dann in Gripsholm und endlich im Dome zu Strengnäs[3]) in Södermanland.

Devise: Beneficentia et Veritas custodiunt Reges u. Constantia Patientia Spe.

---

[1]) Nicht am 12., wie Manche haben.

[2]) Wieder unkenntlich.

[3]) Vergl. oben S. 57 Nr. 1. Strengnäs ist richtiger.

Zweybrücken-Kleeburg.

Gemahlin:

Katharina, Tochter Königs Karl IX von Schweden, geb. zu Nyköping am 19. Novbr. † 1584[1]), verm. in Stockholm 21. Juni † [2]) 1615, gest. zu Westerås 23. Dez. † 1638, begr. im Dome zu Strengnäs.

Kinder:

1) **Christine Magdalene**, geb. in Nyköping am 27. Mai † 1616, verm. in Stockholm am 10. Dez. † 1642 mit dem Markgrafen Friedrich VI von Baden-Durlach, welcher geb. ist im Schlosse Karlsburg zu Durlach 16. Nov. † 1617, ebendaselbst 31. Jan. 1677 starb und zu Pforzheim in der Fürstengruft der Schlosskirche begr. liegt.

   Seine Gemahlin hat ihm 3 Söhne und 5 Töchter geboren, starb in der Karlsburg 14. Aug. † 1662[3]) und ruht an der Seite ihres Gemahls. (Keine Denkmale.)

2) **Karl Friedrich**, geb. in Meisenheim am 13. Juli † 1618, gest. in Kleeburg 11. Mai † 1619, begr. in der alten (jetzt abgebrochenen) Pfarrkirche zu Birleubach.

3) **Elisabethe Amalia**, geb. in Kleeburg am 11. Septbr. † 1619, gest. im Schlosse Stegeborg 2. Juli † 1628, begr. im Dome zu Linköping in Oestergöthland.

4) **Karl Gustav**, geb. am 18. Nov. 1622. - Folgt sub II.

5) **Maria Euphrosine**, geb. zu Stegeborg am 19. Febr. † [4]) 1625, verm. in Stockholm 27. März † 1647 mit dem Grafen Magnus Gabriel de la Gardie zu Leckö und Arensberg, dem berühmten schwedischen Reichskanzler, welcher am 15. Okt. 1622 in Reval geboren war, am 26. April † 1686 in Wennegarn starb und zu Weckholm in Upland in der Familiengruft der de la Gardie begraben liegt.[5])

   Seine Gemahlin gebar ihm 6 Söhne und 4 Töchter, starb in Heydendorf (Hajstorp am Göthakanale?) am 24. Okt. 1687 und ruht neben ihm.

   Ihr Wahlspruch: Gott ist mir Alles.

6) **Eleonore Katharina**, geb. zu Stegeborg am 27. Mai † 1626, verm. in Stockholm am 8. Septbr. 1646 mit dem Landgrafen Friedrich (III) von Hessen zu Eschwege, welcher geboren ist zu Eschwege am 19. Mai † 1617, vor dem polnischen Städtchen Costian 24. Septbr. † 1655[6]) als k. schwedischer General sein Leben verlor und zu Eschwege begraben liegt.

   Eleonore gebar ihrem Gemahle 1 Sohn und 5 Töchter, starb in Bremen am 13. März † 1692 und ruht (wo?)

7) **Adolph Johann**, geb. am 21. Oktober 1629. Folgt sub III.

8) **Johann Gustav**, starb jung. Von ihm fehlen sonst alle nähern Daten.[7])

---

[1]) Katharina's Geburtstag wurde nach der Inschrift des Grabdenkmals ihrer Mutter bei Jon. Werwing (vergl. oben S. 57 Nr. 1) p. 84 f. bestimmt.

[2]) Nicht am 11. oder 25. Juli. Vergl. des Fürsten eigenhändige Aufzeichnungen bei Cröllius S. 150.

[3]) Nicht 1660, wie Manche haben.

[4]) Nicht am 14. gl. M. Vergl. Joh. Kasimir's eigenhänd. Aufzeichnungen a. a. O. S. 151.

[5]) Nach einem Portraite Dav. Klöcker's bringt S. v. Pufendorf in den artistischen Beilagen zu seinem Werke De Rebus a Carolo Gustavo etc. gestochen Bildniss des Grafen.

[6]) Nicht 1653 oder 1658. Vergl. J. Ch. C. Hofmeister Hist. geneal. Handb. von Hessen S. 41.

[7]) Dieser von Manchen noch genannte 4. Sohn Johann Kasimir's kommt in dessen Aufzeichnungen, die nur bis 1629 reichen, nicht mehr vor. Er scheint also erst nach jener Zeit geboren zu sein. Da er übrigens auch in Hartmann's manuscript. Genealogie sich mit der beigefügten Sterbe-Notiz, wie oben angezeigt, findet, so ist an seiner Existenz nicht wohl zu zweifeln. Auch Kam. Behr hat ihn.

Zweybrücken-Kleeburg.

Kur-bayern.	Kur-pfalz.	Neubg.	Sulz-bach II.	Zweybr. Jüngere Linie.	Zweybr. Lands-berg.	Tobeus.	Lützel-stein-Gutten-berg.	Birken-feld.	Bisch-weiler.	Jüngere Linie Birken-burg.
Max I 1597—1651. Ferd. Maria 1651—1679.	Karl Ludw. 1632—1680.	Wolfg. Wilh. 1614—1653. Phil. Wilh. 1653—1685.	Christ. Aug. 1632—1708.	Friedr. 1635—1661.	Friedr. Ludw. 1645—1681.	Leop. Ludw. 1634—1694.	Johann Georg 1611—1654.	Georg Wilh. 1660—1669.	Chri-stian I 1630—1654.	Ludw. Phil. 1611—1655.
Max II Ema-nuel 1679—1726.	Karl II 1680—1685. Phil. Wilh. 1685—1690.						Karl Otto 1669—1671.		Christ. II 1654—1671/1717.	Ludw. Heinr. Moritz 1655—1673.

II. Karl Gustav,

regiert das Kleeburger-Deputat-Land vom 18. Juni 1652 bis zum (? Mai ?) 1654, an welchem Tage er selbst seinem Bruder Johann Adolph abtritt.

Geb. zu Nyköping am 18. Nov. † 1622¹);

zum König v. Schweden gekrönt am 16. Juni 1654 als Karl X; gest. in Götheborg 23. Febr. † 1660; begr. in der Ritterholmskirche zu Stockholm unter dem s. g. Carolin'schen Grabchor. (Denkmal, zugleich ihm, s. Söhne Karl XI, s. Enkel Karl XII u. den Königinen Hedwig Eleonore und Ulrike Eleonore 1741 von König Friedrich I etc. errichtet.³)

Gemahlin:²)

Hedwig Eleonore, Tochter Herzogs Friedrich III von Holstein-Gottorp, geb. am 23. Okt. 1636, verm. in Stockholm 24. Okt. 1654, gest. daselbst am 5. Dezbr. † 1715 und neben ihrem Gemahle begr.

NB. Schl. Gall. Portraits beider Gatten v. unbekannt. Hand Nr. 425 und 426. Auch in den Beilagen s. S. v. Pfeffendorf De rebus a Carolo Gustavo etc. gratis finden sich ihre Bilder nach Orig. Portraits von D. Klöcker.

Sohn:

Karl XI, geb. 4. Dez. 1655. Folgt sub X.

---

¹) A. F. Skjöldebrand Hist. des Reis de Suède de la maison Palatin de Deux-Ponts I p. 7 hat den 2. Nov., was nach den Aufzeichnungen des Pfalzgrafen Johann Kasimir bei Crollius S. 151 falsch ist.

²) Vergl. Joh. Elers Stockholm, Andra Delen (Stockholm 1800) p. 25, wo die Inschrift abgedruckt ist. Die Sarginschrift bringt C. Fr. Rothlieb in der Beskrifning öfver kongl. Riddarholms-Kyrkan p. 135.

³) Eine Brigitta Allerts gebar ihm, als er noch nicht verheiratet war, 1648 einen Sohn: Graf Gustav Carlson, der am 1. Jan. 1708 kinderlos starb. — Im J. 1648 war Karl Gustav unter dem Namen „der Erhabene" der s. g. Fruchtbringenden Gesellschaft beigetreten.

III. Adolph Johann. Regiert in dem von seinem Bruder Karl X von Schweden ihm abgetretenen
Kleeburger-Deputatlande vom (? Mai?) 1654 bis zum 24. Okt. 1689.
Geb. in Stegeborg am 21. Okt. † 1629;
gest. als k. schwedischer Reichsmarschall zu Stegeborg am 24. Okt. † 1689;
begr. daselbst in der ehemaligen Schlosskirche.
NB. Bei Pufendorf findet sich s. a. O. ein Kupferstich seines von D. Klöcker gemalten Portraits.

Gemahlinen:

I. **Elisabethe Beate**, Tochter des schwed. Reichstruchsesses Peter Brahe Grafen zu Wisingsborg,
Freiherrn zu Cajana etc., geb. in Rydboholm am 31. August 1629, verm. in Stockholm 19. Juni
1649, gest. zu Wadstena in Oestergöthland 7. Septbr. 1659, begr. zu Stegeborg.

II. **Elsa** [1]) **Elisabethe**, Tochter des Nikolaus Brahe Grafen zu Wisingsborg, geb. im Jahre 1631,
verm. zu Stockholm (?) am 18. Febr. † 1661, Wittwe des am 23. Oktbr. 1656 zu Frauenberg
(in Preussen) gestorbenen schwed. Reichskanzlers Erich Oxenstjerna, welcher zu Fiholm 13. Febr.
1624 geb. war, Elsa im Mai 1647 heiratete und in Fiholm (?) begr. liegt.
Elsa etc. hatte in erster Ehe 3 Söhne und 3 Töchter geboren, starb 2. März † 1689 und ruht
zu Stegeborg.

Kind erster Ehe:

1) **Gustav Adolph**, geb. in Götheborg am 9. März † 1652, gest. in Wadstena im Dez. 1653, begr.
in Stegeborg.

Kinder zweiter Ehe:

2) **Katharina**, geb. in Stegeborg am 10. Dez. † 1661, verm. 19. Novbr. 1696 mit dem Grafen Christoph
von Gyllenstjerna, welcher geb. ist im J. 1647, 14. Juni 1705 starb u. in Tyresjö begr. liegt.
Katharina, welche ihm einen (?) Sohn geboren hat, starb in Gripsholm 27. Mai † 1720 s.
ruht in Stegeborg.

3) **Maria Elisabethe Louise**, geb. in Stegeborg am 13./14. Septbr. † 1663, Kanonissin in Herford,
verm. zu Mainz (?) im Jahre 1703 mit dem kursächs. und k. polnischen Oberrechnungsrath
Christian Gottlob von Gersdorff auf Oppach, der zu Dresden im Jahre 1742 starb.
Maria etc., welche in Paris am 4. Mai 1700 öffentlich zur kath. Kirche übergetreten [2]) (daher
ihr Name Louise), liess sich von ihrem Gemahle, dem sie nur eine Tochter gebar, bald wieder
(1704) scheiden, gieng auf einige Zeit in's Kloster Maubuisson, starb in Mainz 23. Jan. 1748
und ruht bei St. Stephan daselbst. (Grabstein mit Inschrift.) [3])

4) **Karl Johann**, geb. in Stegeborg [4]) am 15. Septbr. 1664, gest. daselbst 10. Dez. gl. Js. und
hier begraben.

5) **Johann Kasimir**, geb. in Lübeck am 4. Sept. † 1665, gest. in Stegeborg (?) 20. Mai 1666,
begr. daselbst.

6) **Adolph Johann**, geb. in Bergzabern am 23. Aug. † 1666, gest. im Schlosse Lays in Liefland
27. April 1701, begr. daselbst und später nach Stockholm in die Ritterholmskirche transferirt.

7) **Gustav Kasimir**, geb. in Strassburg am 29. Dez. 1667, gest. in Stegeborg 21. Aug. 1669,
begr. daselbst.

8) **Christiane Magdalene**, geb. in Hamburg am 4. April † 1669, gest. in Stegeborg 21. Juni † 1670,
begr. daselbst.

9) **Gustav Samuel Leopold**, geb. 12. April 1670. Folgt sub IV.

10) **Prinz**, geb. in Stegeborg im Jahre 1671, am Tage der Geburt dort gest. und begr.

---

[1] Vergl. And. Fryxell im 10. Thle. s. Berättelser ur Svenska Historien p. 15.
[2] Ueber dieses Ereigniss erschien in Paris 1701 in 12° eine, wie man sagt, von der Prinzessin selbst verfasste Broschüre
„Le nouveau triomphe de l'Eglise ou le Lutheranisme abjuré par M. la Princesse M. E. L. Palatine de Deuxponts etc."
[3] Letztere ist abgedr. bei Crollius s. a. O. S. 195.
[4] Natus Holmiae, sagt Crollius S. 158 u. desgleichen Pareus S. 502.

Zweybrücken-Kleeburg.

Kur-bayern.	Kur-pfalz.	Gein-bach.	Vel-denz.	Birkenfeld-Birch-weiler.	Grie-hausen.
Max II Eman. 1670— 1726.	Phil. Wilh. 1683— 1690.	Christ. Aug. 1632— 1708.	Leop. Ludw. 1634— 1694.	Christ. II 1654— 1671 1717.	Johann Karl 1681— 1704. Friedr.
Karl Albr. 1726— 1745.	Johann Wilh. 1690— 1716.	Theo-dor 1708— 1732.	—	Christ. III 1717 1735.	Bernh. 1704— 1739.
		Karl III Phil. 1716— 1742.			

IV. (XII.)¹) Gustav Samuel Leopold. Regiert in Kleeburg vom 24. Okt. 1689 bis zu seinem Tode (17. Septbr. 1731), im Herzogthume Zweybrücken, das durch Karl's XII kinderlosen Tod auf ihn gefallen war, vom 11. Dez. 1718 bis 17. Septbr. 1731.

Geb. in Stegeborg am 12. April † 1670;

kehrt in Rom zur kathol. Kirche zurück am 8. Okt. 1696 (daher der Name Leopold):

gest. in Zweybrücken am 17. Sept. † 1731;

begr. daselbst in der Johannsgruft der Alexanders-Kirche. (Sarg-Inschrift.) Sein Herz ruht zu Meisenheim im Chor der Franziskanerkirche, wo ihm ein Epitaph gewidmet ist.²)

NB. Sein von H. Milot gemaltes Portrait ist sub Nr. 431 u. 855 in der k. Gallerie zu Schleissh. vorhanden.

Gemahlin:

Dorothea, Tochter des Pfalzgrafen Leopold Ludwig von Veldenz, geb. am 16. Febr. 1658, verm. in Strasburg 10. Juli 1707, gest. daselbst im s. g. Veldenzer-Hof 17. Aug. 1723, begr. in der Pfarrkirche zu Lützelstein. (Kein Epitaph.)

Gustav Samuel hatte sich, nachdem die Ehe am 12. April 1723 kirchlich für ungiltig erklärt worden, am 23. gl. M. u. J. von Dorothea getrennt³), u. am 13. Mai gl. J., eine morganatische Verbindung mit Louise Dorothea von Hoffmann⁴) eingegangen, welche am 24. Febr. 1700 geb. war und im April 1745 kinderlos zu Frankfurt a. M. starb, wo sie auch begr. liegt. Auf Gustav Sam. Betreiben hatte sie Kaiser Karl VI am 3. Mai 1724 als Gräfin v. Hoffmann in den Reichsgrafenstand erhoben.

Das Herzogthum Zweybrücken geht nunmehr an die Linie **Birkenfeld** über, welche von da ab **Birkenfeld-Zweybrücken** heisst. Herzog von Zweybrücken wird **Christian III.**

---

¹) XII ist die Reihenzahl der zweybr. Herzoge.

²) Abgedr. bei Crollius S. 20 u. 159. Die Inschrift des 1775 hergestellten neuen Sarges hat Heintz a. a. O. S. 49.

³) Hierüber sind gute Nachrichten in den Miscell. Hist. Palat. v. Joannis p. 335 enthalten, dann in J. D. Koehler's Histor. Münzbelustigg. Thl. IV 181 f. u. im geneal. Archivarius f. 1731 p. 119 ff.

⁴) Tochter des herzogl. zweybr. Geheimraths u. Oberjägermeisters, Ritters Joh. Heinr. v. Hoffmann.

22*

| ## Schweden-Zweybrücken.

Durch den kinderlosen Tod Herzogs **Friedrich Ludwig von Zweybrücken (-Landsberg)** (vergl. oben S. 166) war dieses Fürstenthum an den König **Karl XI von Schweden** gediehen. Er ist der 10. Herzog von Zweybrücken und kann man ihn und seinen Sohn Karl XII, wie das oft geschieht, auch als Linie **Schweden-Zweybrücken** bezeichnen.

X. Karl XI, König von Schweden (von 1660—1697). Regiert im Herzogthume Zweybrücken[1]) vom 11. April 1681 bis zu s. Tode (15. April 1697).

Geb. in Stockholm am 4. Dez. † 1655 als Sohn des frühern Pfalzgrafen und nachmaligen König Karl X Gustav von Schweden;

gest. in Stockholm am 15. April † 1697;

begr. daselbst in der Ritterholmskirche unter dem Carolin'schen Grab-Chor. [Sarg mit Inschrift.[2]) Denkmal vergl. bei Karl X.]

Wahlspruch: Nescit Occasum[3]); dann: Dominus Protector meus.

NB. Vergoldete Kolossal-Statue im Münchener-Thronsaale. Nach D. Klöther's hübschem Jugend-Portrait des Königs findet sich bei Pufendorf ein in Kupfer gestochenes Bildniss desselben.

Gemahlin:

Ulrike Eleonore, Tochter Königs Friedrich III von Dänemark, geb. in Kopenhagen am 11. Sept. 1656, verm. in Skottarp bei Helsingborg 16. Mai † 1680, gest. auf dem Schlosse Karlberg bei Stockholm am 5. Aug. † 1693, begr. zu Stockholm in der Ritterholmskirche neben ihrem Gemahle. (Sarg mit Inschrift.)[4]

NB. Schleissh. Gallerie Bilder beider Gatten v. unbek. Hand unter Nr. 427 u. 428.

Kinder:

1) **Hedwig Sophie Auguste,** geb. in Stockholm am 30. Juli † [5]) 1681, verm. in Karlberg 12. Juni † 1698 [6]) mit dem Herzog Friedrich IV von Holstein-Gottorp, welcher 18. Okt. 1671 geb. war, auf schwedischer Seite 19. Juli 1702 in der Schlacht bei Clissow (gegen August von Polen) gefallen ist und in Sonderburg (?) begr. wurde.

Hedwig etc., die ihm 1 Sohn geboren hatte, starb in Stockholm 22. Dez. 1708 und ruht in der Ritterholms-Kirche unter dem s. g. Carolin'schen Grab-Chor.

NB. Schl. Gallerie Bild von unbek. Hand Nr. 429.

2) **Karl XII,** geb. am 27. Juni 1682. Folgt sub XI.

3) **Gustav,** geb. in Stockholm am 14. Juni † 1683, gest. daselbst 26. April † 1685, begr. in der Ritterholmskirche unter Nr. 1, Sarg mit Inschrift.)[7])

4) **Ulrich,** geb. im Lustschlosse Jakobsdal (jetzt Ulrikedal) bei Stockholm am 2. August † 1684, gest. daselbst 8. Juni † 1685[8]), begr. neben s. vorausgegangenen Bruder. (Sarg mit Inschrift.[9])

---

[1]) Er ist (desshalb die Zahl X) der zehnte, Karl XII der eilfte, Gust. Sam. Leop. endlich der zwölfte Herzog von Zweybrücken. Rechnen wir aber, wie billig, Stephan den Gründer dieser Linie (vergl. über ihn oben S. 133 f.) hier mit, so ändert sich die Zahl um Eins.

[2]) Abgedr. bei Carl Fr. Rothlieb a. a. O. p. 136.

[3]) Ist jetzt die Devise des schwedischen Nordstern-Ordens.

[4]) Abgedr. bei Rothlieb a. a. O. p. 137.

[5]) Nach C. F. Rothlieb p. 138 Note k.

[6]) Wie oben.

[7]) Abgedr. bei Rothlieb p. 138.

[8]) Geburts- u. Sterbe-Datum nach Rothlieb.

[9]) Bei Rothlieb p. 39 zu finden.

| # Schweden-Zweybrücken.

5) **Friedrich**, geb. in Stockholm (?) am 7. Okt.[2]† 1685, gest. daselbst (?) 22. Oktbr. gl. J., begr. wie oben. (Sarg mit Inschrift.)[3]

6) **Karl Gustav**, geb. in Stockholm am 27. Dezbr. † 1686, gest. daselbst 13. Febr. † 1687,[3]) begr. wie oben. (Sarg mit Inschrift.)[4]

7) **Ulrike Eleonora**, geb. in Stockholm am 2. Febr. † 1688, verm. in Stockholm 15. April † 1715 mit dem damaligen Erbprinzen und Landgrafen Friedrich von Hessen-Kassel, nachmaligem König von Schweden, dieses Namens der Erste.

Friedrich war geb. in Kassel am 8. Mai † 1676, starb in Stockholm 6. April † 1751 und ruht daselbst in der Ritterholmskirche. Ulrike etc. seine 2. Gemahlin, welche ihm übrigens keine Kinder gebar, starb zu Stockholm 6. Dez. † 1741 und ruht in der Ritterholmskirche daselbst. (Sarkophage beider Gatten von grünem Marmor zur Seite des Sarkophags Karl's XII im Carolin'schen Grabchor.)

XI. Karl XII, König von Schweden von 1697—1718. Regiert in Zweybrücken vom 15. April 1697 bis zum 11. Dez. 1718.

Geb. in Stockholm am 27. Juni † 1682;

gest. bei der Belagerung von Friedrichshall am 11. Dez. † 1718;

begr. zu Stockholm in der Ritterholmskirche. (Schwarzer Marmor-Sarkophag auf grünem Sockel in dem Carolin'schen Grabchor mit blosser Namens-Inschrift. Denkmal vergl. bei Karl X oben S. 169.)

NB. Schl. Gallerie Bild v. unbet. Hand Nr. 430 a. vergoldete Kolossal-Statue im Münchener-Thronsaale.

Das Herzogthum Zweybrücken gieng an den Pfalzgrafen **Gustav Samuel Leopold** über. Vergl. oben S. 171.

H. Nebenlinie Veldenz 1543—1694.

Herzog Wolfgang von Zweybrücken überliess seinem ehemaligen Vormunde dem Pfalzgrafen **Ruprecht**, jüngstem Sohne Alexander's von Zweybrücken durch den Marburger-Vertrag vom 3. Oktob. 1543 die Aemter **Veldenz** und **Lauterecken** nebst dem Kloster **Remigiusberg** zu ziemlich selbstständiger Regierung.[5]

Von der Burg **Veldenz**, woselbst Ruprecht seine Residenz aufschlug, erhielt die von ihm herstammende Nebenlinie den Namen **veldenzische Linie**. Sie dauerte 151 Jahre und starb 1694 mit **Leopold Ludwig** wieder aus.

[1] So Rothlieb, denen Daten die des alten Kalenders sind.
[2] Abgedr. bei Rothlieb p. 132.
[3] Nach Rothlieb, bez. nach der Sarg-Inschrift.
[4] Ebendaselbst p. 140 abgedruckt.
[5] In J. G. Lehmann's Gesch. d. Herzogth. Zweibrücken S. 316 ist das ganze Territorium genau angegeben.

Bayern.	Kur-pfalz.	Sim-mern-Spon.	Zweybr.-Vel-denz.	Junge Pfalz.	Neu-markt.
Wilh. IV u. Ladw. X 1516—1545.	Ladw. V 1508—1544.	Joh. II 1509—1557.	Wolfg. 1532—1569.	Otto Heinr. 1505—1556.	Wolfg. 1524—1558.

Veldenz.

I. Ruprecht. Regiert vom 3. Oktob. 1543 bis zum 28. Juli 1544.

Geb. in Zweybrücken im Jahre 1506;

wird Domherr in Strassburg, Mainz u. Köln a./R., auf welche Pfründen er später (noch vor 1529) freiwillig verzichtete;

gest. auf dem Schlosse Grevenstein am 28. Juli 1544;

begr. im Chor der Alexanderskirche zu Zweybrücken. (Kein Epitaph mehr.)

Gemahlin:

Ursula, Tochter des Rhein- und Wildgrafen zu Stein, Daun und Kyrburg, Grafen zu Salm etc., Johann VII[1]), geb. um das Jahr 1515 und verm. am 23. Juni 1537.

Nach Ruprecht's Tod heirathete seine Wittwe am 13. Dez. 1546 Johann von Daun Grafen zu Falkenstein, welcher vor 1579 starb und (wo?) begr. liegt. In 2. Ehe hatte Ursula 3 Söhne und 4 Töchter, starb am 24. Juli[2]) 1601 und ruht (wo?)

Kinder:

1) **Anna**, geb. am 12. Nov. 1540, verl. in Heidelberg 30. Juli 1558 u. verm. ebendaselbst 1. Aug. gl. J. mit dem Markgrafen Karl II von Baden-Durlach, welcher in Sulzberg 24. Juli 1529 geb. war, auf der Karlsburg in Durlach 23. März 1577 starb und zu Pforzheim in der markgräfl. Erbgruft der Schlosskirche begr. liegt.

Anna, Karl's 2. Gemahlin hat ihm 3 Söhne u. 3 Töchter geboren, starb in Graben bei Karlsruhe 30. März 1586 und ruht an der Seite ihres Gemahles.[3])

2) **Georg Johann I,** geb. am 11. April 1543. Folgt sub II.

3) **Ursula,** geb. im Jahre 1544[4]), verm. 18. Dezbr. 1578 mit Wirich X (IV) von Daun Grafen zu Falkenstein als dessen erste Gemahlin. Wirich ist geb. 1539, wurde 11. Oktob. 1598 von den Spaniern bei seinem Schlosse Bruch (Breich an der Ruhr) erschlagen und sein Leichnam verbrannt.

Von Ursula, die ihm keine Kinder gebar, ist Weiteres nicht bekannt.

[1]) So nennt er sich auf s. Grabsteine selbst. Vergl. Kurzgefasste Gesch. des Wild- u. Rheingräfl. Hauses (von J. M. Kremer). Mannheim 1785 p. 113 Note 14.

[2]) Nach Wünsch.

[3]) Crollius hat im Denkmahl etc. S. 105 die Abschrift ihres Epitaph. Auch Pareus verzeichnet dieselbe a. a. O. S. 206. Karl's „Elogium sepulcrale" bringt J. D. Schöpflin a. a. O. IV 61 f. Note e.

[4]) War, sagt Crollius S. 103, am Tage des Marburger-Vertrages (3. Okt. 1543) noch nicht geboren.

Veldenz.

Bayern.	Kur-pfalz.	Sim-mern-Sponh.	Pfalz-Neu-burg.	Zweybr. mittlere Linie.	Sulz-bach I.	Park-stein.	Mürken-feld.	Junge Pfalz.	Neu-markt.	Veadl.-Lau-tern.
Wilh. IV a. Ladw. X 1516—1545.	Friedr. II 1544—1556.	Joh. II 1509—1557.	Phil. Ladw. 1569—1614.	Wolfg. 1532—1569. Joh. I 1569—1604.	Otto Heinr. 1569—1604.	Friedr. 1569—1597.	Karl 1569—1600.	Otto Heinr. 1505—1556.	Wolfg. 1524—1558.	Johann Kasim. 1578—1592.
Wilh. IV 1545—1550.	Otto Heinr. 1557—1559.									
Albr. IV(V) 1550—1579.	Georg 1559—1569.									
Wilh. V 1579—1597.	Friedr. III 1569.									
	Richrd. 1569—1598.									
	Ladw. VI 1576—1583.									
	Friedr. IV 1583—1610.									

II. Georg Johann I. Regiert im Veldenzischen vom 28. Juli 1544, dann in der einen Hälfte der ihm durch den s. g. Heidelberger Vertrag vom 2. Novbr. 1555 überwiesenen Herrschaft Guttenberg von diesem Tage an, sowie in der auf gleiche Weise erlangten Grafschaft Lützelstein vom Jahre 1566 bis zum 18. April 1592.

Beinamen: Ingeniosus, der Scharfsinnige, der Lützelsteiner etc.;

geb. am 11. April 1543;

unter Vormundschaft s. Mutter bis zu deren 2. Vermählung 13. Dezbr. 1546, dann des Pfalzgrafen Wolfgang v. Zweybrücken-Veldenz bis 11. April 1561;

erster pfalzgrfl. Rektor Magn. der Univ. Heidelberg für 1559;

gest. in Lützelstein am 18. April † 1592;

begr. in der Pfarrkirche daselbst. (Denkmal an der linken Chor-Seite für ihn und s. Gemahlin.)[1]

Devise: Invia virtute nulla via.

NB. Schl. Gallerie Bild von unbek. Hand Nr. 432.

Gemahlin:

Anna Maria, Tochter Königs Gustav I (Wasa) von Schweden, geb. am 19. Juni 1545, verm. in Meisenheim 26. Okt. 1563, gest. 30. März 1610, begr. in der Klosterkirche Remigiusberg in der Gruft vor dem Hochaltar. (Epitaph daselbst und Sarginschrift, dann Denkmal in Lützelstein.)[2]

---

[1] Crollius bringt S. 105 die Inschriften dieser Doppel-Denkmale.

[2] Abbildung des Letzteren bei Wickenburg a. a. O. Tom. I P. II p. 278. Abdruck der Inschrift findet sich noch bei Parcus S. 206, u. s. w. Vergl. Acta Palatina I 40.

| ### Veldenz resp. Lützelstein.

Kinder:

1) **Georg Gustav**, geb. am 6. Febr. 1564. Folgt sub III.[1]

2) **Anna Margarethe I**, geb. am 28. April 1565, gest. auf Remigiusberg am 2. Oktbr. 1566, begr. dortselbst neben ihrer Mutter. (Kein Denkmal.)

3) **Johann Ruprecht**, geb. am 9. Sept. 1566, gest. 1. Okt. 1567[2], begr. wie oben.

4) **Anna Margarethe II**, geb. am 17. Januar 1571, verm. 14. Dezbr. 1589 mit dem Pfalzgrafen Richard von Simmern-Sponheim als dessen 3. Gemahlin.
   Anna starb am 14. Nov. † 1621 u. ruht zu Simmern (?)
   Ueber sie u. ihren Gemahl wolle oben S. 141 f. verglichen werden.

5) **Ursula**, geb. am 24. Febr. 1572, verm. in Stuttgart 20. Mai † 1585 mit Herzog Ludwig III von Wirtemberg als dessen 2. Gemahlin. Ludwig ist geb. in Stuttgart 1. Jan. 1554, starb daselbst 18. August † 1593 und ruht bei St. Georg zu Tübingen. (Marmor-Denkmal daselbst mit Inschrift.) Ursula, welche ihm keine Kinder gebar, starb in Nürtingen 5. März 1635 u. ruht an der Seite ihres Gemahls.[3]

6) **Johanna Elisabethe**, geb. am 2. Oktbr. 1573, gest. zu Nürtingen 28. Juli 1601, begr. in der Stiftskirche zu Stuttgart. (Denkmal daselbst im grossen Chor.)[4]

. 7) **Johann August**, geb. am 26. Nov. 1575. Folgt sofort sub IV.

IV.[5]) **Johann August.** Regiert in der ihm durch väterl. Testament zugefallenen Grafschaft Lützelstein vom 18. April 1592 bis zu seinem Tode 18. Sept. 1611.

Geb. auf dem Schlosse Lemberg im Westrich am 26. Nov. 1575;

unter Vormundschaft s. Mutter u. s. ältern Bruders Georg Gustav bis 18. April 1593;

gest. auf dem Schlosse Lemberg am 18. Sept. 1611;

begr. im Chor der Pfarrkirche zu Lützelstein. (Denkmal mit Inschr. auf der rechten Seite des Chor daselbst.)[6]

Die Grafschaft **Lützelstein** fällt an seinen jüngern Bruder **Georg Johann II.**

Gemahlin:

Anna Elisabethe, Tochter des Kurfürsten Friedrich III von der Pfalz u. Wittwe des Landgrafen Philipp II von Hessen-Rheinfels, geb. am 23. Juni 1549, verm. 30. Jan. 1599, gest. in Lützelstein 20. Septbr.[7]) 1609. (Denkmal wie oben.)
Näheres über sie ist oben S. 53 Nr. 8 zu finden.[8]

8) **Ludwig Philipp**, geb. am 24. Nov. 1577. Folgt sogleich sub V.

---

[1] Doch lassen wir ihn, um nicht neue Unterabtheilungen machen zu müssen, erst seine jüngeren Brüder Johann August und Ludwig Philipp, sowie des Letztern Sohn Johann Georg II vorangeben.

[2] Die Geburts- und Sterbe-Daten bei 2 und 3 nach Crollius S. 106. Sie stehen nicht fest.

[3] Abdruck der Denkmals-Inschrift bei Tiedemann a. a. O. S. 193 sub Nr. 12, dann bei Dr. G. Bunz Die Stiftskirche zu St. Georg S. 108.

[4] Dessen Inschrift bringt Tiedemann a. a. O. S. 13. Der 28. Juli ist urkundlich.

[5] Der dritte Regent in der Veldenzer-Linie ist Georg Gustav. Man vergl. oben Note 1.

[6] Abdruck bei Crollius (Denkmahl etc.) S. 109.

[7] Auch K. Behr (vergl. oben S. 53 Nr. 8 u. Note 5) hat den irrigen 17. Jan. als Todestag.

[8] Der Geburtstag Anna Elisabethens ist dort durch Versehen auf 23. Juli gesetzt, was hier berichtigt wird.

Lützelstein-Guttenberg.

V. Ludwig Philipp. Regiert zugleich mit seinem jüngern Bruder **Georg Johann II** in der ihm testamentarisch überwiesenen Herrschaft Guttenberg vom 18. April 1592 bis zum 24. Okt. 1601.

Geb. am 24. Nov. 1577;

unter Vormundschaft s. Mutter u. s. Bruders Georg Gustav vom 18. April 1592 bis 18. April 1595;

gest. in Heidelberg an einer beim Turnier erhaltenen Augen-Verletzung den 24. Okt. † 1601;

begr. daselbst bei hl. Geist (?)

Ludwig Philipp's Antheil an **Guttenberg** gieng an s. jüngern Bruder **Georg Johann II** über.

Fortsetzung der Kinder Georg Johann's I:

9) **Anna Maria**, geb. am 9. Juni, gest. 16. Okt. 1579, begr. auf Remigiusberg (?)

10) **Katharina Ursula**, geb. am 3. August 1582, gest. in Lauterecken 22. Novbr. 1595, begr. auf Remigiusberg (?)

11) **Georg Johann II**, geb. am 24. Juni 1586. Folgt sofort sub

VI. Georg Johann II. Regiert mit seinem Bruder Ludwig Philipp in der Hälfte von Guttenberg vom 18. April 1592 und in der Grafschaft Lützelstein (deshalb jetzt Linie **Lützelstein-Guttenberg**) vom 18. Sept. 1611 bis zum 29. Sept. 1654, an welchem Tage er starb.

Beinamen: Junior;

geb. in Lützelstein am 24. Juni † 1586;

unter Vormundschaft s. Mutter u. s. Bruders Georg Gustav vom 18. April 1592 bis 1604;

gest. am 29. Sept. 1654;

begr. in Lützelstein im Chor der Pfarrkirche[1]. (Epitaph daselbst von Holz.)[2]

NB. Die Schleissheimer-Gallerie besitzt von unbekannter Hand ein Bild des Pfalzgrafen in Nr. 433 u. desgl. von ihm u. s. Familie in Nr. 893.

Gemahlin:

Susanna, Tochter des Pfalzgrafen Otto Heinrich von Sulzbach, geb. in Sulzbach am 6. Juni 1591, verm. in Neuburg a/D. 6. Juni 1613[3], gest. in Nürtingen 21. Febr. † 1661, begr. in Lützelstein.[4]

NB. Schleissh. Gall. Bild von unbek. Hand Nr. 434.

Vergl. oben S. 153 g.

Kinder:

a) **Georg Otto**, geb. in Lützelstein am 25. Sept. 1614, gest. in Tübingen 30. Aug. 1635, begr. daselbst bei St. Georg. (Denkmal mit Inschrift.)[5]

b) **Anna Maria**, geb. am 20. Juni 1616, gest. 13. Sept. gl. J., begr. zu Lützelstein (?)

c) **Johann Friedrich**, geb. am 5. Sept. 1617, gest. 21. Febr. 1618, begr. in der Pfarrkirche zu Lützelstein.

d) **Philipp Ludwig**, geb. am 4. Okt. 1619, gest. 19. März † 1620, begr. wie c.

Die Gebietstheile **Georg Johann's II** fielen, da er keine männlichen Erben hinterliess, an den Sohn seines Bruders Georg Gustav, den Pfalzgrafen **Leopold Ludwig**.

---

[1] Sarginschrift bei Crollius S. 109 f.

[2] Abgedr. a. a. O. S. 111.

[3] Wie Kaufmann's Manuscript mehrfach nachweist. Der 5. Juni, wenn auch auf Georg Johann's Sarginschrift stehend, ist irrig.

[4] Vergl. Crollius S. 111.

[5] Abgedr. in A. C. Zeller's Merkwürdigkeiten der Univ. u. Stadt Tübingen S. 85, dann bei C. Böttinghausen Beytr. z. Pfälz. Gesch. B. II 292 f., bei Crollius a. a. O. S. 111 u. s. w.

Kur-bayern.	Kur-pfalz.	Pfalz-Neub.	Sulz-bach II.	Hilpolt-stein.	Zweybrücken-			Lützel-stein-Gutten-berg.	Birken-feld.	Rbch-weiler.	Jüngere Linie Sim-mern.
					Jüngere Linie.	Lands-berg.	Klee-berg.				
Wilh. V 1579— 1597. Max I 1597— 1651.	Friedr. IV 1583— 1610. Friedr. V 1610— 1632. Karl Ludw. 1632— 1680.	Phil. Ludw. 1569— 1614. Wolfg. Wilh. 1614— 1653.	August 1615— 1632. Christ. Aug. 1632— 1708.	Johann Friedr. 1615— 1644.	Johann II 1604— 1635.	Friedr. Kasim. 1611— 1645.	Johann Kasim. 1611— 1652.	Georg Johann II 1611— 1654.	Karl 1600— Georg Wilh. 1600— 1669.	Chri-stian I 1630— 1654.	Ludw. Phil. 1611— 1655.
—	—	—	—	—	—	—	—	—	—	—	—
Ferd. Maria 1651— 1679. Max II Ema-nuel 1679— 1726.	Karl II 1680— 1685. Phil. Wilh. 1685— 1690. Johann Wilh. 1690— 1716.	Phil. Wilh. 1653— 1685.			Friedr. 1635— 1661. —	Friedr. Ludw. 1645— 1681. —	Karl X Gust. 1652— 1654. Adolph Johann 1654— 1689. Gustav Sam. Leop. 1689— 1731. — Karl XI 1681— 1697. Karl XII 1697— 1718. —		Karl Otto 1669— 1671. —	Christ. II 1654— 1671/ 1717.	Ludw. Heinr. Maria 1655— 1673.

Veldenz.

III.[1]) Georg Gustav.
Regiert in Veldenz von
18. April 1592 bis zum
3. Juni 1634.
Geb. am 6. Febr. 1564
auf Remigiusberg;
gest. am 3. Juni 1634;
begr. auf Remigiusberg.
(Denkmal daselbst mit In-
schrift.[2])
Devise: Soli Deo gloria.

Gemahlinnen:

I. **Elisabethe**, Tochter
Herzogs Christoph von
Wirtemberg u. Wittwe
des Fürsten Georg Ernst
von Henneberg, geb. zu
Basel am 3. März 1548,
mit Georg Ernst verm.
am 1. Juli 1568 als
dessen 2. Gemahlin.

Georg Ernst ist geb.
in Schleusingen am 27.
Mai 1511, starb zu
Henneberg (im Dorfe) 27.
Dez. 1583 und ruht in
der an die Schleusinger
Stadtkirche angebauten
St. Aegidien-Kapelle.

Elisabethe, die ihm
keine Nachkommen ge-
bar, verm. sich mit Georg
Gustav in Stuttgart 30.
Oktbr. 1586, starb im
Schlosse Karlsburg 29.
Febr. † 1592 und ruht
in der Stiftskirche zu
Stuttgart. (Denkmal im
grossen Chor daselbst.[3])

---

[1] Vergl. die Note 1 S. 176.
[2] Abgedr. ist diese in den Actis
Palatinis I 49. Sie hat als
Geburtstag den 5. Febr. (für
6. ist urkundlich), als Sterbetag den 3. Juni, was der frühere
Abdruck bei Crollius bestätigt.
(Denkmahl etc. S. 107.) Vgl.
daselbst Note «, Wickenburg
a. O. Tom. I P. II p. 279 hat
eine Abbildung des Epitaphs.
[3] Die Inschrift ist abgedr. bei
J. H. Tiedemann etc. S. 13.

Veldenz.

II. Maria Elisabethe, Tochter des Pfalzgrafen Johann I von Zweybrücken (mittlere Linie), geb. in Zweybrücken am 7. Nov. 1581, verm. in Zweybrücken 17. Mai 1601, gest. in Lauterecken 18. August † 1637, begr. zuerst in der Kirche daselbst, seit 1694 auf Remigiusberg. (Denkmal mit Inschrift daselbst.)[1]

Vergl. oben S. 157 Nr. 2.

Kinder zweiter Ehe:

1) **Anna Magdalene,** geb. zu Lauterecken (?) den 19. März 1602, verm. zu Oels 7. Nov. 1617 mit Herzog Heinrich Wenzel von Münsterberg, dann Schlesien-Oels und Bernstadt, welcher zu Oels 7. Oktbr. 1592 geb. war, 21. Aug. 1639 auf dem Schlosse Vielgut bei Oels starb u. in der herzogl. Familiengruft der Schloss- und Pfarrkirche bei St. Johann Bapt. zu Oels begr. liegt. (Sarginschrift.)[2]

Anna Magdalene, deren Ehe kinderlos blieb, starb in Bernstadt 20. August 1630 und ruht daselbst in der Schloss- und Pfarrkirche bei St. Katharina. (Sarginschrift.)[3]

2) **Johann Friedrich,** geb. in Lauterecken am 12. Januar 1604, gest. als k. schwedischer Oberst in Augsburg 30. Novbr. † 1632 u. dortselbst im Karmeliten-(Baarfüsser-)Kloster begraben, aber 1805 nach St. Michael in München transferirt. (Sarg mit Inschrift.)[4]

Wahlspruch: Herr, wann ich Dich nur habe, frage ich nichts nach Himmel u. Erde.

3) **Georg Gustav,** geb. in Lauterecken am 17. Aug., gest. 17. Nov. 1605 zu Rockenhausen, begr. auf Remigiusberg. (Kein Denkmal.)

4) **Elisabethe,** geb. in Lauterecken (?) am 15. März 1607, gest. 4. Okt. 1608, begr. (wie oben?)

5) **Karl Ludwig,** geb. in Lauterecken am 5. Febr. 1609, gest. (als kgl. schwedischer Offizier) zu Werben an der Havel 19. Juli 1631 in Folge einer bei Wollmirstädt erhaltenen Schusswunde, begr. zu Stettin bei St. Maria.

6) **Wolfgang Wilhelm,** geb. in Lauterecken am 22. Aug. 1610, gest. ebendaselbst (?) 27. Jan. 1611, begr. auf Remigiusberg. (Kein Denkmal.)

7) **Sophie Sibille,** geb. in Lauterecken (?) am 14. Dezbr. 1612, gest. 12. Juli 1616, begr. auf Remigiusberg. (Kein Epitaph.)

8) **Maria Elisabethe,** geb. in Lauterecken (?) am 24. Juni 1616, gest. als Kanonissin in Herford 12. Sept. 1649, begr. auf Remigiusberg. (Epitaph daselbst.)[5]

9) **Maria Amalia,** geb. in Lauterecken (?) am 21. Dezbr. † 1621, gest. zu Rosau im Steinthale (?)[6] 10. Dez. 1622, begr. auf Remigiusberg (?)

10) **Magdalene Sophie,** geb. in Lauterecken (?) am 29. Nov. 1622, gest. 14. Aug. 1691[7], begr. (wo?)

11) **Leopold Ludwig,** geb. am 1. Febr. 1625. Folgt sofort sub

VII. Leopold Ludwig. Regiert in Veldenz vom 3. Juni 1634 u. in Lützelstein-Guttenberg nach Georg Johann's II Tod (29. Septbr. 1654) bis zum 29. Sept. 1694.

Geb. in Lauterecken (?) am 1. Febr. 1625;
unter Vormundschaft s. Mutter u. des Markgrafen Friedrich von Baden von 1634 bis 1643;
gest. in Strassburg am 29. Sept. † 1694;
begr. in der Pfarrkirche zu Lützelstein. (Kein Denkmal.)

---

[1] Sarg-Inschrift bei Crollius S. 107 f., Abbildung des Denkmals bei Wickenburg a. a. O. p. 280.

[2] Abgedr. in Joh. Sinapii Olsnographia II 45 ff. Die 1641 lag sein Leichnam in Bernstadt.

[3] Abgedr. bei Sinapius II 472 f.

[4] Abgedr. bei A. Baumgartner Brachtbg. der im Jahre 1805 neu hergestellten zweyten k. b. Fürstengruft in d. Hofkirche zu St. Michael Nr. 18.

[5] Abgedr. bei Crollius a. a. O. S. 108 f., abgebildet bei Wickenburg a. a. O. p. 281.

[6] Diese Ortsbestimmung ist Zeitmayr's Genealogie entnommen.

[7] So Kaufmann. Zeitmayr (S. 52) sagt, dass sie 1670 noch gelebt habe. Es kann also ihr Tod wohl nicht schon in das Jahr 1631, wie gewöhnlich angenommen wird, fallen. — Urkundlich bin ich der Prinzessin nicht begegnet.

23*

Veldenz.

Gemahlin:

Agatha Christine, Tochter des Grafen Philipp Wolfgang von Hanau-Lichtenberg, geb. am 23. Sept. 1632, verm. 4. Juli 1648, gest. in Strassburg 5. Dez. 1681, begr. bei ihrem Gemahle.

Kinder:

1) Eine Prinzessin, gest. bei der Geburt in Lauterecken 1649, begr. zuerst daselbst und noch im gleichen Jahre nach Remigiusberg transferirt. (Kein Denkmal.)

2) **Anna Sophie**, geb. am 20. Mai 1650, gest. zu Mörchingen 12. Juni 1706, begr. in der Pfarrkirche zu Lützelstein. (Kein Denkmal.)[1]

3) **Gustav Philipp**, geb. am 17. Juli 1651, gest. zu Lauterecken 24. August 1679 um Mitternacht und dortselbst in der Pfarrkirche begr.[2]

4) **Elisabethe Johanna**, geb. am 22. Febr. 1653, verm. 27. Dezbr. 1669 in Mörchingen mit dem Wild- und Rheingrafen Johann X zu Kyrburg, welcher 17. April 1635 geb. war, 16. Nov. 1688 starb u. zu Kyrn oder Dimeringen (?) begr. liegt.

    Elisabethe etc. gebar ihrem Gemahle keine Kinder, starb in Mörchingen 5. Febr. 1718 und ruht in der Pfarrkirche zu Dimeringen.[3]

5) **Christine**, geb. am 24. März 1654, gest. in Lützelstein 18. Febr. † 1655, begr. daselbst (?)

6) **Christine Louise**, geb. am 11. Nov. † 1655, gest. 14. April 1656, begr. in Lützelstein (?)

7) **Christian Ludwig**, geb. am 5. Okt. 1656, gest. 15. April 1658, begr. in Lützelstein (?)

8) **Dorothea**, geb. am 16. Febr. 1658, verm. in Strassburg[4] 10. Juli 1707 mit dem Pfalzgrafen Gust. Sam. Leop. von Zweybr. Kleeburg, gest. in Strassburg 17. Aug. 1723, begr. in Lützelstein. (Vergl. oben S. 171.)

9) **Leopold Ludwig**, geb. am 14. März 1659, gest. am 17. März † 1660, begr. (wie Nr. 7).

10) **Karl Georg**, geb. am 27. Dezbr.[5]) 1660, fiel bei der Belagerung von Ofen in kaiserl. Diensten am 3. Juli 1686 u. ruht (wo?)

11) **Agatha Eleonore**, geb. am 29. Juni 1662, gest. 1. Jan. 1664, begr. in Lützelstein (?)

12) **August Leopold**, geb. am 22. Dez. 1663, fiel bei der Belagerung von Mainz 9. Septbr. † 1689 und ruht zu Heidelberg in der Karmeliten-Kirche. (?)

    Da **Leopold Ludwig** ohne männliche Erben starb, nahmen Sulzbach und Birkenfeld seine Lande an sich, aber erst 23. Dez. 1733 verglichen sich Kurfürst **Karl III Philipp**, Karl Theodor von Sulzbach u. **Christian III** von Birkenfeld dahin, dass die Kur-Linie von den bis jetzt streitig gewesenen Gebietstheilen Veldenz u. Lauterecken, Sulzbach die Hälfte von Lützelstein, Birkenfeld aber die andere Hälfte dieser Grafschaft und ganz Guttenberg erhalten sollte, was auch geschah.

---

[1] War vorübergehend (am 2. Jan. 1694) vom Katholicismus zurückgekehrt.

[2] Wurde im Gefängnisse zu Lauterecken erschossen. Vergl. M. Frey's Geogr. Hist. Statist. Beschrbg. d. b. Rheinkreises III 449, Lehmann's Gesch. des Herzogth. Zweibrücken S. 515, Crollius S. 113 u. s. w.

[3] Crollius a. a. O. S. 113 u. die Miscella etc. des Joannis p. 344.

[4] Nach Anderen in Zweybrücken.

[5] J. L. Wünsch u. viele Neuere haben den 27. Mai, aber Joannis in seiner Ausgabe des Pareus p. 518 des VI Kal. Januarii, was richtiger ist. Vergl. auch Crollius S. 113.

Neuburg.

I. Nebenlinie Neuburg mit Hilpoltstein.
1559—1742.

Auch die Linie Neuburg nahm in Herzog **Wolfgang** von Zweybrücken-Veldenz, welchem Kurfürst Otto Heinrich seine neuburgischen Lande (die s. g. junge Pfalz) schenkte, ihren Anfang, aber eigentlich erst am 12. Febr. 1559 nach Otto Heinrich's Tod, der sich die Regierung in Neuburg auf seine Lebensdauer vorbehalten hatte.[1]

Auf Wolfgang folgte sein erstgeborner Sohn **Philipp Ludwig**, von dem aus sich in der Person **Johann Friedrich's** die kleine Linie **Hilpoltstein** abzweigte, welche bereits 1644 wieder erlosch und desshalb gleich hier bei Neuburg eingeschaltet werden soll.

Nach dem Aussterben der Linie Simmern-Sponheim (26. Mai 1685) gelangte die Linie Neuburg auf den pfälzischen Kurstuhl und behauptete diesen bis zum 31. Dezbr. 1742, also etwas über 59 Jahre, während sie im Ganzen nahezu an 200 Jahren geblüht. In der pfälzischen Kur folgte ihr sodann die Linie Sulzbach nach.

I. Wolfgang. Regiert im Herzogthume Neuburg vom 30. Juni 1557 resp. 12. Febr. 1559 bis zu seinem Tode (11. Juni 1569).
Vergl. oben S. 150 ff.

---

[1] Vergl. oben S. 47 und S. 150. Zur förmlichen Regierung im Neuburgischen kam Wolfgang doch erst nach Otto Heinrich's Tod. Die schon 13. Nov. 1553 urkundlich ausgesprochene Landes-Schenkung erhielt ihre letzte Bekräftigung am 30. Juni 1557, weshalb Manche u. auch wir Wolfgang's nominelle Regierung in Neuburg mit diesem Datum beginnen.

| Bayern. | Herpfalz. | Simmernspnb. | Phils. | | | | Veldenz. | Lützelstein. | Guttenberg. | Kunst. Lautern. |
| | | | Zweybr. mittlere Linie. | Into-bach I. | Park-stein. | Richenwaid. | | | | |

Bayern.	Herpfalz.	Simmernspnb.	Zweybr. mittlere Linie.	Into-bach I.	Park-stein.	Richenwaid.	Veldenz.	Lützelstein.	Guttenberg.	Kunst. Lautern.
Albr. IV (V) 1550—1579.	Friedr. III 1569—1576.	Richrd. 1569—1598.	Joh. I 1569—1604.	Otto Heinr. 1569—1604.	Friedr. 1569—1597.	Karl 1569—1600.	Georg Joh. I 1544—1592.	Johann Aug. 1592—1611.	Ludw. Phil. 1592—1601.	Johann Kasim. 1576—1592.
Wilh. V 1579—1597.	Ludw. VI 1576—1583.	—	Joh. II 1604—1635.	1604.	—	Georg Wilh. 1600—1669.	Georg Gustav 1592—1634.	—	Georg Johann II 1592—1654.	
Max I 1597—1651.	Friedr. IV 1583—1610.									
	Friedr. V 1610—1632.									
—	—	—	—	—	—	—	—	—	—	—
Ferd. Maria 1651—1679.	Karl Ludw. 1632—1680.		Friedr. 1635—1661.			Karl Otto 1669—1671.	Leop. Ludw. 1634—1694.			

Neuburg.

II. Philipp Ludwig.

Regiert v. 11. Juni 1569 bis zum 22. Aug. 1614. Beinamen: Optimus paterfamilias, Pius Sapiens Patiens Pacificus, »Erzlutheraner« (?) etc.; geb. in Zweybrücken am 2. Okt. 1547; erhebt (1609) wegen s. Gemahlin Erbansprüche auf Jülich, Kleve u. Berg, die durch Vertrag vom 31. Mai gl. J. mit Kurbrandenburg vorläufig anerkannt werden[1]); gest.[2]) zu Neuburg a/D. am 22. Aug. † 1614; begr. in Lauingen bei St. Martin, dessen Fürstengruft er 1570 erbaut hatte. (Sarg mit Inschrift.[3]) Symbol: Christus meum Asylum.

NB. Portrait des Pfalzgrafen im Rathhause zu Hilpoltstein. Schleissh. Gallerie Bild von unbek. Hand Nr. 435.

[1]) Dieser Vertrag bestimmte, dass über die beiderseitigen Ansprüche ein Schiedsgericht definitiv erkennen, bis dahin aber die Regierung der Herzogthümer eine gemeinsame sein solle. Erst am 19. Sept. 1666 folgte der Theilungs-Vertrag v. Kleve, wornach an Neuburg die Herzogthümer Berg u. Jülich nebst den Herrschaften Winnendahl und Brexsaut fielen, während Kleve, dann die Grafschaften Mark u. Ravensberg an Brandenburg gediehen. Ravenstein blieb noch ungetheilt, kam aber 1670 an Neuburg unter der Bedingung, dass es nach dem Aussterben des Mannsstammes in diesem Hause an Brandenburg zurückfallen sollte.
[2]) Völlig angekleidet im Lehnstuhl.
[3]) Diese ist den „zwo Christl. Leichpredigten etc." beigedr., die auf des Fürsten Ableben in Neuburg u. Lauingen gehalten und an letzterem Orte von Jac. Winter gedruckt worden sind. Auch v. Kohlbrenner hat sie a. a. O. S. 36 f.

| ## Neuburg resp. Hilpoltstein.

Gemahlin:

Anna, Tochter Herzogs Wilhelm IV (des Reichen) von Jülich, Kleve und Berg, geb. in Kleve am 1. März 1552, verl. daselbst 21. März 1574, verm. in Neuburg a.D. 27. Septbr.[1]) gl. J., gest. in Höchstädt 16. Okt. † 1632, begr. bei St. Martin in Lauingen. (Sarg mit Inschrift.)[2])
Devise: In Deo mea consolatio.
NB. Schl. Gallerie Bild von unbek. Hand Nr. 436.

Kinder:

1) **Anna Maria,** geb. in Neuburg a/D. am 18. Aug. 1575, verm. daselbst 9. Sept. 1591 mit Herzog Friedrich Wilhelm I von Sachsen-Altenburg als dessen 2. Gemahlin.
Er ist geb. in Weimar am 25. April 1562, starb daselbst 7. Juli 1602 u. ruht in dortiger Stadtkirche bei St. Peter und Paul. (Grabmal von weissem Marmor daselbst.)[3])
Anna Maria, welche ihm † 4 Söhne und 2 Töchter geboren, starb auf ihrem Wittwensitze Dornburg a Saale am 11. Febr. † 1643 u. ruht zu Altenburg in der s. g. Brüder- oder Ober- (ehem. Franziskaner-) Kirche. (Fürstengruft jetzt vermauert.)
Devise: In Gott meine Hoffnung.

2) **Dorothea Sabine,** geb. in Neuburg am 13. Okt. 1576, gest. daselbst 12. Dez. 1598, begr. in Lauingen. (Sarg-Inschrift.)[4])
Devise: Herr, nach deinem Willen!

3) **Wolfgang Wilhelm,** geb. am 4. Nov. 1578. Folgt sub III.

4) **Otto Heinrich,** geb. in Neuburg am 28. Okt. 1580, gest. daselbst 2. März[5]) 1581, begr. in Lauingen. (Denkstein an der Evangelien-Seite des Chor-Altars.)

5) **August,** geb. am 2. Okt. 1582. Folgt unten bei der Nebenlinie Sulzbach II sub K. I.

6) **Amalia Hedwig,** geb. in Neuburg am 24. Dez. † 1584, gest. daselbst 15. Aug. † 1607, begr. in Lauingen. (Sarginschrift.)[6])
Devise: Gott allein die Ehre.

7) **Johann Friedrich,** geb. 23. Aug. 1587. Folgt sogleich in der:

Nebenlinie Hilpoltstein 1615—1644.

Johann Friedrich. Regiert in den ihm vermöge väterl. Anordnung überkommenen Aemtern Hilpoltstein, Heideck u. Allersberg vom 22. Aug. 1615 bis zum 19. Okt. 1644.
Geb. in Neuburg am 23. Aug. 1587;
gest. in Hilpoltstein am 19. Okt. † 1644;
begr. bei St. Martin in Lauingen. (Sarg mit Inschrift.[7])

Gemahlin:

Sophie Agnes, Tochter des Landgrafen Ludwig V (des Getreuen) von Hessen-Darmstadt, geb. in Darmstadt am 12. Jan. 1604, verm. daselbst 17. Nov. † 1624, gest. in Hilpoltstein 18. Sept. † 1664, begr. bei St. Martin in Lauingen. (Sarg-Inschrift.)[8])

[1]) Die Beschrbg. bringt das Neuburger Wochenblatt von 1874 S. 55. Vergl. den Jahrgg. XXII des Collectan. Blattes S. 11 ff.
[2]) Abgedr. bei J. F. v. Kohlbrenner Materialien zur Gesch. des Vaterlandes S. 35 f.
[3]) Dessen Inschrift ist abgedr. bei G. Alb. Wette Hist. Nachrichten von der etc. Stadt Weimar p. 285 ff.
[4]) Abgedr. bei Kohlbrenner S. 28 f.
[5]) Nicht 12. Dez. 1580, wie Viele haben.
[6]) Abgedr. bei Kohlbrenner S. 39 f.
[7]) Abgedr. bei Kohlbrenner S. 33 f.
[8]) Abgedr. bei Kohlbrenner S. 31 f.

Kinder:

  a) **Anna Louise**, geb. in Hilpoltstein am 11. Oktbr. 1626, gest. daselbst 23. Febr. † 1627, begr. in Lauingen. (Sarg-Inschrift.)[1]

  b) **Maria Magdalena**, geb. in Hilpoltstein am 27. Febr. † 1628, gest. daselbst 17. Juni 1629, begr. in Lauingen. (Sarg-Inschrift u. Zinngefäss für die Eingeweide mit lat. Aufschrift.)[2]

  c) **Philipp Ludwig**, geb. in Hilpoltstein am 26. Febr. † 1629, gest. daselbst 8. Sept. 1632 in Lauingen, begr. daselbst. (Sarg-Inschrift.)[3]

  d) **Johann Friedrich**, geb. in Hilpoltstein am 25. März 1630, gest. daselbst 22. Mai gl. J., begr. in Lauingen. (Sarg-Inschrift.)[4]

  e) **Prinzessin**, todt geb. in Hilpoltstein am 22. April 1631, begr. in Lauingen. (Sarg-Inschrift.)

  f) **Maria Eleonore**, geb. in Hilpoltstein am 28. März 1632, gest. daselbst 23. Novbr. † gl. J., begr. in Lauingen. (Sarg-Inschrift.)[5]

  g) **Johanna Sophie**, geb. in Hilpoltstein am 2. Sept. 1635, gest. daselbst 19. Aug. 1636[6], begr. in Lauingen. (Sarg-Inschrift.)[7]

  h) **Anna Magdalena**, geb. in Hilpoltstein am 5. März † 1638, gest. daselbst 29. Juli † gl. J., begr. in Lauingen. (Sarg-Inschrift.)[8]

Schluss der Kinder Philipp Ludwig's:

8) **Sophie Barbara**, geb. in Neuburg a/D. am 3. April † 1590, gest. daselbst 21. Dez. 1591, begr. in Lauingen. (Sarg-Inschrift.)

Nach **Johann Friedrich's** kinderlosem Tode fällt **Hilpoltstein** an **Neuburg** zurück.

III. Wolfgang Wilhelm. Regiert vom 22. Aug. 1614 bis zum 20. März 1653.

Geb. in Neuburg a/D. am 4. Nov. † 1578[9];
tritt in München am 19. Juli 1613 heimlich zum Katholicismus über[10];
gest. in Düsseldorf am 20. März † 1653;
begr. daselbst in der von ihm gestifteten Jesuitenkirche zu St. Andreas. (Sarg mit Inschrift.[11]) Sein Herz verwahrt die Fürstengruft der s. g. Jesuiten- oder Hofkirche in Neuburg a/D. neben dem Hochaltar.)
Wahlspruch: In Deo mea consolatio. (Er folgte hierin s. Mutter. Vergl. oben S. 183.)
NB. Sein von Abr. van Dieppenbeck gemaltes Portrait bewahrt sub Nr. 877 die Schleissheimer-Gallerie. Vergl. Nr. 437 daselbst.

Gemahlinnen:

I. **Magdalene**, Tochter Herzogs Wilhelm V (des Frommen) von Bayern, geb. in München am 4. Juli 1587, verm. in München 11. Nov. 1613,[12] gest. in Neuburg a/D. 25. Sept. 1628, wo sie in der von ihrem Gemahle in der Jesuitenkirche unterm Chor erbauten Gruft begr. liegt. (Inschrift neben dem Haupt-Altar.)[13] Vergl. oben S. 60 Nr. 10.
NB. Schl. Gallerie Portrait von P. de Witte Nr. 438. Auch im s. g. Kabinets-Gange der hiesigen k. Residens hängt ein Bild der Fürstin von (wessen?) Hand.

[1] Abgedr. bei Kohlbrenner S. 40 f.
[2] Die Sarg-Inschrift bringt Kohlbrenner S. 41 f., die des Zinng-Gasses S. 47.
[3] Abgedr. bei Kohlbrenner S. 42 f.
[4] Abgedr. a. a. O. S. 44 f.
[5] Abgedr. daselbst S. 43 f.
[6] Cuhn u. Behr werfen die 2 Prinzessinen sub e und g theilweise zusammen.
[7] Abgedr. bei Kohlbrenner S. 45 f.
[8] Abgedr. bei demselben S. 46 f.
[9] Nicht am 22. Oktob., wie auch Cuhn u. Behr haben. Vergl. noch des Herzogs Sterbe-Münze bei Exter I 235.
[10] Oeffentlich geschah dieser Uebertritt in Düsseldorf am 25. Mai 1614.
[11] Abgedr. bei G. B. Bayerle Die kathol. Kirchen Düsseldorfs S. 146.
[12] Vergl. Neuburger Collectaneen-Blatt Jahrgg. XIII 25 f. u. XIV 39 ff.
[13] Vergl. J. N. A. Freih. v. Reisach Hist. topogr. Beschrbg. d. Herz. Neuburg S. 48.

| # Neuburg.

II. Katharina Charlotte, Tochter des Pfalzgrafen Johann II von Zweybrücken (jüngerer Linie) geb. in Zweybrücken am 11. Jan. † 1615, verm. in Düsseldorf 11. Nov. † 1631, gest. daselbst 21. März † 1651 u. dort begr. Vergl. oben S. 159 Nr. 3.

III. Maria Franziska, Tochter des Grafen Franz Egon VIII von Fürstenberg-Heiligenberg, geb. in Konstanz am 18. Mai 1633, verm. in Düsseldorf 9. Mai[1]) 1651.

In 2. Ehe heirathete Maria Franziska 23. Febr. 1666 den Markgrafen Wilhelm von Baden-Baden, welcher am 16. Sept. 1626 geb. war, in Warasdin 1. März 1671 starb und in d. Stiftskirche zu Baden (?) begr. liegt. *

Maria Franziska starb .in Neuburg a/D. (?) 7. März 1702 und liegt in der Jesuitenkirche daselbst begr.

In 2. Ehe hatte sie 3 Söhne und 3 Töchter geboren.

Sohn aus Herzog Wolfgang Wilhelm's erster Ehe:

1) **Philipp Wilhelm,** geb. am 4. Okt. 1615. Folgt sub IV.

Kinder zweiter Ehe:

2) **Ferdinand Philipp,** geb. in Düsseldorf am 7. Mai 1633, gest. daselbst 20. Septbr. gl. J. u. bei — St. Andreas begr.

3) **Eleonore Franziska,** geb. in Düsseldorf am 9. April 1634, gest. in Hambach 22. Nov. 1634[2]), begr. in Düsseldorf neben ihrem Bruder.

IV. Philipp Wilhelm. Regiert vom 20. März 1653 bis zum 26. Mai 1685, an welchem Tage er (nach dem Aussterben der simmern'schen Kurlinie) den pfälz. Kurstuhl besteigt.

Das Nähere über Philipp Wilhelm vergl. oben S. 75, 77, 79, 81 u. 83.

V. Johann Wilhelm. Regiert vom 12. Sept. 1690 bis zum 18. Juni 1716 in der Kurpfalz, im Herzogthume Neuburg, dann in Jülich und Berg etc.

Vergl. oben S. 83.

VI. Karl III Philipp. Regiert vom 18. Juni 1716 bis zum 31. Dez. 1742.

Vergl. oben S. 85 u. 87.

--- ———

Nach **Karl III Philipp's** kinderlosem Tode kommt die pfälz. Kurwürde mit allen dazu gehörigen Ländern an die Linie Sulzbach (II) und in dieser an Karl IV Philipp Theodor.

---

[1]) Urkundlich.

[2]) Die gegen Andere abweichenden Daten für 2 u. 3 sind theilweise dem oft erwähnten Crollius „Denkmahl Karl August Friedrichs etc." S. 36 Note — entnommen. Epitaphien etc. sind für sie bei Bayerle nicht zu treffen.

Sulzbach.

Kurbayern	Kurpfalz	Pfalz-Neuhg.	Zweybrücken Jüngere Linie	Landsberg	Kleeburg	Hilpoltstein	Tobdena	Lützelstein-Guttenberg	Birkenfeld	Blackweiler	Jüngere Linie Bbmmern
Max I 1597-1651.	Friedr. V 1610—1632.	Wolfg. Wilh. 1614—1653.	Johann II 1604—1635.	Friedr. Kasim. 1611—1645.	Johann Kasim. 1611—1652.	Georg Johann Friedr. 1615—1644.	Georg Gustav 1592—1634.	Georg Johann II 1611—1654.	Georg Wilh. 1600—1669.	Christian I 1630—1654.	Ludw. Phil. 1611—1655.
Ferd. Maria 1651—1679.	Karl I Ludw. 1632—1680.	Phil. Wilh. 1635—1685.	Friedr. 1635—1661.	Ludw. 1645—1681.	Karl X Gust. 1652—1654.		Leop. Ludw. 1684—1694.		Karl Otto 1669—1671.	Christ. II 1654—1717.	Ludw. Heinr. 1655—1673.
Max II Emanuel 1679-1726.	Karl II 1680-1685.				Adolph Johann 1654—1689.					Christ. III 1717—1785.	
Karl VII Albr. 1726-1745.	Phil. Wilh. 1690.				Gustav Sam. Leop. 1689—1781.						
	Johann Wilh. 1690-1716.				Karl XI 1681—1697.						
					Karl XII 1697—1718.						

K. Nebenlinie Sulzbach (II.) 1615—1799.

Herzog **Philipp Ludwig** von Neuburg bestimmte letztwillig seinem drittgeborenen Sohne **August** das Fürstenthum **Sulzbach**. Mit diesem nun beginnt die eigentliche Linie Sulzbach (II), welche 1742 auf den pfälz. Kurstuhl gelangte u. 1799 mit Karl IV Philipp Theodor nach einer Dauer von 184 Jahren erlosch, um der noch jetzt in Bayern regierenden Linie **Birkenfeld - Zweybrücken** Platz zu machen.

I. August.¹) Regiert in Sulzbach vom 22. August 1615 bis zum 14. August 1632.

Geb. in Neuburg am 2. Okt. 1582;

Rektor Magnifikus der Universität Tübingen pro 1599;

gest. in Windsheim am 14. Aug. 1632;

begr. zu Lauingen bei St. Martin, wohin die Leiche erst 1633 transferirt wurde. (Sarg mit Inschrift.)²)

Devise: Spes mea Christus und: Tandem bona causa triumphat.

¹) So nach s. Taufpathen dem Kurfürsten August v. Sachsen (1553—1586) benannt.

²) Abgedr. bei Kohlbrenner S.34 f.

Sulzbach.

Gemahlin:

Hedwig, Tochter Herzogs Johann Adolph v. Holstein-Gottorp, geb. in Gottorp am 23. Dez. † 1603, verm. in Husum 12. Juli † 1620, gest. in Nürnberg am 22. März † 1657, begr. in Lauingen. (Sarg mit Inschrift.[1])

Kinder:

1) **Anna Sophie**, geb. in Sulzbach am 17. Juli † 1621, verm. 9. Mai 1647 mit dem Grafen Joachim Ernst von Oettingen als dessen dritte Frau. Joachim Ernst ist geb. am 31. März 1612, starb 8. August 1659 u. ruht in der grüfl. Gruft der St. Anna-Schloss-Kapelle zu Harburg.
Anna Sophie gebar ihm 3 Söhne u. 5 Töchter, starb 25. Mai 1675 und liegt neben ihrem Gemahle begr.

2) **Christian August**, geb. am 26. Juli 1622. Folgt sub II.

3) **Adolph Friedrich**, geb. in Sulzbach am 9. Sept. † 1623, gest. daselbst 14. März † 1624, begr. in Lauingen. (Sarg-Inschrift.)[2]

4) **Auguste Sophie**, geb. am 2. Dezbr. 1624 in Sulzbach, verm. in Nürnberg 6. Febr. 1653 mit Wenzeslaus Eusebius Fürsten von Lobkowitz, Herzog zu Sagan in Schlesien etc., welcher am 30. Januar 1609 geb. ist, zu Raudnitz in Böhmen am 22.[3] April 1677 starb und dort in der fürstl. Erbgruft der Kapuziner-Kirche bei St. Wenzel begr. liegt.
Auguste Sophie, dessen zweite Gemahlin, gebar ihm 4 Söhne u. 1 Tochter, starb in Nürnberg 30. April 1682 und ruht in der St. Lorenz-Kirche daselbst. (Denkmal von Joh. Trost.)

5) **Johann Ludwig**, geb. in Sulzbach am 22. Dezbr. † 1625, gest. als kgl. schwedischer General in Nürnberg 30. Okt. † 1649, begr. zuerst in Sulzbach u. dann nach Lauingen transferirt. (Sarg-Inschrift.)[4]

6) **Philipp**, geb. in Sulzbach am 29. Jan. † 1630, gest. als ältester kaiserl. Feldmarschall in Nürnberg 4. April[5] 1703, begr. bei St. Martin in Lauingen. (Sarg ohne Inschrift.)

7) **Dorothea Susanna**, geb. in Sulzbach am 17. August † 1631, gest. zu Nürnberg 3. Juli † 1632, begr. in Lauingen. (Sarg mit Inschrift.)[6]

II. Christian August. Regiert vom 14. Aug. 1632 bis zum 23. April 1708.

Geb. in Sulzbach am 26. Juli † 1622;

unter Vormundschaft s. Oheimes des Pfalzgrafen Johann Friedrich, des Markgrafen Friedrich von Brandenburg und des Herzogs Friedrich von Holstein etc. bis zum 26. Juli 1640;

wird katholisch zu Neuburg am 16. Jan.[†] 1656;

gest. in Sulzbach am 23. April 1708;

begr. daselbst in der von ihm erbauten Fürstengruft der (jetzt simultanen) Pfarrkirche zu Maria Himmelfahrt. (Epitaph daselbst.)[7]

---

[1] Abgedr. bei Kohlbrenner S. 29.
[2] Abgedr. a. a. O. S. 27 f.
[3] Urkundlich. Vergl. Adam Wolf's treffliches Buch: Fürst Wenzel Lobkowitz, Wien 1869 mit Wenzel's Portrait nach dem Orig. der Raudnitzer-Gallerie.
[4] Abgedr. bei Kohlbrenner S. 23 ff.
[5] Urkundlich. — Philipp war zugleich tüchtiger Landwirth, der unter dem Namen „Florinus" ein Hausbuch über die Landwirthschaft schrieb. Vergl. A. Wolf S. 40 f.
[6] Abgedr. bei Kohlbrenner S. 32 f.
[7] Vergl. das Verz. der in der Fürstengruft zu Sulzbach etc. ruhenden etc. Ahnen des Kgl. Regentenhauses von B. im B. VI der Verhandlgn. des histor. Ver. der Oberpfalz u. von Rgsbg. etc. S. 199 ff. — Christian August war bedeutender Kenner des Hebräischen u. der „Rabbiner-Sprache".

Sulzbach.

Gemahlin:

Amalia Magdalene, Tochter des Grafen Johann II (des Mittlern) von Nassau-Siegen, geb. in Siegen am 12. Sept. 1615[1]), zuerst im Jahre (?) verm. mit dem kgl. schwedischen Feldmarschall etc. Grafen Hermann v. Wrangel, welcher geb. war im Jahre 1587, am 10. Dezbr. 1643 als General-Gouverneur von Liefland starb u. im sogenannten Wrangel'schen Grab-Chor der Kirche zu Skokloster bei Stockholm begr. liegt. (Grabmal mit Inschrift.)[2])

Amalia, die ihm mehrere Kinder (?) geb., vermählte sich mit Christian August in Stockholm am 3. April 1649, starb, gleich'alls kathol. geworden, am 24. Aug. † 1669 in Sulzbach u. ruht daselbst in der Fürstengruft. (Epitaph.)[3])

Kinder:

1) **Maria Hedwig Auguste**, geb. am 15. April 1650, verm. per procur. zu Sulzbach 13. Juni † 1665 mit Erzherzog Sigmund Franz von Oesterreich, geb. in Innsbruck am 27. Novbr.[4]) 1630 und daselbst vor vollzogrnem Beilager plötzlich am 25. Juni 1665, gest. (begr. allda in der Dreifaltigkeitskirche. S. Eingeweide ruhen bei den Franziskanern daselbst.)[5])

Hierauf vermählte sich Maria Hedwig etc. zu Sulzbach am 9. Apr. 1668 mit Julius Franz, letztem Herzoge von Sachsen-Lauenburg, der in Prag am 16. Sept. 1641 geb. war, zu Reichstadt in Böhmen 30. Sept. † 1689 starb u. zu Schlackenwörth in der Kirche zur Verkündigung Mariae begr. liegt. Sie hatte in dieser Ehe 1 Sohn u. 5 Töchter gebor., starb in Schlackenwörth 23. Nov. † 1681 und ruht daselbst an der Seite ihres Gemahles.[6])

2) **Amalia Maria Therese**[7]) («Die Bettlerin von St. Joseph»), geb. am 31. Mai 1651, nimmt 19. März 1683 den Schleier im Karmelitinenkloster St. Loretto (Mariafrieden) in Köln a. Rh., wo sie 11. Dez. 1721 starb u. auch begr. liegt.

3) **Johann August Hiel**, geb. am 11. Dezbr. † 1654, gest. in Frankfurt a/M. 14. April † 1658[8]), begr. zu Sulzbach in der Fürstengruft.

4) **Christian Alexander Ferdinand**, geb. in Sulzbach am 14. August 1656, gest. daselbst 9. Novbr. 1657,[9]) begr. in dortiger Pfarrkirche.

5) **Theodor Eustach**, geb. am 14. Febr. 1659. Folgt sub III.

III. Theodor Eustach. Regiert vom 23. April 1708 bis zum 11. Juli 1732.

Geb. in Sulzbach am 14. Febr. 1659;
gest. in Dinkelsbühl am 11. Juli 1732[10]);
begr. in Sulzbach neben seinem Vater. (Epitaph daselbst.)

Gemahlin:

Maria Eleonore Amalia, Tochter des Landgrafen Wilhelm von Hessen-Rheinfels-Rothenburg, geb. am 25. Sept. 1675, verm. zu Lobositz in Böhmen 9. Juni 1692, gest. in Sulzbach in der Nacht vom 27. auf 28. Jan. 1720 u. daselbst in der Maria Himmelfahrtskirche begr. (Epitaph.)[11])

---

[1]) Nach der fa. a. O. S. 208) abgedruckten Grabschrift.
[2]) Das sich Hermann 1639 selbst erbaute. Abgedr. ist die Inschrift im B. XXI p. 108 des Biographiskt Lexicon öfrer Namnkunnige Svenska Män.
[3]) A. a. O. S. 208 ff. zu finden. Vergl. S. 187 Note 7.
[4]) Nicht 18. Nov.
[5]) Vergl. Gerbert's Tagographia P. 1 563 u. P. II 71, dann Tafel CXII.
[6]) Die Inschrift der auf ihre doppelte Heirat bezüglichem, ihr vom Vater in der Hofkapelle zu Sulzbach errichteten Gedächtnis-Tafel ist bei Exter II 469 ff. abgedruckt.
[7]) So in gleichzeitigen Original-Urkunden genannt. Gilt auch von Nr. 3 u. 4.
[8]) Orig. Brief über s. Tod im Reichsarchive. Hiemit stimmen die Angaben im Sulzbacher-Kalender für kath. Christen für 1861 „die Fürstengruft zu Sulzbach" S. 126 überein.
[9]) Nach Orig. Urkunden im Reichsarchiv.
[10]) Nach Orig. Urkunden. Theodor starb in der Verbannung. Salzb. Kalend. a. a. O. 129.
[11]) Abgedr. in den Miscellis Histor. Palat. des G. Ch. Joannis p. 318 f., im Sulzb. Kalender etc. für 1861 S. 129 u. s. w.

Sulzbach.

Kinder:

1) **Amalia Auguste Maria Anna**, geb. in Sulzbach am 7. Juni 1693, nimmt am 27. Jan. 1714 den Schleier im Karmelitinen-Kloster St. Loretto zu Köln a.Rh., woselbst sie als Superiorin unter dem Namen »Maria Eleon. Ther. Jo St. Croce« am 18. Jan. 1762 starb u. auch begr. liegt.[1]

   NB. Sein Portrait ist in der Schleish. Ahnen-Gall. gemalt von Gaudreanz (Nr. 453) erhalten.

2) **Joseph Karl Emanuel August**, geb. in Sulzbach am 2. Nov. 1694, gest. zu Oggersheim 18. Juli 1729, begr. zuerst in Heidelberg bei den Karmeliten zu St. Jakob, 1805 nach St. Michael in München transferirt. (Sarg mit Inschrift.)[2]

   NB. Sein Portrait ist in der Schleish. Ahnen-Gall. gemalt von Gaudreanz (Nr. 453) erhalten.

   Seine Gemahlin **Elisabethe Auguste Sophie**, eine Tochter des Kurfürsten Karl III Philipp von der Pfalz, war geb. in Brieg 17. März 1693, verm. sich zu Innsbruck 2. Mai 1717, starb in Mannheim 30. Januar 1728, und wurde zuerst in Heidelberg begr., aber 1805 gleichfalls nach St. Michael transferirt. (Sarg mit Inschrift.) Vergl. oben S. 85 u. 87.

   NB. Ihr Bild bewahrt die s. g. Ahnen-Gallerie in Schleissheim sub Nr. 454 von unbek. Hand.

Kinder Jos. Karl Emanuel's:

a) **Karl Philipp Aug. Franz Theodor** etc., geb. in Neuburg am 17. März 1716, gest. in Mannheim 31. März 1724, begr. bei den Karmeliten in Heidelberg, jetzt bei St. Michael in München. (Sarg mit Inschrift.)[3]

b) **Innoceux Maria**, geb. in Heidelberg am 7. Mai 1719, gest. daselbst am gl. Tage, begr. bei den Karmeliten.[4]

c) **Elisabethe Maria Aloysia Auguste** etc., geb. in Mannheim am 17. Januar 1721, verm. daselbst 17. Jan. 1742 mit Karl IV Philipp Theodor, gest. in Weinheim am 17. Aug. 1794.

   Ueber Elisabethe Maria etc. u. ihren Gemahl ist das Nähere oben S. 98 sub XXV Lot. 1 zu finden.

d) **Maria Anna Josephe** etc., geb. in Schwetzingen am 22. Juni 1722, verm. in Mannheim 17. Jan. 1742 mit dem Herzog Klemens Franz von Bayern, über welchen u. die 5 Kinder dieser Ehe oben (S. 76 u. 78) gehandelt wurde.

   Maria Anna starb in München am 25. April 1790 u. ruht daselbst bei St. Kajetan.[5]

e) **Maria Franziska Dorothea Christine** etc., geb. in Schwetzingen am 15. Juni 1724, verm. zu Mannheim 6. Febr. 1746 mit dem Pfalzgrafen Friedrich Michael von Birkenfeld-Zweybrücken, gest. in Sulzbach am 15. Nov. 1794 u. daselbst begr.

   Das Nähere über sie u. s. w. kommt unten bei der Linie Birkenfeld-Zweybrücken sub VIII.

   NB. Ein lebensgrosses Portrait dieser Mutter unseres Königshauses von Seb. Pörtsch befindet sich im Depot des b. Nat. Mus.

f) **Karl Philipp August**, geb. in Mannheim am 24. Nov. 1725, gest. in Mannheim 6. Mai 1727, begr. bei St. Michael in München (vorher bei den Karmeliten in Heidelberg. Sarg-Inschrift.)[6]

g) **Prinz**, geb. u. gest. in Mannheim am 30. Jan. 1728, begr. bei den Karmeliten in Heidelberg neben der Mutter.[7]

[1] Kommt 1720 auch als Priorin des gl. Klosters in Düsseldorf vor, das noch jetzt ihr Bildniss besitzt. Bayerle S. 213.
[2] Die Sarg-Inschrift bringt Kaufmann im pfälz. Theils u. wittelsbach. Genealogie. Ebenso die der Gemahlin Jos. Karl Emanuel's.
[3] Zu lesen bei Kaufmann a. a. O.
[4] Viele machen aus diesem Prinzen eine Prinzessin Maria Innocentia, aber mit Unrecht.
[5] Nach Herrn Hauptmanns Ad. Erhard mir freundlichst zur Verfügung gestellter manuscriptl. Gesch. dieser ohne Zweifel bedeutendsten Wittelsbacherin, betitelt „Eine bayer. Fürstin u. ihre Zeit" (vergl. oben S. 78 Note 5) hatte sich Maria Anna zwischen dem 7. u. 10. Juni 1780 mit ihrem Hofzahlmeister, dem bekannten Andr. Andrae vermählt. Ich ergreife gerne gegenwärtigen Anlass, auf dieses höchst interessante, von mir inzwischen genau studirte Werk, das die Rettung Bayern's aus ewiger österreichischer Umarmung durch Maria Anna zum Gegenstande hat und für 1477 eine Jubiläums-Schrift werden soll, schon jetzt die Aufmerksamkeit der bayer. Geschichtsforscher hinzulenken.
[6] Zu lesen bei Kaufmann a. a. O.
[7] Aus deren Sarg-Inschrift mit Bestimmtheit festzustellen.

Sulzbach.

Fortsetzung der Kinder Theodor Eustach's:

3) **Franziska Christine**, geb. in Sulzbach am 16. Mai † 1696, wird Kanonissin in Essen u. Thorn, 30. März 1717 Fürst-Aebtissin an letzterem u. 15. Okt. 1726 auch an ersterem Stifte, seit 1733 Priorin des Karmelitinen-Klosters in Düsseldorf, gest. 16. Juli 1776, begr. in der ebendl. Schlosskirche zu Steele a. d. Ruhr.

4) **Ernestine Elisabethe Johanna**, geb. in Sulzbach am 15. Mai 1697, verm. in Sulzbach 19. Sept. 1719 mit Wilhelm IX (dem Jüngern) Landgrafen von Hessen-Rheinfels-Wanfried, welcher geb. ist zu Schwalbach 25. Aug. 1671, gest. 1. April 1731, begr. in Paris (bei?). Kinder giengen aus dieser Ehe keine hervor. — Nachdem Ernestine einige Zeit im Augustiner-Eremitinen-Kloster Kamp bei Boppard gelebt, trat sie am 31. Oktbr. 1747 in das Karmelitinen-Kloster zu Neuburg a/D., wo sie 4. Nov. 1748 den Schleier nahm und als Priorin im Rufe der Heiligkeit unter dem Namen »Mutter Theodora« am 14. April 1775 starb. Sie liegt daselbst begraben.[1]

5) **Johann Wilhelm Philipp Anton**, geb. in Sulzbach am 3. Juni 1698, gest. daselbst 12. April 1699 und dort begr.

6) **Johann Christian**, geb. am 23. Jan. 1700. Folgt sub IV.

7) **Elisabethe Eleonore Auguste**, geb. in Sulzbach am 19. April 1702, gest. daselbst 10. Febr. 1704[1] und hier begr.

8) **Anna Christiane Louise**, geb. in Sulzbach am 5. Febr. 1704, verm. per procur. in Sulzbach am 15. Febr., persönlich zu Vercelli 15. März 1722 mit dem nachmal. König Karl Emanuel III von Sardinien als dessen erste Gemahlin. Letzterer ist geb. 27.[2] April 1701, starb 19. Febr. 1773 in Turin u. ruht in der kgl. Familien-Gruft La Superga bei Turin.

Anna etc. gebar ihm nur 1 Sohn, starb in Turin 12. März[?]u. ruhte zuerst in der Kathedrale San Giovanni daselbst, von wo sie 1786 nach Superga transferirt wurde. (Sarg-Inschrift.)[3]

9) **Johann Wilhelm August**, geb. in Sulzbach (?) am 21. Aug. 1706, gest. in Sulzbach 28. August 1708 u. daselbst begr.

IV. Johann Christian Joseph. Regiert vom 11. Juli 1732 bis zum 20. Juli 1733.
Geb. in Sulzbach am 23. Jan. 1700;
gest. daselbst am 20. Juli † 1733;
begr. in der Fürstengruft der Maria-Himmelfahrtskirche allda. (Epitaph.)

Gemahlinnen:

I. **Maria Henriette Leopoldine**, Tochter Franz Egons de la Tour, Marquis zu Berg op Zoom, Herzogs von Auvergne etc., geb. am 24. Okt. 1708, verm. zu Sulzbach 15. Febr. 1722, gest. in Hilpoltstein 28. Juli 1728, begr. zu Sulzbach neben ihrem Gemahle in dortiger Fürstengruft. (Epitaph daselbst.)[5]

II. **Eleonore Philippine Christine** etc., Tochter des Landgrafen Ernst (des Jüngern) Leopold von Hessen-Rheinfels-Rothenburg, geb. am 17. Okt. 1712, verm. 25. Jan. 1731, gest. in Neuburg a/D. 23. Mai † 1759, begr. in der Kirche des von ihr zu Sulzbach gestifteten Salesianerinen-Klosters, während ihr Herz in der Hofkirche zu Neuburg a/D. ruht. (Epitaph daselbst.)[6]

---

[1] Die Grassegger'sche Sammlung in Neuburg a/D., sowie das Kloster Niederschönenfeld verwahren ihr Porträt. Ein weiteres hängt im Refektorium des Karmelitinen-Klosters zu Düsseldorf.

[2] Urkundlich.

[3] Nach Dom. Corolli Storia del Regno Di Carlo Emanuele geb. am 23. April u. gest. am 20. Febr.

[4] Abgedr. bei Modeste Paroletti Descriptinn Histor. de la Basilique de Superga p. 23. Am gl. Orte steht auch der Sarkophag-Inschrift ihres Gemahles, von dem der Abhandlung ein Konterfey beigegeben ist.

[5] Resp. Sarg mit Schild; dabei ein Zinngefäss mit dem Herzen der Fürstin. Sulzb. Kalender pro 1861 S. 12.

[6] Abgedr. bei J. N. A. Frhr. v. Reisach Hist. Topogr. Beschrbg. d. Herzogth. Neuburg S. 54. — Umgekehrt lässt Dr. G. Ch. Gack Gesch. d. Herzogth. Sulzbach S. 359.) sie in Neuburg, aber das Herz in Sulzbach beigesetzt sein. Reisach's Angabe ist die glaubwürdigere.

| # Birkenfeld.

Kinder erster Ehe:

1) **Karl IV Philipp Theodor**, geb. am 11. Dez. 1724. Folgt sub V.

2) **Maria Anna Louise Henriette**, geb. u. gest. in Hilpoltstein am 29. Mai 1728, begr. in Sulzbach.

V. Karl IV Philipp Theodor. Regiert in Sulzbach vom 20. Juli 1733 bis zum 31. Dezbr. 1742, an welchem Tage er nach dem Tode des pfälz. Kurfürsten **Karl III Philipp** von der Neuburger Linie den pfälzischen Kurstuhl besteigt.

Das Nähere über Karl IV Philipp Theodor ist bereits oben S. 87 ff. vorgekommen.

L. Nebenlinie Birkenfeld-Zweybrücken.

Von 1569 bis zum heutigen Tage.

Dieselbe hat ihren Gründer in dem jüngsten Sohne des Pfalzgrafen Wolfgang von Zweybrücken-Veldenz Namens **Karl**, welchem als Ansitz die halbe hintere Grafschaft Sponheim vermacht war, die ihm denn auch sein Bruder Johann I durch Vergleich vom 24. Juni 1584 förmlich überliess.

Von Karl's Residenz **Birkenfeld** erhielt die neue Linie diesen Namen, welche aber schon mit s. Enkel: **Karl Otto** 1671 wieder ausstarb, worauf der Vetter des Letzteren, Pfalzgraf **Christian II**, dem seine Mutter **Bischweiler** zugebracht hatte, in Birkenfeld succedirte, und also die Nebenlinie **Birkenfeld-Bischweiler** eröffnete. Nach dem Anfalle des Herzogthumes Zweybrücken (1731) heisst sie **Birkenfeld-Zweybrücken**.

Diese Linie blüht noch heutigen Tages im bayerischen Königshause u. dessen 2 Nebenlinien (vergl. oben S. 93 ff.), während wir die in Christian's I Sohn **Johann Karl** sich abzweigende herzoglich bayer. Nebenlinie **Birkenfeld-Gelnhausen** nach ihrem dermaligen Bestande bereits oben (S. 97 f.) kennen gelernt. Die frühern Personal-Verhältnisse derselben sollen weiter unten sub M. nachgetragen werden.

Bayern.	Kur-pfalz.	Sim-mern-Spanh.	Pfalz-			Park-stein.	Vel-denz.	Lützel-stein.	Gutten-berg.	Neu-Lau-tern.
			Neu-burg.	Zweybr.-mittlere nach I. Liste.	Soln-rhein.					
Albr. IV(V) 1550– 1579.	Friedr. III 1559– 1576.	Richrd. 1569– 1598.	Phil. Ludw. 1569– 1614.	Joh. I 1569– 1604.	Otto Heinr. 1569– 1604.	Friedr. 1569– 1597.	Georg Joh. I, 1544– 1592.	Johann Aug. 1592– 1611.	Ludw. Phil. 1591– 1601.	Johann Kasim. 1578– 1592.
Wilh. V 1579– 1597. Max I 1597– 1651.	Ludw. VI 1576– 1583. Friedr. IV 1583– 1610.						Georg Gustav 1592– 1634.	—	Georg Johann II 1592– 1654.	—

Birkenfeld.

I. Karl (I). Regiert v. 11. Juni 1569, bez. 24. Juni 1584 bis zum 16. Dez. 1600.

Geb. in Neuburg a./D. am 4. Sept. 1560;

unter Vormundschaft d. Kurfürsten Ludwig VI von d. Pfalz u. des Landgrafen Wilhelm von Hessen vom 11. Juni 1569 bis 11. Juni 1578;

Rektor Magnif. der Univ. Heidelberg für d. Jahr 1580;

führt stellvertretend auch die Landesregierung im Markgrafenthum Ansbach von 1590 bis 1595;

gest. in Birkenfeld am 16. Dez. † 1600;

begr. zu Meisenheim in der reformirten Stadtkirche. (Schönes Grabmal daselbst in der Ludwig's Grabmal-Kapelle.[1])

Devise:

Sis sapiens et sis patiens dicendo silendo:

Qui sapit et patitur, denique victor erit;

und: Gott wende alle Ding zum Besten etc.[2])

Gemahlin:

Dorothea, Tochter Herzogs Wilhelm (des Jüngeren) von Braunschweig-Lüneburg, geb. am 1. Jan. 1570, verm. in Zelle am 23. Febr. † 1586, gest. in Birkenfeld 15. Aug. 1649, begr. in der Pfarr- dann Schloss-Kirche daselbst, von wo sie 1776 nach Meisenheim in die Stephansgruft transferirt wurde. (Sarg-Inschrift u. Epitaph in der reformirten Stadtkirche.)[3])

[1]) Abdruck der Inschrift S. 160 f. bei Crollius u. S. 210 f. bei Ferrus.
[2]) Vergl. Dr. Ph. Heintz Beiträge z. Gesch. d. b. Rheinkreises S. 106.
[3]) Abgedruckt bei Crollius a. a. O. S. 161 f. Vergl. Dr. Ph. Heintz a. a. O. S. 148.

Bayern.	Kur-pfalz.	Pfalz-Neu-burg.	Zweibrücken-			Sulz-bach l. u. II.	Vel-denz.	Lützel-stein.	Gutten-berg.	Birch-weiler.	Jüng. L. Sim-mern.
			mittlere u. jüng. Linie.	Land-berg.	Kler-berg.						

Birkenfeld.

Kinder:

1) **Georg Wilhelm**, geb. am 16. Aug. 1591. Folgt sub II.

2) **Sophie**, geb. in Ansbach 29. März † 1593, verm. in Neuenstein 17. Mai † 1615 [1]) mit dem Grafen Kraft zu Hohenlohe-Neuenstein, geb. in Langenburg am 14. Nov. 1582, gest. in Regensburg 11. Sept. 1641, begr. in der Stadtkirche zu Neuenstein.

Sophie hat 6 Söhne u. 8 Töchter geb., starb in Neuenstein 16. Novbr. † 1676 u. ruht neben ihrem Gemahle.

3) **Friedrich**, geb. in Birkenfeld am 29. Okt. † 1594, wird Domherr in Strassburg, resignirt aber diese Pfründe wieder u. stirbt zu Dewitz (im Meklenburgischen) 20. Juli † 1626, begrab. im neuen fürstl. Gruftgewölbe der Kirche zu U. L. Frau in Wolfenbüttel.(EinDenkmal existirt nicht.)[2])

4) **Christian I**, geb. am 3. Sept. 1598. Folgt sub III.

Wilh. V	Friedr.	Phil.	Joh. I	Friedr.	Johann	Otto	Georg	Johann	Ludw.	Christ.	Ludw.
1579–	IV	Ludw.	1569–	Kasim.	Kasim.	Heinr.	Gustav	Aug.	Phil.	I	Phil.
1597.	1585–	1569–	1604.	1611–	1611–	1569–	1592–	1592–	1592–	1650–	1611–
Max I	1610.	1614.	Joh. II	1645.	1652.	1604.	1634.	1611.	1601.	1654.	1655.
1597–	Friedr.	Wolfg.	1604–	Friedr.	Karl X	–––	Leop.		Georg	Christ.	Ludw.
1651.	V	Wilh.	1635.	Ludw.	Gustav	August	Ludw.		Johann	II	Heinr.
Ferd.	1610–	1614–	Friedr.	1645–	1652–	1615–	1634–		II	1654–	1655–
Maria	1632.	1653.	1635–	1681.	1654.	1632.	1694.		1592–	1671/	1673.
1641–	Karl I	PML	1661.		Adolph	Christ.			1654.	1717.	
1679.	Ludw.	Wilh.			Johann	August			–––		
	1632–	1653–			1654–	1632–					
	1680.	1685.			1689.	1708.					

II. Georg Wilhelm.[3]) Regiert vom 16. Dezbr. 1600 bis zum 25. Dezbr. 1669.

Geb. in Ansbach am 16. Aug. 1591[4]):

[1]) Vergl. die Schilderung der Hochzeit bei Adolf Fischer Gesch. des Hauses Hohenlohe II 2 35 ff.

[2]) Vergl. R. A. Nolterius etc. Begräbniss-Buch der Kirchen B. M. V. zu Wolfenbüttel etc. p. 29.

[3]) In der Fruchtbringenden Gesellschaft, der er 1647 beitrat, hiess d. Pfalzgraf „der Andere".

[4]) So die Sarg-Inschrift.

25

Birkenfeld.

unter Vormundschaft der Brüder s. Vaters, Herzog Philipp Ludwig's und Johann's I, dann Herzog
Ernst's von Braunschweig und Grafen Emich's XI von Leiningen bis 16. August 1609;
gest. in Birkenfeld am 25. Dez. 1669;
begr. in dortiger Pfarr- dann in der Schloss-Kirche, aber 1776 in die Kapellen-Gruft der reformirten
Stadtkirche nach Meisenheim transferirt. (Sarg-Inschrift.)

Gemahlinnen:

I. **Dorothea**, Tochter des Grafen Otto zu Solms-Sonnewalde, geb. im J. 1586, verm. in Nenen-
stein 30. Nov.† 1616, gest. in Birkenfeld 5. Sept.† 1625, begr. daselbst u. 1776 nach Meisenheim in die s. g. Stephansgruft transferirt. (Keine Inschrift.)

II. **Juliana**, Tochter des Wild- und Rheingrafen Johann von Daun zu Grumbach, geb. im J.
1616, verm. 30. Novbr. 1641, geschieden noch im gl. Jahre. Sie starb in Rheingrafenstein
(wann?) u. ruht in Birkenfeld, von wo sie 1776 nach Meisenheim transferirt wurde. [1]

III. **Anna Elisabethe**, Tochter des Grafen Ludwig Eberhard von Oettingen, geb. 3. Nov. 1603,
in erster Ehe verm. 15. Juni 1629 zu Wien mit dem berühmten Helden des 30jähr. Krieges
Grafen Gottfried Heinrich von Pappenheim (genannt General Schrammenheinz), welcher am
29. Mai 1594 zu Pappenheim geb. war, 6. Nov. 1632 in der Schlacht bei Lützen tödtlich ver-
wundet wurde, Tags darauf in der Pleissenburg zu Leipzig starb und zu Prag in der Prae-
monstratenser-Stifts-Kirche Maria Himmelfahrt am Strahow neben s. einzigen Sohne begr. liegt.
(Denkstein u. Holztafel mit Inschrift in der Engel- oder Pappenheimer-Kapelle.)[2]
  Anna Elisabethe, welche in dieser Ehe kein Kind geb. hatte, vermählte sich sodann 11. Juni
1642 mit dem Grafen Johann Philipp II von Leiningen-Hartenburg als dessen 3. Frau.
Dieser war geb. im Jahre 1588, starb 1643 u. ruht zu Dürkheim (?)
  Hierauf heiratete Anna etc., auch in dieser Ehe kinderlos, am 8. März 1649 unseren Pfalz-
grafen Georg Wilhelm, starb 3. Juni 1673 u. ruht in der Kapellen-Gruft der reform. Stadtkirche zu Meisenheim, wohin sie 1776 von Birkenfeld aus transferirt worden. (Sarg-Inschr.)[3]

Kinder erster Ehe:

1) **Dorothea Amalia**, geb. am 30. März† 1618 in Birkenfeld, gest. in Strassburg 6. August 1635,
begr. daselbst bei „Alt St. Peter".

2) **Anna Sophie**, geb. in Birkenfeld am 12. April† 1619, seit 19. Dezbr. 1643 Koadjutorin, seit
15. Juli 1645 Aebtissin des evangel. Stifts Quedlinburg, gest. daselbst 1. Sept. 1680 u. dort
in der Schlosskirche (nahe vor dem Münster von St. Servatius begraben.[4]
  Wahlspruch: Beschau das Ziel, Sage nicht viel; und: Wie Gott will, ist mein Ziel.

3) **Elisabethe Juliana**, geb. in Saarbrücken am 28. Oktbr.† 1620, gest. 28. Oktbr. 1651 und seit
1776 in der Stephansgruft der reformirten Stadtkirche zu Meisenheim begr. (Sarginschrift.)

4) **Maria Magdalena**, geb. in Birkenfeld am 8. Aug.† 1622, verm. in Heringen 29. Okt. 1644 mit
dem Grafen Anton Günther I von Schwarzburg-Sondershausen, welcher am 9. Januar 1620 zu
Ebeleben geb. war, 19. Aug. 1666 starb u. in Sondershausen in der h. Dreieinigkeits-Kirche
begr. liegt.
  Maria etc., welche ihm 5 Söhne u. 5 Töchter gebar, starb am 27. Okt. 1689 in ihrem Schlosse
Auleben u. ruht neben ihrem Gemahle.

5) **Klara Sibille**, geb. in Birkenfeld am 14. Jan.† 1624, gest. daselbst 1. Febr. 1628, begr. in der
Pfarr- dann in der Schloss-Kirche allda, aber 1776 nach Meisenheim transferirt. (Sarginschrift.)[5]

6) **Karl Otto**, geb. am 5. Sept. 1625. Folgt sub IV.

---

[1] Vergl. über die Gründe d. raschen Scheidung G. F. Backisch Hist. Gen. Pal. Neob. Bav. p. 245 u. Acta Palat. I 38.
[2] Die Inschr. der abhand. gekomm. Holztafel bringt J. Würdinger in s. Militär-Almanach für 1858 p. 190 u. p. 113 ff.
  eine trefflich geschriebene Biographie des Generals. Nach freundlicher Mittheilung des k. k. Regierungsrathes etc.
  Herrn Dr. C. Hofler hat Graf Heinrich von Pappenheim 1851 seinem Ahnen ein schönes Denkmal daselbst errichtet.
[3] Abgedr. bei Crollius u. a. O. S. 165. Ebendaselbst ist (S. 163 f.) die Sarginschrift ihres 3. Gemahles abgedruckt.
[4] Ueber ihr Epitaph, das „nicht eröffnet werden kann" (?) vergl. Kirchen- u. Reform. Historie des etc. Stifts Quedlinburg von Dr. Fr. E. Kettner p. 294.
[5] Abgedr. sind die sub 3 u. 5 erwähnten Sarg-Inschriften bei Crollius S. 166 ff.

Birkenfeld-Bischweiler.

III. Christian I.[1]) Erheiratet durch seine erste Gemahlin Magdalene Katharina am 13. Novbr. 1630 die Herrschaft Bischweiler, wo er sich eine Residenz baut und von 1630 bis zum 6. Sept. 1654 regiert.

Geb. in Birkenfeld am 3. Sept. † 1598;

gest. zu Neuenstein am 6. Sept. † 1654;

begr. in der von ihm erbauten Fürstengruft der reformirten Pfarrkirche zu Bischweiler. (Sarg-Inschrift.)[2])

Gemahlinen:

I. Magdalena Katharina, Tochter des Pfalzgrafen Johann II von Zweybrücken, geb. in Zweybrücken am 26. April † 1607, verm. 14. Nov. 1630, gest. in Strassburg 20. Jan. † 1648, begr. zu Bischweiler in der reform. Pfarrkirche. (Grabschrift.)[3])

Vergl. oben S. 159 Nr. 1.

II. Maria Johanna,[4]) Tochter des Grafen Rudolph von Helfenstein, geb. in Wiesensteig 8. Sept. † 1612, zuerst verm. zu Wiesensteig 5. Mai 1627 mit dem letzten Landgrafen von Leuchtenberg Maximilian Adam. Derselbe war geb. am 17. Oktbr. 1607, starb zu Nördlingen am 1. Novbr. 1646 u. ruht in der Pfarrkirche zu Pfreimd.

Maria etc., welche ihm nur 1 Sohn gebar, vermählte sich in Bischweiler am 28. Okt.[5]) 1648 mit unserem Christian I, starb allda 20. Aug. † 1665 u. ruht neben demselben. (Sarg-Inschrift.)[6])

Kinder erster Ehe:

1) **Prinz,** geb. und gest. in Kleeburg (?) am 13. Septbr. 1631, begr. in der jetzt abgebrochenen Pfarrkirche zu Birlenbach.

2) **Gustav Adolph,** geb. in Mainz am 2. Juli 1632, gest. ebendaselbst (?) 4. Aug. gl. J., begr. zu Meisenheim in der reform. Stadtkirche. (Keine Sarg-Inschrift mehr.)

3) **Johann Christian,** geb. in Worms am 16. Juni 1633, gest. ebendaselbst 19. Aug gl. J., begr. wie oben sub 2.

4) **Dorothea Katharina,** geb. zu Bischweiler am 3. Juli 1634, verm. in Bischweiler 6. Okt. 1649 mit dem Grafen Johann Ludwig von Nassau-Ottweiler, welcher geb. war am 24. Mai 1625, zu Reichelsheim in der Wetterau 9. Febr. 1690 starb u. daselbst in der Ortskirche begr. liegt. Seine Gemahlin, die ihm 6 Söhne u. 3 Töchter geboren, starb in Neunkirchen bei Ottweiler am 7. Dez. 1715 und ruht in Ottweiler (?)

5) **Louise Sophie,** geb. in Bischweiler am 25. Aug. † 1635, gest. zu Neunkirchen 25. Sept. † 1691, begr. zu Bischweiler in der Gruft der reformirten Pfarrkirche. (Keine Sarg-Inschrift.)[7])

6) **Christian II,** geb. am 22. Juni 1637. Folgt sub V.

7) **Johann Karl,** geb. am 17. Okt. 1638. Folgt unten als Stifter der Linie Gelnhausen M. sub 1.

---

[1]) Trat 1652 der s. g. Fruchtbringenden Gesellschaft unter dem Namen „der Schmelzende" bei. Der erste Pfalzgraf, der sich dieser merkwürdigen Gesellschaft anschloss, war Ludwig Philipp von Simmern mit dem Namen „der Gefühlreiche". Vergl. oben S. 143, wozu dies als Nachtrag gelten mag. Im Jahre 1654 trat des Letztern Sohn, Ludwig Heinrich Moriz der Gesellschaft als „die Tugendhafte" bei.

[2]) Abgedr. bei Crollius S. 172 ff.

[3]) Abgedr. bei Crollius S. 175 f.

[4]) „Juliana" berichtigt K. Uehr S. 194 der Nachträge u. Berichtigungen zu Tafel XXXIII, aber Dr. Ph. Jak. Speners, der die Leichenpredigt beim Tode der Fürstin hielt (Pauli kämpf und kron etc.) nennt sie in den angefügten Personalien ausdrücklich Maria Johanna. Sie war 1645 zu Nördlingen öffentlich zum Protestantismus übergetreten.

[5]) Spener hat den 28. Oktober, die Sarg-Inschrift den 30.

[6]) Abgedr. bei Dr. Ph. Jak. Spener am Ende s. Leichenpredigt u. bei Crollius S. 177 f.

[7]) Vergl. Crollius S. 71 f. u. 178.

Birkenfeld-Bischweiler.

8) **Anna Magdalene**, geb. in Bischweiler am 14. Febr. 1640, verm. 18. Okt. 1659 mit dem Grafen Johann Reinhard II von Hanau-Lichtenberg, welcher am 23. Januar † 1628 im Schlosse zu Buchsweiler geb. ist, am 25. April 1666 zu Bischofsheim starb und alldà in der Pfarrkirche begr. liegt.

Anna etc. hat ihm 2 Söhne u. 3 Töchter geb., starb in Babenhausen 12. Dezbr. 1693 und ruht neben ihrem Gemahle (?)

9) **Klara Sibille**, geb. am 20. Febr. 1643, gest. 27. März † 1644, begr. zu Bischweiler. (Grabstein mit Inschrift unter der Orgel.)[1]

IV. Karl (II) Otto. Regiert vom 25. Dez. 1660 bis zum 30. März 1671.

Geb. zu Birkenfeld am 5. Sept. † 1625;

gest. daselbst am 30. März 1671;

begr. zu Birkenfeld in der Pfarrkirche, von wo er bald hernach in die von ihm vollendete Schloskirche transferirt und 1776 nach Meisenheim in die Stephansgruft der reformirten Stadtkirche verbracht wurde. (Sarg-Inschrift.)[2]

Gemahlin:

Margarethe Hedwig, Tochter des Grafen Krato zu Hohenlohe-Neuenstein u. Gleichen, geb. in Neuenstein am 1. Jan. 1625, verm. ebendaselbst 26. Sept. † 1658, gest. in Birkenfeld am 24. Dezbr. 1676, begr. in der Schloskirche daselbst und später nach Meisenheim transferirt. (Sarg-Inschrift.)[3]

Kinder:

1) **Karl Wilhelm**, geb. in Birkenfeld am 22. August † 1659, gest. daselbst 18. April † 1660, begr. wie s. Mutter. (Sarg-Inschrift.)[4]

2) **Charlotte Sophie Elisabethe**, geb. in Birkenfeld am 14. April † 1662, gest. in Allenbach (bei Bernkastel) 14. Aug. 1708, begr. wie oben. (Keine Sarg-Inschrift.)

3) **Hedwig Eleonore Maria**, geb. in Birkenfeld am 17. Aug. † 1663, gest. ebendaselbst 12. Febr. 1721, begr. in der Stephansgruft zu Meisenheim (vorher in der Schloskirche zu Birkenfeld). (Keine Sarg-Inschrift.)

Birkenfeld fällt an die Nebenlinie **Bischweiler** u. zwar an Karl Otto's Vetter, den Pfalzgrafen **Christian II.**

---

[1] Inschrift abgedr. bei Crollius S. 179.

[2] Abgedr. bei Crollius S. 168 f.

[3] A. a. O. S. 169.

[4] A. a. O. S. 170.

Kur-bayern.	Kur-pfalz.	Pfalz-Neubg.	Zweybrücken-Veldenz Landsberg.		Kleeburg.	Geispolsheim-bach.	Vel-denz.	Jüngere Linie Simmern.
Ferd.	Karl I	Phil.	Friedr.	Friedr. Adolph	Christ.		Leop.	Ludw.
Maria	Ludw.	Wilh.	1655—	Ludw.	Johann	Aug.	Ludw.	Heinr.
1651—	1632—	1633—	1661.	1643—	1654—	1632—	1634—	Maria
1679.	1680.	1685.		1681.	1689.	1708.	1694.	1655—
Max II	Karl II			———	Gustav	Theod.		1673.
Ema-	1640—				Sam.	1708—		
nuel	1685.				Leop.	1732.		
1679—	Phil.				1689—			
1726.	Wilh.				1731.			
	1685—				—			
	1690.				Karl			
	Johann				XI			
	Wilh.				1681—			
	1690—				1697.			
	1716.				Karl			
	Karl				XII			
	III				1697—			
	Phil.				1718.			
	1716—							
	1742.							
Karl	Karl				Johann			
VII	IV				Christ.			
Albr.	Ph.Th.				1732—			
1726—	1742—				1750.			
1745.	1777.				Karl			
					Phil.			
					Theod.			
					1733—			
					1742.			

Birkenfeld-Bischweiler-Rappoltstein.

V. Christian II.[1]) Regiert vom 6. Sept. 1654 an in Bischweiler, vom 30. März 1671 an in dem ihm durch Karl Otto's Tod zugefallenem Birkenfeld und vom 18. Juni 1673 an auch in der erheirateten Grafschaft Rappoltstein bis zum 26. April 1717.

Geb. in Bischweiler am 22. Juni † 1637; unter Vormundschaft seines Oheims des Pfalzgrafen Georg Wilhelm u. des Herzogs Eberhard v. Wirtemberg bis zum 6. Sept. 1655; erheiratet die Anwartschaft auf die Grafschaft Rappoltstein, die ihm auch 18. Juni 1673 zufällt. 1699 tritt er sie s. Sohne Christian III ab u. dazu 1707 auch Bischweiler; gest. in Birkenfeld am 26. April 1717; begr. erst in dortiger Schlosskirche u. von da 1776 in die Stephansgruft der reform. Stadtkirche nach Moisenheim transferirt. (Keine Inschrift.)

Gemahlin:

Katharina Agatha, Tochter des Grafen Johann Jakob v. Rappoltstein, geb. in Rappoltsweiler am 15. Juni † 1648, verm. daselbst 5. Sept. † 1667, gest. in Bischweiler 16. Juli † 1683, begr. daselbst in der reform. Pfarrkirche. (Sarg-Inschrift.)[2])

NB. Ihr und ihres Gemahls von H. Milot gemalte Portraits verwahrt die Ahnen-Gallerie in Schleissheim (Nr. 457 u. 458).

Kinder:

1) **Magdalena Klaudia,** geb. in Bischweiler am 16. Septbr. 1668, verm. 27. Febr. † 1689 mit dem Grafen und nachmaligen Fürsten Philipp Reinhard von Hanau-Lichtenberg als dessen erste Gemahlin. Er ist geboren zu Bischofsheim am 2. August 1664, starb zu Philippsruhe 4. Oktbr. 1712 und ruht in der Gruft der luther. Kirche zu Hanau. Magdalena etc., die ihm keine Kinder gebar, starb in Hanau 9. Dezbr. 1704 u. ruht neben ihrem Gemahle.

---

[1]) Der Fruchtbringenden Gesellschaft trat Christian 1658 unter dem Namen „der Geschenkte" bei.
[2]) Abgedr. bei Crollius S. 181 ff.

2) **Ludwig**, geb. in Bischweiler am 26. Novbr. 1669[1]), gest. daselbst (?) 2. April 1670, begr. in dortiger reform. Pfarrkirche. (Keine Inschrift.)

3) **Elisabethe Sophie Augusta**, geb. in Bischweiler am 2. August[2]) 1671, gest. daselbst 18. Oktbr. 1672 u. allda begr.

4) **Christiana Katharina**, Zwillingsschwester der vorigen, geb. am gl. Tage u. Orte, gest. 15. Mai 1673, begr. wie oben.

5) **Charlotte Wilhelmine**, geb. in Bischweiler (?) am 18. Oktbr. 1672, gest. daselbst (?) 29. Mai[3]) 1673, begr. wie oben.

6) **Christian III**, geb. am 7. Nov. 1674. Folgt sub VI.

7) **Louise**, geb. am 28. Okt. † 1679, verm. 28. Okt. † 1700 mit dem Grafen u. nachmal. Fürsten Anton Ulrich von Waldeck, welcher geb. ist am 7. Dezbr. † 1676, gest. in Arolsen 1. Januar 1728 u. daselbst (?) begr. liegt.

Louise gebar ihm 6 Söhne u. 6 Töchter, starb 3. Mai 1753 u. ruht neben ihrem Gemahle.

VI. (XIII.)[4]) Christian III. Regiert in Birkenfeld-Bischweiler-Rappoltstein vom 26. April 1717 an und im Herzogthume Zweybrücken, welches ihm nach dem Aussterben der Kleeburger-Linie (vergl. oben S. 171) zugefallen war (also jetzt **Birkenfeld-Zweybrücken**), vom 17. Sept. 1731[5]) bis zu s. Tode 3. Febr. 1735.
Geb. in Strassburg am 7. Nov. † 1674;
gest. in Zweybrücken am 3. Febr. 1735;
begr. daselbst im Chor der Alexanderskirche. (Weder Denkmal noch Inschrift.)

NB. Sein von Laminde gemaltes Portrait zeigt die Schleissh. Ahnen-Gallerie sub Nr. 459.

Gemahlin:

Karoline, Tochter des Grafen Ludwig Krato von Nassau-Saarbrücken, geb. in Saarbrücken am 12. Aug. 1704, verm. auf dem Schlosse Lorenzen (im Nassauischen) 21. Septbr. 1719, gest. in Darmstadt 25. März † 1774 und daselbst in der Fürsten-Gruft der Stadtkirche begr. (Sarg-Inschrift.)[6])

NB. J. F. van Douven's Portrait der Fürstin bildet Nr. 460 der s. g. Ahnen-Gallerie in Schleissheim.

Kinder:

1) **Karoline Henriette Christine** etc. (genannt die „grosse Landgräfin"), geb. in Strassburg[7]) am 9. März 1721, verl. 1739, verm. in Zweybrücken 12. Aug. 1741 mit dem Landgrafen Ludwig IX von Hessen-Darmstadt, geb. in Darmstadt 15. Dez. 1719, gest. in Pirmasens 6. April 1790, begr. daselbst in der protest. Kirche.[8])

Sie hat ihm 3 Söhne u. 5 Töchter geb., starb in Darmstadt am 30. März 1774 und ruht allda im grossherzogl. Hofgarten. (Urne von weissem Marmor mit Inschrift, welch' Letztere ihr »Femina Sexu, Ingenio Vir« Friedrich II der Grosse von Preussen widmete.)[9])

2) **Christian IV**, geb. am 16. Sept. 1722. Folgt sub VII.

---

[1]) So Dr. Dalth. Bebel im „Dreyfachen Flug eines Geistl. Täubchens" wie er seine auf die Pfalzgräfin Kath. Agatha am 13. Herbstmonaths 1684 gehaltene Leichenpredigt genannt hat, u. zwar in der beigefügten s. g. Abdankung S. 11.

[2]) Nach B. Bebel a. a. O., womit auch Crollius übereinstimmt.

[3]) Nach Wünsch. Bebel lässt sie noch im Oktober 1672 sterben.

[4]) XIII ist die Reihenzahl der zweybrückischen Herzoge.

[5]) Der Vergleich mit Kurpfalz, wodurch ihm das Herzogthum zugestanden wurde, kam erst später, am 23. Dezember 1733 zu Stande.

[6]) Abgedr. in Moser's Patr. Archiv II 481, bei Crollius S. 196 u. s. w.

[7]) Nach Bopp (vergl. unten Note 9) geb. in Bischweiler.

[8]) Wo ihm Grossherzog Ludwig II in den 1840r Jahren ein schönes Denkmal errichten liess.

[9]) Die Urne ist abgebildet bei Moser a. a. O. I (am Ende des Bandes). Man vergl. Phil. Bopp's Abhandlg. „Die grosse Landgräfin" in Raumer's hist. Taschenbuch 3. Folge 4. Jahrgg. S. 531 ff.

Birkenfeld-Zweybrücken und Rappoltstein.

3) **Friedrich Michael**, geb. am 27. Febr. 1724. Folgt sub VIII.

4) **Christiana Henriette**, geb. in Rappoltsweiler am 16. Nov. 1725, verm. in Zweybrücken 19. Aug. 1741 mit dem Fürsten Karl Aug. Friedrich von Waldeck,
welcher am 24. Septbr. 1704 in Hanau geb. ist, 29. Aug. † 1763 in Arolsen
starb u. daselbst (?) begr. ist.
Christiana etc. hatte ihm 5 Söhne u. 2 Töchter geboren, starb am 11. Febr.
1816 u. ruht neben ihrem Gemahle.[1]

Kaiser bayerns	Kurpfalz
Karl VII	Karl III
Albr.	Philipp
1726 —	1716 —
1745.	1742.
Max III	Karl IV
Joseph	Theodor
1745 —	1742 —
1777.	1777.

VII. (XIV.) Christian IV. Regiert im Herzogthume Zweybrücken vom 3. Febr.
1735 bis zum 5. Nov. 1775.
Beinamen: (der Grosse);
geb. in Bischweiler am 16. Sept. † 1722;
unter Vormundschaft seiner Mutter bis zum 22. Nov. 1740;
wird katholisch am 11. Febr. 1758;
gest. im Jagdschlosse Petersheim (bei Zweybrücken) am 5. Nov. 1775;
begr. im Chor der Alexanderskirche daselbst. (Sarginschrift.)[2]

wie	oben.

VIII. Friedrich Michael.[3] Regiert in der ihm von s. Bruder Christian IV
durch Vergleich überlassenen Grafschaft Rappoltstein seit dem 15. Juni 1746 bis
zu s. Tode, 15. Aug. 1767.
Geb. in Rappoltsweiler am 27. Febr. 1724;
wird katholisch 8. Dez. † 1746;
gest. in Schwetzingen am 15. Aug. 1767;
begr. in Heidelberg bei den Karmeliten, aber 1805 nach St. Michael in München
transferirt. (Prächtiger Sarg mit Inschrift.)[4]

NB. Sein von G. Desmarées gemaltes Bild bildet Nr. 461 der k. Gallerie zu Schleissheim.
Ein Aquarell-Bild des Fürsten zu Pferde v. Pretel zeigt Saal XVII der Renaiss. etc.
des b. Nat. Mus.[5]

Gemahlin:

Maria Franziska Dorothea etc., Tochter des sulzbachischen Erbprinzen Joseph
Karl Emanuel, geb. in Schwetzingen am 15. Juni 1724, verm. in Mannheim
6. Febr. 1746, gest. in Sulzbach 15. Nov. 1794, begr. daselbst in der Pfarrkirche. (Sarg mit Inschrift u. dabei Zinngefäss ohne solche.)[6]
Vergl. oben S. 189. e.

NB. Die Ahnen-Gallerie zeigt ihr Bild gemalt von Ziesenitz sub Nr. 462.

Kinder:

1) **Karl August**, geb. am 29. Okt. 1746. Folgt unten sub IX.

---

[1] Auch Frankfurt a. M. wird als des Fürsten Sterbe-Ort genannt.

[2] Abgedr. bei Heintz a. a. O. S. 95, bei Crollius S. 188 u. a. w. — Christian IV war mit einer
Prinzessin von Nassau-Weilburg verlobt, welche er durchaus nicht heiraten wollte. Dafür
lebte er seit dem 3. Septbr. 1757 in morganatischer Ehe mit Maria Anna Fontevieux (wie
sie ihr Zeitgenosse Crollius a. a. O. ad p. 188 nennt; andere heissen sie Camasel, späterer
Gräfin v. Forbach, geb. zu Strassburg um 1735, welche als „Wittwe v. Zweybrücken" starb.
Aus dieser mit 4 Söhnen u. 2 Töchtern gesegneten Verbindung stammen die Barone v. Zwey-
brücken her. Ein anderer Sohn Christian's war Karl Friedrich Bar. v. Schönfeld, geb. 1767.
Von ihm stammen die Grafen v. Otting ab, welchen Titel er selbst 1817 bekam.

[3] Erhielt diesen Namen bei seiner Firmung — 24. Febr. 1752 — in Rom. Er u. sein Bruder
Christian IV besuchten von 1737—39 die Universität Leyden.

[4] Abgedr. bei Etter II 108 u. daraus bei Crollius S. 189.

[5] Von einem Bilde des Prinzen, das der kurpfälz. Hofmaler Brand gemalt, geschieht in der Beschreibung der etc. k. b. Fürstengruft in der Hofkirche zu St. Michael von A. Baumgartner
sub Nr. 15 Erwähnung.

[6] In Letzterer liegt wohl das Herz der Fürstin? Vergl. den Sulzbacher Kalender f. 1851 S. 130.

Kur- bayern.	Kurpfalz.

Birkenfeld-Zweybrücken.

2) **Klemens Aug. Jos. Friedr.**, geb. in Mannheim am 18. Sept. 1749, gest. daselbst 19. Juni 1750, begr. in Heidelberg bei den Karmeliten, nun bei St. Michael in München. (Sarg mit Inschrift.)

3) **Maria Amalia Auguste**, geb. in Mannheim am 11. Mai 1752, verm. in Mannheim 17. Jan. 1769 per procur., in Dresden am 29. gl. Mts. persönlich mit dem Kurfürsten u. nachherigen König Friedrich August I v. Sachsen, welcher zu Dresden am 23. Dez. 1750 geb. war, daselbst 5. Mai 1827 starb und in der Gruft der kathol. Hof- und Pfarrkirche zur hl. Dreieinigkeit begr. liegt.
   Seine Gemahlin gebar ihm nur 1 Tochter, starb in Dresden 15. Norbr. 1828 u. ruht an seiner Seite.

4) **Maria Anna**, geb. in Schwetzingen am 18. Juli 1753, verm. in Mannheim am 30. Jan. 1780 mit dem Herzoge Wilhelm in Bayern, welcher im s. g. Fürstenhofe zu Gelnhausen 10. Nov. 1752 geb. war, in Bamberg 8. Jan. 1837 starb u. in der herzogl. Familiengruft zu Banz begr. ist.
   Seine Gemahlin Maria Anna gebar ihm 2 Söhne und 1 Tochter, starb in Bamberg 4. Febr. 1824 u. ruht zu Banz.

5) **Maximilian III Joseph**, geb. am 27. Mai 1756. Folgt sub X.

Max III Karl IV	
Joseph · Theodor	
1745— 1742—	
1777. 1777.	
Kurpfalzbayern.	
Karl Theodor	
1777—1799.	

IX. (XV.) Karl (III) August Christian. Regiert vom 5. Novbr. 1775 bis zum 1. April 1795.
Geb. in Düsseldorf am 29. Okt. 1746;
gest. in Mannheim am 1. April 1795;
begr. in Heidelberg bei den Karmeliten und von da 1805 nach St. Michael in München transferirt. (Sarg mit Inschrift.)[1]
   NB. Die Ahnen-Gallerie zu Schleissheim enthält sein von J. Muxel gemaltes Portrait sub Nr. 262 u. ein anderes v. C. Pötz sub Nr. 463.

Gemahlin:

Maria Amalia Anna Josephe etc., Tochter des Kurfürsten Friedrich Christian Leopold von Sachsen, geb. in Dresden am 26. Sept. 1757, verm. in Dresden 12. Febr. 1774, gest. in Neuburg a D. 20. April 1831, woselbst sie in der Hof- (u. Jesuiten-) Kirche begr. liegt. (Sarg mit Inschrift.)
   Sie war Grossmeisterin des Damen-Ordens der hl. Elisabeth u. seit 1799 Aebtissin des adel. St. Anna-Damenstifts in München u. Würzburg.

Sohn:

Karl August Friedrich, geb. in Zweybrücken am 2. März 1776, gest. auf dem Schlosse Karlsberg (bei Homburg) am 21. August 1784, begr. im Chor der Alexanderskirche zu Zweybrücken. (Sarg und Gefäss für die Eingeweide mit Inschriften.)[2]

X. (XVI.) Maximilian III Joseph. Tritt am 27. März 1778 in der ihm von s. Bruder Karl August überlassenen Grafschaft Rappoltstein die Regierung an[3], erbt nach dessen Tod (1. April 1795) das Herzogthum Zweybrücken, succedirt nach Karl IV Theodor's Ableben in dem wieder vereinigten Kurpfalzbayern am 16. Febr. 1799 und nimmt am 1. Jan. 1806 den Titel »König von Bayern« an.
   Das Nähere über Max I Joseph, seine Familie u. Nachfolger ist oben S. 89 f. vorgetragen worden.

[1] Abgedr. bei Heintz a. a. O. S. 95 f.
[2] Beide abgedr. bei Crollius S. 190 f.
[3] Vergl. oben S. 89 Note 2. Es muss dort statt 1776 heissen: 1778.

M. Nebenlinie Birkenfeld-Gelnhausen.
Von 1681 bis auf unsere Tage.

Der Entstehungs-Geschichte dieses als herzogl. bayer. Nebenlinie noch jetzt blühenden Zweiges der wittelsbach'schen Stamm-Eiche ist schon oben S. 191 kurz gedacht worden.

Wir lassen daher sofort deren einzelne Glieder folgen und beginnen mit

Kur-
bayern.
Morphän.

Max II
Emanuel
1679—
1726.

Karl II
1680—
1685.

Philipp
Wilhelm
1685—
1690.

Johann
Wilhelm
1690—
1716.

I. Johann Karl.[1]) Kommt durch Vertrag mit seinem Bruder Herzog Christian II von Zweybrücken vom 12. Septbr. 1681, bez. 18. Jan. 1683 in den Besitz des ganzen s. g. neuburg'schen Deputats von jährlich 6000 fl, u. schlägt seinen Wohnsitz im s. g. Fürstenhofe zu Gelnhausen auf.

Geb. in Bischweiler am 17. Oktbr. 1638;
gest. in Gelnhausen am 21. Febr. 1704;
begr. ebendaselbst in der Pfarrkirche bei St. Maria.

Gemahlinen:

I. Sophie Amalia, Tochter des Herzogs Friedrich von Zweybrücken (jüngere Linie) und Wittwe des Grafen Siegfried von Hohenlohe-Weikersheim, geb. in Zweybrücken am 15. Dez. † 1646, verm. 26. Mai 1685, gest. in Gelnhausen 30. Nov. † 1695 u. allda begr. Vergl. oben S. 161 Nr. 5.

II. Esther Maria, Tochter des Freiherrn Georg Friedrich von Witzleben aus dem Hause Elgersburg, geb. am 28. Juli 1665, zuerst mit dem früheren Pagen des Pfalzgrafen Johann Karl, dann Hauptmann in dessen Regiment N. v. Bromsee (?) vermählt, über welchen Näheres nicht zu ermitteln war. In ihrer ersten Ehe mit mehreren Kindern gesegnet, verm. sich Esther etc.[2]) am 28. Juli 1696 mit unserm Johann Karl, starb in Gelnhausen 20. Febr. 1725 u. ruht allda.

Tochter erster Ehe:

1) **Magdalena Juliana,** geb. zu Gelnhausen am 28. Febr. 1686, verm. in Frankfurt a. M. 26. Nov. 1704 mit dem Herz. Joachim Friedrich von Holstein-Plön, der 9. Mai 1668 geb. war, 25. Jan. 1722 starb und zu Plön in der Schlosskirche begr. liegt.

Magdalena etc., des Herzogs erste Gemahlin, gebar demselben 4 Töchter, starb in Plön 5. Nov. 1720 u. ruht an der Seite ihres Gemahles.

Kinder zweiter Ehe:

2) **Friedrich Bernhard,** geb. am 28. Mai 1697. Folgt sub II.
3) **Johann,** geb. am 24. Mai 1698. Folgt sub III.
4) **Charlotte Katharina,** geb. in Gelnhausen (?) am 19. Dez. † 1699, verm. 30. Dez. 1745 mit dem Fürsten Friedrich Wilhelm von Solms-Braunfels, welcher geb. ist am 11. Jan. 1696, gest. 24. Febr. 1761 u. zu Braunfels begr. liegt.

Charlotte, des Fürsten 3. Gemahlin, starb kinderlos zu Hungen in der Wetterau am 11. Mai 1785 u. ruht in der fürstlichen Gruft daselbst.

---

[1]) In der Fruchtbringenden Gesellschaft hiess der Pfalzgraf „der Geachtete".

[2]) Ueber diese Ehe vergl. man die Miscella Histor. Palatinae von Joannis p. 340 ff. Esther Maria war früher Hofdame bei Joh. Karl's erster Gemahlin Sophie Amalia. — Ich verdanke freundliche Mittheilungen über sie zum Theil Herrn Hofkaplan Dr. Schreiber dahier. — Dass Esther's erster Gemahl pfälz. Page u. Hauptmann und ihre Verbindung mit „verschiedenen" Kindern gesegnet war, geht aus der „Wahrhafften Facti Species, Dass die wider Christian II v. Birkenfeld durch Fr. Esther Maria von Witzleben, verwittibte Bromsein etc. angezettelte famose Klagd gantz null, nichtig etc. Ao 1713" unwiderleglich hervor.

Kur- bayern.	Kurpfalz.

Birkenfeld-Gelnhausen.

5) **Wilhelm**, geb. in Gelnhausen (?) am 4. Januar 1701, starb als holländischer Gouverneur von Namur am 25. Dez. 1760 u. ruht in der evang. luth. Kirche zu Mannheim (?)

6) **Sophie Maria**, geb. in Gelnhausen (?) am 5. April 1702, verm. in Sondershausen am 24. Aug. 1722 mit dem Grafen Heinrich XXV von Reuss-Gera, welcher 27. August 1681 geb. ist, 13. März 1748 starb und zu Gera in der Erbgruft der St. Johanneskirche begr. liegt.
Sophie etc., ihres Gemahles 2. Frau, starb am 13. Novbr 1761 und ruht neben demselben. Sie hatte ihm 2 Söhne und 2 Töchter geboren.

Max II Emanuel 1679— 1726. Karl VII Albr. 1726— 1745.	Johann Wilhelm 1690— 1716. Karl III Philipp 1716— 1742.

II. Friedrich Bernhard.

Geb. in Gelnhausen (?) am 28. Mai † 1697;
gest. in Gelnhausen am 5. Aug. 1739;
begr. daselbst in der Pfarrkirche zu St. Maria.

Gemahlin:

Ernestine Louise, Tochter des Fürsten Anton Ulrich von Waldeck, geb. am 6. Novbr. 1705, verm. zu Arolsen am 30. März 1737, gest. in Gelnhausen 26. Mai 1782, begr. daselbst.

Kinder:

1) **Louise Karoline**, geb. in Gelnhausen (?) am 22. Jan. 1738, gest. am 15. Juni 1782, begr. in Gelnhausen.

2) **Ernestine Auguste Friederike**, geb. in Gelnhausen (?) am 17. Febr. 1739, gest. daselbst (?) 16. Septbr. 1746 u. hier begr.

Wie	oben.
Max III Joseph 1745— 1777.	Karl IV Theodor 1742— 1777.

III. Johann.

Geb. in Gelnhausen am 24. Mai 1698;
gest. in Mannheim am 10. Febr. 1780;
begr. daselbst in der evang. luther. Kirche.

Gemahlin:

Sophie Charlotte, Tochter des Wildgrafen Karl zu Daun u. Kyrburg, Rheingrafen zum Stein u. Grafen zu Salm etc., geb. am 29. August 1719, verm. am 19. Aug. 1743, gest. in Gelnhausen 29. März † 1770, begr. daselbst.

Kinder:

1) **Karl Johann Ludwig**, geb. in Gelnhausen (?) am 18. Sept. 1745, gest. in Mannheim als k. k. Generalmajor am 31. März 1789, begr. daselbst in der evang. luther. Kirche.

2) **Christiana Louise**, geb. in Gelnhausen (?) am 17. August 1748, verm. in Hungen 28. Oktbr. 1773 mit dem Grafen Heinrich XXX von Reuss-Gera, Herrn von Planen, geb. am 24. April 1727, gest. in Gera am 26. April 1802, begr. daselbst in der Salvator-Kirche. (Grab-Inschrift.)[1]
Christiane gebar ihm kein Kind, starb in Gera 31. Januar 1829 u. ruht neben ihrem Gemahle.

3) **Johanna Sophie**, geb. in Gelnhausen (?) am 7. Jan. 1751, gest. 4. Juli 1752, begr. daselbst.

4) **Wilhelm**, geb. 10. Nov. 1752. Folgt sub IV.

5) **Friederike**, geb. in Gelnhausen (?) am 14. Nov. 1753, starb unmittelbar nach der Taufe u. liegt dort begr.

----

[1] Abgedr. bei K. Aug. Limmer Entwurf einer etc. Geschichte des gesammt. Voigtlandes IV 1175.

Birkenfeld-Gelnhausen resp. herzogl. bayer. Nebenlinie.

6) **Sophie Henriette**, geb. in Gelnhausen (?) am 29. Jan. 1757, gest. am 30. Mai 1760, begr. daselbst.

7) **Christian**, geb. in Gelnhausen (?) am 1. Aug. 1760, gest. am 25. Nov. 1761, begr. daselbst.

8) **Johann**, geb. in Gelnhausen (?) am 9. Nov. 1764, gest. am 23. März 1765, begr. daselbst. [1]

Karl Theod.
1777—1799.
Max (III) I
Joseph
1799—1825.
Ludwig I
1825—1848.

IV. Wilhelm.

Geb. im Fürstenhofe zu Gelnhausen am 10. Nov. 1752;
wird katholisch am 15. Aug. 1769;
erhält den Titel »Herzog in Bayern« am 16. Febr. 1799;
tritt stellvertretend die Regierung im Herzogth. Berg am 17. Dezbr. 1803 an, um sie schon am 20. März 1806 wieder niederzulegen;
gest. in Bamberg am 8. Jan. 1837;
begr. zu Banz in der herzogl. Familiengruft der ehem. Klosterkirche.

Gemahlin:

Maria Anna, Tochter des Pfalzgrafen Friedrich Michael von Birkenfeld-Zweybrücken, geb. in Schwetzingen am 18. Juli 1753, verm. in Mannheim am 30. Jan. 1780, gest. in Bamberg am 4. Febr. 1824, begr. in Banz.
Vergl. oben S. 200 Nr. 4.

Kinder:

1) **Prinz**, todt geb. in Landshut am 6. Mai 1782, begr. im Kloster Seligenthal.

2) **Maria Elisabethe Amalia Franziska**, geb. in Landshut am 5. Mai 1784, verm. in Paris am 9. März 1808 mit Ludwig Alexander Berthier, Fürst von Wagram u. souver. Herzog von Neufchâtel und Valengin etc., geb. in Versailles am 30. Dezbr. [2] 1753, gest. in Bamberg am 1. Juni 1815 in Folge eines Sturzes aus den Fenstern des königl. Schlosses, begr. in der herzogl. Familien-Gruft zu Banz. (Denkmal in der Kirche daselbst.)
Seine Gemahlin, die ihm 2 Söhne u. 1 Tochter gebar, starb am 1. Juni 1849 u. ruht zu Grosbois in Frankreich (Depart. Indre et Loire).

3) **Pius August**, geb. am 1. Aug. 1786. Folgt sub V.

V. Pius August.

Geb. in Landshut am 1. Aug. 1786;
gest. in Bayreuth am 3. Aug. 1837;
begr. in der herzogl. Familiengruft zu Banz.

Gemahlin:

Amalia Louise Julie Adalberte, Tochter Herzogs Ludwig Maria von Aremberg, geb. in Brüssel am 10. April 1789, verm. daselbst am 26. Mai 1807, gest. in Bamberg am 4. April 1823, begr. zu Banz in der herzogl. Familiengruft.

Sohn:

Maximilian, geb. am 4. Dez. 1808.

VI. Maximilian, Herzog in Bayern.

Ueber ihn u. s. Familie wolle das oben S. 97 f. Vorgetragene nachgesehen werden.

[1] J. E. Ruhl in s. Gebäuden des Mittelalters zu Gelnhausen thut der dort begrab. Wittelsbacher und ihrer Gräber nirgends Erwähnung.
[2] Im bayer. Hof- und Staatshandbuche, also in einer offic. Quelle heisst er nur Alexander und ist am 30. Dez., nach Anderen aber am 20. Nov. geboren.

Anhang I.

Wartenberg'sche Seitenlinie[1]
1589—1736.

Ferdinand, Herzog von Bayern [Sohn Herzogs Albrecht IV (V) des Grossmüthigen].

Gemahlin:

Maria Pettenbeck etc.

Vergl. das Nähere über beide Gatten oben S. 48 Nr. 3.

Kinder:

1) **Maria Maximiliana,** geb. in München am 1. Okt. 1589, trat am 23. Oktbr. 1605 in's Riedler-Regelhaus daselbst ein, wo sie den Schleier nahm, dort am 14. Jan. 1638 starb und wohl auch begr. liegt.

2) **Maria Magdalena,** geb. in München am 7. Novbr. 1590, gieng 1605 gleichfalls in das Riedler-Regelhaus, nahm am 13. Juni 1617 unter dem Namen »Maria Antonia« im Klarissinen-Kloster am Anger den Schleier, wo sie am 16. Novbr. 1620 starb und begr. liegt.[2]

3) **Maria,** geb. in München am 12. Jan. 1592, gest. in Haag 11. Nov. 1598, begr. in der Pfarr-kirche zu Kirchdorf bei Haag. (Denkstein.)

4) **Franz Wilhelm,** geb. am 1. März 1593, seit 6. Mai 1604 Propst des Kollegiatstifts zu Altötting, vom Januar 1614 bis 1640 Propst des Chorstifts München, Domherr zu Regensburg (1617), zu Minden, Verden, Köln und Freising (1619). am 28. Mai 1619 Dompropst zu Regensburg, 1621 Administrator der Hochstifte Hildesheim, Münster, Lüttich u. Paderborn, 26. Okt. 1625 Bischof von Osnabrück, 13. Sept. 1629 von Minden, 26. Jan. 1630 von Verden, seit (wann?) Koadjutor von Regensburg, seit 12. April 1649 zum Ersatz für den Verlust von Verden und Minden Bischof von Regensburg u. 15. April 1660 Kardinal.

Fr. Wilhelm, der auch Propst von St. Kassius in Bonn war, starb in Regensburg am 6. Mai †1661 und liegt in der Stiftskirche zu Altötting begr. (Grabstein mit Inschr.) Sein zuerst in der Wartenberg-Kapelle zu München ruhendes Herz befindet sich jetzt in der hl. Kapelle zu Altötting, seine Eingeweide zu St. Mang in Füssen.[3]

5) **Maria Anna,** geb. am 19. April 1594, starb zu Kühbach als Nonne des dortigen Benediktiner-Klosters, in das sie 1601 gebracht worden war, am 9. März 1629 und ruht daselbst.

6) **Sebastian,** geb. in München am 3. Sept. 1595, gest. daselbst am 14. März 1596, begr. in der Wartenberg-Kapelle. (In Erz gegossene Tafel mit latein. Inschrift, jetzt in der hl. Geistkirche zu München.)[4]

7) **Ernst,** geb. in München am 3. Okt. 1596, gest. daselbst 2. Febr. 1597, begr. in der Warten-berg-Kapelle. (Gedenktafel wie bei Nr. 6.)

8) **Ferdinand,** geb. am 7. Dezbr. 1597, starb am 5. April 1598 u. ruht bei seinem vorgenannten Bruder.

---

[1] Durch Hausvertrag vom 23. Septbr. 1588, kaiserlicherseits am 16. Febr. 1589 bestätigt, wurden die männl. Erben Herz. Ferdinand, falls die Wilhelminische Linie in Bayern aussterben sollte, für successionsfähig erklärt. — Zu Grafen erhob Ferdinand's Söhne erst Ferdinand II am 25. April 1602.

[2] Das Todtenbuch des Klosters hat den 16. Nov., Dr. Schreiber in s. Wilh. V Jan 18. Nov. Wir geben Ersterem den Vorzug.

[3] Die erste Tonsur erhielt er 1. April 1604 zu Eichstädt, die s. g. Minores zu Rom am 1. Juni 1614, die Priester-weihe am 29. Novbr. 1636 zu Regensburg und ebendaselbst 8. Dezbr. gl. J. die bischöfliche Konsekration.

[4] Es bezieht sich dieselbe auch auf die zunächst folgenden Kinder Herzogs Ferdinand.

Seitenlinie Wartenberg.

9) **Maria Elisabethe**, geb. in München am 3. März 1599, gest. daselbst 2. Febr. 1600, begr. (wie Nr. 7).

10) **Maria Renata**, geb. in München am 22. April 1600, kommt im Oktober 1608 Behufs ihrer Erziehung in's Klarissinen-Kloster zu Gratz, legt dort Profess ab im Oktbr. 1616, stirbt 7. Sept. 1642 u. ruht dortselbst.

11) **Albert**, geb. am 3. Mai 1601, gest. in München als kais. u. herzogl. bayer. Kämmerer u. Oberstlieutenant 6. Dezbr. 1620, begr. daselbst erst bei St. Peter und von da in die Wartenberg-Kapelle, später aber zu U. L. Frau transferirt. (Ehemal. Inschrift in der Wartenberg-Kapelle.)[1]

12) **Maximilian**, geb. 5. Juni 1602, gest. als Jesuiten-Pater in Landsberg 30. Sept. 1679, begr. dortselbst (?)[2]

13) **Ernst Benno**, geb. am 13. Febr. 1604. Folgt sub I.

14) **Maria Katharina**, geb. am 11. Juni 1605, gest. in München 18. Okt. 1600, begr. in der Wartenberg-Kapelle.

15) **Ferdinand Lorenz**, geb. am 9. Aug. 1606. Folgt sub II.

16) **Maria Klara Theresia**, geb. am 10. März 1608, wurde 1627 an den k. polnischen Hof geschickt, um dort Hofdame der Königin zu werden. Sie starb als Konventualin im Barfüsser-Karmelitinen-Kloster St. Martin zu Krakau, wo sie im April 1635 bereits eingekleidet war, unter dem Namen „Theresia Maria von St. Joseph" wann (?)

I. Ernst Benno.

Geb. in München am 13. Febr. 1604;

gest. als kurb. Kämmerer u. Pfleger zu Erding am 8. März 1666;

begr. in der Wartenberg-Kapelle zu München.

Gemahlin:

Sibille Euphrosine, Tochter des Fürsten Johann von Hohenzollern-Sigmaringen, geb. im Jahre 1607, verm. um 1628, gest. 27. Juli 1636, begr. in der Familien-Gruft ihres Gemahles.

Kinder:

1) **Ferdinand Ernst**, geb. 1630. Folgt sub III.

2) **Franz Ernst**. Näheres unbekannt.

3) **Albert Ernst**, geb. am 22. Juli 1635, seit 1649 Domherr in Regensburg, seit 1658 Kapitular daselbst, seit 1666 infulirter Propst u. Erzdiakon bei St. Kassius zu Bonn, seit 1670 kais. Kaplan, seit 1688 Bischof v. Laodicea u. Suffragan-Bischof von Regensburg, u. seit 1699 auch Propst bei St. Johann daselbst. Gest. am 9. Oktbr. 1715 zu Regensburg u. begr. im Dome allda.[3] Denkmal mit Inschrift.)

II. Ferdinand Lorenz.

Geb. am 9. Aug. 1606;

gest. in München (?) am 18. März 1666 als kais. u. kurbayer. Kämmerer, dann kurbayer. Hofrathspräsident u. Statthalter von Burghausen etc.;

begr. in der Wartenberg-Kapelle.

---

[1] Die früher am Sarge befindliche gewesene Metall-Tafel befand sich bis vor Kurzem im Besitze des seel. Herrn Dr. O. T. v. Hefner, der die Inschrift in s. Bayer. Antiquarius B. II S. 270 abdrucken liess.

[2] Die Recherche nach genaueren Angaben war im Reichsarchive völlig resultatlos.

[3] Feierte am 14. Mai 1662 bei St. Emmeram sein erstes hl. Messopfer. Ueber seine schriftstellerische Wirksamkeit vergl. Dr. Schreiber (a. a. O. S. 126 f.)

Gemahlinnen:

I. Anna Juliana, Tochter des Grafen Hartlieb von Dachsberg, geb. 1611, verm. um 1645 (?) mit dem Grafen Ferd. Lorenz, gest. 8. Juli 1650 und erst in der Wartenberg-Kapelle begr., aber 1806 in die Gruft bei U. L. Frau transferirt. (Sarg mit Inschrift.)[1]

II. Maria Klaudia, Tochter des Grafen Johann Albrecht von Oettingen, geb. am 26. Mai 1632, verm. 8. Okt. 1650, gest. 27. Juli 1663, begr. (wie I).

Kinder zweiter Ehe:

1) **Franz Ferdinand,** geb. am 25. Oktbr. 1652, gest. 30. Oktbr. 1674[2], begr. in der Familiengruft zu München.

2) **Ferdinand Joseph,**[3] geb. 24. Aug. 1655, gest. 30. Juni 1673, begr. in der gräfl. Familiengruft.

3) **Maria Anna.** Näheres unbekannt.

4) **Maria Adelheid Josepha.** Man weiss von ihr nur, dass sie in ein Kloster gegangen.

5) **Maria Gertrude,** verm. mit dem Generalstatthalter und Gouverneur des Herzogthums Savoyen etc. auch kurbayer. Kämmerer Ludwig von Bertrand Grafen de la Perouse, welcher (wann?) geb. ist, im J. 1683 starb und (wo?) begr. liegt.
   Diese seine 1. Gemahlin gebar ihm 1 Sohn, starb 25. Juni 1678 u. ruht in der Familiengruft ihres Hauses. Graf Ludwig heiratete in 2. Ehe eine Freiin Maria Anna v. Notthaft-Wernberg, die 1708 starb.

6) **Maria Klaudia Christine,** geb. am 22. Aug. 1659, gest. zu München, wo sie 6. Okt. 1675 bei den Salesianerinen unter dem Namen »Rosa Adelheid« den Schleier genommen, 20. Aug. 1726 u. dort begr. (?)

7) **Maria Franziska,** geb. im J. 1660, gest. 3. Mai 1679 u. in der Wartenberg-Kapelle begr.

8) **Maria Henriette Kajetana.** Näheres unbekannt.[4]

III. Ferdinand Ernst.

Geb. im Jahre 1630;

gest. als kurfürstl. Kämmerer zu Passau am 1. Sept. 1675;

begr. in der Wartenberg-Kapelle u. von da später nach U. L. Frau in München transferirt. (Sarg mit Inschrift.)[5]

Gemahlin:

Maria Elisabethe, Tochter des Grafen Karl von Salm und Neuburg am Inn, geb. um das Jahr 1650, verm. in Passau 24. Novbr. 1671, gest. 2. Febr. 1698, begr. in der Wartenberg-Kapelle.

Sohn:

Ferdinand Marquard, geb. am 25. Mai 1673. Folgt sogleich.

---

[1] Ihre vorher. Vermählung mit einem Freih. v. Fränking wird wenigstens von Fr. K. Wissgrill in s. Schauplatz des etc. Nieder-Oesterr. Adels etc. nicht erwähnt. Auch nennt sie sich selbst urkundlich 1643 noch: Gräfin v. Dachsberg.

[2] Neu fortgesetzter Parnassus Boicus v. 1736, Erste Versamlg. Tabelle zu S. 41. Auch E. Geiss in s. Geschichte der Stadtpfarrei St. Peter S. 883 lässt ihn nach dem Sepultur-Verzeichnis der Wartenberg-Kapelle am 25. Oktober 1652 geboren sein. Das ist jedenfalls richtiger, als die Annahme Jener, welche die Geburt Franz Ferdinand's auf 1632 stellen.

[3] Geiss a. a. O. nennt ihn richtig so, Dr. Schreiber (Tabelle II) irrig Max Ferdinand, vielleicht nach dem Parnassus Boicus v. 1736 (erste Versammlung S. 39) u. Hübner's Tab. 135.

[4] Die bis jetzt nicht allenthalben bekannten 6 Töchter des Grafen Ferd. Lorenz gehen aus dem „Weiteren Aktenmässigen Verhalt des gräfl. Wartenbergischen Fideicommiss- und Regress-Streites 1774" hervor. Die Anordnung derselben hinsichtlich ihres Alters geschah bisher meist unrichtig.

[5] Abgedr. ist letzteres im Bayerischen Antiquarius B. II S. 270 f. des Dr. O. T. v. Hefner, der die Metallplatte des Sarges benutzt.

Seitenlinie Wartenberg.

IV. Ferdinand Marquard Joseph etc.

Geb. in Regensburg am 25. Mai 1673;

gest. als kaiserl. u. kurbayer. Geheimrath u. Kämmerer, Statthalter zu Amberg, Ritter des goldenen Vliesses etc. am 4. April 1730, begr. in der Wartenberg-Kapelle und von da nach U. L. Frau transferirt. (Sarg mit Inschrift.)[1]

Gemahlin:[2]

Maria Johanna Baptista de Melun, Tochter des Prinzen Philipp von Espinois, Marquis von Richebourg, Gouverneurs u. Grossbaillifs von Hennegau, geb. (wann?), verm. 8. August[2] 1703, gest. (wann?) u. begr. in der Wartenberg-Kapelle (?)

Kinder:

1) **Maria Ernestine Christine** etc., geb. am 25. März 1709, verm. mit dem bayer. Erbland-Hofmeister, kurl. Kämmerer u. Hofrath etc. Grafen Franz Xaver[4] v. Haselang.

Maria Ernestine, welche ihm drei Kinder, 1 Sohn und 2 Töchter geboren, starb (wann?) und auch, wo sie ruht, ist nicht bekannt.

2) **Maximilian Emanuel**, geb. in München (?) am 26. Febr. 1718, gest. auf der Ritter-Akademie zu Ettal im bayer. Hochgebirge 3. Aug. 1736, begr. zu München in der Wartenberg-Kapelle.

Er, der Letzte seines Geschlechtes, starb bekanntlich an einem Kirschkern, der ihm „bei Schiessübungen" aus Unvorsichtigkeit in das Auge geschossen wurde.[5]

---

[1] Die Gebeine Ferd. Marquard's, Ferd. Ernst's († 1675), Albert's († 1620), Maria Klaudia's († 1663) u. Anna Juliana's († 1650) ruhen zusammen in einem Sarge mit Maria, ihrer Stamm-Mutter.

[2] Dr. Schreiber (a. a. O. S. 127) spricht von 2 Frauen, ohne die erste zu nennen.

[3] Wünsch.

[4] Geiss (a. a. O. S. 380) nennt ihn Ignaz Xaver Adam Max von Haselang. Dr. Schreiber (a. a. O.) Joseph Benno Maximilian Freih. von Haselang. Der oben erwähnte aktenmässige Verhalt, der von einem Franz Xaver Grafen von Haselang spricht, scheint uns verlässiger. Auch im ersten (aktenmässigen) Verhalt dieses Streites von 1773 heisst er Graf Fr. Xav. v. Haselang.

[5] So Dr. Schreiber (a. a. O. S. 127 f.). Andere Autoren lassen den letzten Wartenberger an einem Kirschkern ersticken. E. Geiss dagegen bemerkt in seiner Gesch. der St. Peters-Pfarrei S. 380 „starb an einem Pfirsichkern, den er in die Höhe warf und mit dem Munde wieder auffieng."

Anhang II.

Von den Ahnen-Bildern im k. Lustschlosse Schleissheim.

A. Eigentliche Ahnen-Gallerie.

Der Gründe, aus welchen einige dieser Ahnen-Portraits im Texte oben keine Aufnahme fanden, ist bereits in der Einleitung Erwähnung geschehen.

Es sind theils solche, welche selbst dem Auge des Laien sich sofort als blosse Phantasie-Gebilde darstellen, theils solche, über deren Herkunft und Beschaffenheit (ob Original oder Kopie?) u. s. w. man beim Beginne des Druckes noch im Unklaren war, theils endlich solche, die entschieden unrichtig bestimmt oder doch in dieser Hinsicht sehr verdächtig sind. Glücklicher Weise zählt man der Letzteren nur wenige.

Ihrer aller soll nun (genau in der Reihenfolge unseres Buches) gedacht und nebenher nach Möglichkeit auch an die Lösung der Zweifel gegangen werden, welche oben im Texte bei einzelnen Bildern angeregt worden sind:

	Katalog-Nummern		Text S.	
	alte Nr. 304	neue Nr. 1	Text S. 1.	
Otto I der Grosse.	alte Nr. 304	neue Nr. 1	Text S. 1.	Ist Phantasie-Bild.
Ludwig I der Kelheimer.	„ „ 305	„ „ 2	„ „ 3.	Wie oben.
Otto II der Erlauchte und Agnes von Sachsen, s. Gemahlin.	„ „ 306	„ „ 3	„ „ 3 f.	Doppelbild. Alte, aber später stark übermalte Kopie nach dem einst in Dachau befindlich gewesenen Originale.*)
Ludwig II der Strenge, Maria von Brabant und Anna von Schlesien, s. Gemahlinen.	„ „ 307	„ „ 4	„ „ 5.	Dreifaches Bild. Wie Nr. 306 bez. 3.
Ludwig Elegans, Ludwig's II ältester Sohn u. Elisabethe v. Lothringen, s. Gemahlin.	„ „ 308	„ „ 5	„ „ 6.	Doppelbild. Wie oben.
Ludwig IV der Bayer.	„ „ 309	„ „ 6	„ „ 8.	Neuere Kopie.*)
Rudolph I der Stammler u. Mechtilde von Nassau, s. Gemahlin.	„ „ 369	„ „ 66	„ „ 9.	Doppelbild. Wie 306 bez. 3.
Adolph u. Irmengarde von Oettingen, s. Gemahlin.	„ „ 370	„ „ 67	„ „ 9.	Wie oben.
Stephan II mit der Hafte.	„ „ 310	„ „ 7	„ „ 16.	Phantasie-Bild.
Ruprecht I von der Pfalz, Elisabethe von Flandern u. Beatrix von Berg, s. Gemahlinen.	„ „ 371	„ „ 68	„ „ 17/19.	Dreifaches Bild. Vgl. oben Nr. 306 bez. 3.
Ruprecht II u. Beatrix von Sizilien, s. Gemahlin.	„ „ 372	„ „ 69	„ „ 21.	Doppelbild. Wie oben.
Ernst von Bayern-München.	„ „ 312	„ „ 9	„ „ 22.	Phantasie-Bild.
Ruprecht III u. Elisabethe von Nürnberg, s. Gemahlin.	„ „ 373	„ „ 70	„ „ 23.	Doppelbild. Wie 306 bez. 3.
Ludwig III der Bärtige von d. Pfalz, Blanka von England u. Mechtilde von Savoyen, dessen Gemahlinen.	„ „ 376	„ „ 73	„ „ 27.	Dreifaches Bild. Original, aber sehr stark übermalt.
Albrecht II (III) von Bayern-München.	„ „ 313	„ „ 10	„ „ 30.	Phantasie-Bild.

*) Ueber diese Bilder wird am Schlusse von Abtheilung A. dieses Anhanges Näheres folgen.

*) Vielleicht jenes schöne Bildes des Kaisers, das im Gange der k. Residenz dahier hängt und von dem unten im Anhange III noch die Rede sein wird? Aber auch dann ist viel phantastische Zuthat dabei.

	Katalog-Nummer			
	alte Nr. 377	neue Nr. 74	Text S.	
Ludwig IV d. Gütige von d. Pfalz.			31.	Ist Orig., aber sehr stark von neuerer Hand übermalt.[1]
Sigmund von Bayern-München.	„ „ 314	„ „ 11	„ „ 34.	Phantasie-Bild.
Albrecht III (IV) von Bayern u.	„ „ 315	„ „ 12	„ „ 34.	Stark übermaltes Original.
Kunigunde v. Oesterreich, s. Gemahlin.	„ „ 316	„ „ 13	„ „ 36.	Wie oben.
Philipp der Aufrichtige u. Margarethe von Landshut, s. Gemahlin.	„ „ 379	„ „ 76	„ „ 35.	Vollst. übermalter Beham.
Mechtilde, Tochter Wilhelm's IV.	„ „ 322	„ „ 19	„ „ 44.	Spätere Kopie.
Dorothea, Gemahlin Friedrich's II des Weisen von d. Pfalz.	„ „ 388	„ „ 85	„ „ 45.	Neuere Kopie, wenn nicht gar Phantasie-Bild.
Elisabethe, Gem. Ludwig's VI v. d. Pfalz.	„ „ 400	„ „ 97	„ „ 55.	Wie oben.
Elisabethe Charlotte, Tochter des Kurf. Karl I Ludwig v. d. Pfalz.	„ „ 410	„ „ 107	„ „ 71.	Kein Pastell-Bild, sondern Orig. Oel-Gemälde.
Wilhelmine Ernestine, G. Karl II v. d. Pf.	„ „ 412	„ „ 109	„ „ 73.	Neuere Kopie.
Maria Antonia, I. G. Max II Eman. v. B.	„ „ 347	„ „ 44	„ „ 74.	Aeltere Kopie.
Otto III v. Niederbayern u. Agnes von Schlesien, seine Gemahlin.	„ „ 364	„ „ 61	„ „ 103.	Doppelbild, Kopie nach Eva Marger. Wiegeria (?).
Heinrich IV der Reiche v. Landshut.	„ „ 365	„ „ 62	„ „ 113.	Ist sicher nur ein Phantasie-Bild.
Ludwig IX der Reiche.	„ „ 366	„ „ 63	„ „ 114.	Neuere Kopie.
Georg der Reiche.	„ „ 367	„ „ 64	„ „ 115.	Wie oben.
Ludwig VII der Bärtige v. Ingolstadt.	„ „ 311	„ „ 8	„ „ 124.	Stark übermalter Beham.
Christoph, König v. Dänemark etc. u. Dorothea von Brandenburg, s. Gemahlin.	„ „ 374	„ „ 71	„ „ 129.	Entschieden falsch.
	„ „ 375	„ „ 72	„ „ 129.	Wie oben.[2]
Stephan v. Simmern-Zweybrücken u. Anna v. Veldenz, s. Gemahlin.	„ „ 391	„ „ 88	„ „ 133.	Phantasie-Bild.
	„ „ 392	„ „ 89	„ „ 134.	Wie oben.
Friedrich I der Hundsrücker.	„ „ 393	„ „ 90	„ „ 135.	Stark übermaltes Original.
Johann II v. Simmern-Zweybrücken u. Beatrix v. Baden, s. Gemahlin.	„ „ 394	„ „ 91	„ „ 138.	Wie oben.
	„ „ 395	„ „ 92	„ „ 138.	Wie oben.
Ludwig I d. Schwarze v. Zweybr. Veldenz u. Johanna v. Croy, s. Gemahlin.	„ „ 413	„ „ 110	„ „ 146.	Uebermalte Kopie.
	„ „ 414	„ „ 111	„ „ 147.	Kopie.
Alexander v. Zweybrücken-Veldenz u. Margarethe v. Hohenlohe, s. Gemahlin.	„ „ 415	„ „ 112	„ „ 149.	Verdächtig.
	„ „ 416	„ „ 113	„ „ 149.	Kopie.
Wolfgang v. Zweybrücken-Veldenz.	„ „ 419	„ „ 116	„ „ 150.	Alte Kopie.
Johann I v. Zweybrücken mittl. L. u. Magdalene v. Jülich, s. Gemahlin.	„ „ 421	„ „ 118	„ „ 156.	Kopie.
	„ „ 422	„ „ 119	„ „ 157.	Wie oben.
Georg Johann I v. Veldenz.	„ „ 432	„ „ 129	„ „ 175.	Neu übermaltes Original.
Wolfgang Wilhelm v. Neuburg u. Magdalene v. Bayern, s. Gemahlin.	„ „ 437	„ „ 134	„ „ 184.	Kopie nach Van Dyk.
	„ „ 438	„ „ 135	„ „ 184.	Schönes Orig. v. Pet. de Witte (P. Candid).
Maximilian II, König v. Bayern.	„ „ 466	„ „ 163	„ „ 93.	Sehr mittelmäss. Kopie nach Kaulbach, weshalb dieses Bild oben im Text gar nicht erwähnt wurde.

Ohne Nummern hängen noch in der Ahnen-Gallerie Herzog Wilhelm in Bayern u. s. Gemahlin Maria Anna.

Von den einst in der Ahnen-Gallerie des ehemal. Schlosses Dachau vorhanden gewesenen ältern Bildnissen wittelsbachischer Herrscher u. ihrer Gemahlinen existirt, wie Herr Prof. Dr. Kuhn I. Konservator des kgl. National-Museums annimmt, nur mehr I Original, nämlich das Bild des Kurfürsten Ludwig III des Bärtigen etc. von der Pfalz mit s. beiden Frauen Blanka u. Mechtilde.

[1] Die ältern Original-Portraits B. Beham's, H. von Achen's u. s. w. sind fast sämmtlich von neuerer Hand mehr oder minder übermalt worden.
[2] Beide fürstl. Portraits gehören einer viel spätern Zeit an.

Die übrigen Bilder dieses Genre in der Schleissheimer-Gallerie sind nach dem Urtheile des genannten Sachverständigen meist ältere, stark übermalte Kopien und zwar, wie ich glaube, entweder nach den ursprünglichen Originalen oder nach den im National-Museum vorhandenen, auf Papier gemalten Ahnen-Bildern der beiden Schwestern Eva Margarethe u. Maria Johanna Wisger (Wisgermen?)[1], welche die bayerischen Wittelsbacher nur bis zu Ludwig II (den Strengen), die pfälzischen Kurfürsten aber, von Rudolph I anfangend — Friedrich III allein abgerechnet — bis auf Ludwig VI (den Gefälligen) in sehr hübschen Bildern darstellten.

B. Sonstige Ahnen-Bilder zu Schleissheim,

die theilweise hier noch näher erörtert werden, theilweise erst im neuen Kataloge aufgeführt sind.[2]

	Alte Katalog-Nr.	neue		Vgl. S.
Ernst, Herzog von Bayern.	903	105 Abth. I.	Sehr schönes Original.	22.
Sigmund, Herzog v. Bayern.	" 889	" 11	" " Wie oben.	" 34.
Friedrich I der Siegreiche.	" 904	" 104	" " Orig. v. Altdorfer.	" 35.
Ludwig (X), Herzog v. Bayern.	" —	" 270	" " Original.	" 36.
Philipp, Sohn Philipp's d. Aufrichtigen.	" —	" 278	" " Wie oben.	" 37.
Johann, S. Philipp's d. Aufr.	" 905	" 103	" " Orig. v. Amberger (?)	" 41.
Albrecht IV (V) der Grossmüthige, 15 Jahre alt.	" 1209	" 133	" " Orig. v. Mich. Ostendorfer.	" 48.
Friedrich IV von der Pfalz.	" 1233	" 18	" " Kopie nach H. Mielich.	" 59.
Maria Anna Christine, Tochter Ferdinand Maria's.	" 1351	" 360	" III. Pastellgemälde.	" 71.
Elisabethe Charl., T. Karl's I Ludwig, Kurf. v. d. Pf.	" 502	" 532	" " Schöne Kopie nach d. Orig. zu Versailles.	" 70.
Max II Emanuel.	" 1345	" 363	" " Pastellgemälde v. Vivien.	" 74.
Derselbe als Kurprinz.	" —	" 243	" " Oelgemälde v. unbek. Hand.	" "
Derselbe u. s. Familie bei s. Rückkehr nach dem span. Erbfolge-Krieg.	" 876	" —	" " Oelgemälde v. Vivien.[3]	" "
Derselbe empfängt 1688 eine türk. Gesandtschaft.	" 3	" 3 (Fürsten-Saal)	Oelgemälde v. Amigoni.	" "
Jos. Ferdinand Leop., Sohn Max Emanuel's.	"	" 364 Abth.III.	Unbekannt.	" 76.
Maria Anna Karoline, T. Max Emanuel's.	" —	" 244	" " Orig. v. Fr. Winter.	" "
Ferd. Maria Innoc., S. Max Em.	" —	" 324	" " Unbekannt.	" "
Derselbe.	" —	" 365	" " Wie oben.	" "
Klemens Franz, dessen Sohn.	" —	" 366	" " Wie oben.	" "
Maria Anna Josephe, G. des Vorigen.	" —	" 346	" " Wie oben.	" "
Theodor Johann, S. Max II Emanuel's.	" —	" 329	" " Wie oben.	" 80.
Derselbe.	" —	" 334	" " Wie oben.	" "

[1] Vergl. den Führer durch das bayer. National-Museum S. 140, wo nur die Erstere sich genannt findet.

[2] Es mag schon oben (S. 208) aufgefallen sein, dass von alten und neuen Numern der Schleissheimer Gallerie die Sprache war. Früher trugen nämlich die Bilder der Ahnen-Gallerie noch die Numern 394 ff. Ehe nun der Druck dieses Buches begann (Spätherbst v. J.) frug ich mich amtlich an, ob Verlass auf diese Numern wäre, aber trotz der mir seitens der kgl. Gallerie-Direktion gewordenen schriftlichen Versicherung, dass die Ahnen-Gallerie keine Umänderung erlitten und also wohl auch nicht erleiden werde, wurde doch bald hernach deren Umnumerirung bethätigt. Herr Direktor v. Foltz, dortmals abwesend, stellte mir indess freundlichst die Wiederanbringung auch der alten Katalog-Numern auf den Ahnenbildern in Aussicht.

[3] Dieses Bild, sowie das Gemälde von A. Schoen-Jans, welches den Kurfürsten Joh. Wilh. zu Pferd darstellt (vergl. oben S. 83), sind im neuen Kataloge der Gallerie nicht mehr aufgeführt, hängen aber an ihrem alten Platze.

Anna Maria Louise, 2. G. d. Kurf. Joh. Wilb.	Alte Katalog-Nr. 857(?)	neue 2(Vorhalle).	Orig. v. A. Schoon-Jans.			Vgl. S. 83.
Amalia Maria, G. Karl's VII Albr. im Jagdkleide.	Reisendes Bild über dem Kamine d. Mosaik-Zimmers Parterre (unter der Hauskapelle).					„ 84.
Antonia Maria Walburga, T. Karl's VII Albr.	Alte Katalog-Nr. —	neue 333 Abth. III.	Familienbild v. G. Desmarées.			„ 84.[1])
Karl III Phil., Kurf. v. d. Pf.	„ „ —	„ 241	„ „ Unbekannt.			„ 85.
Maria Anna Sophie, G. Max III Joseph's.	„ „ 881 (?)	„ 1(Vorhalle).	Wie oben.			„ 86.
Dieselbe.	„ „ —	„ 316 Abth. III.	Bild v. G. Desmarées.			„ 86.
Dieselbe.	„ „ —	„ 347	„ „ Wie oben.			„ „
Dieselbe.	„ „ —	„ 311	„ I. Bild v. unbek. Hand.			„ „
Ludwig I, König von Bayern, als Kronprinz.	„ „ —	„ 225	„ III. Bild v. Angelika Kaufmann.			„ 91.
Ludwig II, Pfalzgraf v. Zwey-brücken-Veldenz.	„ „ 858	„ —	„ I. Gleichzeitiges Familienbild v. unbek. Hand.[2])			„ 150 ff.
Georg Johann II v. Veldenz.	„ „ 893	„ 187	„ „ Familienbild v. unbekannter Hand.[3])			„ 177.
Wolfgang Wilhelm v. Neubg.	„ „ 877	„ —	„ „ Das schöne Bild v. Dieppenbeck's stellt den Fürsten zu Pferde dar.			„ 184.
Joseph Karl Eman., Erbprinz v. Sulzbach.	„ „ —	„ 326	„ III. Bild v. unbek. Meister.			„ 189.
Friedr. Michael, Pfalzgraf v. Birkenfeld.	„ „ —	„ 325	„ „ Wie oben.			„ 199.
Karl (III) Aug. v. Zweybr. als kl. Kind.	„ „ —	„ 345	„ „ Wie oben.			„ 200.[4])
Derselbe noch einmal.	„ „ —	„ 352	„ „ Wie oben.			„ „

[1]) Dasselbe stellt die Prinzessin malend dar. Ausserdem sieht man auf dem Bilde ihren Bruder den Karl. Max III Joseph mit s. Gemahlin Maria Anna u. ihre Schwestern Maria Anna Josepha, dann Josepha Maria Antonia.

[2]) Stellt ihn, s. Gemahlin Elisabethe v. Hessen, s. Sohn Wolfgang, s. Bruder Rupert v. Veldenz u. noch eine nicht genannte junge Prinzessin dar.

[3]) Stellt ihn, s. Gemahlin Susanna u. s. 4 Kinder vor.

[4]) Die Numern (neu) 324, 326, 345 u. 364 wurden erst in jüngster Zeit bestimmt. 324 ist falsch, denn der einzige Wittelsbacher, der Friedrich Wilhelm hiess (Philipp Wilhelm's siebenter Sohn) war nie vermählt.

Anhang III.

A. Die Ahnen-Bilder in der königl. Residenz zu München.

a) Im s. g. Hartschier- oder Leder-Saale:

Albrecht III (IV) u.	S. 34.
Kunigunde von Oesterreich	„ 36.
Wilhelm IV u.	„ 42.
Jakobaea v. Baden.	„ 44.
Albrecht IV (V) u.	„ 48.
Anna v. Oesterreich.	„ 48.
Wilhelm V u.	„ 54.
Renata v. Lothringen.	„ 54.
Maximilian I (als Jüngling) u.	„ 60.
Maria Anna v. Oesterreich.	„ 62.
Ferdinand Maria u.	„ 68.
Adelheid Henriette v. Savoyen.	„ 68.
Max II Maria Emanuel u.	„ 74.
Theresia Kunigunde v. Polen.	„ 74.

b) Im s. g. Kabinetsgange:

links:

Karl VII Albrecht u.	„ 84.
Amalia Maria v. Oesterreich.	„ 84.
Max III Joseph u.	„ 86.
Maria Anna v. Sachsen, als Stifterin des St. Anna-Damen-Ordens.	„ 86.

rechts:

Philipp Wilhelm, Kardinal v. Bayern.	„ 56.
Maria Anna, verm. Kaiserin.	„ 54.
Albrecht V (VI) der Leuchtenberger.	„ 58.
Magdalene, verm. Herzogin v. Neuburg.	„ 60.
Joseph Klem., Kurf. v. Köln.	„ 70.

c) Im kleinen Durchgang zum Herkules-Saale:

Elisabethe v. Lothringen, 1. Gemahlin Maximilian's I. Brustbild.	S. 62.
Maria, Tochter Albr. IV (V), verm. Erzherzogin v. Oesterreich.[1]	„ 50.

d) Im s. g. Prinz Otto-Gange:

Max II etc. Emanuel u.
Theresia Kunigunde v. Polen.
Ferdin. Maria u. } als Stifter der
Adelheid Henriette, } Theatinerkirche.
Maximilian I (als Greis) u.
Maria Anna v. Oesterreich.

e) Ueber der aus dem Kapellen-Hofe heraufführenden Treppe:

Die k. Familie Sobiesky. (Dabei Max II etc. Ema. als Bräutigam der Prinzessin Theresia Kunigunde.)

f) Zwischen den beiden Thüren im Gange, der nach der Hofapotheke hinführt (s. g. Allerheiligen-Gange):

Ludwig IV der Bayer. Römischer Kaiser. Sehr schönes u. wie schon ein flüchtiger Blick zeigt, getreues Portrait nach Original-Vorlagen. S S

g) im oben (f) benannten Gange:

Anna, Gemahlin Albrecht's IV (V).
Renata, Gemahlin Wilhelm's V.
Maximilian I (in schwarzer Rüstung).

h) Im kleinen Gange zum schwarzen Saale:

Elisabethe u.
Maria Anna, Gemahlinen Maximilian's I.

NB. In einem Paar anderer Gänge sind noch einzelne Doubletten obiger Bilder u. auch weitere noch nicht bestimmte Portraite vorhanden.

B. Die wittelsbachischen Ahnen-Bilder in der alten Pinakothek.

1) Kurfürst **Johann Wilhelm** von der Pfalz, gemalt von Adr. v. d. Werff (Kabinet 16 Nr. 478).
2) **Maria Anna Louise**, seine Gemahlin, vom gleichen Meister („ 16 „ 482).
3) Herzog **Wilhelm IV** von Bayern, gemalt von Hanns Burgkmair („ 7 „ 136).
4) **Jakobaea Maria**, s. Gemahlin, vom gleichen Meister („ 7 „ 150).

[1] Früher hieng hier auch das Bild Herzogs Ferdinand (des Wartenbergers). Vergl. oben im Text S. 48.

Namens-Register

aller Mitglieder des Hauses Wittelsbach seit 1180.

7

www.ingramcontent.com/pod-product-compliance
Lightning Source LLC
Chambersburg PA
CBHW030317270326
41926CB00010B/1402